prometeo
l i b r o s

prometeo
libros

HACIA UNA TEORÍA CRÍTICA REFLEXIVA:

Max Horkheimer, Theodor W. Adorno y Pierre Bourdieu

Emiliano Gambarotta

HACIA UNA TEORÍA CRÍTICA REFLEXIVA:

Max Horkheimer, Theodor W. Adorno y Pierre Bourdieu

La Plata
2013

prometeo
libros

Índice

A mi abuelo Fico,
a mi tía Gogó.

Agradecimientos

Esta investigación, o, mejor aun, este investigador, recibió el apoyo del CONICET. Sin su financiamiento, este trabajo hubiese sido aún más cuesta arriba. Toda la labor cristalizada en este libro se desarrolló en el ámbito del CIMeCS (dentro del IdIHCS-UNLP/CONICET), en donde he encontrado un excelente lugar de trabajo a lo largo de varios años. Mi agradecimiento a su directora Amalia Eguía, así como a Susana Ortale y Luís Adriani, quienes con su permanente laburo y buen humor consiguen volverlo el grato espacio que es. Allí conocí a los cumpas del CICES (también dentro del IdIHCS-UNLP/CONICET), que espero encuentren en este libro parte de las discusiones que hemos tenido. Un enorme agradecimiento a todos ellos concentrado en la figurado de su director, Ricardo Crisorio. Y, junto con ellos, a los compañeros del *Núcleo de Estudos e Pesquisas Educação e Sociedade Contemporânea*, comandados por Alexandre Fernadez Vaz. Quiero agradecer también a Cristina Tortti, Carlos Prego, Marcelo Prati, Antonio Camou y Aníbal Viguera, pues en sus clases me formé como sociólogo. A Pablo Semán, porque no poco de nuestras charlas laten debajo de este libro. A Cecilia Hidalgo, cuyo constante aliento y apoyo me han acompañado a lo largo de estos años, no hay unidad de medida que pueda mensurar mi agradecimiento. Lo mismo sucede con Martín Plot, director de esta investigación y constante apoyo para el desarrollo de la misma, quien me mostró una enorme generosidad con su tiempo y sus ideas. Todo ello, a su vez, para impulsarme a encontrar mi propia voz, a no caminar sobre las huellas de otros sino a buscar mi merleau-pontyano estilo.

Muchos son los amigos que me han acompañando a lo largo de esta hercúlea batalla con la hydra de los nueve capítulos. Quiero agradecer a Paula Soza Rossi, Cintia González Leegstra, Mauricio Schuttemberg, Ana Perazzo, Matías Maggio, Carolina Escudero, Valeria Emiliozzi, Paula Cicogna, María Eugenia López, Mariana Caviglia, Micaela Cuesta, Lucía Wegelin, Rodrigo Ottonello y Agustín Prestifilippo. También a los caóticos del Colectivo Asistemático Orientado a lo Social (CAOS), particularmente a Florencia, que alentó y acompañó los avances de esta investigación y su posterior publicación. Una especial mención a Eduardo Galak, quien me ha aguantado los trapos en distintas instancias, pero sobre todo cuando las cosas se ponen complicadas. A los compañeros de ruta, el trieto Hernández, Victoria Molinari, mis primos Emiliana, Nahuel y Micaela, los amigos de años Nahuel, Gustavo, Matías y Sebastián.

A Gui, que no sólo ha soportado las extensas jornadas que han dado lugar a este libro, sino que también ha sabido instalarse en mis múltiples obsesiones y manías de escritura, sin por ello dejar de reírse de ellas y, cuando encontró la grieta, disrumpirlas, generando la risa común entre abrazos y caricias.

E.M.G.
La Plata, diciembre de 2012

Abreviaturas

A continuación se presenta el listado de abreviaturas utilizado en las referencias bibliográficas del presente libro. En pos de facilitar su localización, se las ha ordenado alfabéticamente por abreviatura.

AD   Merleau-Ponty, M., *Las aventuras de la dialéctica*, Buenos Aires, Leviatán, 1957.

CD   Bourdieu, P., *Cosas dichas*, Barcelona, Gedisa, 1996.

CP   Bourdieu, P., *El campo político*, La Paz, Plural editores, 2001.

Cg   Adorno, Th. W., *Consignas*, Buenos Aires, Amorrortu, 2003.

CRI   Horkheimer, M., *Crítica de la razón instrumental*, Buenos Aires, Sur, 1969.

DFM   Habermas, J., *El discurso filosófico de la modernidad*, Buenos Aires, Taurus, 1989.

DI   Horkheimer, M. y Adorno, Th. W., *Dialéctica de la ilustración. Fragmentos filosóficos*, Madrid, Trotta, 2001.

DN   Adorno, Th. W., *Dialéctica negativa*, en *Obra completa, 6*, Madrid, Akal, 2005.

Dsn   Adorno, Th. W., *Disonancias*, en *Obra completa, 14*, Madrid, Akal, 2009.

EF   Merleau-Ponty, M., *Elogio de la filosofía*, Buenos Aires, Nueva Visión, 2006.

HCC   Lukács, G., *Historia y conciencia de clase*, México, Grijalbo, 1969.

HES   Laclau, E. y Mouffe, Ch., *Hegemonía y estrategia socialista*, Buenos Aires, FCE, 2006.

ISR   Bourdieu, P. y Wacquant, L., *Una invitación a la sociología reflexiva*, Buenos Aires, Siglo XXI, 2005.

LMM   Bourdieu, P. (director), *La miseria del mundo*, Buenos Aires, FCE, 2000.

LRP   Laclau, E., *La razón populista*, Buenos Aires, FCE, 2005.

MM   Adorno, Th. W., *Minima Moralia*, Madrid, Taurus, 2001.

MP   Bourdieu, P., *Meditaciones pascalianas*, Barcelona, Anagrama, 1999.

NR   Laclau, E., *Nuevas reflexiones sobre la revolución de nuestro tiempo*, Buenos Aires, Nueva Visión, 2000.

OE   Merleau-Ponty, M., *El ojo y el espíritu*, Barcelona, 1986.

Ps   Adorno, Th. W., *Prismas. La crítica de la cultura y la sociedad*, Barcelona, Ariel, 1962.

QSH   Bourdieu, P., *¿Qué significa hablar?*, Madrid, Akal, 2008.

RA   Bourdieu, P., *Las reglas del arte*, Barcelona, Anagrama, 1995.

RP   Bourdieu, P., *Razones prácticas*, Barcelona, Anagrama, 2007.

SC   Bourdieu, P., *Sociología y cultura*, México, Grijalbo, 1990.

Sg   Merleau-Ponty, M., *Signos*, Barcelona, Seix Barral, 1964.

SP   Bourdieu, P., *El sentido práctico*, Madrid, Taurus, 1991.

STV   Bourdieu, P., *Sobre la televisión*, Barcelona, Anagrama, 2007.

TAC   Habermas, J., *Teoría de la acción comunicativa* (dos tomos), Madrid, Taurus, 1999.

VI   Merleau-Ponty, M., *Lo visible y lo invisible*, Madrid, Seix Barral, 1967.

¿De qué lado nos inclinamos? La razón no puede ahí determinar nada: hay un caos infinito que nos separa. Se juega una partida [...] donde resultará cara o cruz. ¿Quién ganará? Con razón no podéis hacer ni lo uno ni lo otro; con razón no podéis defender ninguno de los dos. [...] Es preciso apostar. Esto no es voluntario; os habéis embarcado en ello: ¿Qué partido tomaremos?

Blaise Pascal

La política es una penetración poderosa y lenta de un material duro. Requiere pasión y perspectiva a la vez. Ciertamente, toda la experiencia histórica confirma la verdad: que el hombre no hubiese logrado lo posible si no hubiese luchado una y otra vez por lo imposible.

Max Weber

La profesión/vocación [*Beruf*] del teórico crítico es la lucha, a la que pertenece su pensamiento, y no el pensamiento como algo independiente o que se pueda separar de la lucha.

Max Horkheimer

Introducción.
La crítica y sus (in)certezas

El objetivo de este libro es dotar de fundamentos no normativos al *modus operandi* de una sociología crítica de nuestro presente, es decir, configurar su modo de producción de manera tal que *ni* se funde normativamente *ni* deje sin fundamentos a la práctica de la crítica. Por lo que se discutirá con las perspectivas normativistas que asientan dicha práctica en algún tipo de instancia incondicionada, referente para el establecimiento de una *certeza* última que, de esta manera, queda por fuera de la crítica, deteniendo así su movimiento. Pero también se cuestionará la concepción que, en su criticar el establecimiento de una certeza normativa (punto que compartimos), adopta una posición especular a ella, fijando un nuevo incondicionado junto con su *certeza*, mas esta vez de carácter negativo: la imposibilidad de alcanzar tal fundamento, por lo que la crítica no tendría dónde cimentarse, diluyéndose la posibilidad de practicarla. Es este doble rechazo el que enmarca la problemática de esta investigación, la cual entonces busca dotar de fundamentos a la crítica, pero de unos que no sean normativos; indagar cómo conformarlos (dejando atrás su definición por la negativa) constituye, por tanto, nuestra preocupación central, y para ello proponemos una perspectiva que acoge la *incerteza* en sus propios fundamentos.

Con este fin trabajaremos los materiales que surgen del cruce entre las perspectivas crítico-dialécticas elaboradas por Max Horkheimer y por Theodor W. Adorno, con el pensamiento reflexivo desarrollado por Pierre Bourdieu. Entre ambos registros hallamos un punto crucial de articulación en el pensamiento de Maurice Merleau-Ponty, quien comparte con el proyecto adorniano la crítica a las concepciones "cerradas" de la dialéctica y la consecuente propuesta de una "dialéctica abierta". A la vez que su concepción de la sobrerreflexividad constituye uno de los insumos claves de la sociología reflexiva bourdieuana.[1] La puesta en diálogo de estos distintos registros, así como sus tensiones o, mejor aún, los chispazos que sus fricciones generan, es el camino por el cual buscaremos iluminar nuestra problemática.

El modo en que llevaremos esto a cabo se centra en un *trabajo* de lectura que, como todo trabajo, transforma los materiales sobre los que se pone en práctica; en pos no de realizar un comentario exegético de textos consagrados, sino de producir con esos materiales teóricos una otra cosa, distinta a lo planteado por ellos: nuestra propuesta de teoría crítica reflexiva.[2] No buscamos, entonces, realizar un mero "comentario, esa especie de discurso apologético que el creyente se dirige a sí mismo"[3] y que remite, en última instancia, al carácter sacro del texto abordado o, mejor aún, a una dimensión aurática que obtura su interrogación crítica. Antes bien, abordaremos esos materiales como "clásicos"[4], indagando lo que aún tienen para decirnos acerca del mundo social; pues, como señala Merleau-Ponty, si bien a ciertas perspectivas teóricas la historia

> las transforma en "mensajes" o en piezas de museo. Hay otras a las que por el contrario mantiene en actividad, y no porque exista entre ellas y una "realidad" invariable alguna milagrosa adecuación o correspondencia […] sino porque siguen hablando más allá de los enunciados, de las proposiciones, obligados intermediarios si se quiere ir más lejos. Son los *clásicos*. Se les reconoce en que nadie los toma al pié de la letra, y en que sin embargo los nuevos hechos no caen nunca fuera de su competencia de un modo absoluto, en que extraen de ellos ecos nuevos, en que revelan en ellos relieves nuevos.[5]

---

[1] Cf. Foster, R., "Pierre Bourdieu's Critique of Scholarly Reason", en *Philosophy & Social Criticism*, vol. 31, N° 1, 2005; y Martínez, A., *Pierre Bourdieu: razones y lecciones de una práctica*, Buenos Aires, Manantial, 2007.

[2] De allí que esta investigación tampoco se inscriba en el marco de la historia de las ideas, sino en el del análisis conceptual que encuentra en la historia de la teoría social sus materiales. Es a través de esta relación entre historia de la teoría social y análisis conceptual que Habermas elabora su *Teoría de la acción comunicativa*, a la vez que remite este procedimiento al Parsons de *La estructura de la acción social*.

[3] RA, p. 14.

[4] Cf. Alexander, J., "La centralidad de los clásicos", en Giddens, G., Turner, J., y otros, *La teoría social hoy*, Madrid, Alianza, 1995.

[5] Sg, pp. 17-18.

Ahora bien, ante un objetivo como el nuestro no cabe dar por establecido de antemano, como algo fijo y claro en sí mismo, qué es la crítica (junto con la teoría que la sustenta), tendiendo así a una conceptualización sustancialista de la misma. En estas primeras páginas, sin embargo, tan sólo podemos decir que la "crítica" (en ligazón con su etimología) constituye la "puesta en crisis" del objeto problemático que aborda (una manifestación artística, una concepción teórica, una práctica social en general, la articulación de la sociedad en su conjunto); también podemos adelantar que aquí la entendemos como una particular instancia del modo de producción de conocimiento científico que, justamente, se orienta a generar dicha crisis, a disrumpir los mecanismos reproductores de las lógicas dominantes en el entramado relacional establecido. Sobre esta base nos interrogamos acerca de *cómo* puede producirse esa disrupción, sobre qué fundamentos asentar la propia perspectiva para que pueda llevarla a cabo. En definitiva, nos preguntamos por su *modus operandi*, por aquello que la configura en tanto que crítica; por lo que nuestra concepción acerca de ella será el producto del propio desarrollo de esta investigación. Es decir que, a través de la discusión de las distintas problemáticas aquí abordadas, iremos conformando la constelación de factores que configuran a esta particular práctica social que es la crítica.

Además, si nuestra pregunta no es sólo por cómo se produce un determinado conocimiento sino también por cómo este impacta en el resto de las prácticas sociales y en la sociedad en su conjunto (dos cuestiones que, como se sostendrá, resultan indisociables), entonces no podemos percibir plenamente nuestra problemática si no es sobre el telón de fondo de las lógicas más generales a través de las cuales se configura lo social. Más específicamente, de lo que aquí llamaremos *lo* político, es decir, la forma en que la sociedad se da un orden y se desordena a sí misma, que no ha de ser confundido con *la* política, entendida en los términos de lo que Bourdieu concibe como el "campo político"[6]. Esto es, como un particular *microcosmos* social que posee una "autonomía relativa" frente al *cosmos* social, y del cual participan los "políticos profesionales" (por decirlo con Weber)[7]. Así, *la* política refiere a la lógica de este "microcosmos", de central relevancia en la articulación de la sociedad,

---

[6] Cf. CP.

[7] Cf. Weber, M., "La política como vocación" [1919], en *Ciencia y política*, Buenos Aires, Centro Editor de América Latina, 1991.

mientras que *lo* político refiere al cosmos social en su conjunto, a la lógica y los mecanismos que surgen del entrelazamiento de las estructuras sociales objetivas con los modos en que los distintos agentes dotan de sentido a tales estructuras, a cómo estas dos instancias se institucionalizan en las cosas y en los cuerpos conformando un particular orden, pero también a cómo se desinstitucionalizan produciendo un desorden social.

Es en esta articulación de *lo* político donde se enraízan los mecanismos que la práctica de la crítica busca hacer saltar, en pos de transformar el actual ordenamiento de lo social; lo cual hace de ella un momento –como veremos, no el único ni necesariamente el más importante– de una lucha en *lo* político. Por eso, una de las problemáticas centrales de este libro, que atraviesa de múltiples maneras sus interrogantes, es la relación entre la ciencia y *lo* político (que incluye la relación de la teoría, y su conocimiento, con la práctica y sus saberes), el modo en que se tienden puentes entre estos términos (o se los corta).

Esta cuestión atraviesa también el doble rechazo que enmarca nuestra investigación. En tanto, éste entraña el cuestionamiento de las perspectivas normativistas, presente en los "grandes relatos" modernos pero también en los intentos recientes de asentar a la crítica de la sociedad en un nuevo tipo de fundamento normativo, como se lo propone la teoría de la acción comunicativa elaborada por Jürgen Habermas. Pues dichas perspectivas buscan fijar una instancia incondicionada, referente de una certeza última, que permita al conocimiento así fundado establecer el "deber ser" de lo social, a partir del cual se determina la orientación en *lo* político del conjunto de las prácticas sociales (incluyendo la práctica de producción de conocimiento científico) o, mejor dicho, la orientación que tendrían que tener para emancipar a la sociedad, que es en última instancia el camino por el cual el "deber ser" se realiza en el "ser" social. Esto supone que el conocimiento fundado sobre la certeza normativa permite identificar el único fin válido a ser perseguido por las prácticas sociales (el "deber ser"), así como el camino por el cual puede alcanzárselo; cuyo reverso es el que toda otra concepción (teórica o práctica) de lo social constituya un momento de "falsedad" o "error" a ser desarticulado (cuando no directamente eliminado), ya que no puede más que conducir a una reproducción de las relaciones de dominación y violencia. Como veremos, para Habermas sólo la racionalidad comunicativa puede conducir a una armonización de diversos planes de acción a través de una coacción sin coacciones que diluye, así, cualquier atisbo de violencia; la cruz de esta cara es hacer de toda otra forma de actuar un momento de generación de una coacción, pero esta vez con coacciones. De esta manera, se da lugar a una relación unívoca entre la ciencia y *lo* político, pues es la práctica científica la que establece, a partir de la verdad que produce su particular modo de conocimiento, esa orientación en *lo* político. Esto sobre la base de un punto incondicionado que escapa, por un lado, a los condicionamientos sociohistóricos y, por el otro, a la propia crítica, deteniendo su movimiento para fijar un absoluto.

Pero cuestionamos también aquella concepción que, en su criticar esta certeza normativa y su absoluto como fundamento de la crítica, elabora una posición especularmente inversa a ella, en la que si no hay tal fundamento entonces no hay nada en lo que pueda sostenerse la práctica de la crítica (y, en las versiones extremas, el conocimiento científico en su conjunto). Esto es asumido con el mismo carácter incondicionado que encontramos en las perspectivas normativistas, constituyéndose así en el referente para una *certeza* última pero esta vez *negativa*; pues no da lugar a un absoluto sino, como veremos, a un Vacío que deja sin fundamentos a la práctica de la crítica. Es a este punto de vista al que denominaremos "pensamiento post"[8]. El cual entraña una inversión especular de la posición normativista, pues, al igual que ella, busca un referente absoluto, pero se diferencia en que no encuentra una positividad última en que asentarse, haciendo de ello un nuevo absoluto (negativo) que da sustento a su particular certidumbre, igualmente incondicionada, en tanto escapa a todo condicionamiento sociohistórico para investirse de un carácter trascendental. Se establece, en definitiva, la certeza de una imposibilidad; pero esto sólo puede sostenerse si se mantiene abierta la búsqueda de lo absoluto (y no si lo que se pone en cuestión es justamente dicha búsqueda).[9] Sobre esta base, el "pensamiento post" declara la "muerte de los

---

[8] En esto seguimos, principalmente, el planteo de Eduardo Grüner (en *El fin de las pequeñas historias. De los estudios culturales al retorno (imposible) de lo trágico*, Buenos Aires, Paidós, 2002), para quien el "pensamiento post" es a su vez el sustrato teórico de los estudios culturales; lo cual marca una vez más cómo esta discusión atañe a la elaboración de un punto de vista sociológico (o de las ciencias sociales en general), a su modo de estudiar y problematizar los objetos que investiga.

[9] En un sentido similar a éste, Bourdieu señala que "como ya observaba Pascal, sabemos que la idea o el ideal dogmático de un conocimiento absoluto es lo que conduce al escepticismo: los argumentos relativistas sólo adquieren toda su fuerza en contra de una epistemología dogmá-

grandes relatos" y de su modo de vincular la práctica científica con *lo* político. Sin embargo, esta perspectiva no da lugar a unos puentes otros entre tales términos, antes bien establece una escisión entre ellos, pues, una vez muerta la certeza normativa, no hay en esta concepción otros elementos a través de los cuales determinar la orientación en *lo* político de las otras prácticas sociales (punto que compartimos), pero tampoco (y éste es el problema) los hay que le brinden tal orientación a la propia práctica científica. Todo lo cual conduce, en resumidas cuentas, a la disolución de la práctica de la crítica.

Este doble rechazo, a la *Escila* de lo normativo y a la *Caribdis* del Vacío, es el marco más general en el que cobra su pleno sentido nuestra teoría crítica reflexiva. La cual, a partir del cuestionamiento a ambas formas de *certeza*, propone no buscar establecer una nueva forma de ella, sino acoger la *incerteza* en los propios fundamentos; para, sobre esa base, articular el *modus operandi* de una sociología (o una ciencia social) crítica del presente.

A su vez, este doble rechazo marca la actualidad e importancia de llevar adelante esta discusión. Puesto que implica cuestionar no sólo la concepción que hace de la crítica el producto de un "gran relato", cuyo reverso es reducir a falsedad o ficción todo punto de vista diferente, toda otredad. También se cuestiona el pensamiento post, su modo de romper con esos "grandes relatos". Cuestión especialmente relevante en un contexto en el cual el impacto de este pensamiento sigue predominando en el escenario actual de las reflexiones teóricas y epistémicas de las ciencias sociales; constituyendo un factor clave del clima de época que habitamos. Una de cuyas marcas más contundentes (y dominante en nuestros días) es cómo la "sospecha" sobre las categorías centrales de la modernidad, especialmente la de razón, ha llevado a que, "en amplios sectores del pensamiento contemporáneo, los esquemas conceptuales de intelección histórica ha[yan] caído en virtual descrédito, hasta el punto de que su contenido racional dejó de ser sospechoso para convertirse en vacío [...] puesto que se lo considera reductible: a mito, a ficción"[10]. De esta manera se diluyen los puentes que la mo-

---

tica" (Bourdieu, P., *El oficio del científico. Ciencia de la ciencia y reflexividad* [2001], Barcelona, Anagrama, 2003, pp. 14-15). Sólo cuestionando al pensamiento que aún pretenda basarse en un absoluto, con su certeza, cobra fuerza la certeza de esa imposibilidad; frente a lo cual cabe cuestionar la búsqueda misma de tal certeza, para acoger en cambio la incerteza.

[10] Sazbón, J., "La devaluación formalista de la historia", en Adamovsky, E., (ed.), *Historia y sentido. Exploraciones en teoría historiográfica*, Buenos Aires, El Cielo por Asalto, 2001, p. 79.

dernidad (o sus "relatos") tiende entre ese modo de intelección de los procesos sociohistóricos y las prácticas en *lo* político; pero sin intentar encontrar nuevos elementos en los que, sin suspender la sospecha, pueda asentarse ese vínculo.

La otra cara de esta moneda es la tendencia del pensamiento post a rechazar todo discurso sobre lo social que aspire a ser algo más que un "pequeño relato", dando lugar así a "lo que en el fondo es un progresivo abandono de las grandes cuestiones histórico-filosóficas del siglo XX, en favor de lo 'micro'"[11], al poner en el centro la captación de las diferencias (aquellas que la perspectiva normativista tiende a reducir a "error") o, mejor aun, del infinito juego de tales diferencias, ligado al desborde de éstas sobre todo intento de aprehenderlas. Punto fijo e incondicionado del pensamiento post que obtura la posibilidad de llevar a cabo una diferenciación entre las diferencias. Los "microrrelatos" ocupan la escena, cada uno en su diferencia irreductible (en su juego de lenguaje inconmensurable con todos los demás) que, por tanto, los aísla del resto y, sobre todo, de la articulación de *lo* político en el cosmos social. Ante esto, no queda más que llevar adelante el registro de estas diferencias, las cuales quedan igualadas en su sola diferencia, tornando esta perspectiva indiferente[12]; pues señalar la centralidad de alguna de ellas y, sobre todo, de sus consecuencias para la estructuración del conjunto implicaría empezar a poner un límite al juego de las diferencias, a la vez que se estaría abandonando la dimensión estrictamente atinente a lo "micro" para empezar a percibirlas sobre el telón de fondo de dicha articulación.

Es justamente este punto el que distingue la propuesta teórica realizada por Ernesto Laclau de las versiones más radicales del pensamiento post, en tanto su perspectiva busca dar cuenta de la articulación de esas diferencias en un orden hegemónico; por lo que su teoría no se detiene en lo "micro", sino que apunta al proceso a través del cual se produce una totalidad… aunque más no sea fallida. Aún así, su propuesta no deja de enraizarse en el terreno dado por el pensamiento post, con la centralidad ontológica que allí se le da al infinito juego de las diferencias. Es, entonces, su carácter post (marxista y estructuralista) pero a la vez crítico de algunos de los principales rasgos de

---

[11] Grüner, 2002, p. 37.
[12] Ésta es la limitación propia de los diversos culturalismos, particularmente en su vertiente etnográfica, hoy dominante en los estudios (sociológicos y antropológicos) sobre la cultura.

ese pensamiento lo que torna particularmente interesante y relevante su perspectiva para la discusión que este libro propone; pues al polemizar con ella estaremos abordando una de las versiones más complejas y matizadas de la Caribdis que aquí intentamos sortear. Versión en la que, según veremos, persiste la instauración de un Vacío como consecuencia del establecimiento de una certeza negativa, llevando esto a que se corte todo puente entre la ciencia y *lo* político, obturándose así la posibilidad de practicar la crítica. A partir de todo esto, puede percibirse la importancia y actualidad de nuestro objetivo, tendiente a *re*fundar la crítica pero sobre bases *no normativas*.

Y no casualmente parte de las categorías que utilizaremos con ese fin pueden resultarle al lector algo anacrónicas, cuestionándose así su implementación. Sin embargo, aquí sostenemos el uso de nociones como "utopía", "razón" y hasta "crítica"; más aun, con ellas elaboraremos partes centrales de nuestro argumento. No sólo –ni principalmente– porque las hallemos en los materiales sobre los que trabajamos (incluyendo a los más contemporáneos, como Habermas o Bourdieu), sino sobre todo porque encontramos en ese anacronismo un elemento productivo[13] que contribuye al desarrollo de la discusión que nos proponemos dar. En efecto, ese anacronismo hunde sus raíces en el modo en que el pensamiento post ha dado muerte a los "grandes relatos", constituyendo esto una de las marcas más claras de su predominio en el escenario actual de las ciencias sociales; pues con tales "relatos" también tendrían que darse por muertos sus "grandes conceptos"[14].

En este marco, el uso de tales nociones apunta, en primer lugar, a generar una disrupción en el modo de dotación de sentido hoy dominante en la esfera de las ciencias sociales, contribuyendo a poner en cuestión el lenguaje que utilizamos (o dejamos de utilizar) en nuestra práctica científica; avanzando, por tanto, en la "puesta en crisis" de un clima intelectual en el que sostener conceptos como "razón" o "humanismo" se ha vuelto un gesto provocativo. Es decir, allí donde podría verse un potencial anacronismo, nosotros buscamos poner en juego la potencialidad del anacronismo, ya que

---

[13] Para un uso del anacronismo vinculado a la elaboración del pensamiento crítico, véase Didi-Huberman, G., *Ante el tiempo*, Buenos Aires, Adriana Hidalgo editora, 2008.

[14] Quizás por eso aquellos conceptos "que solían servir para orientarse en el mapa histórico, social o político [...] no pueden ser hoy pronunciados sin sentir que uno enrojece un poco ante la propia ingenuidad y, quizás, falta de información y de sofisticación teórica" (Grüner, 2002, p. 63).

la extrañeza que puede producir el que aquí continuemos refiriéndonos a dichos conceptos busca generar justamente eso: el "extrañamiento" de nuestras miradas, en un gesto que nos des-centre[15] del modo dominante en que en la actualidad interrogamos los procesos sociohistóricos. En segundo lugar, sostenemos su uso porque también concebimos estas nociones como "clásicos" que aún nos "siguen hablando". Lo cual implica no volverlas piezas de museo que se visita (acríticamente) en sus "grandes relatos", ni tomarlas "al pié de la letra", sino *trabajar* sobre ellas, incorporándolas a otra constelación conceptual, inscribiéndolas en definitiva en otra trama teórica.

Nociones como "razón", "humanismo" e incluso "crítica" nos interpelan acerca de nuestra propia práctica científica, pero también sobre la articulación de *lo* político y más aún sobre el vínculo entre ambas, acerca del lugar de esa práctica y sus consecuencias en las luchas en *lo* político. Como señalamos, el pensamiento post cuestiona el modo en que ese vínculo se establece en las perspectivas normativistas (cuestionamiento que compartimos), pero para dar lugar a una escisión entre los términos (punto que discutimos), lo cual sucede aun cuando lo que se elabora sea una teoría política (según veremos para el caso de Laclau). Así, parte de nuestra problemática nos lleva a interrogarnos por el vínculo entre la ciencia y *lo* político; cuestión que está directamente ligada al *modus operandi* de la práctica científica, pues es a partir de cómo se teje la trama teórico-conceptual que dicha práctica tendrá –para decirlo maniquéamente– consecuencias tendientes a la reproducción de *lo* político en su forma actual o bien a su transformación. Esto marca cómo, para dar cuenta de tales consecuencias interrogándonos reflexivamente acerca de nuestra práctica científica, es necesario percibirla sobre el telón de fondo de la articulación dominante de *lo* político, de las lógicas predominantes en la sociedad en que vivimos y realizamos nuestra práctica científica.

Es por ello que cabe ahora adelantar un esbozo acerca de la articulación de *lo* político propia de la sociedad presente, que será tematizado con más detalle en el capítulo VI. En éste se delinea a partir del entrelazamiento (dialéctico) de dos lógicas que se encuentran en el centro del diagnóstico de la sociedad que se realiza en cada uno de los dos registros teóricos que esta in-

---

[15] De modo semejante, aunque el salto parezca abrupto, a las "exploraciones descentradas" de Semán, P., *Bajo continuo. Exploraciones descentradas sobre cultura popular y masiva*, Buenos Aires, Editorial Gorla, 2006.

vestigación aborda; lógicas que, en su oposición, presentan una tensión cuya dialectización es el núcleo de nuestro esbozo sobre *lo* político.

Nos referimos, por un lado, a la articulación de las relaciones sociales a partir de una racionalidad calculatoria e instrumental que –a través de su particular lectura del pensamiento de Weber– Lukács plantea como el principio subyacente a la forma mercancía, ligando así esa racionalidad al proceso de abstracción (del trabajo, pero no sólo de éste) que es intrínseco a esta última. Esa lógica relacional constituye uno de los problemas centrales (pero no el único) del entramado social en que vivimos, y es esa centralidad la que lleva a Lukács a definir tal entramado como capitalista.[16] A esto se agrega que la lógica identificante, producto de la abstracción de las diferencias, junto con la centralidad de la razón instrumental constituyen los rasgos claves del diagnóstico de la sociedad realizado por Horkheimer y Adorno. Todo lo cual señala cómo, para la tradición crítico-dialéctica alemana, son estas características las que principalmente han de ser tenidas en cuenta a la hora de estudiar las diversas prácticas sociales (incluyendo la científica). Por el otro lado, encontramos la lógica producto de la –para decirlo también con Weber– caída del monoteísmo valorativo, que da lugar a la abertura de la pluralidad de cosmovisiones valorativas como rasgo propio de la sociedad moderna. Es esta concepción del entramado relacional la que está en el núcleo mismo de la lectura que Merleau-Ponty realiza del "liberalismo heroico" weberiano y de cómo éste conlleva la puesta en cuestión de todo intento por reunir esa pluralidad en un único punto de vista omnisciente que, como tal, cancela la pluralidad.[17] Es del entrelazamiento de estas lógicas que surge la concepción más general de *lo* político que aquí sostenemos, de la cual en esta introducción sólo podemos borronear los rasgos más relevantes. Sobre esta base, y buscando nuevamente la potencialidad del anacronismo para producir un cierto extrañamiento, nos referiremos a la sociedad presente como capitalista y moderna.

---

[16] Cf. *HCC*, especialmente la primera sección del ensayo "Cosificación y conciencia del proletariado".

[17] Como veremos, ésta es una de las dimensiones que subyace a la crítica merleau-pontyana de la revolución, en la cual es dable hallar relevantes puntos de contacto con parte del cuestionamiento que Horkheimer y Adorno le realizan al pensamiento ilustrado. Cabe, por otra parte, señalar que en esa lectura de Merleau-Ponty seguimos el planteo realizado por Martín Plot en *La carne de lo social* (2008).

En ella se han concretado modos de libertad e igualdad inéditos en épocas anteriores, que no por ello han sido conquistados de una vez y para siempre. Por lo que se requiere mantener abierta la lucha no sólo por su expansión y profundización en el espesor de lo social, sino incluso en pos de su defensa ante los mecanismos que tienden a clausurar esa libertad e igualdad; mecanismos que (dialécticamente) son producidos por ese mismo entramado relacional. Ligado a esto último surge la centralidad de mantener también abierta la interrogación crítica sobre la mercancía y su lógica identificante, pues, por un lado, ella trasforma a su imagen y semejanza (para decirlo con Lukács) todo lo que toca: la fuerza de trabajo en tanto capacidad humana, por supuesto, pero también la "cultura" vuelta una "industria", como señalan Horkheimer y Adorno, a lo cual puede agregarse un largo etcétera. Por el otro lado, ella constituye –con su identificante proceso de abstracción formal– uno de los "prototipos" (el término es de Lukács) de la lógica relacional que tiene lugar en las diversas esferas sociales, sin que ello implique necesariamente el canje de valores de cambio. A la vez que se entrelaza (dialécticamente) con el otro prototipo, aquél que surge de la abertura moderna a la pluralidad, y es en tal entrelazamiento que se configura la lógica del entramado relacional en que vivimos, de esta sociedad en la que realizamos nuestras prácticas, incluyendo la de producción de conocimiento científico. Es entonces dentro de este cosmos social y su articulación de *lo* político que adquiere su pleno sentido la teoría crítica reflexiva aquí propuesta.[18]

A partir de todo esto cobra su forma acabada el interrogante central de este libro: ¿cómo articular el *modus operandi* de una sociología crítica de nuestro presente que no se asiente en un fundamento normativo, referente para la institución de una certeza última, sin por ello conducir a la disolución de la práctica crítica al dejarla sin fundamentos sobre los que erigirse, al hacer de la imposibilidad de hallar tales fundamentos la certeza última que guía a la perspectiva sobre lo social? Es decir que nos preguntamos: ¿cómo articular unos fundamentos *no* normativos para la producción de un conocimiento sociológico crítico de nuestro presente? En pos de dar cuenta de esta proble-

---

[18] Lo cual es también decir que ella no pretende investirse con ropajes trascendentales que la hagan válida para todo tiempo y lugar, no busca alcanzar el carácter de incondicionada por lo sociohistórico, pues su preocupación es por *este* presente y las relaciones de dominación que en él se ejercen.

mática se propone un recorrido estructurado en tres partes, cada una de las cuales se compone de tres capítulos.

La primera parte se concentra en la puesta en cuestión de las perspectivas normativistas y su certeza, cuyo rechazo nos lleva a plantear el vacío que esto genera en los fundamentos del punto de vista crítico. Frente a lo cual sostendremos la posibilidad de lidiar con este problema a partir de repensar el lugar de los valores en la práctica científica, oponiendo a los fundamentos normativos y su "deber ser" una concepción que tiene entre sus elementos claves una cosmovisión valorativa (en el marco de un politeísmo de valores) y su "querer que sea". Así, en el capítulo I presentaremos a la Escila de lo normativo y a la Caribdis del Vacío que enmarcan nuestro problema, a partir de un trabajo de lectura sobre *Historia y conciencia de clase* de Lukács; lo cual nos llevará a discutir con parte de su perspectiva, aquella que asienta la crítica en una certeza metódica producto de una filosofía de la historia de tintes metafísicos. Esto, por otra parte, nos dejará ante el mentado vacío en los fundamentos, aquél que el pensamiento post torna un Vacío, y frente al cual nosotros planteamos la necesidad de articular nuevos pilares (no normativos) en los que sostener la crítica. El primer paso en esta dirección lo damos en el capítulo II, en donde, a través del trabajo sobre la perspectiva elaborada por Horkheimer en los años de 1930, elaboramos uno de los hilos conceptuales más importantes de nuestra trama teórica: la noción de "utopía posible". A partir de ella plantearemos una particular adherencia entre ciencia y valores (en el marco de un weberiano politeísmo de los valores) en base a la que puede cimentarse una práctica de la crítica que acoja la incerteza en sus propios fundamentos. El capítulo III culmina nuestra discusión con las perspectivas normativistas a través de la crítica inmanente de uno de los proyectos contemporáneos más relevantes en su intento por dotar a la teoría crítica de un nuevo tipo de fundamento normativo. Nos referimos a la teoría de la acción comunicativa elaborada por Habermas. Abordar su propuesta teórica nos permitirá no sólo remarcar la actualidad de nuestra problemática, sino también mostrar cómo los problemas que entraña la Escila del normativismo no son únicamente producto de asentar la crítica en una filosofía de la historia, pues son propios de todo intento por darle bases normativas.

A lo largo de la segunda parte (integrada por los capítulos cuarto a sexto) nos enfocaremos en los diversos aspectos de un mismo nodo problemático, clave para la articulación del *modus operandi* de nuestra teoría crítica reflexiva: su "estilo" (en un sentido merleau-pontyano) de movimiento, el cual se articula en torno a lo que aquí llamaremos una "dialéctica aporética". Así, discutiremos primero las consecuencias que acarrea para la propia perspectiva el detener dicho movimiento y con él a la crítica; esto a partir del estudio de los cuestionamientos que Habermas le realiza a la dialéctica de la ilustración concebida por Horkheimer y Adorno (capítulo IV). Luego nos adentraremos en las características de este estilo y en lo que éste conlleva para la articulación del *modus operandi* de una práctica de producción de conocimiento crítico; temática que abordaremos a partir de la puesta en diálogo y discusión de las concepciones elaboradas por Adorno y por Merleau-Ponty, enfocándonos especialmente en el modo en que reproblematizan el método dialéctico (capítulo V). Es a partir de este mismo cruce de autores que indagaremos el estilo de movimiento no ya de la práctica de la crítica, sino de la más amplia práctica en *lo* político (capítulo VI).

Por último, en la *tercera parte*, buscaremos elaborar los hilos finales de nuestra trama teórica, adentrándonos en una caracterización densa de la crítica como particular instancia de la lucha en *lo* político, dando cuenta tanto de esa "particularidad" como del modo en que ella puede contribuir a dicha lucha. Para ello comenzaremos por criticar (en el capítulo VII) a la Caribdis del pensamiento post a través de la discusión con la propuesta teórica posmarxista y posestructuralista de Laclau; dando cuenta de cómo allí se produce (y mantiene) una escisión entra la ciencia y *lo* político, al establecerse un Vacío que deja a la crítica sin fundamentos. Finalmente, los capítulos VIII y IX girarán en torno a la compleja y densa manera en que Bourdieu plantea la lucha política como una lucha cognitiva y viceversa, para lo cual resulta clave su específica concepción del plano simbólico, en tanto es allí donde la práctica de la crítica encuentra su terreno de acción. El lugar donde se sitúan tanto los mecanismos que reproducen el actual ordenamiento de lo social, como la disrupción a través de la cual la crítica busca contribuir a hacerlos saltar.

Todo esto con el fin de elaborar el *modus operandi* para una sociología (o ciencia social) que mantenga abierta la crítica de la presente sociedad capitalista y moderna, sin cerrarla en alguna forma de *certeza* –sea positiva o negativa–; antes bien, acogiendo la *incerteza* en los propios fundamentos. Pues mantener abierta la crítica es también un modo de abrir el espacio para esa lucha en *lo* político de la que ella es una particular instancia.

PRIMERA PARTE
NORMAS Y VALORES

Nada tenemos que ofrecer con los medios de nuestra ciencia, a quien no juzgue valiosa esta verdad; y la fe en el valor de la verdad científica es un producto de determinadas culturas, no algo dado por naturaleza.

Max Weber

I

El problema: entre lo normativo y el Vacío en los fundamentos, a partir de Georg Lukács

Este primer capítulo trabaja sobre *Historia y conciencia de clase* (en adelante *HCC*) de Georg Lukács, no con el fin de producir un *comentario exegético* de esa obra –según lo planteado en la introducción–, sino en pos de utilizar los materiales lukacsianos para producir otra cosa, distinta a ellos: nuestro problema. Así, nos proponemos llevar adelante la primera formulación del doble rechazo que nos aleja tanto de la Escila de lo normativo como de la Caribdis de la disolución de todo fundamento, rechazo a través del cual se define nuestra propuesta de teoría crítica reflexiva. Realizamos este *trabajo* de lectura sobre *HCC* porque allí encontramos dos modos disímiles de articular una mirada crítica de la sociedad capitalista, a partir de los cuales podremos justamente caracterizar ambos polos de dicho rechazo.

En efecto, dicha obra contiene, por un lado, una compleja perspectiva teórica que hace de la dialéctica su método y la pieza clave a través de la cual dar cuenta de la relación entre sujeto y objeto, entre las prácticas y puntos de vista de los agentes y el entramado sociohistórico. Esta perspectiva se asienta en una concepción objetivista de la historia, que da pié a una filosofía que establece el referente de certeza en base al cual se señala el "deber ser" de lo social, dando así un fundamento normativo a la crítica que ella produce. Tal concepción nos permitirá, entonces, captar las características centrales de la Escila, junto con sus consecuencias para la práctica de la crítica. Por otro lado, en *HCC* hallamos elementos de lo que, con Arato y Breines, cabe llamar una "crítica sociológica"[1] de la sociedad capitalista; la cual también se encuentra

---

[1] Arato, A. y Breines, P., *El joven Lukács y los orígenes del marxismo occidental*, México, Fondo de Cultura Económica, 1986, p. 247.

articulada en torno al método dialéctico. Ella puede brindarnos materiales con los que producir uno de los hilos conceptuales de nuestra trama teórica, especialmente a partir de su noción de "impacto de totalidad"[2]. Sin embargo, para que aquí no se introduzca la dimensión normativa, presente en la perspectiva que se asienta en la concepción objetivista de la historia, resultará necesario producir una des-imbricación que distinga analíticamente cada uno de los dos modos de producir conocimiento crítico que encontramos en *HCC*, de forma tal que ellos sean *completamente independientes* entre sí.[3]

Es decir, buscaremos aprehender la crítica sociológica lukacsiana, *al mismo tiempo* que cuestionamos su asentar a la crítica en un fundamento normativo, y esto lo haremos a través de nuestro trabajo de des-imbricación, el cual nos pone, como veremos, ante el problema de un vacío en los fundamentos, producto de nuestro agrietamiento del pilar normativo que en Lukács brinda su filosofía de la historia. A esto se agrega que dicho vacío puede elevarse a una certeza última: la de la imposibilidad de dotar de un fundamento a la crítica sin dar lugar a un "gran relato", cuya muerte ha anunciado el pensamiento post, que hace de la contingencia radical y del infinito juego de las diferencias su sustrato ontológico. Es esto a lo que denominaremos "Vacío", propio de la Caribdis a la que aquí nos enfrentamos.

En resumen, la des-imbricación de estas dos perspectivas críticas, presentes como una sola en *HCC*, constituye el camino por el cual delinearemos nuestro interrogante central junto con el doble rechazo del que éste surge; pues se cuestionará tanto la pretensión de dotar a la crítica de un fundamento normativo, como la de establecer un Vacío en sus fundamentos. Sobre este telón de fondo puede percibirse, entonces, por qué nuestra pregunta gira en torno a cómo *re*fundar la crítica sobre bases no normativas. Dar cuenta de esto constituye el objetivo de este capítulo, lo cual nos llevará, a su vez, a elaborar las primeras categorías cuyo entrelazamiento conforma la teoría crítica reflexiva aquí propuesta.

---

[2] Noción que, como veremos en la segunda parte, se encuentra en el centro del particular trabajo de lectura que Merleau-Ponty hace de *HCC*, por lo que el abordaje de esta categoría es ya un primer paso en una dirección que iremos profundizando.

[3] Éste es el punto en el que más claramente se evidencia cómo aquí no se persigue una labor de historia intelectual; antes bien, nuestro interés es buscar en Lukács categorías conceptuales y problemas teóricos que nos permitan dar cuenta de los desafíos, riesgos y potencialidades de la práctica de la crítica de la sociedad en que vivimos. En este sentido es que lo leemos como un clásico –y no como una pieza de museo– que aún tiene mucho para decirnos.

Con este fin plantearemos, en la primera sección, las características más generales de dicha "des-imbricación". Esto nos permitirá enfocar la segunda sección en el estudio detallado de cada uno de los dos modos de aprehender la relación sujeto-objeto presentes en *HCC*, extrayendo sus consecuencias para nuestra problemática. Base sobre la cual podremos, en la tercera sección, terminar de delinear a la Escila y a la Caribdis con que este libro se enfrenta.

Dialéctica y totalidad

La propuesta que *HCC* realiza pone en el centro a la dialéctica en tanto método que define lo propio de la "ortodoxia" en el marxismo. En efecto, según Lukács, "en cuestiones de marxismo la ortodoxia se refiere exclusivamente al *método*. Esa ortodoxia es la convicción científica de que en el marxismo dialéctico se ha descubierto el método de investigación correcto"[4]. En este marco, la categoría de totalidad ocupa un lugar privilegiado, por lo que nos enfrentamos, como "problema central del método dialéctico, a la posición de dominio, adecuadamente entendida, de la categoría de totalidad"[5]. De allí que sea a través de ésta que Lukács problematiza la relación dialéctica entre objeto y sujeto, base sobre la cual nosotros nos proponemos aprehender el complejo entrelazamiento de estructura social objetiva y modos de pensamiento y acción subjetivos, entendiendo estos últimos como esquemas de dotación de sentido subjetivos.

Ahora bien, la clave de nuestra lectura reside en sostener que es posible detectar y distinguir analíticamente, en *HCC*, dos modos diferentes de poner en uso la noción de totalidad para aprehender la relación dialéctica de objeto-sujeto (y de estructura social objetiva-esquemas de dotación de sentido subjetivos), los cuales se encuentran allí imbricados.[6] En este marco tiene

---

[4] *HCC*, p. 2. Se evidencia así el lugar central que ocupa la preocupación por el método, según lo señalan, entre otros, Anderson y Sartelli (cf. Anderson, P., *Consideraciones sobre el marxismo occidental*, Madrid, Siglo XXI editores, 1998; Sartelli, E., "El comienzo de una filosofía necesaria", en Lukács, G., *Historia y conciencia de clase*, Buenos Aires, Ediciones ryr, 2009, p. 34).
[5] Ibíd., p. 37.
[6] Esta distinción entre dos modos de aprehender la relación sujeto-objeto entraña una diferencia sustancial con la taxonomía que predomina en los trabajos de lectura sobre la categoría

lugar nuestra ya mentada propuesta de producir una "des-imbricación", a través de la cual tornarlos completamente independientes uno de otro. A su vez, si detectamos dos modos de poner en uso la categoría de totalidad, y ésta es central a la dialéctica lukacsiana, podemos concebir entonces dos modos distintos de problematizar la dialéctica como método. Por un lado, aquél que, asentado sobre un fundamento normativo, pretende establecer el "deber ser" de lo social, el cual es entendido como el fin objetivo que persigue la historia, cuya concreción entrañaría la reconciliación de los términos hoy desgarrados. En este sentido, cabe verla como una "dialéctica cerrada". Por otro lado, lo que puede entenderse como una "dialéctica abierta", que no pretende fundar lo contingente en una necesidad más profunda (lo condicionado en lo incondicionado); antes bien, acoge esa contingencia y la consecuente abertura del proceso histórico (cuyo sentido, entonces, no está predeterminado). Así, mientras que en la primera concepción encontramos una versión dialéctica de la Escila, en la segunda, en cambio, hallamos un primer bosquejo del estilo de movimiento propio de la teoría crítica reflexiva que aquí se teje. Pero, para esto último, es un requisito *sine qua non* mantener "abierta" la dialéctica, sin introducir un nuevo cierre que fije la contingencia como característica definitoria del ser de lo social, invistiéndola así de un carácter ontológico; pues esto daría lugar a lo que aquí llamamos la "certeza negativa" de Caribdis. Nos topamos, nuevamente, con unos puntos de vista cuyo doble rechazo está en el centro de la problemática de esta investigación.

Se evidencia entonces cómo esta "des-imbricación" entre dos modos de aprehender la dialéctica sujeto-objeto es el producto de un trabajo de lectura

---

de totalidad en *HCC*, los cuales tienden a distinguir y separar analíticamente tres usos de esta noción: la "totalidad normativa", la "totalidad descriptiva" y la "totalidad expresiva". Entre los diversos trabajos que desarrollan dicha taxonomía se destacan: Arato y Breines, 1986; Jay, M., *Marxism and Totality: The adventures of a concept from Lukács to Habermas*, New York, Polity, 1984b; y Löwy, M., *Para una sociología de los intelectuales revolucionarios*, México, Siglo XXI, 1978. Tematizar en detalle las características de cada uno de estos abordajes, así como el punto en que nos diferenciamos de ellos, requeriría de una extensa digresión para con el objetivo de este capítulo (plantear el problema de nuestra investigación); el lector interesado en esta cuestión podrá encontrar un tratamiento detallado en Gambarotta, E., "La crítica y sus fundamentos a partir de la perspectiva de Georg Lukács", en *Cinta de Moebio. Revista de Epistemología de Ciencias Sociales*, Facultad de Ciencias Sociales, Universidad de Chile, Santiago de Chile, N° 41, junio de 2011, pp. 182-206.

que la aborda como *dos relaciones distintas e independientes entre sí*. En conse-cuencia, la perspectiva crítica que se posicione sobre uno de estos usos tam-bién será distinta e independiente de la que se posicione sobre el otro. A partir de esto, nuestro trabajo de lectura puede graficarse como un cuadro de doble entrada (ver Cuadro I), pues aun cuando la complejidad del tema im-posibilita introducir cada cuestión en una celda, sí nos permite establecer un sistema de referencias que facilite la lectura del resto del capítulo.

Cuadro I

		Formas de captar la relación sujeto-objeto	
		R1	R2
Problemática	Objeto	totalidad histórica (O1)	totalidad social de carácter histórico (O2)
	Sujeto	clase (S1)	totalidad de la personalidad (S2)
	Categoría mediadora	consciencia de clase atribuida (CM1)	impacto de totalidad (CM2)
	Relación teoría-práctica	de adquisición de consciencia (TP1)	de disrupción de los pensables-posibles (TP2)

Además, semejante graficación se constituye en una vía por la cual des-tacar cómo la misma problemática (una de las filas) es entendida de forma distinta según sea el modo en que se entienda la relación sujeto-objeto desde el punto de vista de la totalidad (es decir, según en qué columna esté esa celda), donde las consecuencias de una no predican sobre las de la otra y viceversa. Es a realizar la descripción de cada uno de estos modos de abordar la relación sujeto-objeto a lo que dedicaremos el primer apartado de la próxima sección, para luego destinar los siguientes dos apartados a extraer las consecuencias de cada una de estas "columnas" para nuestra problemática.

Dos modos de la dialéctica sujeto-objeto

El trabajo de distinción analítica

Según Rusconi, en Lukács el concepto de totalidad "se convierte en método crítico de la sociedad (en la denuncia de la alienación humana y del fetichismo de la ciencia empírica) y en criterio de inteligibilidad de la historia"[7]. En esta frase pueden detectarse dos usos de la noción de totalidad para el conocimiento del objeto, el primero de los cuales hace foco en la sociedad, a partir de lo cual se estudia los diversos fenómenos sociales como momentos de ese entramado relacional más amplio, percibiéndolos sobre ese telón de fondo; lo llamaremos la "totalidad social de carácter histórico" (celda O2 del cuadro I). El segundo se enfoca, en cambio, en la historia como objeto, en la posibilidad de develar –a partir de la categoría de totalidad– el sentido que a ella subyace. Le daremos por nombre "totalidad histórica" (celda O1). Este último uso fundamenta "la captación de la historia como *proceso unitario*"[8], en el que cada época histórica es entendida a partir de su significado como momento de ese proceso, cuyo sentido subyacente es lo que dota a la historia de su unidad. En dicha perspectiva hunde sus raíces la posibilidad de leer en el presente las tendencias que llevan hacia la realización de "los fines evolutivos objetivos de la sociedad"[9], marco en el cual se puede captar la "misión histórica"[10] que el presente plantea, en tanto tarea a ser llevada a cabo para alcanzar un determinado fin (la transformación revolucionaria de la sociedad burguesa). De cuya consecución la concepción de la historia como una totalidad da la *certeza*, aun cuando no sea posible poseer la garantía material de esa certeza, pues "sólo metódicamente –por el método dialéctico– *nos está garantizada*"[11].

La captación de la "totalidad histórica" permite, según Lukács, iluminar al sujeto de la acción histórica (S1), aquel que llevará adelante "el paso al que objetivamente tiende la dialéctica del desarrollo histórico"[12], paso cuya concreción no es posible sin la acción de dicho sujeto. Este último, para poder dar cuenta de la totalidad del objeto, tiene que ser él mismo una totalidad, y "en la sociedad moderna son exclusivamente *las clases* las que representan como sujetos ese punto de vista de la totalidad"[13]. Vemos así cómo, en el pensamiento lukacsiano, el conocimiento del objeto que se funda en la categoría

---

[7] Rusconi, G., *Teoría crítica de la sociedad*, Barcelona, Ediciones Martínez Roca, 1969, p. 47.

[8] *HCC*, p. 13-14.

[9] Ibíd., p. 166.

[10] Ibíd., p. 25. Ya aquí puede notarse la concepción objetivista de la historia que está en el centro de nuestro cuestionamiento.

[11] Ibíd., p. 47 (la cursiva es mía).

[12] Ibíd., p. 220.

[13] Ibíd., p. 31.

de totalidad nos lleva a conocer al sujeto como una totalidad y viceversa, pues sólo desde el punto de vista de ese sujeto puede darse la captación del mundo objetivo como un todo. Donde, en el contexto de la sociedad capitalista imperante, el proletariado es la clase capaz de adoptar dicha perspectiva, pues, por su posición en el proceso histórico, la persecución de sus intereses de clase lo lleva a "elevar la evolución de la humanidad a un estado superior"[14]. La progresiva comprensión de sus propios fines (su autoconocerse) es, a un mismo tiempo, la captación del sentido del entero proceso y de sus tendencias futuras (el conocimiento del objeto).

La categoría mediadora, en esta relación entre totalidad histórica y clase (columna R1), está dada por la noción de "conciencia de clase atribuida" (CM1), entendida como "la reacción racionalmente adecuada que se *atribuye* de este modo a una determinada situación típica en el proceso de la producción"[15]. Es a partir de establecer esa relación con el todo que se devela no sólo la posición del sujeto en el proceso histórico, sino también los intereses resultantes de ella; el esquema de dotación de sentido que tendría que tener de ser capaz de romper la inmediatez en la que se halla inmersa su mirada del mundo social.[16] De allí que esta noción no haga referencia a la conciencia empírica de los agentes; antes bien, se trata de una atribución del contenido de conciencia que sería racional que ellos tengan a partir del conocimiento de la totalidad histórica y de su posición como sujeto colectivo en ella. Y es precisamente por eso que permite avanzar en la determinación del carácter "históricamente significativo"[17] de sus prácticas, más allá de las intenciones

---

[14] Ibíd., p. 23.

[15] Ibíd., p. 55.

[16] La noción de punto de vista de la inmediatez tiene una clara función argumentativa en la corriente crítico dialéctica alemana, ya que con ella se construye un otro a partir del cual caracterizar la propia mirada crítica. Y si bien esta noción permite dar cuenta de las opacidades que los diversos condicionamientos sociohistóricos introducen en el punto de vista de los agentes, de lo implícito que hay en su mirada por el hecho de estar implicados en el mundo, como sostiene Bourdieu (cf. MP), Lukács tiende a maximizar su cosificación hasta un punto que, antes que productivo para el análisis, da cuenta del trasfondo epistemocéntrico de su mirada. Así, aun cuando no dejemos de interrogarnos por los condicionamientos ligados a la implicación, no por ello asumiremos este diagnóstico del punto de vista de la inmediatez. Problemática ésta que atraviesa al conjunto de los autores de la tradición crítico dialéctica alemana que trabajamos en esta investigación.

[17] Ibíd., p. 55.

subjetivas que se hubiese puesto en ellas. A la vez que es a través de esas prácticas, de las luchas que el sujeto histórico lleva a cabo, que adquiere conciencia de su situación de clase (se autoconoce), apropiándose progresivamente de ese modo de percibir la historia que entraña la noción de "conciencia de clase atribuida" (vemos así cómo la categoría mediadora nos sitúa directamente en la relación sujeto-objeto y, más aun, en el vínculo estructura social objetiva-esquemas de dotación de sentido subjetivos).

Abordemos ahora las características de la otra forma de conocer el objeto desde el punto de vista de la totalidad, es decir, a la "totalidad social de carácter histórico" (O2), cuyo rasgo central es el permitirnos estudiar lo particular como momento de un entramado relacional que es histórico, sin que ello implique afirmar la existencia de un sentido que se despliega a lo largo de esa historia. A partir de esta categoría puede aprehenderse críticamente la génesis sociohistórica y relacional de los distintos procesos, lo cual entraña un agrietamiento de aquel punto de vista que "naturaliza" lo establecido, petrificando el movimiento histórico en una segunda naturaleza.[18] Es en este sentido que se sostiene –en una frase que sintetiza magistralmente la concepción de la crítica como no aceptación de lo inmediatamente dado– que "un negro es un negro. Sólo en determinadas condiciones se convierte en esclavo. Una máquina de hilar algodón es una máquina de hilar algodón. Sólo en determinadas condiciones se convierte en *capital*"[19]. Dar cuenta de esas "determinadas condiciones", de la dimensión sociohistórica y relacional allí en juego, es lo que permite a la crítica la potencialidad de arruinar una perspectiva para

---

[18] La noción de "segunda naturaleza" se encuentra ya presente en *Teoría de la novela*, donde refiere al "mundo de la convención [...] cuyas leyes rigurosas, tanto en el plano del devenir como del ser, se imponen como una necesaria evidencia al sujeto conocedor pero que, no obstante, no ofrece un sentido al sujeto en busca de un fin, ni un campo de actividad inmediatamente sensible al sujeto actuante. Ese mundo es una segunda naturaleza; como la primera, no puede ser definida sino como un sistema de necesidades conocidas, pero cuyo sentido permanece extraño" (Lukács, G., *Teoría de la novela* [1919], Barcelona, Edhasa, 1971, p. 66). De esta fuente la retoma Benjamin en su "El origen del *Trauerspiel* alemán" ([1928], en *Obras*, Madrid, Abada, 2006) y, más tarde, Adorno para su conferencia sobre "La idea de historia natural" (en Adorno, Th W., *Actualidad de la filosofía*, Barcelona, Ediciones Paidós, 1991). Más aun, como veremos en los últimos capítulos, el propio Bourdieu abreva en esta noción, por lo que ella recorrerá el conjunto del presente escrito.

[19] Marx, K., *Trabajo asalariado y capital. Salario, precio y ganancia*, Buenos Aires, Editorial Anteo, 1973, p. 36. El propio Lukács cita esta frase (Cf. *HCC*, p. 15) para mostrar este mismo nudo problemático.

la cual es "natural" que un negro sea un esclavo, que una máquina de hilar algodón sea capital; percibiéndose, en última instancia, que la mercancía no es meramente una cosa, sino una particular lógica relacional, definitoria de la sociedad capitalista.

A partir de esto puede captarse cómo un problema propio de una de las diversas esferas sociales refiere en parte a la totalidad social de carácter histórico, en tanto está atravesado por una lógica que sobrepasa los límites de dicha esfera en particular. Por lo que, según Lukács, "la expresión literaria, científica, de un problema aparece como expresión de una totalidad social, como expresión de sus posibilidades, sus límites y sus problemas"[20]. Es decir que se puede captar en un proceso propio de alguna de las diversas esferas sociales aquella dimensión atinente a la lógica que impera en el entramado relacional en su conjunto; a la vez que esa problemática, el modo en que ella se dirime, impacta en la estructuración de ese entramado, en la manera en que la sociedad se da un orden y se desordena a sí misma. De allí la centralidad, para la dialéctica lukacsiana, de subrayar "la concreta unidad del todo frente a todos los sistemas parciales y a los hechos aislados y aislantes productos del capitalismo"[21], poniendo así en cuestión las deshistorizaciones y los sustancialismos que eternizan y escinden uno de otro a los procesos que conforman al entramado social.

Sobre esta base, entonces, pueden aprehenderse los múltiples vínculos que ligan las distintas esferas sociales, y esto también predica en la captación del sujeto que se entrelaza con la totalidad social. Pues una perspectiva así posicionada no centra su percepción del sujeto en los diversos roles sociales que éste posee, ya que allí se estaría manifestando una forma de abstracción que aísla sus diversas prácticas, adscribiendo cada una de ellas a una única esfera social, rompiendo así los lazos que las vinculan entre sí y con la sociedad como un todo. Es decir, de la misma manera en que se critica la concep-

---

[20] *HCC*, p. 38. Sin embargo, esto no ha de entenderse como la afirmación, por parte de Lukács, de que cada problema es un mero epifenómeno de la totalidad social, eliminándose las mediaciones entre las esferas. Antes bien, la totalidad social "existe en y a través de esas mediaciones múltiples a través de las que se vinculan entre sí los complejos específicos —es decir 'totalidades parciales'— en un complejo global dinámico, que cambia y se desplaza constantemente" (Mészáros, I., *El pensamiento y la obra de Georg Lukács*, Barcelona, Editorial Fontamarra, 1981, p. 57). En definitiva, no deja de reconocerse y señalarse la "autonomía relativa" de cada esfera social, que es también hablar de su carácter "relativamente dependiente".

[21] Bedeschi, G., *Introducción a Lukács*, Buenos Aires, Siglo XXI, 1974, p. 34.

ción de una completa autonomía de las diversas esferas sociales, señalando el vínculo que las entrelaza, se cuestiona también la imagen que hace de los esquemas de dotación de sentido subjetivos –que se ponen en juego en cada una de esas esferas– entidades completamente escindidas las unas de las otras. Esto es, se critica el proceso por el cual se abstrae tales esquemas, presentándolos como completamente aislados y escindidos entre sí, aun cuando sean propios de un mismo sujeto; quedando de esta manera desgarrados en una multiplicidad de roles sociales. Abstracción que da lugar a lo que cabe entender como un "sustancialismo de rol", bajo el cual se nos aparece la práctica científica o el problema literario como solamente eso, una práctica o un problema limitado a una única esfera social, y no como una práctica que a su vez impacta en y es impactada por la totalidad social.

Frente a esto, el punto de vista crítico elaborado por Lukács pone el acento en la "*entera personalidad total*"[22] (S2) de los agentes sociales. Pues es sobre la base de la consideración de la personalidad como un todo que podemos aprehender el vínculo (la autonomía relativa) entre los esquemas de dotación de sentido subjetivos que el agente pone en práctica en cada una de las esferas sociales de las que participa, y entre éstos y la totalidad social. Dando cuenta así del impacto (no necesariamente buscado, previsto o siquiera visto por su productor)[23] que el esquema de dotación de sentido subjetivo puesto en práctica en la esfera científica (o literaria, etcétera) tiene por fuera de esa esfera, en el resto de los ámbitos sociales y, en última instancia, en la forma en que la sociedad se ordena y desordena a sí misma, esto es, en *lo* político. Pero para dar cuenta de la autonomía relativa entre los esquemas de dotación de sentido subjetivos que se ponen en juego en diversas esferas sociales es necesario captar el propio entrelazamiento de esas esferas en la totalidad social (O2), a la vez que, para captar la autonomía relativa de dichas esferas, es necesario captar el entrelazamiento de los esquemas, y sus consecuentes prácticas, en la personalidad total del sujeto (S2). Se percibe, de esta manera, el vínculo dialéctico entre sujeto y objeto propio de R2.

---

[22] *HCC*, p. 350.

[23] Cabe aclarar que, si bien cuando aquí hablamos de "personalidad total" tendemos a referirnos (por una cuestión de comodidad y brevedad) a agentes individuales, ello no implica que esta noción no sea utilizable para pensar las prácticas llevadas a cabo por un sujeto colectivo.

La categoría mediadora entre estos dos términos es aquella que permite dar cuenta del impacto que una práctica particular puede tener en la trama de la totalidad social, a la vez que posibilita percibir cómo la lógica relacional propia de ésta última puede llegar a ponerse en juego en una "decisión tomada a propósito de una ocasión de importancia aparentemente mínima"[24]. En definitiva, de lo que se trata es de captar "la relación de totalidad"[25] que media entre ambos términos, el mutuo condicionar y dejar huella en la otra instancia, siendo a esta mediación (en ambas direcciones) a la que denominamos *impacto de totalidad* (CM2). Esta categoría da cuenta, por tanto, del entrelazamiento dialéctico de esquemas de dotación de sentido subjetivos y estructura social objetiva, a partir del cual se articula la forma en que la sociedad se ordena y desordena a sí misma. En este sentido, la categoría de impacto de totalidad tiene lugar en el terreno de *lo* político, es en definitiva un impacto en *lo* político[26].

El fundamento normativo y su certeza

En este apartado nos enfocaremos en el análisis de las consecuencias de *R1* —es decir, de la relación dialéctica entre totalidad histórica y clase, mediada por la conciencia de clase atribuida— para el interrogante que este libro se plantea, en torno a la elaboración del *modus operandi* de una sociología crítica de la sociedad moderna y capitalista. En este marco, la perspectiva producida a partir de R1, con la concepción objetivista de la historia que le subyace, nos permite adentrarnos en una compleja y refinada elaboración de un punto de vista crítico que se sostiene en un fundamento normativo (en un "gran relato", si se lo quiere decir así). A través del estudio de esta perspectiva avanzaremos en una caracterización general de los rasgos principales de toda concepción normativista, la Escila que aquí buscamos sortear.

---

[24] *HCC*, p. 221.

[25] Ibíd., p. 220.

[26] Si, como dice Merleau-Ponty, la praxis en Lukács es "algo menos que un sujeto y más que un objeto" (AD, p. 56), ya que se encuentra en el entrelazamiento de ambos momentos, entonces la noción de impacto de totalidad es la categoría teórica que nos permite aprehenderla.

En la trama teórica que entraña R1, la captación de la historia como una totalidad permite no sólo aprehender el esquema de dotación de sentido subjetivo que posee un sujeto por ocupar una determinada posición en la totalidad, también –y más importante aun– posibilita aprehender dicho esquema como una "falsa conciencia", en tanto "marra la esencia de la evolución social"[27], al no captar la lógica propia del devenir de la historia como un todo y, por ende, la posición que este sujeto tendría que tener allí. En este sentido, el punto de vista fundado en estas categorías se considera capaz de des-cubrir las ideas que la clase (en tanto sujeto) *tendría que tener* si viese su situación completamente; es decir, si adoptase la perspectiva que es propia del conocimiento que el teórico tiene de la historia. Sólo sobre esta base resulta posible construir la categoría mediadora de conciencia de clase atribuida, a la vez que se rechaza la conciencia empírica del sujeto, reduciéndola a mera falsedad.

De esto surgen dos problemáticas estrechamente vinculadas. La primera de ellas (que recorre las distintas propuestas teóricas de la tradición crítico-dialéctica alemana que esta investigación aborda) reside en lo que, con Bourdieu, podemos llamar un "epistemocentrismo"[28]. En tanto la particular perspectiva teórica, su lógica, la práctica que la produce así como la manera en que, desde ese posicionado punto de vista, se dota de sentido al mundo, es concebida como la perspectiva a ser alcanzada por todos los sujetos, pues constituye el punto de vista universal y "correcto" sobre el sentido último de los procesos sociohistóricos. Se hace de ella, entonces, el único punto de vista válido, cuya contracara es la reducción a mera falsedad, a error a ser desarticulado, de toda manera otra de ver el mundo social. Es aquí donde esta concepción teórica se toca con el mito "que ha puesto en marcha el proceso sin fin de la ilustración"[29], en el que toda mirada diferente queda reducida a ser una mera creencia, sin pretensión de verdad alguna. Ese no permitir un otro, el sesgo totalitario a nivel del saber que es poder, es consecuencia directa del epistemocentrismo que subyace a R1, especialmente en su categoría de conciencia de clase atribuida (CM1). Pues, al ser ella la reacción racional ante una

---

[27] *HCC*, pp. 54-55.
[28] Para el sentido que Bourdieu le da a este término, véase *MP*, pp. 72-76.
[29] *DI*, p. 66.

situación determinada, no puede más que sumergir en la irracionalidad a todo otro esquema de dotación de sentido subjetivo, a las prácticas que éste produce y de las que es un producto.

Cabe aquí hacer una breve digresión para señalar que no debe confundirse esta problemática con los riesgos del "miserabilismo" o del "populismo"[30]. En efecto, el miserabilismo latente en esta perspectiva no implica que haya que caer, por contraparte, en una celebración populista de la conciencia empírica de los agentes (incluido el científico) en su estructuración actual, pues ello sería negar el impacto de los condicionamientos sociohistóricos, producto de su implicación en el mundo social.[31] Antes bien, lo que aquí pretendemos señalar es cómo la relación totalidad histórica-clase conlleva la imposición de la lógica teórica como única lógica válida para la percepción del mundo social, a partir de la cual es dable establecer la falsedad de "las ideas de los hombres acerca de su posición en la vida".[32] Esta concepción subyace a la erección de la categoría de conciencia de clase atribuida, puesto que ella sólo puede sostenerse si se afirma la validez de la perspectiva teórica por sobre toda otra perspectiva, especialmente de aquella producto de las categorías prácticas con que los agentes tornan inteligible el mundo social.

Hecha esta digresión, abordemos ahora la segunda problemática que nos ocupará a lo largo del resto de este apartado. Ella surge de que, aun cuando la perspectiva fundada en R1 permite conocer al sujeto encargado de realizar "el paso al que objetivamente tiende la dialéctica del desarrollo histórico"[33], este paso, sin embargo, no puede ser llevado a cabo más que a través de una acción consciente de la clase proletaria en tanto sujeto (S1). Ya que, según Lukács, la superación de las contradicciones intrínsecas a la sociedad burguesa

---

[30] Utilizamos estas nociones en el sentido dado por Grignon y Passeron, en *Lo culto y lo popular. Miserabilismo y populismo en sociología y en literatura*, Buenos Aires, Nueva Visión, 1991.

[31] Más aun, no siempre las perspectivas epistemocéntricas son "miserabilistas", también pueden tener un carácter "populista", señalando la riqueza del punto de vista de los agentes situados pero concibiéndolo a imagen y semejanza del punto de vista teórico. Esto acontece, en general, en las llamadas "Teorías de la elección racional", cuando éstas abandonan su carácter prescriptivo para constituirse en análisis sobre cómo los agentes sociales toman decisiones racionales. En última instancia, es ese hacer de la elección racional el marco de referencia de la acción lo que está detrás de la crítica de Parsons al utilitarismo (cf. *La Estructura de la Acción Social* [1937], Madrid, Guadarrama, 1968).

[32] *HCC*, p. 55.

[33] Ibíd., p. 220.

requiere que el sujeto de esa acción sea consciente del sentido histórico-objetivo que ella entraña. Pues, de quedarle oculto el sentido último (histórico) de su práctica, entonces su propio producto se le tornaría ajeno. Por lo que el problema clave para la realización de la acción histórica (cuestión que constituye la preocupación central de R1) es el de la toma de conciencia por parte del sujeto, la cual se produce procesualmente, a través de las propias prácticas del proletariado en sus luchas parciales contra la burguesía. Por eso, "el proletariado no puede constituirse en clase más que en el proceso y por él"[34], siendo la categoría de conciencia de clase atribuida la que posibilita, en definitiva, percibir si hay o no una "aproximación de la conciencia psicológica a la atribuible"[35]. Es decir, si las prácticas efectuadas contribuyen a la toma de conciencia o, por el contrario, reproducen la "falsa conciencia" en el proletariado. De allí que, para Lukács, "la verdad o falsedad funcionales de la acción tiene [...] su criterio último en el desarrollo de la conciencia proletaria de clase"[36].

Sobre esta base puede comprenderse cómo tal contenido de conciencia resulta perceptible aun en aquellos momentos en que su figura no es visible –por las características particulares de la coyuntura histórica–, en tanto "él mismo es teorético y latente"[37]. Pues se halla inscripto en la lógica que subyace al devenir de la historia concebida como una totalidad, manteniéndose en estado de latencia hasta que se lleve a cabo la acción histórica que ella contiene. Por lo que resulta captable –en la trama objetiva de la historia– aun antes de que el sujeto la haya hecho propia. Sin este fundamento no se podría construir la categoría de conciencia de clase atribuida, no habría elementos en el estado actual de cosas a partir de los cuales elaborar el parámetro en relación al cual se determina la verdad o falsedad funcional de una acción. En

---

[34] Ibíd., p. 45.

[35] Ibíd., p. 80. Señalemos que en este proceso el partido tiene un papel clave, en tanto primera configuración organizacional de esa conciencia. Sin embargo, hemos preferido no abordar en estas páginas la cuestión del partido en Lukács, pues, si bien ocupa un lugar central en su libro, es claramente una de las cuestiones más ligadas a su particular coyuntura sociohistórica y, dado que nuestro objetivo no es hacer una historia intelectual del pensamiento lukacsiano sino indagar en su trama teórico-conceptual en pos de elementos que nos permitan pensar críticamente nuestro presente, dar cuenta de la concepción del partido en Lukács nos hubiese obligado a alejarnos demasiado del fin que aquí se persigue.

[36] Ibíd., p. 221.

[37] Ibíd., p. 44.

este sentido, estamos ante un proceso que es fundamentalmente de *adquisición* de conciencia por medio de la práctica y no de *producción* de dicha conciencia, pues se hace propio algo ya existente (al menos a un nivel teorético) que no es producto directo de esas prácticas, sino que se internaliza, se aprende, a través de ellas. Contenido de conciencia que el teórico conoce a partir de su captación del objeto historia, siendo este momento "objetivo" el preponderante en el interior de R1, pues a partir de él se establece la *certeza* metódica que permite a la teoría constituirse en el momento que orienta la práctica del sujeto histórico.

Por lo que, aun cuando para Lukács "la transformación misma no puede ser sino acto libre del proletariado mismo"[38], en el marco dado por R1 el asunto en cuestión no es acerca de cuál es el camino a ser recorrido, sino si el sujeto lo recorrerá o no, si ha adquirido la conciencia de su misión histórica que consiste, en definitiva, en recorrer ese camino. De allí que, según Lukács, "con ese planteamiento de la cuestión quedan *ya dados* el camino y la posibilidad de la respuesta"[39]. No más que la posibilidad, pues, como él señala, esa respuesta sólo puede llevarse a cabo con un acto consciente del proletariado que hace propia esa respuesta, que transita el camino ya dado por el conocimiento teórico de la totalidad histórica.[40] En un punto extremo (y deliberadamente provocativo) cabría decir que, si la libertad del sujeto consiste en recorrer un camino cuyo rumbo ha sido establecido por el conocimiento teórico de la totalidad histórica, si su práctica transformadora es producto de una conciencia atribuida que es teoréticamente captable con anterioridad a

---

[38] Ibíd., p. 232.

[39] Ibíd., p. 182 (las cursivas son mías).

[40] Suele criticársele a Lukács el que "subjetiva la revolución" (Rusconi, 1969, p. 71), o bien que *HCC* puede ser leída "en clave subjetivista" (Sartelli, 2009, p. 39) y si bien hay una innegable importancia de la acción subjetiva, tal y como él mismo reconoce con posterioridad al criticar los "acentos de subjetivismo dominante" (*HCC*, p. XIX) que hay en esta obra, aquí consideramos que el énfasis se pone en el momento objetivo. Pues es en él donde se da la aprehensión de la lógica de desarrollo subyacente a la totalidad histórica, a partir de la cual se elabora la noción de conciencia de clase atribuida que queda así investida de "una objetividad práctica indiscutible" (*HCC*, p. XX). En base a lo cual —según hemos venido sosteniendo en las últimas líneas— se traza el camino que la acción subjetiva tendría que recorrer para llevar a cabo su misión histórica objetiva. Por lo que, frente a la afirmación de Löwy, según la cual la conciencia de clase atribuida permite a Lukács escapar tanto al subjetivismo idealista como al empirismo (cf. Löwy, 1978, p. 185), nos permitimos sospechar que, en semejante escape, Lukács cae en un objetivismo que halla su fundamento en la lógica del proceso histórico.

que él la posea efectivamente, entonces su autonomía "se despliega hasta convertirse en su heteronomía"[41]. Así, la perspectiva crítica encuentra un momento de cierre, en el que la actividad de los agentes termina asimilada y subordinada al momento objetivo o, más específicamente, a aquellos poseedores de un conocimiento que se presenta como universal-objetivo y que, como tal, instaura un *fundamento normativo* en base al cual se pretende orientar la actividad del resto de los agentes sociales.

Así, la lucha a ser llevada a cabo, la particular acción en *lo* político que se desprende de R1, se encuentra establecida por la *certeza* que brinda un determinado saber, sostén del fundamento normativo que surge de la posibilidad de aprehender el sentido hacia el que tiende la historia. Esto se encuentra en el núcleo mismo de la forma en que aquí se concibe la relación entre teoría y práctica (TP1), otorgándole a la primera una primacía sobre la segunda (que es, en última instancia, el problema del epistemocentrismo), lo cual le permite establecer los "fines evolutivos objetivos" a ser perseguidos. No dando lugar a otros fines, cerrando la disputa en torno a ellos, es decir, el weberiano politeísmo valorativo; para reintroducir lo que cabe entender como un monoteísmo, el cual sostiene la validez exclusiva (y, por tanto, excluyente) del fin que se funda en la *certeza* que el conocimiento dialéctico de la historia provee (cuyo esperable reverso es la no validez de todo otro fin). Monoteísmo que se presenta, así, como otro de los rasgos propios de las perspectivas normativistas.

Llegados a este punto de nuestra indagación sobre R1 puede entenderse por qué, en este marco, la posibilidad de una unidad entre teoría y práctica (TP1) tendrá lugar "sólo si el paso a conciencia significa el *paso decisivo* que el proceso histórico tiene que dar hacia su propio objetivo, compuesto de voluntades humanas, pero no dependiente del humano arbitrio, no invención del espíritu humano"[42]. Donde la teoría tiene por función posibilitar ese paso a conciencia, a partir del cual puede acontecer la transformación práctica que conduzca a la historia a la realización de su objetivo, independiente del humano arbitrio. Y si bien, según Lukács, el conocimiento producto de la teoría

---

[41] Horkheimer, M., "Razón y autoconservación" [1941-1942], en *Teoría tradicional y teoría crítica*, Barcelona, Paidós e I.C.E. de la Universidad Autónoma de Barcelona, 2000, p. 101 (en adelante citado como "Razón y autoconservación").

[42] *HCC*, p. 3.

es a su vez un "*autoconocimiento de la realidad*"[43], en ese autoconocimiento, sin embargo, se asimila el momento subjetivo al objetivo. Ya que será verdadero (será efectivamente autoconocimiento y no falsa conciencia) en la medida en que el sujeto adquiera el sentido del devenir de la totalidad histórica y de su lugar en ella, según se lo define desde el punto de vista teórico, para luego llevar a cabo su práctica según esos parámetros. Por lo tanto, es en el cumplimiento de su función que la teoría se une con la práctica, pero al precio de impulsar una heteronomía en la acción de los agentes, junto con sesgos autoritarios en el saber producto de la práctica teórica.

Esto se funda en una concepción de la dialéctica (propia de R1) que, si bien no permite adquirir la garantía material de la victoria final del sujeto (pues ella no es más que una posibilidad, dependiente de un "acto libre" de éste), sí brinda la "certeza metódica"[44] que funge de referente último a partir del cual ha de guiarse la acción de los agentes. De esta manera, la dimensión normativa, ligada a una "dialéctica cerrada", da lugar a la dupla heteronomía-carácter autoritario que resulta contraria a los objetivos que la propia crítica lukacsiana sostiene. Éstos son los rasgos de nuestra Escila.

El impacto de totalidad y su vacío

[a] Sustancialismo de rol y despolitización

Hemos visto que, en el marco de la relación dialéctica entre totalidad social y totalidad de la personalidad, mediada por la categoría de impacto de totalidad (R2), la inserción de un fenómeno en el entramado relacional más amplio en el que tiene lugar permite la ruptura con la percepción sustancialista y deshistorizante de dicho fenómeno que conduce, en última instancia, a la captación de la sociedad como una segunda naturaleza. Es a partir de esa ruptura que puede develarse al "carácter fetiche de la mercancía como forma de objetividad"[45] específica, producto de las relaciones sociales capitalistas. A la vez que esta misma perspectiva relacional permite, también, el agrietamiento de ese otro sustancialismo que es el sustancialismo de rol. El cual, al

---

[43] Ibíd., p. 18.
[44] Ibíd., p. 47.
[45] Ibíd., p. 90.

mantener escindidos los diversos esquemas de dotación de sentido que un mismo agente pone en juego en distintas esferas sociales, obtura la captación del impacto que las acciones cotidianas de los "políticos no profesionales"[46] pueden tener en *la* política, así como en *lo* político.

En este sentido, la perspectiva crítica que se desprende del entrelazamiento entre totalidad social y totalidad de la personalidad recupera la joven crítica de Marx a la falsa escisión entre *citoyen* y *bourgeois*; separación que restringe la práctica en *lo* político al rol del ciudadano, mientras que las prácticas propias del rol del burgués (o del científico, o del artista, etcétera) no exceden los límites de lo privado (o de la esfera específica en la que se desempeña el rol, sea científica, artística, etcétera), por lo que no tienen consecuencia alguna en la estructuración de *lo* político.[47] En base a esto puede sostenerse que dar cuenta del impacto de totalidad de una práctica que no es propia del terreno de *la* política, aprehender el carácter atinente a *lo* político de las actividades cotidianas de los políticos no profesionales, *es ya de por sí el producto de un esfuerzo crítico*, de una ruptura con el sustancialismo de rol. Y ese esfuerzo crítico puede ser llevado a cabo a través de una perspectiva que incluya entre sus hilos conceptuales la categoría mediadora de R2, de allí su potencial para la práctica de una sociología crítica.[48]

---

[46] Usamos esta noción como contraparte de la categoría weberiana de "político profesional" (cf. Weber, 1991), para aludir a aquellos que tienen otra profesión, distinta a la política.

[47] Sostiene Marx que "la diferencia entre el hombre religioso y el ciudadano es la diferencia entre el comerciante y el ciudadano, entre el peón y el ciudadano, entre el terrateniente y el ciudadano, entre todo individuo viviente y el ciudadano. La oposición que existe entre el hombre religioso y el hombre político es la misma oposición que hay entre el *bourgeois* y el *citoyen*, el miembro de la sociedad civil con su leonina piel política" (Marx, K., *La cuestión judía* [1943], Buenos Aires, Need, 1998, p. 27). En este sentido, la categoría *mediadora* de impacto de totalidad tiene varios puntos de contacto con la noción de "politicidad" según la entiende Merklen (en Merklen, D., *Pobres ciudadanos. Las clases populares en la era democrática (Argentina, 1983-2003)*, Buenos Aires, Gorla, 2005, especialmente p. 24). Más aun, su énfasis en las limitaciones que produce considerar a un mismo agente social como pobre –desde la sociología– o como ciudadano –desde las ciencias políticas–, y no como ambas cosas a la vez, en el entrelazamiento de esas dimensiones, puede ser leído desde la noción de totalidad de la personalidad que aquí hemos elaborado.

[48] A lo cual se agrega que es justamente esta noción la que está en el centro de la particular lectura de Lukács que hace Merleau-Ponty, en tanto es a través de ella que se alude a esa instancia que no es ni sujeto ni objeto, sino que surge en la adherencia y el espacio común entre ambos, es decir, el orden de la historia, de lo simbólico y de la expresión. Ésta es la clave que Merleau-Ponty encuentra en un Lukács que se apropia y rearticula la principal novedad del pensa-

El sustancialismo de rol genera, entonces, una "despolitización" de los esquemas de dotación de sentido subjetivos y de las prácticas a ellos ligadas; pues supone que la manera de ver y actuar en el mundo del *bourgeois* no genera consecuencias para el *citoyen* (y viceversa). O bien –en una problemática más directamente ligada a los interrogantes de esta investigación– que, en tanto científicos, tenemos unos modos de abordar el mundo, mientras que, en tanto ciudadanos, lo abordamos desde otras perspectivas, sin que nada conecte tales modos entre sí, es decir: sin dar cuenta de su entrelazamiento en la totalidad de la personalidad.[49]

Así, se presentan como ajenas a *lo* político (y en este sentido despolitizadas) aquellas prácticas (como la científica) cuya profesión no es la política. Frente a ello, se plantea la tarea de la politización de tales prácticas, cuyo primer paso reside en aprehender cómo el problema económico o científico (o literario, etcétera) es también un problema atinente a *lo* político, y viceversa. En ese camino nos sitúa la categoría de impacto de totalidad, dando cuenta de la tensión entre despolitización y politización, que comienza aquí su recorrido por el conjunto de este libro.

[b] El espacio de los posibles y el ámbito de los pensables

La noción de impacto de totalidad nos permite, entonces, aprehender los procesos que generan la "segunda naturaleza", pero también (o justamente por ello) el punto de vista así posicionado es el que puede dar cuenta de la "ininterrumpida *transformación cualitativa* de la estructura de la sociedad"[50]. Ya que sólo sobre el trasfondo dado por la estructura de la totalidad social y sus mecanismos de reproducción es posible percibir aquellos momentos de las prácticas de los agentes que rompen con la estructura relacional imperante y, al hacerlo, introducen una lógica relacional distinta a la existente. De allí que podamos sostener, junto con Lukács, que "toda relación humana que rompa con esa estructura, con la abstracción que ignora la personalidad total

---

miento marxiano, su "introducir un nuevo modo de existencia histórica y de sentido: la *praxis*" (*AD*, p. 56).

[49] Como veremos en el próximo capítulo, éste es el cuestionamiento central que Horkheimer le realiza a la pretensión de "neutralidad" de la teoría tradicional, lo cual entraña una despolitización de la práctica de producción de conocimiento científico, es decir, de *nuestra* práctica.

[50] *HCC*, p. 203.

del hombre, con su subsunción bajo un punto de vista abstracto, será un paso hacia la rotura de esa cosificación de la conciencia humana"[51].

Esa ruptura entraña la producción de una abertura sobre el cerrado sistema establecido, modificando aquello que es percibido como una segunda naturaleza inmodificable. Frase ésta en la que se puede notar un contrasentido, y es allí justamente donde reside su interés. Así, la segunda naturaleza, percibida como imposible de ser modificada, puede serlo sin embargo a través de las prácticas de los agentes sociales que (buscándolo o no) generan una abertura, tornando concretamente posible lo que se percibía como imposible. En este sentido, la articulación de la totalidad social (en su relación con la totalidad de la personalidad) da lugar a una "estructura objetiva de las posibilidades y las imposibilidades"[52]. De aquello que, en el interior de esa trama relacional, se *percibe* como posible de ser llevado a cabo, en tanto se mantiene en el interior de dicha lógica (y, como tal, contribuye a reproducirla), y aquello que, por el contrario, se *percibe* como una toma de posición imposible, pues dicha posición es "antinatural", en tanto contraria a las leyes de la (segunda) naturaleza. Llevar a cabo una toma de posición que disrumpa el espacio de los posibles entraña, en definitiva, concretar un "imposible posible". Y en esto ocupa un lugar clave la doble alusión a cómo ello es *percibido*, pues ese espacio de los posibles y los imposibles es tal para un determinado esquema de dotación de sentido subjetivo (colectivo o individual), aquél que se encuentra petrificado (como la historia en la segunda naturaleza), vuelto una cosa, es decir cosificado.

Este modo de dotar de sentido al mundo (y, por ende, de actuar en él) resulta clave para reproducir el espacio de los posibles e imposibles, *a la vez* que

---

[51] Ibíd., pp. 333-334. Nótese cómo esa transformación de lo existente es sólo aludida en términos negativos y generales, como ruptura con lo existente que introduce una otra lógica relacional. Esto se debe a que, como desarrollaremos más adelante, la "desimbricación" por nosotros propuesta deja a la perspectiva teórica posicionada en R2 sin fundamento a partir del cual señalar qué lógica relacional se intenta introducir en el presente, en tanto dicho fundamento proviene, en Lukács, de su filosofía de la historia de cariz objetivista, que aquí hemos separado analíticamente de la crítica sociológica que buscamos apropiarnos.

[52] *MP*, p. 153. Utilizamos las nociones de espacio de los posibles y de los imposibles en el sentido que Bourdieu les da, para quien la estructura de una esfera social lleva inscripta, como en líneas de puntos, las posibles tomas de posición para un determinado agente que ocupa una determinada posición en su interior. El proceso sociohistórico produce esto, señalando determinadas tomas de posición como posibles de ser hechas, lo cual implica generar un espacio situado fuera de esos límites: el de los imposibles.

este último cumple un papel central en la reproducción de los esquemas así conformados, en lo que ellos permiten pensar así como en lo que se sitúa por fuera de la lógica de ese esquema y sus categorías. Aquello que, desde él, resulta impensable y, como tal, imposible de ser concretado, marcándose así el entrelazamiento del espacio de los posibles e imposibles con el ámbito de los pensables e impensables, primera presentación de unas nociones que volverán a ser trabajadas en diversas instancias de esta investigación.[53] Aclaremos rápidamente que esto *no* quiere decir que una ruptura en el ámbito de los pensables e impensables lleve necesariamente a concretar una toma de posición percibida como imposible, pues las relaciones de fuerza del momento pueden bloquear esa realización, requiriendo un largo y arduo esfuerzo concretarla. Lo que *sí* quiere decir, en cambio, es que, si se percibe esa posición como una imposibilidad, entonces no tiene sentido encarar el esfuerzo en pos de su concreción.[54]

Es en este entre-lazamiento de pensables e impensables/posibles e imposibles donde el punto de vista crítico puede contribuir a agrietar la captación de lo social como una segunda naturaleza, al marcar la génesis sociohistórica de ese espacio de los posibles, así como del ámbito de los pensables a él vinculado. A lo cual se agrega la posibilidad de aprehender cómo una práctica de importancia aparentemente mínima puede producir un agrietamiento (se lo busque o no) en este entrelazamiento, captándose así el impacto de totalidad (que es también en *lo* político) de estas prácticas sociales, incluida la propia práctica del teórico, es decir, la producción de conocimiento científico. Ésta es la potencialidad de la crítica que surge de R2. De allí que nos propongamos entrelazar el hilo conceptual del "impacto de totalidad" en la trama de nuestra teoría crítica reflexiva.

---

[53] Bourdieu señala que "en cada momento la estructura del espacio de las posiciones que resulta de toda la historia del campo, cuando es percibida por unos agentes condicionados en sus disposiciones por las exigencias de esa estructura, se les presenta como un espacio de los posibles capaz de orientar sus expectativas" (*MP*, p. 154). La referencia a este autor, el último que trabajaremos en este libro, marca, por un lado, cómo este problema recorre el conjunto de este trabajo, pero también, por el otro, cómo su formulación más completa (y compleja) se alcanzará luego de haber avanzado en dicho recorrido.

[54] Vuelve a verse la conexión con Bourdieu, pues a esto último remite la expresión de "eso no es para nosotros" por él estudiada, la cual marca "el sentido de los límites" de un posicionado agente social. Cf. Bourdieu, "Espacio social y génesis de las 'clases'", en *Sociología y cultura* [1984], México, Grijalbo, 1990.

Sin embargo, vuelve aquí a emerger el problema del epistemocentrismo, en tanto se sumerge a los agentes sociales en una total cosificación que les impediría dar cuenta de los imposibles-posibles que concretan con su acción, mientras que sería el teórico crítico quien, munido de la categoría de impacto de totalidad, desgarraría el velo de la cosificación, para dar cuenta de lo nuevo que esa acción ha concretado. Ahora bien, como señalamos para el caso de R1, esto no implica caer en el extremo opuesto y negar los condicionamientos y limitaciones que surgen para los diversos esquemas de dotación de sentido subjetivos por su implicación en el mundo social. Ni tampoco dejar de reconocer –provisoriamente a esta altura de nuestro escrito– la particular posición de "privilegio" (en los dos sentidos de la palabra, tal como sugiere Bourdieu[55]) desde la cual se articula el punto de vista teórico. Este problema y sus implicancias constituyen un *leitmotiv* del presente libro, que en este primer capítulo podemos detectar pero no aspirar a desarticular.

[c] El vacío en los fundamentos

Con estas lentes conceptuales podemos leer el planteo de Žižek, quien señala la categoría lukacsiana de *Augenblick* como el "momento" en que hay una abertura para que las prácticas intervengan en una situación, dejando en ella su marca, antes de que el sistema pueda acomodarse a dicha práctica, dándole un lugar en su estructura. Continua producción de una *abertura* sobre el cerrado sistema, ya que las prácticas de los agentes la generan constantemente, en una interrumpida transformación cualitativa de la trama relacional. Si bien ello no implica, de más está decirlo, que todas impacten de la misma forma sobre la totalidad social, ni que dicho impacto tenga la misma importancia en todos los casos. Esta lectura es la que permite vislumbrar, junto con Žižek, "un Lukács que está mucho [...] más dispuesto a la coyuntura/contingencia de lo que es usualmente asumido"[56]. Mas esto sólo es posible a partir del "desimbricamiento" que deja de lado la concepción normativa subyacente a la relación totalidad histórica-clase (R1), junto con lo cual se remueve la filosofía de la historia objetivista en la que se sostiene la concepción

---

[55] Véase *MP*, p. 30.

[56] Žižek, S., "From *History and Class Consciousness* to *The Dialectic of Enlightenment*... and back", en *New German Critique*, N° 81, 2000, p. 119 (en todos los textos cuyo título se cita en idioma extranjero las traducciones son mías).

de la necesidad de los procesos sociohistóricos. A partir de esto, la captación del impacto de totalidad (CM2) tiene lugar en un marco signado por la contingencia, en el que se diluye la figura de una necesidad subyacente al proceso. En este punto vuelve a evidenciarse la cercanía entre Lukács y un Merleau-Ponty para quien "la dialéctica [...] incluye la contingencia en su misma definición"[37]. Es esta concepción "abierta" de la dialéctica la que estará en el centro del estilo de la teoría crítica reflexiva que se aborda en la segunda parte.

Llegados a este punto podemos plantear el problema que *R2* nos abre (luego de la desimbricación de R1 y su fundamento normativo), el cual constituye uno de nuestros interrogantes centrales. Como señalamos, la perspectiva fundada en R2 puede ser un momento de agrietamiento de la segunda naturaleza, sin embargo, ello no la dota de por sí de la capacidad para intervenir en una dirección específica, con un particular sentido, en la forma en que las diversas prácticas sociales entretejen *lo* político. Ya que el conocimiento que se posiciona en dicha relación no tiene elementos a partir de los cuales orientar la acción de los sujetos, incluyendo a la propia práctica de la crítica. Se puede tensar la práctica sin que haya allí un fundamento en el que basar una atribución de conciencia (con las limitaciones que esto genera), pero tampoco uno que permita orientar la propia crítica en su práctica. En definitiva, el rechazo al fundamento normativo —y el modo en que, a través de la *certeza,* establece un único fin válido, con el monoteísmo que ello conlleva— deja a la práctica de producción de conocimiento crítico que se asienta en R2 sin elementos entre los hilos de *su propia trama* a través de los cuales darse un fin. Es decir que este recorrido nos lleva a toparnos con un punto de vista que carece de todo fin por el cual luchar en *lo* político (en un esfuerzo por contribuir al conjunto de las luchas que allí tienen lugar), uno que le dé sentido y orientación a ese momento en que la práctica de producción de conocimiento científico busca tornarse en crítica.

Esta carencia es consecuencia del logro de no verse encerrado en los límites de ese otro punto de vista teórico que abordamos en el apartado anterior, el cual extrae de su concepción objetivista de la historia un fundamento normativo a partir del cual guiar la acción de los sujetos. Así, el rechazo a asentar la crítica en ese fundamento normativo deja un *vacío* en la trama de la teoría

---

[37] *AD*, p. 151, nota 63.

delineada a partir de R2. El cual se torna un Vacío en las perspectivas que denominamos "post"; es decir que, en vez de buscarse el modo de desarticular esta problemática, se consagra como absoluto (negativo) la ausencia de todo fundamento desde el cual practicar la crítica. Esto último es propio de nuestra Caribdis, cuyo primer abordaje realizaremos en la próxima sección.

Escila y Caribdis

En este capítulo hemos distinguido dos modos de usar la categoría de totalidad para aprehender la relación sujeto-objeto, lo cual nos sitúa, como producto de nuestro trabajo de desimbricación, ante dos concepciones de la dialéctica *completamente independientes entre sí*. A partir de esto vimos cómo R1 entraña necesariamente un sesgo autoritario del conocimiento teórico, cuyo anverso es la generación (al menos como tendencia) de una heteronomía de las prácticas de los agentes y, más en general, de sus esquemas de dotación de sentido subjetivos. Se establece así la preponderancia del momento teórico sobre el práctico, sostenido por una concepción del punto de vista teórico como capaz de establecer –lo que el propio Lukács llama– una "certeza metódica" acerca de la dimensión futura. *Certeza* que tiene su fundamento en una concepción objetivista de la historia, a través de la cual se introduce una *dimensión normativa* en el pensamiento lukacsiano, a la vez que dicha certeza brinda una *garantía* última acerca del carácter "correcto" de la acción del sujeto. Esto se encuentra ligado, además, a la pretensión monoteísta de establecer un único fin válido, que no puede más que reducir a error todos los fines cualitativamente distintos al suyo; es decir que, en este marco, no hay posibilidad alguna de sostener la validez de la pluralidad de puntos de vista propia del politeísmo weberiano.

Sobre esta base, consideramos que el estudio en torno a R1 nos ha permitido detectar los rasgos centrales de la Escila a la que nuestra propuesta se enfrenta, de allí la importancia de detenernos en su indagación. Especialmente si se tiene en cuenta que, en el caso de R1, estamos abordando una perspectiva dialéctica; esto es, una que a primera vista se enraíza en el mismo terreno en que hunde sus raíces la teoría crítica reflexiva aquí elaborada. Sin embargo, sus limitaciones no son propias del método dialéctico, sino de su "cierre" producto del intento de fundar la propia perspectiva en un referente último de *certeza*, a partir del cual establecer el "deber ser" de lo social. Su contracara es la condena, fundada y fundamentada en la *certeza* establecida por esta forma de saber-poder, de aquellas acciones que busquen la misma meta pero por caminos otros (ni qué hablar de aquellas que tengan otras metas), al reducirlas a errores, falsedades o irracionalidades a ser desarticuladas. Esto es ya una manera de señalar que la concepción de la acción en *lo* político a la que llevan las perspectivas normativistas (y no sólo R1) conduce a que la orientación y sentido de dicha acción (o su desvío y sinsentido) se sostenga en una verdad producto del saber teórico, lo cual implica necesariamente diluir la dimensión específica del conflicto, de la diversidad de valores e intereses en pugna. No hay lugar para estas dimensiones en semejante concepción de *lo* político, pues todo conflicto es o bien una forma de acercarse prácticamente al camino "correcto", o bien un "error". Se genera así una despolitización de la acción en *lo* político.

A esto se agrega que la práctica de producción de conocimiento crítico establece, con su referente de *certeza*, un punto fijo e indubitable que como tal escapa a los alcances de la crítica, pues está más allá de ella o, mejor aún, por debajo de ella, sosteniéndola y posibilitándola. Certeza que, una vez establecida, no es susceptible de interrogación por parte de esa misma crítica a la que pretende fundar; lo cual entraña una detención de su movimiento, al no poder volverse críticamente sobre sí misma y su saber. Se obtura así su autorreflexión y con ella el movimiento de la crítica. Volveremos sobre esto en los capítulos III y IV.

Sin embargo, la perspectiva lukacsiana no se agota en R1, pues en ella también encontramos la central categoría de impacto de totalidad, la cual brinda un hilo a ser introducido en la trama que aquí se teje. Ya que, en su agrietar el sustancialismo y la deshistorización, permite percibir los mecanismos que reproducen el entramado relacional establecido, entre los cuales hemos destacado el lugar que ocupa el modo de estructuración dominante de los pensables-posibles. Sobre este telón de fondo se pueden percibir aquellas prácticas que producen un imposible posible, así como aquellas dotaciones de sentido que piensan lo impensable. En este marco, la teoría crítica reflexiva apunta a arruinar la segunda naturaleza, disrumpiendo los pensables-posibles establecidos. Pero ¿con qué fin llevar adelante este esfuerzo? En efecto, hemos visto que R2 no tiene en sus fundamentos elementos a partir de los cuales orientar no ya la práctica social general, sino tan siquiera su propia práctica; puesto que, en la perspectiva lukacsiana, tales fundamentos se enraízan en la relación dialéctica entre totalidad histórica y clase (R1). Es allí donde la teoría encuentra los pilares a partir de los cuales se sostiene no sólo la posibilidad, sino incluso la necesariedad de que la instancia teórica intervenga en las prácticas del sujeto. Todo lo cual conduce a las consecuencias regresivas que hemos señalado y por las que hemos emprendido este trabajo de desimbricamiento.

Así, si nos mantenemos fieles a nuestro desimbricar, nos topamos con que la perspectiva fundada en R2 no posee elementos que permitan hacer de la práctica científica un momento del proceso más amplio que persigue la transformación de lo existente. Elementos en base a los que, en definitiva, le sea dable establecer puentes que la vinculen con otras prácticas sociales, en pos de la eliminación de la injusticia existente y de la ampliación de los márgenes de libertad concreta. Es decir que el rechazo a la certeza de carácter normativo que se instaura en R1 y a la manera en que se entiende allí el vínculo ciencia y política, nos deja ante una relación entre totalidad social-totalidad de la personalidad en la que se cortan los puentes autoritarios presentes en dicho vínculo, al precio de cortar todos los puentes entre ambas instancias. En este sentido, estamos ante un *vacío* en los fundamentos de la práctica científica, ya que se queda sin elementos que, *desde su propio entramado conceptual* (y no en tanto que ciudadanos, es decir, escindiendo los distintos roles sociales en un sustancialismo de rol), le permitan intervenir en las prácticas atientes a *lo* político.

Llevando el argumento a su extremo, podemos sostener que el entrelazamiento entre totalidad social de carácter histórico y totalidad de la personalidad nos permite percibir cómo "una máquina de hilar algodón es una máquina de hilar algodón. Sólo en determinadas condiciones se convierte en *capital*". Es decir, nos posibilita dar cuenta del entrelazamiento entre condiciones sociales y esquemas de dotación de sentido subjetivos que hace de esa máquina un capital. Lo cual genera la abertura de considerar como pensable lo que resulta impensable para la mirada que "naturalmente" ve en ella un capital, tornando posible de ser concretado lo que se percibía como imposible, que nos dejemos de regir por esas relaciones sociales de producción. Sin embargo, resulta al menos complejo encontrar aquí (no en el pensamiento de Lukács en sí mismo, sino en R2) elementos que nos permitan señalar la necesariedad de transformar tales condiciones, que hagan de la injusticia que esas relaciones generan un motor que impulse la práctica de transformación de dichas condiciones. Aun cuando esta perspectiva haga visible (al menos para el teórico crítico) las consecuencias de las acciones de los diversos agentes sociales y cómo ellas contribuyen a la autoconservación de la sociedad en su forma actual, no hay allí elementos que hagan de esa injusticia una marca que dinamice la lucha en pos de la impostergable y vital transformación de la sociedad capitalista y moderna en que vivimos (tal vez ni siquiera haya elementos que permitan nominarla como una injusticia).

Es este complejo vínculo entre ciencia y política (y entre teoría y práctica) el que es borrado del horizonte de problemas por aquellas perspectivas que hacen del vacío en los fundamentos –generado por el rechazo a las perspectivas normativistas y sus "grandes relatos"– el punto fijo a partir del cual establecer un nuevo fundamento para la práctica cognoscitiva. Es decir, las que lo tornan un *Vacío* al elevarlo a ontología o esencia de lo social, instaurando así una nueva *certeza* (tan fija como la normativa), pero esta vez negativa. Ya que lo que se establece no es un "deber ser" de lo social (a partir del cual se guiarían las prácticas en *lo* político), sino la imposibilidad última de todo ser social, esto es, "la imposibilidad de la sociedad"[58]. De esta manera, al hacerse de la contingencia radical una *esencia* de lo social, se da lugar a lo que no es más que otra forma de "*certidumbre radical*: [...] que lo que se encuentra en el fondo de nuestra existencia no es un Absoluto, sino una Nada, un Vacío"[59]. El fijar al vacío como una ontología, como Vacío, conlleva el desarrollo de una perspectiva que puede analizar el proceso sociohistórico por el que, en cierto orden social, una máquina de hilar algodón es capital, e incluso puede estudiar los procesos por los que se produce un antagonismo en torno a esas relaciones sociales, pero no puede intervenir con su saber en esa lucha, pues no tiene los elementos conceptuales con los que hacerlo. En definitiva, no puede producir una práctica crítica. Nos topamos de esta manera con la Caribdis a la que hemos de enfrentarnos, cuyo Vacío es característico del "pensamiento post", al cual indagaremos en el capítulo VII a partir de la teoría posmarxista y posestructuralista de Ernesto Laclau.

---

[58] NR, p. 103.

[59] Palti, E., *Verdades y saberes del marxismo*, Buenos Aires, Fondo de Cultura Económica, 2005, p. 197 (las cursivas son mías).

Caribdis en la que, entonces, se radicaliza el corte entre ciencia y política, reduciendo la primera al sólo análisis de la segunda, pero sin tener por esto la capacidad de impactar en ella con su particular práctica. Esta consecuencia nos deja ante el desafío de repensar el vínculo entre ciencia y política sin por ello caer en una nueva forma de la concepción normativista propia de la Escila que aquí hemos criticado. En última instancia, nos sitúa ante el desafío de *refundar* la crítica, en tanto no se aceptan las derivaciones *ni* de la certeza normativa *ni* de la certidumbre del Vacío. Frente a ello, nuestra propuesta es mantener abierta la *incerteza*, acogiendo sus consecuencias para la práctica de producción de conocimiento crítico. Esto nos lleva, por tanto, a buscar una instancia que brinde un fundamento en el que asentar la crítica (a diferencia de la perspectiva que se sostiene en el Vacío), *a la vez* que esa misma instancia ha de dar cuenta reflexivamente de su carácter parcial y por ende limitado, que es también señalar su ser una manera de aprehender lo social que se encuentra entrelazada con unas maneras otras de dotar de sentido al mundo (a diferencia del monoteísmo de las perspectivas normativistas), lo cual implica acoger una dimensión de opacidad en el propio punto de vista. Esa instancia la encontramos por el camino de la adherencia entre ciencia y valores, en el marco de un politeísmo de cosmovisiones valorativas.

II

Para una politización de la ciencia:
Max Horkheimer y la utopía posible

En este capítulo abordaremos la perspectiva propuesta por Max Horkheimer, concentrándonos especialmente en sus escritos de los años treinta, publicados mayoritariamente en el *Zeitschrift für Sozialforschung* (en adelante, *ZfS*).[1] Es a través del trabajo de lectura sobre este material que comenzaremos a sortear el vacío en los fundamentos con que nos dejó R2. Cuestión en la que resulta clave, y ésta es nuestra tesis, no situar allí una nueva forma de *certeza*, sino acoger la *incerteza* en los propios fundamentos, junto con el cono de sombras que ello introduce en nuestra perspectiva. En esta tarea ocupa un lugar central la noción de utopía-posible, con la particular adherencia entre ciencia y valores (en el marco de un politeísmo valorativo) que ella entraña. Elaborar dicha noción es el objetivo central de este capítulo. Y la teoría crítica horkheimeriana, con su radical cuestionamiento a toda forma de incondicionado, incluyendo en ello los intentos por investir con ese carácter los fundamentos de la propia perspectiva crítica, constituye un insumo fundamental en esta tarea, sobre todo porque ese cuestionamiento no lo lleva a abandonar

---

[1] La cuestión de si la obra de Horkheimer puede ser periodizada o bien si constituye una unidad en su conjunto ha sido objeto de múltiples discusiones (véase, por ejemplo, Habermas, J., *Textos y contextos*, Barcelona, Ariel, 1996; Barbosa, S., *Max Horkheimer o la utopía instrumental*, Buenos Aires, Fepai, 2003; Schmidt, A., "Max Horkheimer's intellectual physiognomy", en Benhabib, S., Bonss, W. y McCole, J. (edit) *On Max Horkheimer*, Massachusetts, MIT Press, 1993). Para evitar abrir una extensa digresión al respecto, permítasenos señalar tan sólo que, si bien las preocupaciones de su pensamiento recorren toda su obra, es posible sin embargo detectar modificaciones en las "respuestas" a esas preocupaciones. Es por esto que preferimos no hablar de períodos (en el sentido fuerte del término) en la obra de Horkheimer, sin por ello dejar de reconocer "momentos" diversos de su producción.

el esfuerzo por articular una práctica crítica, dotándola de un sostén que permita su ejercicio. Así, en el presente capítulo pondremos el foco, antes que en la relación entre teoría y práctica (como hicimos en el anterior), en la propia práctica teórica, más específicamente en las características de la práctica de producción de conocimiento crítico, en su lugar y su relación con *lo* político.

Cabe señalar, sin embargo, que nuestro trabajo sobre esta perspectiva no implica dejar de reconocer que –como señala McCarthy– hay un conjunto de "debilidades en la teoría crítica de Horkheimer", las cuales "han sido explicadas repetidamente, incluso por teóricos que trabajan en el interior de la tradición de la Escuela de Frankfurt". En parte por esto no nos detendremos en ellas, pero también y más importante aún porque, al igual que McCarthy, no es nuestro objetivo realizar una "historia" de su pensamiento. Antes bien, "nos enfocaremos en los aspectos de éste que sean interesante para los debates contemporáneos"[2], llevando a cabo una reelaboración de su pensamiento, tendiente a desarrollar nuestros interrogantes.

Para ello indagaremos, en la primera sección, la crítica de Horkheimer a todo punto de vista que pretenda asentarse en un incondicionado; esto nos llevará a abordar las dos dimensiones de la tensión entre la "cientifización" de la práctica científica (con la despolitización a la que conduce) y su politización. Esta primera sección tiene un cierto cariz preparatorio, en tanto nos brinda la base sobre la cual plantear, en la segunda sección, la noción de utopía-posible, pieza central de los fundamentos no normativos de la teoría crítica reflexiva aquí propuesta. Finalmente, en la tercera sección, y luego de señalar cómo en la perspectiva de Horkheimer vuelve a aparecer el problema del epistemocentrismo, extraeremos las consecuencias de su planteo para el interrogante aquí investigado.

---

[2] McCarthy, T., "The ideal of a critical theory and its relation to philosophy", en *On Marx Horkheimer*, op. cit., pp. 132-133.

La práctica científica y su (des)politización

Crítica de las perspectivas metafísicas

Horkheimer construye su pensamiento como una crítica a aquellos intentos por fundar la práctica cognoscitiva en algún tipo de absoluto. Es esto lo que se encuentra detrás de su cuestionamiento a las perspectivas metafísicas, entendiendo por ellas justamente la búsqueda (y el consecuente hallazgo) de tal instancia incondicionada.[3] Tal vez sea en el escrito "Hegel y el problema de la metafísica" donde más contundentemente se expresa este cuestionamiento, pues allí Horkheimer señala cómo el sistema hegeliano demostró que o bien se puede alcanzar el conocimiento de lo incondicionado, o bien la metafísica no es posible, por lo que habría que abandonar la aspiración de alcanzarlo, y, dado que "la afirmación de la Identidad no es más que una mera creencia"[4], sólo nos queda dejar de lado el conocimiento metafísico y su búsqueda de un fijo fundamento último. En este marco sostiene que "no existe 'el' Pensar a secas; lo único que existe es el pensamiento determinado de determinado individuo que, por supuesto, está a su vez co-determinado por la situación social total"[5]. Determinación a la cual no escapa tampoco la propia teoría crítica, por lo que, en tanto pensar que es aprehendido como propio de individuos *concretos*, "no tiene más remedio que abandonar sus pretensiones de absoluto"[6]. Sin que ello implique abandonar, a su vez, las pretensiones de conocimiento como tal y, más aun, las de producir un conocimiento crítico de la sociedad (a esto último conduce la Caribdis de esta in-

---

[3] Esta crítica constituye uno de los dos frentes en los que Horkheimer batalla constantemente a lo largo de su obra. El otro lo representa el positivismo, especialmente por su aceptación de las cosas (de su objeto de investigación) en la forma en que le son dadas, sin tematizar la lógica social que los conforma de esa particular manera (véase al respecto Chiarello, M. G., *Das lágrimas das coisas. Estudo sobre o conceito de natureza em Max Horkheimer*, Campinas, Editora da Unicamp, 2001, pp. 65-76). Así, este doble frente entraña una crítica tanto de la pura trascendencia de la metafísica, como de la pura inmanencia del positivismo, en oposición a lo cual Horkheimer busca generar una relación dialéctica de estos momentos. Éste es uno de los rasgos centrales de la noción de utopía-posible que abordaremos en la próxima sección.

[4] Horkheimer, M., "Hegel y el problema de la metafísica" [1932], en *Historia, metafísica y escepticismo*, Barcelona, Altaya, 1995, p. 128 (en adelante citado como "Hegel y el problema...").

[5] Ibíd., p. 129.

[6] Ibíd., p. 128.

vestigación). Antes bien, entraña el esfuerzo por hacer de la *reflexión* sobre estas características, y la opacidad que generan, parte de la propia perspectiva. Sin embargo, esto tampoco conlleva la pretensión de reintroducir la transparencia como resultado de esta reflexión; pues "el estar siempre inconcluso pertenece a la esencia del conocimiento auténtico. Éste es quizá el significado más profundo de toda filosofía dialéctica"[7].

Por lo que, si "lo propio de la metafísica en el sentido aquí adoptado es dar un fundamento a lo singular"[8], por el cual lo individual (condicionado) es deducido de una necesidad que remite a una dimensión trascendente (e incondicionada), entonces, *con* Habermas, podemos ver en Horkheimer "el anticipo de un *pensamiento postmetafísico*"[9]. Sin embargo, aquél hace de este rasgo el elemento por el cual caracterizar a dicho autor como un "anti-filósofo". Lo cual entraña reducir la filosofía a la mera búsqueda de lo incondicionado, concepción que está lejos del lugar que Horkheimer le da en su obra[10], pero cerca del que el propio Habermas le otorga en la suya, según lo veremos en el próximo capítulo. Así, consideramos, *contra* Habermas, que el carácter postmetafísico del pensamiento horkheimeriano, su radical crítica a toda pretensión de establecer algún tipo de incondicionado, es uno de los elementos a ser entretejido a nuestra trama teórica.

En esta misma línea se sitúa el cuestionamiento de Horkheimer a las distintas vertientes de la antropología filosófica, que pretenden establecer una concepción esencialista del Ser Humano. Frente a ello, sostiene que "las cualidades humanas están continuamente influidas y trastornadas por las situa-

---

[7] Horkheimer, M., "Los comienzos de la filosofía burguesa de la historia" [1930], en *Historia, metafísica y escepticismo*, op. cit., p. 81 (en adelante citado como "Los comienzos de la filosofía burguesa de la historia").

[8] Horkheimer, "Hegel y el problema...", p. 132.

[9] Habermas, 1996, p. 116. En este punto Habermas sigue el planteo de Brunkhorst, H., "Dialectical positivism of happiness: Horkheimer's materialist deconstruction of philosophy", en *On Max Horkheimer*, op. cit. Para otros abordajes de este anticipo de un pensamiento postmetafísico véase Barbosa, 2003; Kavoulakos, K., "From Habermas to Horkheimer's Early Work", en *Telos*, N° 130, 2005, y en el interesantísimo artículo de McCarty, 1993.

[10] Cf. "The present situation of social philosophy and the tasks of an Institute for Social Research" (en *Between philosophy and social science*, Massachusetts, MIT Press, 1995; en adelante citado como "The present situation...") y "La función social de la filosofía" (en *Teoría crítica*, Buenos Aires, Amorrortu, 1998; en adelante citado como "La función social de la filosofía"), por citar tan sólo dos textos situados en los extremos del momento de la obra de Horkheimer aquí estudiado.

ciones más diversas"[11], adquiriendo múltiples características según la particular constelación que medie entre sociedad y naturaleza. Lo cual implica un rechazo a todo intento por ver en la historia (o como fundamento de ella) el despliegue de una esencia humana unitaria. "De aquí la imposibilidad de una antropología filosófica, es decir, de una doctrina de la naturaleza específica del hombre que consista en enunciados definitivos acerca de una idea inmutable del Hombre, a la cual no afectaría la historia"[12].

Sin embargo, esto no implica sostener lo que no sería más que la imagen especular de este planteo esencialista: la absoluta imposibilidad de alcanzar un absoluto. Pues, como la propia manera de enunciarlo lo indica, esto no conduce más que a una nueva forma de absoluto, pero negativo. En este sentido, Horkheimer señala que "toda crítica de la filosofía absoluta está expuesta a la acusación de no ser sino aquello contra lo que se dirige"[13]. Y como un signo de que su pensamiento no cae en ello, resalta que dicha imposibilidad de la antropología filosófica sólo puede sostenerse desde *este posicionado* presente, con los condicionamientos que genera para la forma en que conocemos el mundo los determinados agentes que en él vivimos. Nuestras afirmaciones se realizan en y sobre la singular constelación de estructura social objetiva y esquemas de dotación de sentido subjetivos en que estamos insertos, por lo que ellas no predican, ni pretenden hacerlo, sobre futuras constelaciones y sus articulaciones de *lo* político. Pretender esto último, ya sea para establecer la posibilidad *o bien la imposibilidad* de una unidad entre pensamiento y ser para otras constelaciones históricas, es investir a las propias categorías de un carácter trascendente e incondicionado (en tanto no condicionadas por lo sociohistórico). Es decir, es hacer metafísica. Así, sostenemos con Horkheimer que negar la posibilidad de una antropología filosófica para todos los tiempos y lugares no es, entonces, más que caer en ese esencialismo negativo, pues "la negación de que exista una esencia humana uniforme debe ser tomada, por otra parte, de manera tan poco absoluta"[14] como la afirmación de dicha esencia.

---

[11] Horkheimer, M., "Observaciones sobre la antropología filosófica" [1935], en *Teoría crítica*, Buenos Aires, Amorrortu editores, 1998, p. 51 (en adelante citado como "Observaciones sobre la antropología filosófica").

[12] Horkheimer, "Los comienzos de la filosofía burguesa de la historia", p. 42.

[13] Horkheimer, "Hegel y el problema...", p. 131.

[14] Horkheimer, "Observaciones sobre la antropología filosófica", p. 75. De allí que consideremos errónea la afirmación de Brunkhorst, según la cual "la realidad contingente en sí misma

Finalmente, la crítica horkheimeriana se extiende también a aquellas perspectivas que pretenden hacer de la totalidad histórica el despliegue de un sentido inmanente a ella, con la concepción teleológica que esto conlleva. Ya que implica situar en una instancia supra histórica (y, por ende, *no* condicionada por ella) el punto (fijo) que mueve el devenir histórico. Frente a ello sostenemos que "la historia, considerada 'en sí', no *tiene* ninguna razón, no es ningún tipo de 'esencia'"[15]. No hay nada que se desarrolle en ella, nada que pueda "ser interpretado como sentido general [...] como *telos* inmanente"[16]. Sobre esta base no cabe pretender aquello que está en el corazón mismo de la perspectiva fundada en R1, vista en el capítulo pasado, esto es, que el conocimiento de la totalidad histórica a través de la dialéctica nos brinde la "certeza metódica" a partir de la cual "nos está garantizada" la realización del *telos* de la historia. Por el contrario, la teoría crítica "*no garantiza* al que actúa políticamente, ni tan siquiera el consuelo de que alcanzará necesariamente su objetivo; no es ninguna metafísica de la historia"[17].

La cientifización del espacio social: la política de la ciencia neutral

Esta pretensión de dotar de un carácter incondicionado al conocimiento también se encuentra actuando en la (auto)percepción de la práctica científica como enraizada en su propia lógica interna y, por ende, *no* condicionada por las otras prácticas sociales, ni por la totalidad social. Esta concepción, por tanto, no puede dar cuenta del impacto de totalidad de su práctica, de aquél

---

es el incondicionado propio de la teoría crítica [...] Es un incondicionado que se niega a sí mismo" (Brunkhorst, 1993, p. 88). Ya que eso sólo puede sostenerse desde un pensamiento que se considera a sí mismo fuera de la historia, cosa ajena a la teoría crítica horkheimeriana, la cual no predica sobre el futuro pues su interés está en la transformación del presente. Es aquí donde reside la diferencia crucial entre este punto de vista, que nosotros procuramos apropiarnos, y la perspectiva del "pensamiento post", que se articula en torno a un esencialismo negativo. Éste es el tema de nuestra discusión con la propuesta postmarxista de Laclau.

[15] Horkheimer, "Los comienzos de la filosofía burguesa de la historia", p. 98.

[16] Horkheimer, M., "Historia y psicología", en *Teoría crítica*, Buenos Aires, Amorrortu, 1998, p. 27 (en adelante citado como "Historia y psicología").

[17] Horkheimer, M., "Materialismo y moral" [1933], en *Materialismo, metafísica y moral*, Madrid, Tecnos, 1999, p. 152, las cursivas son mías (en adelante citado como "Materialismo y moral").

por el cual *lo* político condiciona la práctica científica, así como de las consecuencias que dicha práctica tiene en *lo* político. De allí que dediquemos el resto de esta sección a indagar ese impacto de totalidad, retomando parte de lo planteado en el capítulo anterior pero ahora para la particular práctica científica, problematizando así su carácter político.

Esa (auto)percepción –que obtura la captación del impacto de totalidad de esta práctica– subyace al particular modo de producción de conocimiento científico que Horkheimer llama "teoría tradicional"[18], en la cual "el concepto de teoría se autonomiza, como si se pudiera fundamentar a partir de la esencia interna del conocimiento o de algún otro *modo ahistórico*, [por lo que] se transforma en una categoría reificada, ideológica"[19]. Estamos así ante una ciencia "pura", sin mancha alguna de condicionamiento social, que, como tal, se encuentra cerrada sobre sí misma, extrayendo todas y cada una de sus afirmaciones de un conjunto acotado de premisas. Por lo que "considera externos a ella misma el origen social de los problemas, las situaciones reales en las que se necesita la ciencia o los fines para los que ésta se aplica"[20]. De allí su pretensión de no tener ningún valor social intrínseco, sólo el del progreso del conocimiento hacia la verdad. Toda otra orientación sobre el sentido de dicha práctica o los fines que persigue en esta sociedad no constituyen un problema científico, no forman parte de la propia estructuración material de la perspectiva sobre lo social, sino que "son materia de decisión personal, de valoración subjetiva; están subordinadas al gusto y al temperamento del individuo"[21].

Esto obtura la captación del papel de la práctica científica como instancia de producción de valores sociales que, a su vez, está condicionada por éstos, todo lo cual da lugar a su pretensión de neutralidad, su ser una práctica que carece de valores intrínsecos a ella, que no es más que la mera aplicación de

---

[18] Cabe entender la caracterización horkheimeriana de la teoría tradicional como típica-ideal, en tanto los rasgos que él señala son, por momentos, de tal pureza que resulta al menos difícil hallarlos en las prácticas científicas concretas. Sin embargo, es por eso mismo que brindan un buen parámetro a partir del cual comparar tales prácticas.

[19] Horkheimer, M., "Teoría tradicional y teoría crítica", en *Teoría tradicional y teoría crítica*, Barcelona, Paidós e I.C.E. de la Universidad Autónoma de Barcelona, 2000, p. 29, las cursivas son mías (en adelante citado como "Teoría tradicional y...").

[20] Horkheimer, M., "Apéndice" ("Nachtrag"), en *Teoría tradicional y teoría crítica*, op. cit., p. 79 (en adelante citado como "Apéndice").

[21] Horkheimer, "La función social de la filosofía", p. 280.

instrumentos conceptuales para el conocimiento de la realidad y la búsqueda por constituir con esos instrumentos "un sistema de símbolos puramente matemático"[22]. De esta manera cobra forma una *concepción técnico-instrumental de la ciencia*. La condición de posibilidad de su pretensión de neutralidad está dada por una radicalización de esa autonomía de la esfera científica, que implica una abstracción de esta particular práctica del conjunto de las prácticas sociales, pero sobre todo de la forma en que una misma persona capta lo social, separando su percepción como "científico" de aquella que tiene como "ciudadano". Es decir que estamos ante un sustancialismo de rol, por el cual "el experto en una disciplina considera la realidad social y sus productos 'en tanto que' científico como algo externo, y 'en tanto que' ciudadano defiende sus intereses en dicha realidad social por medio de artículos políticos [...] sin reunir estos y otros comportamientos en su propia persona"[23]. Sólo sobre esta base es posible alcanzar la "imparcialidad científica" que tiene por fundamento aclarar "*cuándo* calla el investigador y comienza a hablar el hombre como sujeto de voluntad"[24].

Este proceso puede ser mejor percibido a la luz de la oposición que Benjamin elabora, para la esfera del arte, entre estetización y politización.[25] En este marco, el planteo de Horkheimer nos sitúa ante lo que cabe denominar una "cientifización" de la esfera científica,[26] lo cual es, en última instancia, una manera de aludir a su "despolitización", producto de esa autonomización que la escinde de todo vínculo con el resto de las esferas sociales y con la totalidad social en su conjunto. En esto reside *la primera dimensión de la cientifización*, cuya contracara y complemento es una captación del proceso social que hace de éste el objeto de un conocimiento técnico, a partir del cual se

---

[22] Horkheimer, "Teoría tradicional y...", p. 25.

[23] Ibíd., p. 44.

[24] Weber, M., "La 'objetividad' cognoscitiva de la ciencia social y de la política social" [1904], en *Ensayos sobre metodología sociológica*, Buenos Aires, Amorrortu, 1997, p. 49.

[25] Cf. Benjamin, W., "La obra de arte en la época de su reproductibilidad técnica" [1935-1936], en *Discursos interrumpidos*, Madrid, Taurus, 1979. Sobre la oposición entre estetización y politización véase Wolin, R., *Walter Benjamin. An Aesthetic of Redemption*, Berkeley, University of California Press, 1994 y Grüner, E., *El sitio de la mirada*, Buenos Aires, Norma, 2006.

[26] Puede resultar extraño (y hasta peligrosamente tautológico) hablar de una cientifización de la propia esfera científica; sin embargo, es ese extrañamiento (en el sentido que le da la antropología), ese descentramiento de la mirada, lo que aquí nos interesa propugnar. Producir en definitiva un *shock* a nuestros esquemas de dotación de sentido subjetivos.

perciben sus leyes como si fuesen las de la (segunda) naturaleza. Mientras que los agentes "se ven como meros espectadores, como participantes pasivos en un acontecer violento que tal vez se puede prever, pero que en cualquier caso no se puede dominar"[27]; pues éste, en su devenir, es percibido como autónomo a sus prácticas.

Frente a semejante concepción se yergue *la primera dimensión de la "politización" de la ciencia* y de su núcleo técnico-instrumental, dando cuenta del impacto de totalidad de la práctica científica. Así, su politización pone de manifiesto, por un lado, que ella no se encuentra cerrada sobre sí misma, en una pretendida autonomía total. Y, por el otro lado, da cuenta de su impacto en la articulación de *lo* político, para lo cual hay que arruinar la aureola de la neutralidad con la que la ciencia pretende elevarse por encima de los seres humanos y sus prácticas, al situarse más allá de aquellos procesos en que éstos están inmersos (incluyendo al propio "científico" en su rol de "ciudadano").

En resumen, la primera dimensión de la cientifización supone un proceso de abstracción que aísla una esfera (la científica) del conjunto, escindiéndola (al menos en apariencia) de todo contacto relevante con el resto de las prácticas sociales, fetichizándola. Al mismo tiempo se perciben los procesos sociohistóricos por los que la sociedad se ordena y desordena a sí misma como una "segunda naturaleza", haciendo de *lo* político algo completamente autónomo a las prácticas de los agentes. Vemos así cómo, en esta primera dimensión, predomina un aspecto atinente al *espacio* (social), en tanto el núcleo de este proceso refiere a la relación de las esferas sociales entre sí y con la totalidad social; lo cual constituye y configura la estructura del espacio social. Captar y poner de manifiesto el entrelazamiento entre esa práctica y el proceso social general constituye el objetivo clave de (la primera dimensión de) la politización de la ciencia, (auto)percibiendo así su carácter de condicionada por y condicionante de la forma en que se articula *lo* político. Lo cual implica romper con el sustancialismo de rol, para dar cuenta del impacto en *lo* político de las prácticas científicas, a la vez que se agrieta el pasivo carácter de espectadores de los agentes sociales frente a la segunda naturaleza, al plantearse la posibilidad de intervenir y modificarla con sus prácticas. De esta manera, se pone de manifiesto que esa neutralidad científica tiene ya de por sí un

---

[27] Horkheimer, "Teoría tradicional y…", p. 66.

carácter político; pues, para decirlo pascalianamente, estamos apostando en un juego del que no podemos no participar, ya que nuestras prácticas tienen consecuencias objetivas, cuya función social no es "neutra", en tanto puede conducir a la reproducción de las relaciones de dominación instituidas o bien a la producción de lo otro a ellas. Indagar cuál es la instancia en la que reside la orientación de esa función es la tarea del próximo apartado, que estudia la segunda dimensión de la oposición entre cientifización y politización.

La cientifización del tiempo sociohistórico

[a] El *modus operandi*

Según Horkheimer, la orientación de dicha función social no surge de la sobreimposición de una tendencia política en la producción de conocimiento científico, pues ello no difiere de la postura propia de la teoría tradicional, que hace de esas cuestiones valorativas "un asunto privado" del investigador que "no influye en lo más mínimo sobre lo que de hecho es su actividad científica"[28]. En última instancia, estamos nuevamente ante la concepción instrumental de la ciencia, reduciéndola a un medio capaz de ponerse al servicio de diversos fines, siendo éstos los que determinarían la orientación de la práctica científica, pero sin que ello impacte en la manera de elaborar ese conocimiento. Horkheimer también descarta aquellas posturas que sitúan tal orientación en los materiales u objetos que se estudian; ya que, "si la teoría crítica consistiese esencialmente en formular los sentimientos y representaciones correspondientes de una clase, no mostraría *diferencia estructural* alguna frente a las ciencias especializadas [...] Sería una teoría tradicional con problemas particulares"[29].

Es en esta última cita en la que podemos detectar la clave que nos permite aprehender dónde reside aquello que torna antagónicas las funciones de la teoría tradicional y la teoría crítica: en la diferencia estructural entre ambas. Es decir, en su distinta manera de estructurar los elementos conceptuales que la integran, en definitiva, en el modo singular en que cada una teje su trama teórica, lo cual no es independiente de los hilos conceptuales que se utilizan

---

[28] Ibíd., p. 31.
[29] Ibíd., p. 49 (las cursivas son mías).

para ello, pero tampoco del problema específico que así se aborda, en tanto instancia que es dotada de sentido desde, y a la vez impacta en, dicha trama (cuestionándose así la separación entre forma y contenido). Es el entrelazamiento entre la estructura metódico-conceptual y aquello que se estudia con ella lo que nos permitirá aprehender las características de ambas modalidades de practicar la ciencia; no los materiales que se estudian sino la materialidad de dicha práctica. En definitiva, es en lo que con Bourdieu hemos llamado su *modus operandi* donde reside el papel objetivo de esa práctica en el interior de la esfera científica y en *lo* político.

En este marco, Horkheimer señala cómo el conjunto de escisiones (entre sujeto y objeto, pensamiento y ser, teoría y práctica) que conforman el núcleo del *modus operandi* de la teoría tradicional, junto con el proceso de abstracción de lo particular que sobre ellas se asienta, dan lugar a una estructuración teórica –de carácter abstracto-formal– que obtura la captación de la dimensión temporal-concreta del objeto. Por lo que en ella "no hay diferencias temporales entre las unidades del sistema", no puede aprehender el que algo "cambie y sin embargo permanezca idéntico a sí mismo"[30], pues posee un "método orientado hacia el ser, y no hacia el devenir"[31]. Cuando se produce alguna modificación, ésta es adscripta a un cambio que sólo afecta al ámbito del "pensar" (a las limitaciones de una perspectiva anterior) y no del "ser"; lo cual permite erigir –como vimos en el apartado anterior– una historia interna de la ciencia completamente desconectada de la historia de la sociedad en que esa ciencia es producida, cristalizándose así la escisión pensamiento-ser.

La teoría crítica horkheimeriana, en cambio, no sólo plantea el carácter histórico de los objetos que aborda, sino también de la manera en que éstos son percibidos por los individuos, incluyendo al científico; pues

> el modo en que ven y oyen es inseparable del proceso vital social tal como se ha desarrollado durante milenios. Los hechos que los sentidos nos presentan están socialmente preformados de dos modos: a través del carácter histórico del objeto percibido y a través del carácter histórico del órgano percipiente.[32]

---

[30] Ibíd., p. 59.
[31] Horkheimer, M., "Observaciones sobre ciencia y crisis" [1932], en *Teoría crítica*, Buenos Aires, Amorrortu, 1998, p. 17 (en adelante citado como "Observaciones sobre ciencia y crisis").
[32] Horkheimer, "Teoría tradicional y...", p. 35.

Así, frente a la teoría tradicional cuya práctica conlleva una percepción que petrifica el movimiento histórico, eternizando su articulación actual, la teoría crítica concibe como un problema sociohistórico el objeto que estudia y el modo en que lo percibe.

[b] Cosmos social y la producción de caos

En relación con lo anterior se encuentra la manera en que la teoría tradicional concibe la necesidad de los procesos fácticos; en efecto, hemos visto que ella presenta los acontecimientos objetivos como procesos ajenos a los sujetos —en una clara manifestación de la separación sujeto-objeto que la caracteriza—, por lo que "el observador en cuanto tal no puede cambiar nada en el acontecimiento"[33], sólo tiene el recurso de adaptar su propio comportamiento a esa necesidad objetiva. Y la "afirmación de la absoluta necesidad del acontecer significa en último término [...] la resignación en la praxis"[34]. Sobre este telón de fondo puede captarse cómo este modo de percibir los procesos sociales, y la consecuente pasividad en la que sumerge a los agentes, constituye una reducción de la historia a los posibles-pensables dominantes, aquellos producto y reproductores de las relaciones sociales establecidas. A la vez que se destierra a lo imposible-impensable aquellas tomas de posición que se sitúan por fuera de la necesidad objetiva fijada por las "leyes de la naturaleza". Es esto lo que mueve a una resignación en la praxis, producto de un sentido de los límites que lleva a ni siquiera intentar tales cursos de acción. De allí que, según Horkheimer, el esfuerzo por transformar las relaciones sociales dominantes choca "con sus correspondientes instituciones, y en primer lugar, con sus disposiciones humanas solidificadas"[35]. Disposiciones que, como hemos visto, son las que se ponen en juego en el particular punto de vista que la teoría tradicional entraña, pero no sólo él; pues estas consideraciones "afectan tanto al científico como a los individuos cognoscentes en general"[36]. No son sólo atinentes a la perspectiva propia del científico tradicional, sino que atañen a la configuración dominante de los esquemas de dotación de sentido subjetivos, al "sano entendimiento común".

---

[33] Ibíd., p. 64.
[34] Ibíd., p. 66.
[35] Horkheimer, "Historia y psicología", p. 30.
[36] Horkheimer, "Teoría tradicional y...", p. 34.

A partir de esto podemos avanzar un paso más sobre lo planteado en el capítulo anterior, para sostener que en el entrelazamiento dialéctico entre estructura social objetiva y esquemas de dotación de sentido subjetivos se produce no sólo la historia sino también su petrificación, su producir siempre-lo-mismo. Es decir, siempre la máquina de hilar algodón como capital y la fuerza de trabajo (pero también el arte, el agua y prácticamente todos los "bienes y servicios") como mercancía. En este entrelazamiento, entonces, se genera el *cosmos* social y su orden, cuya petrificación tanto de la historia objetiva como de la historia de los esquemas de dotación de sentido subjetivos da lugar a una "doble naturalización"[37], que constituye el núcleo de *la segunda dimensión de la cientifización*.

La teoría crítica busca agrietar esa "doble naturalización" de lo sociohistórico. Y si bien el entrelazamiento de estructura social objetiva-esquemas de dotación de sentido subjetivos impide pensar una instancia como plenamente escindida de la otra, en la que un impacto en el espacio de los posibles e imposibles no afecte al ámbito de los pensables e impensables y viceversa, la crítica horkheimeriana pone el énfasis en el esfuerzo en pos de generar una discontinuidad en la continua reproducción de ese poderoso entendimiento común, de esos esquemas de dotación de sentido subjetivos petrificados. Es por ello que "la meta principal de esa crítica es impedir que los hombres se abandonen a aquellas ideas y formas de conducta que la sociedad en su organización actual les dicta"[38], pues ese "abandono" no es más que la pasiva aceptación de la tradicional manera de ver el mundo y su solidificado curso de ideas. Por eso, esta crítica "no tiene de su parte la costumbre ni la sanción del sano entendimiento común"[39], de allí su carácter "incómodo" o, mejor aun *disruptivo*, en tanto choca, traba e intenta hacer saltar los engranajes de los mecanismos que reproducen la particular manera —imperante en el presente— de dotar de sentido a la sociedad, introduciendo una ruptura en la sedimentada costumbre, una otredad en la identidad —en el carácter "común"— de dicho entendimiento.

---

[37] *MP*, p. 238. De allí que el poder del "entendimiento común" resida en "el hecho de que el mundo de objetos que se ha de juzgar surge en buena medida de una actividad determinada por los mismos pensamientos mediante los cuales ese mundo se reconoce y conceptualiza a sí mismo en el individuo" (Horkheimer, "Teoría tradicional y...", p. 37).

[38] Horkheimer, "La función social de la filosofía", p. 282.

[39] Horkheimer, "Teoría tradicional y...", p. 51.

En este sentido, *la segunda dimensión de la politización de la ciencia* refiere –para decirlo en clave benjaminiana– a la producción de una discontinuidad en el *continuum* histórico de los esquemas de dotación de sentido subjetivos en su entrelazamiento con las estructuras sociales objetivas. Es decir, a la disrupción del *cosmos* que allí se produce y de su orden, en pos de generar una abertura, de concretar la producción de un χάος (caos).[40] No es un paso adelante en el progreso de la historia, sino la ruptura con su lógica, en pos de tornar pensable lo impensable mostrando como posible el curso de acción que parecía imposible, y viceversa. De allí su carácter disruptivo, disonante –diríamos con Adorno– de las armonías preestablecidas. Por eso, según Horkheimer, la teoría crítica "no discurre […] en una esfera puramente espiritual, sino que coincide en la realidad con la lucha por establecer determinadas formas de vida"[41]. Por lo que su contenido no es "una afirmación pacificadora"[42], no puede serlo. Las afirmaciones pacificadoras son propias de las perspectivas que claramente aceptan lo dado, que no dicen nada nuevo sino sólo aquello que se espera escuchar, que es previsible por estar dentro de lo pensable desde las categorías establecidas, de lo posible dentro de las relaciones sociales de dominación de la sociedad moderna y capitalista. Es por esto que, para nosotros, "la teoría que apunta a la transformación de la totalidad social tiene como consecuencia inmediata el recrudecimiento de la lucha a la que está vinculada"[43], y no busca tener más que esa consecuencia; pues ella "constituye *una parte* de los esfuerzos por mejorar las relaciones humanas"[44]. La práctica de producción de teoría crítica es, por lo tanto, un momento de la más amplia lucha en *lo* político en pos de la transformación práctica de lo existente.

[c] La crítica como politización

A partir de todo esto podemos percibir cómo en la segunda dimensión de la cientifización predomina una dimensión atinente a lo *temporal*, a la petri-

---

[40] Usamos la voz χάος en sus dos acepciones, como caos y como abertura; las cuales, desde nuestra perspectiva, constituyen una sola.

[41] Horkheimer, "Apéndice", p. 80.

[42] Ibíd., p. 87.

[43] Horkheimer, "Teoría tradicional y...", p. 54.

[44] Horkheimer, M., "Materialismo y metafísica" [1933], en *Materialismo, metafísica y moral*, op. cit., p. 68, las cursivas son mías (en adelante citado como "Materialismo y metafísica").

ficación del tiempo de la acción humana, conduciendo esto a una doble naturalización en el quiasma entre agente y estructura. Frente a ello, la politización de la ciencia apunta a agrietar esa petrificación, que es también agrietar la resignación en la praxis y la actitud contemplativa a ella ligada, como parte de un esfuerzo más amplio por transformar el orden social *hoy* imperante.

En resumen, la oposición entre la cientifización (con la despolitización que ella implica) y la politización se da tanto a nivel espacial como temporal, en el vínculo entre esas dimensiones. La primera de las cuales consiste en un proceso por el que se escinden las esferas sociales, presentándose como completamente autónomas, cuyo reverso es un sustancialismo de rol sobre el cual se asienta la pretensión de neutralidad de la práctica científica. Frente a ello, la politización de la ciencia da cuenta de su impacto de totalidad, de su estar condicionada por y ser condicionante de *lo* político; es decir, pone de manifiesto que esta práctica posee una función social. Lo cual se eslabona con la segunda dimensión de esta oposición, que refiere a cómo el *modus operandi* de la teoría tradicional contribuye a reproducir las relaciones de dominación establecidas, al petrificar el proceso histórico en su estado actual. En oposición a esto, la politización de la ciencia, propia de la teoría crítica, se esfuerza por introducir una disrupción que arruine esas disposiciones solidificadas enlazadas con una historia naturalizada.

En este marco puede comprenderse cómo "de las diferencias entre el pensamiento tradicional y el pensamiento crítico tocantes a su función resultan las diferencias de su estructura lógica"[45], y de estas últimas, de los distintos *modi operandi* que cada uno pone en juego, surge aquello que opone a estas prácticas científicas entre sí. Es allí donde reside la (des)politización que cada una propugna, no en las intenciones de los científicos o en los objetos que estudian, sino en el *cómo* los estudian, en su *modo de producción* de conocimiento científico. En este plano se instalan los problemas e interrogantes centrales de nuestra investigación.

---

[45] Horkheimer, "Teoría tradicional y...", p. 58.

Ciencia y valores: utopía-posible, politeísmo y humanismo activo

El recorrido realizado nos ha permitido percibir cómo la función de la teoría crítica no debe buscarse "en la reproducción de la sociedad actual, sino en su transformación en la dirección de la justicia"[46]; lo cual, en este momento de la obra de Horkheimer, es igual a decir que ella es "el intento metódico y perseverante de introducir la razón en el mundo"[47]. Ahora bien, en este punto cabe preguntarse ¿de dónde surge esa orientación de la crítica?, y, más aún, ¿qué elementos proporcionan esa orientación a la lucha en *lo* político que esta práctica de producción de conocimiento entraña? Es decir, estamos ante el problema con que en el capítulo anterior nos dejó R2 y su vacío en los fundamentos. Ahora bien, la crítica horkheimeriana a la metafísica –que es extensible a R1 y su concepción objetivista de la historia– conlleva el rechazo al intento de fundar el propio punto de vista en un incondicionado como referente para una certeza última que a la vez permita guiar la acción en *lo* político, incluyendo la de la práctica crítica. Esto nos abre el interrogante acerca de dónde fundar semejante práctica. Pregunta que se realiza en el marco de una crítica que aspira a mantenerse como tal, pero sin fundarse normativamente. Éste es el problema que atraviesa la presente sección.

La utopía-posible

Según hemos visto, en la relación entre totalidad histórica y clase (R1) esta orientación surge de una concepción de la necesidad histórica que conduce a una heteronomía de las prácticas de los agentes; punto que resulta cercano a la manera en que la teoría tradicional aborda la necesidad objetiva, aquello que Horkheimer critica como una "necesidad ciega", en la que el acontecer está signado por lógicas no dependientes del humano arbitrio. Y es en la noción que Horkheimer contrapone a ésta donde podemos hallar una pista a través de la cual dar cuenta de nuestro interrogante. Frente a tal "necesidad

---

[46] Ibíd., p. 53.
[47] Horkheimer, "La función social de la filosofía", p. 285.

ciega", sostiene "la idea de una situación en la que los actos de los hombres ya no emanan de un mecanismo, sino de sus decisiones. El juicio acerca de la necesidad de los sucesos acontecidos hasta ahora implica aquí la lucha por transformarlos de necesidad ciega en *necesidad con sentido*"[48], entendiendo por esta última "una situación en la cual lo que los hombres *quieren* es también necesario"[49]. En esto se hace palpable cómo, en la teoría crítica, ya "el concepto de necesidad es él mismo un concepto crítico; presupone el concepto de libertad, aunque no como concepto existente"[50]. Sólo sobre la base de esa libertad concreta los agentes pueden llevar a cabo lo que ellos "quieren" (y no lo que "deben", según se lo señala una instancia normativa incondicionada), pueden, en definitiva, determinar su propio futuro y no que éste se establezca independientemente del humano arbitrio. En este punto se evidencia el carácter crítico de este concepto, pues al sostener esa necesidad con sentido, y la libertad que ella presupone, se torna aprehensible su no concreción en este entramado relacional, cómo ella *no tiene lugar* en la actual forma en que la sociedad se ordena y desordena a sí misma, arruinando así su (formal) armonía.

La lógica que hace de la necesidad con sentido una noción crítica es la misma que estructura al conjunto de la propuesta teórica horkheimeriana; de allí que articulemos nuestro trabajo de lectura a partir de dicha lógica. Y decimos que ella estructura la teoría crítica porque es a partir del telón de fondo dado por la representación de una sociedad racional, en la que la libertad se haya concretado,[51] que puede percibirse la carencia de justicia, frater-

---

[48] Horkheimer, "Teoría tradicional y...", p. 64 (las cursivas son mías).

[49] Ibíd., p. 65 (las cursivas son mías).

[50] Ibíd., p. 65.

[51] Cabe señalar que, dentro de esta tradición (más allá de sus diferencias internas), el concepto de razón no alude únicamente a una facultad cognitiva, pues también refiere a una cierta forma de estructuración de las relaciones sociales en las que éstas no se producen como el azaroso resultado de la agregación de individualidades aisladas, sino como el producto de una articulación de esas individualidades en una lógica de conjunto, sin que ello implique el avasallamiento de esa individualidad. De allí que, para estos autores, la racionalidad en el detalle (en lo individual) conduce a un todo casual e irracional. En este sentido puede entenderse, por ejemplo, la "razón objetiva" que Horkheimer estudia en su *Crítica de la razón instrumental*, en tanto ella alude a una racionalidad de la estructura social objetiva. En este marco, los autores ligan esta noción con las ideas de libertad, justicia e igualdad, pues es en una totalidad social en la que esta razón tenga mayor presencia donde pueden concretarse los mecanismos sociales que den lugar a dichos valores. Consideración ésta que no deja de tener sus

nidad, libertad e igualdad en este entramado relacional, su *no tener lugar* en la lógica relacional hoy dominante. Así, mientras se mantenga la actual articulación de *lo* político, en la que la máquina de hilar algodón es capital, en la que la relación mercantil es el prototipo de muchas de las relaciones sociales establecidas, o donde la igualdad formal en *la* política obtura la captación del peso de las desigualdades materiales que subyacen a esa igualdad formal (del ser pobres ciudadanos[52]), entonces, se reproducen situaciones de dominación material-concreta (a nivel económico, por supuesto, pero también de género, culturales, etcétera) que implican el *no lugar* allí de la libertad. Y, como veremos con Merleau-Ponty, de esa libertad depende también la mía. En *esta* sociedad, con esta forma de ordenarse y desordenarse a sí misma, la razón y la libertad a ella ligada siguen siendo no lugares.

En este sentido, la articulación de una sociedad racional constituye una utopía, y es justamente allí donde reside su potencialidad crítica, lo que permite al punto de vista que en ella se funde llevar a cabo una crítica de lo establecido que dé cuenta de las injusticias hoy dominantes. Ya que "la utopía, en efecto, tiene dos caras; es la crítica de lo que es y la descripción de lo que debe ser. Su importancia radica, esencialmente, en el primer momento"[53]. Crítica que se torna posible por la ruptura que la utopía entraña con la lógica relacional imperante en este mundo social, permitiendo no caer en la resignada aceptación de lo dado, que se nos presenta como segunda naturaleza. De allí que se considere "un fallo el no imaginar un orden mejor"[54], pues el pensamiento carente de dicha imaginación no es capaz de tomar distancia del estado actual de cosas y de lo que resulta posible-pensable en el interior del mismo, no puede escapar a su lógica ni dejar de contribuir a su reproducción.

---

puntos de contacto con la propuesta de una *Realpolitik* de la razón sostenida por Bourdieu, y que problematizaremos en el capítulo VIII. Señalemos también que, a pesar de las dificultades que la categoría de razón entraña, hemos optado por mantenerla; más aun, es por su dialéctica interna (que abordaremos en la segunda parte) que encontramos en ella elementos que nos permitirán dotar de un fundamento no normativo a nuestra perspectiva. Aun cuando, un tanto extrañamente, mantener una categoría tan central para el pensamiento occidental se haya vuelto un gesto provocativo.

[52] Cf. Merklen, 2005.

[53] Horkheimer, "Los comienzos de la filosofía burguesa de la historia", p. 91.

[54] Ibíd., p. 94.

Poner de manifiesto esa ausencia, que no es casual sino una consecuencia estructural del orden social hoy imperante, es lo que hace de la utopía de una sociedad racional el fundamento en el cual cimentar una perspectiva crítica de la modernidad y del capitalismo, de los mecanismos sociales a través de los cuales se reproduce esa ausencia, manteniéndola utópica. Ahora bien, la utopía en la que se funda la teoría crítica no es una mera cáscara vacía que expresa una simple condena a lo existente sin tener repercusiones prácticas, ése es justamente el cuestionamiento que Horkheimer le realiza a Moro y Campanella. Por el contrario, nuestro autor busca dejar en claro que la utopía de una sociedad racional "se diferencia de la utopía abstracta mediante la demostración de su posibilidad real"[55], en tanto el modo de articular las relaciones sociales que ella entraña no tiene lugar, pero eso acontece en *esta* sociedad, en el interior de *esta* lógica relacional. En este marco cobra su sentido más profundo el que la teoría crítica se conciba como el intento metódico de introducir la razón en el mundo, pues ello implica, obligadamente, la transformación desde sus raíces de la sociedad en la que dicha razón no tiene lugar. Y si a través de una práctica transformadora es dable introducir la razón, dándole lugar a lo que se mantenía como utópico, es porque ello es *posible* de ser llevado a cabo; es decir que esta utopía es posible y su posibilidad, utópica. *La categoría relacional de "utopía-posible" es la que se encuentra, entonces, en el centro de los fundamentos de la teoría crítica*, pues es a través de ella que se percibe (y aprecia) la injusticia imperante frente al no lugar de la razón, a la vez que se impulsa la posible transformación de esta estructura relacional, en pos de introducir dicha razón en el mundo.

Al señalar la centralidad de esta noción de utopía-posible nos acercamos al planteo de Kavoulakos, para quien el esfuerzo de la teoría crítica por transformar la sociedad actual se lleva a cabo "criticando las relaciones sociales establecidas y por tanto proyectando la 'utopía concreta' de una sociedad liberada"[56]. Sin embargo, nos aleja de su planteo el que, para nosotros, la relación más importante no es la que va de la crítica a la utopía-posible, sino la contraria, en tanto es esta última la categoría que dota de un fundamento a la teoría que lleva a cabo la crítica del presente (lo cual deja abierto el interrogante sobre dónde encuentra su génesis la utopía-posible de una sociedad ra-

---

[55] Horkheimer, "Teoría tradicional y...", p. 54.
[56] Kavoulakos, 2005, p. 43.

cional, cuestión que abordaremos en los próximos apartados). En esto coincidimos con Cooke, quien señala al pensamiento utópico como "un aspecto inevitable de la perspectiva emancipatoria que es una parte integral de la empresa de una teoría social crítica"[57]. Sin embargo, esto no debe conducir, según ella, a un "mal utopismo", antes bien la imagen de una sociedad justa debe concebirse, por parte de la teoría crítica, como algo que puede alcanzarse a través de las prácticas humanas a la vez que se presenta como una ficción inalcanzable para los seres humanos. La clave está, entonces, "en la habilidad para negociar las tensiones entre [...] lo alcanzable y lo inalcanzable"[58], su ser —según los términos utilizados por nosotros— utopía y *a la vez* posible. Se evidencia así la cercanía con este planteo, sin embargo no son menos profundos los puntos en que nos alejamos de su interesante propuesta, lo cual nos lleva a rechazar algunas de sus afirmaciones centrales. En efecto, a nuestro entender no se trata aquí de "*negociar* la tensión entre lo alcanzable y lo inalcanzable"[59], sino de captar esa tensión como la lógica propia de la utopía-posible, como su dialéctica. Es esa tensión entre términos opuestos, entre lo utópico y lo posible, la que está en el centro de la segunda parte de esta investigación.

Más importante aún resulta cuestionar la antropología filosófica sobre la que se asienta el planteo de Cooke. En efecto, para esta autora, la dimensión utópica de la teoría crítica es inherentemente inalcanzable "porque niega características esenciales de lo que es ser humano"[60]; por lo que el carácter inalcanzable de la "sociedad justa" se establece en relación con una esencia humana, que queda así situada por fuera del proceso histórico y sus variaciones. Si la utopía niega la propia "esencia" del ser humano, entonces ella trasciende no ya a *esta* sociedad, sino a toda sociedad humana, haciendo de su carácter inalcanzable un absoluto, aunque de índole negativa. Por el contrario, aquí sostenemos, junto a Horkheimer, que no hay nada que no esté condicionado por la historia (ni siquiera esta afirmación cuyo sentido, por tanto,

---

[57] Cooke, M., "Redeeming redemption: the utopian dimension of critical social theory", *Philosophy & Social Criticism*, Vol. 30, N° 4, 2004, p. 418. Puede también consultarse Cooke, M., *Re-Presenting the Good Society*, Massachusetts, MIT Press, 2006, donde desarrolla este argumento sin variar sus líneas fundamentales.

[58] Ibíd., p. 424.

[59] Ibíd., p. 422 (las cursivas son mías).

[60] Ibíd., p. 423. La misma frase es repetida en forma idéntica en la página 424.

se ve condicionado por el momento histórico en que es producida), por lo que lo único que nos es dable afirmar es el no lugar de esa sociedad justa en el interior de *esta determinada* estructura relacional, lo cual hace de ella una utopía para *este* momento histórico. Sin que nos sea dable afirmar su carácter utópico (su inalcanzabilidad) para toda sociedad futura, así como tampoco su concreción final (su efectiva "alcanzabilidad"), pues cualquiera de ambas posturas presupone ya la posibilidad de establecer algún tipo de certeza que escape al devenir de la historia.

Ahora bien, permítasenos destacar que la noción de utopía-posible no ha de ser confundida con la de "imposible-posible", en tanto tienen estatus disímiles en la estructuración del *modus operandi* de la teoría crítica reflexiva aquí propuesta, por lo que adquieren usos disímiles. El imposible-posible es una categoría para analizar los modos de ser y actuar de los agentes sociales (en el entrelazamiento de estructura social objetiva-esquemas de dotación de sentido subjetivos), pero no brinda un fundamento para la crítica de tales procesos, de allí que esta categoría esté ya presente en la perspectiva que se asienta en R2, a pesar del vacío en los fundamentos que ella entraña. En cambio, la utopía-posible apunta a construir un fundamento no normativo en ese vacío sobre el cual asentar la crítica, dotando de una orientación determinada a su práctica y a la lucha en *lo* político que ella entraña; es decir, tal utopía-posible, a diferencia del imposible-posible, contiene en sí misma una particular orientación. Pero ¿de dónde proviene semejante orientación en *lo* político?

La adherencia entre ciencia y valores

[a] Un (weberiano) politeísmo en los fundamentos

Llegamos así al punto nodal de este capítulo y a uno de los hilos más importantes de la trama teórica que esta investigación teje. Hemos sostenido que la teoría crítica se funda en la noción de utopía-posible, haciendo de ésta uno de los elementos centrales de su *modus operandi*, lo cual marca la función cognoscitiva de dicha noción. Pero ella es también la que brinda la orientación que esta práctica crítica sigue, llevándola a pugnar por la introducción de esa libertad, justicia, igualdad y fraternidad allí donde en esta sociedad no tienen lugar. Es decir que no sólo constituye el basamento sobre el que sostener la disrupción de los pensables-posibles, sino que también brinda la orientación, el sentido que ha de tomar esa disrupción. La teoría crítica tiene, entonces, un interés por el cambio en una particular dirección, pero ¿de dónde surge el mismo?, ¿por qué buscar introducir la razón y no otra cosa en la lógica que articula las relaciones sociales?

Si la respuesta a estas preguntas se da a partir del establecimiento de algún tipo de "deber ser", garante de una certeza última, entonces estaríamos introduciendo un nuevo incondicionado, como aquellos que con Horkheimer criticamos al inicio del capítulo, estaríamos en definitiva planteando una nueva versión del monoteísmo de valores que subyace a R1 y a las perspectivas normativistas en general, cayendo en la Escila que pugnamos por sortear. De allí la centralidad de estos interrogantes, en los que se pone en juego la capacidad de una perspectiva teórica –en este caso, de nuestra teoría crítica reflexiva– para acoger el politeísmo de valores. Rasgo característico de la abertura de la sociedad moderna, frente al cual se yerguen los intentos por reintroducir una concepción monoteísta (normativista) de *lo* político, a través del establecimiento de una nueva certeza ininterrogable que clausure la abertura caótica y plagada de incertidumbres que el politeísmo conlleva.[61]

En base a todo esto, se torna manifiesta la centralidad de estas problemáticas para los objetivos de esta investigación; además, ellas contienen una primera indicación acerca del autor que nos acompañará en este tramo de nuestra travesía. En efecto, Max Weber no sólo es el referente clásico, en el terreno de la sociología, de la concepción del politeísmo como rasgo característico de la sociedad moderna,[62] sino que también es el autor que establece el planteo (nuevamente) clásico sobre el papel y el peso de estos valores (en permanente lucha) en la práctica de producción de conocimiento científico.

---

[61] No deja de ser interesante que dos de los pensadores que suelen ser presentados como "inaugurando" la filosofía moderna, Descartes en el ámbito del saber (que es poder) y Hobbes en el del poder (que es saber), tienen en común la central preocupación por establecer una certeza indubitable: sea acerca del fundamento último del conocimiento, sea sobre la conservación de la propia vida (que exige la firma de un contrato en el que *racionalmente* se cede *parte de la propia libertad*). Aunque tal vez resulte más preciso decir que ambos responden al agrietamiento del monoteísmo con un intento por clausurar la incerteza que ello abre. Esta temática podría fungir de clave para una lectura distinta del "discurso filosófico de la modernidad" a la que veremos con Habermas en el próximo capítulo.

[62] Cf., entre otros, Weber, M., "La ciencia como vocación" [1919], en *Ciencia y política*, Buenos Aires, Centro Editor de América Latina, 1991b.

De allí que mucho de nuestro argumento se construya en referencia y diálogo con lo planteado por él.

[b] La actitud crítica

En la concepción de Horkheimer, la teoría crítica no es sólo una particular práctica de conocimiento llevada a cabo por un determinado agente (el teórico crítico); es, además, "una actitud (*Verhalten*) humana que tiene por objeto la sociedad misma"[63]. Y aunque la actividad, que es impulsada por dicha actitud, "surge de la estructura social, ni su propósito consciente ni su significado objetivo apuntan a que algo en esta estructura funcione mejor"[64]. Antes bien, busca transformarla en pos de introducir la razón allí donde no tiene lugar; esto la diferencia del punto de vista propio de la teoría tradicional, pero también de aquél característico del "sano entendimiento común" que se abandona a los pensables-posibles. La teoría crítica, en cambio, se empeña por llevar a cabo "el esfuerzo intelectual, y en definitiva práctico, por no aceptar sin reflexión y por simple hábito las ideas, los modos de actuar y las relaciones sociales dominantes"[65].

Así, se orienta por un interés en el cambio de esas estructuras sociales, "interés que se reproduce necesariamente ante la injusticia dominante, pero que debe cobrar forma y orientarse por la propia teoría, *al mismo tiempo* que revierte sobre ella"[66]. En esta cita se evidencia la adherencia entre la dimensión específicamente cognoscitiva de la teoría y su actitud, guiada por ese inconformista interés por el cambio, lo cual introduce una central dimensión ético-valorativa[67] en el seno mismo de esta trama teórica. En este marco puede comprenderse por qué

---

[63] Horkheimer, "Teoría tradicional y...", p. 41.

[64] Ibíd., p. 41.

[65] Horkheimer, "La función social de la filosofía", p. 287.

[66] Horkheimer, "Teoría tradicional y...", p. 75 (las cursivas son mías).

[67] En el sentido de *Ethik* y no de *Sittlichkeit*; es decir, como conjunto de pautas que el sujeto posicionado se da a sí mismo en su actuar, que decide seguir; lo cual está en el centro de la necesidad con sentido, que torna necesario lo que los agentes sociales quieren.

según el materialismo, la teoría del proceso social de vida es, por un lado, la construcción intelectual más amplia, a la cual la investigación analítica sirve de auxilio en todas las áreas; y, por el otro lado, esta teoría *se orienta necesariamente* de acuerdo con la situación espiritual y material y con *los impulsos* de ella resultantes.[68]

Sin embargo, no hay que confundir esta dimensión ética con un aspecto normativo que se extrae del conocimiento de la historia, pues "el principio que el materialismo califica como realidad no es capaz de proporcionar una norma. La materia en sí no tiene sentido, a partir de sus cualidades no se sigue ninguna máxima para la configuración de la vida: ni en el sentido de un mandamiento, ni de una imagen ejemplar"[69]. Los objetivos que la teoría crítica persigue no se deducen de la ciencia, aunque el conocimiento que ella brinda los condiciona, así como éstos condicionan a la ciencia, al dotarla de un particular interés. Tales objetivos, por tanto, no son independientes de los agentes sociales y sus prácticas, antes bien, tienen su génesis en una dimensión valorativa que forma parte de esas mismas prácticas. Por eso, según Horkheimer, el "interés [por el cambio] se puede comprender histórica y psicológicamente, pero *no fundamentar universalmente*"[70], incluso cuando ese interés apunte a la razón, la libertad, la igualdad. En definitiva, el rechazo a todo tipo de absoluto, que caracteriza a la crítica, tiene por consecuencia que "quien la acepta no pone en relación la praxis de vida ligada a ella con ningún ser eterno y espiritual"[71].

En base a este trabajo de lectura sobre los materiales horkheimerianos, y sin perder de vista lo planteado en la primera sección de este capítulo, sostenemos que el objetivo de la teoría crítica, ese contenido particular-concreto que implica pugnar por una sociedad racional, es también histórico y, por tanto, se halla condicionado. De allí que "según la situación histórica este objetivo adquier[a] una configuración diferente"[72], pues éste "resulta, por supuesto, no en razón de una revelación, sino de la miseria del presente". Es

---

[68] Horkheimer, M., "Da discussão do racionalismo na filosofia contemporânea" [1934], en *Teoría crítica I*, São Paulo, Edusp e Perspectiva, 1990, p. 116 (en adelante citado como "Da discussão do racionalismo...").

[69] Horkheimer, "Materialismo y metafísica", p. 58.

[70] Ibíd., p. 78 (las cursivas son mías).

[71] Horkheimer, "Observaciones sobre la antropología filosófica", p. 56.

[72] Horkheimer, "Materialismo y metafísica", p. 65.

frente a esa miseria que a la actitud crítica "le parece que todos los seres vivientes tendrían un derecho a la felicidad y no pregunta, en lo más mínimo, por su justificación o fundamentación"[73]. Es decir que no lo sostiene cognoscitivamente (aun cuando esa instancia cognoscitiva repercuta sobre dicho interés), sino ético-valorativamente, *no es un "deber ser" sino un "querer que sea"*.

Esta adherencia de dos dimensiones que suelen ser concebidas como antagónicas lleva a Horkheimer a sostener que

> el valor de una teoría no es decidido solamente por el criterio formal de verdad […] el valor de una teoría es decidido por su relación con las tareas que son emprendidas, en un determinado momento histórico, por fuerzas sociales progresistas, y este valor *no vale directamente para toda la humanidad*, sino, en primer lugar, apenas para *el grupo interesado* en la tarea.[74]

En este sentido, la teoría crítica, cuyo *modus operandi* se asienta en una utopía-posible, busca hacer necesario lo que los agentes sociales quieren, o, mejor aún, *lo que quieren los agentes que, en un marco politeísta, se posicionan en los valores propios de la actitud crítica*.

[c] Aclaraciones weberianas

Esto nos sitúa de lleno ante la problemática relación entre ciencia y valores, cuestión particularmente crucial en nuestro planteo, pues si, como sostenemos, en la utopía-posible se encuentran entrelazadas una función cognoscitiva con una dimensión ético-valorativa (que no establece una certeza normativa), entonces esto puede conducir a que se impugne la validez del conocimiento que ella produce. Pasándose de un pensamiento relacional a un relativismo extremo que disuelve todo marco categorial y con él la posibilidad misma de la práctica de producción de conocimiento crítico. Ésta es una de las preocupaciones centrales de Max Weber al abordar la relación entre ciencia y valores, en la cual le da un lugar central a estos últimos en la producción del conocimiento científico, pero sin que ello implique un abandono de las pretensiones de objetividad de dicho conocimiento; es decir, sin

---

[73] Horkheimer, "Materialismo y moral", p. 136.
[74] Horkheimer, "Da discussão do racionalismo…", p. 116 (las cursivas son mías).

reducirlo a un discurso más entre una multiplicidad de discursos, que nada en particular puede decirnos sobre el mundo social (lo cual constituye una postura cercana a la versión más extrema de la Caribdis a la que nuestra propuesta se enfrenta).

De allí el interés de su planteo para nuestra investigación, pues es sobre ese telón de fondo que podremos percibir mejor nuestro argumento, el cual se construye *con* y *contra* la genial propuesta weberiana. Con este fin, nos centraremos especialmente en su artículo "La 'objetividad' cognoscitiva de la ciencia social y de la política social", en tanto las dos secciones en que Weber divide ese escrito nos permitirán ordenar nuestra exposición en torno a dos problemáticas diferentes, aunque enlazadas entre sí: por un lado, el papel de la ciencia en el ámbito de los valores (sección I de dicho artículo) y, por el otro, el papel de los valores en la esfera científica (sección II).

En torno a la primera cuestión, Weber parte de sostener que "por 'valoraciones' es preciso entender [...] las evaluaciones *prácticas* del carácter censurable o digno de aprobación de los fenómenos influibles por nuestro actuar"[75]. Esto es, la *apreciación* de fenómenos, procesos o cursos de acción a través de la cual se privilegia uno de ellos por sobre las otras alternativas posibles; tales evaluaciones "son [...] cuestiones de valoración práctica y, por lo tanto, indemostrables científicamente"[76]. En esto consiste el núcleo de la primera sección del mentado artículo: en mostrar cómo a la ciencia no le resulta asequible decidir entre valores, en tanto ella no puede fundar un juicio de valor con sus argumentos científicos. Punto éste en el que Horkheimer coincide con Weber, ya que para él tampoco los objetivos e intereses de la teoría crítica pueden ser, según lo hemos visto, demostrables científicamente. Sin embargo, la postura de Horkheimer se desarrolla *contra* parte de lo planteado en dicha primera sección, pues allí Weber establece, como trasfondo de esta problemática, una separación entre el "hombre que sabe" (el científico) y el "hombre que quiere"[77] (el sujeto de acción), pues sólo sobre esta base es posible la "imparcialidad científica" que tiene por fundamento aclarar "*cuándo*

---

[75] Weber, M., "El sentido de la 'neutralidad valorativa' de las ciencias sociológicas y económicas" [1917], en *Ensayos sobre metodología sociológica*, Buenos Aires, Amorrortu, 1997b, p. 222.
[76] Ibíd., p. 227.
[77] Weber, 1997a, p. 42.

habla el investigador y *cuándo* el que habla es el hombre como sujeto de voluntad"[78]. En esta separación se está poniendo en juego una rica y compleja versión del sustancialismo de rol, a partir del cual se plantea que el científico percibe, en tanto tal, los procesos sociales como algo externo, mientras que como ciudadano tiene intereses que lo involucran en ese mismo proceso, sin que estos comportamientos se reúnan en su propia persona.

Sobre la base de esta escisión, Weber sostiene la autonomía del conocimiento científico con respecto a tales valoraciones prácticas, esto es, esa *neutralidad* propia de la primera dimensión de la cientifización de la esfera científica. Proceso que da lugar a una concepción técnico-instrumental de la ciencia, semejante a la que es dable hallar en Weber, en tanto ella no es más que un puro medio que puede utilizarse para alcanzar cualquier tipo de fin (que establezca el "hombre que quiere"), sin que ello impacte en su *modus operandi*. A lo cual se agrega que, por su propia pretensión de neutralidad, no puede tematizar –no tiene los elementos conceptuales con los que hacerlo– los intereses políticos subyacentes a semejante práctica neutral, aquellos que ella tiene por estar inserta en el entramado relacional, por tener un impacto de totalidad que implica ya de por sí una toma de postura atinente a *lo* político, y no un mero problema interno a una esfera autónoma y desligada del resto de las prácticas sociales. Es frente a esto que Horkheimer afirma que "no hay teoría de la sociedad (ni siquiera la de lo sociólogos inductivistas) que no contenga intereses políticos"[79], los cuales –como lo hemos señalado– afectan a toda la estructuración de la trama teórica, al conjunto de su *modus operandi*.

A pesar de esta diferencia fundamental con la postura weberiana, el planteo de Horkheimer puede ser pensado junto *con* parte de lo argumentado en la segunda sección de "La 'objetividad' cognoscitiva…", siempre y cuando se mantenga presente la crítica al sustancialismo de rol. En efecto, en dicha sección, Weber sostiene la imposibilidad de excluir los valores subjetivos del proceso de conocimiento, pues sólo a través de ellos podemos abarcar la infinita realidad con nuestras finitas mentes, recortando únicamente aquello que consideramos significativo, y "nada hay en las cosas mismas que indique qué parte de ellas debe ser considerada"[80]. Así, la producción de conoci-

---

[78] Ibíd., p. 49.
[79] Horkheimer, "Teoría tradicional y...", p. 57.
[80] Weber, 1997a, p. 67.

miento se enraíza en una dimensión valorativa, pero ésta refiere únicamente a valores cognoscitivos que determinan la relevancia y significatividad de aquello que se investiga; sin que haya aquí atisbo alguno de una valoración atinente a *lo* político, siendo esto lo que permite mantener la imparcialidad científica. Es en este sentido que Weber utiliza la expresión "'relación de valor' [que] alude únicamente a la interpretación filosófica de aquel 'interés' específicamente científico que preside la selección y formación del objeto de una investigación empírica"[81], designando, por tanto, "la particular dirección del *interés cognoscitivo* que mueve a la investigación"[82]. Así, según Weber, es de un interés de donde extrae su orientación la práctica de producción de conocimiento científico, pero éste es puramente cognoscitivo; se reitera así, en el ámbito de los valores, la escisión entre científico y ciudadano, propia del sustancialismo de rol.

La trama teórica urdida por Horkheimer plantea *con* Weber ese carácter central y constitutivo de los valores en la práctica de producción de conocimiento científico, lo cual lleva a que ésta no sea sólo un modo de *percepción*, sino también de *apreciación* del mundo social. Pero *contra* Weber sostiene que tales valores no son únicamente cognoscitivos, en tanto para Horkheimer se ponen también en juego valores atinentes a *lo* político, y –pascalianamente– no se puede dejar de apostar por alguno de ellos, pues esta práctica se encuentra entrelazada con otras prácticas sociales, impactando sobre ellas (a la vez que recibiendo su impacto). A partir de todo esto, la discusión para Horkheimer (y para nosotros con él) pasa a ser no acerca de si la práctica científica alberga un interés político o no (caso éste en que sería "neutral"), sino sobre *cuál* es ese interés político, *qué contenido valorativo tiene*.

Ambos autores coinciden, entonces, en señalar un condicionamiento que impide llevar a cabo una ciencia completamente carente de valores; sin embargo, para ninguno de ellos esto implica adoptar una postura escéptica que rechaza todo tipo de validez para el conocimiento así producido. Al contrario, según Weber, su validez "objetiva" reside en que el ordenamiento conceptual del saber empírico se funda en "categorías que son *subjetivas* en un sentido específico"[83], en tanto están ligadas al valor de significatividad que se

---

[81] Weber, 1997b, p. 242.

[82] Rossi, P., "Introducción", a *Ensayos sobre metodología sociológica*, Buenos Aires, Amorrortu, 1997, p. 22.

[83] Weber, 1997a, p. 99.

le atribuye a algo y, concomitantemente, a la valoración de la verdad del conocimiento que así se produce; valor que no es fundamentable a partir de ese saber empírico. Sólo sobre esta base es posible conocer; constituye un momento necesario pero que no por ello reduce el conocimiento científico a un mero relativismo. En el mismo sentido, Horkheimer sostiene que, al señalarse el carácter interesado del saber científico, "en modo alguno se menoscaba la validez de la ciencia"[84]. Se evidencia la "sospecha" que ambos autores tienen sobre el conocimiento racional, pero aun así no disuelven toda posibilidad del mismo, incluso cuando plantean que éste no se funda sólo en premisas racionales y cognoscitivas, pues posee un momento no racional a partir del cual se puede elaborar el discurso racional que busca una "verdad objetiva".

Ahora bien, la dimensión valorativa de la teoría crítica se torna particularmente visible en la noción central de utopía-posible, ya que de esa dimensión proviene el contenido particular-concreto de dicha noción, a partir del cual se aprehenden los mecanismos que reproducen su *no lugar* en *este* espacio social. En esto se evidencia también la central función cognoscitiva de esa noción, al ser el elemento clave de los fundamentos que sostienen la practica de producción de teoría crítica. La trama teórica horkheimeriana posee, entonces, una central dimensión valorativa adherida a su dimensión cognoscitiva; o, mejor aun, lo propio de la teoría crítica es intentar explicitar esa dimensión valorativa que toda teoría que tenga por objeto el mundo social posee, sea o no capaz de captarla reflexivamente. Y es a partir de ella que se delinea el interés de la perspectiva crítica, lo cual va de la mano con la definición de su función social en el interior de la totalidad social. Sobre este denso trasfondo puede comprenderse por qué la diferente percepción del mundo social entre la teoría tradicional y la teoría crítica no responde tan sólo a una cuestión de precisión conceptual: "no se trata aquí simplemente de una comprensión equivocada, sino de la oposición real de dos *actitudes* diferentes"[85], de dos cosmovisiones ético-valorativas opuestas.

A partir de todo esto, podemos sostener que el fundamento aquí propuesto para la práctica de producción de teoría crítica se inscribe en el marco de aquella (weberiana) "referencia al mundo de los valores [que] ya no ofrece

---

[84] Horkheimer, "Un nuevo concepto...", p. 255.
[85] Horkheimer, "Teoría tradicional y...", p. 65.

a la acción humana una garantía de validez incondicionada"[86] que funja de referente de certeza. Esto nos pone ante una elección en un ámbito de *incertidumbre*, que es justamente en lo que consiste la apuesta pascaliana usada como epígrafe de este libro. Es en esta lógica donde encontramos un hilo clave para tejer el fundamento *no* normativo de la crítica que esta investigación busca. Para lo cual se requiere aprehender el particular lugar que la práctica de producción de conocimiento científico ocupa en la lucha en *lo* político, pero también el lugar que esa "lucha a muerte irreconciliable"[87] entre valores tiene en el seno de la propia práctica científica.

El humanismo activo como cosmovisión valorativa

Toda teoría social tiene un interés político y consecuencias en la estructuración del todo social, incluyendo en esto la teoría crítica; la cual busca introducir la razón en el mundo, objetivo cuya realización depende de luchas históricas. La cuestión ahora es: ¿por qué esos valores?, ¿por qué orientar la propia práctica de producción de teoría crítica en esa dirección y no en otra? En última instancia, si en el apartado anterior investigamos la relación ciencia-valores (cognoscitivos y políticos), la pregunta de este apartado es ¿dónde hunden sus raíces los valores propios de la teoría crítica? Y aquí nuevamente el planteo de Weber, con su excepcional lucidez, nos pone en la pista por la cual avanzar en nuestra indagación. En efecto, siguiendo a este autor, podemos detectar que tales valores están enraizados en una determinada "cosmovisión valorativa", y a esto alude el propio Horkheimer –nada menos que en su discurso de asunción como director del *Institut für Sozialforschung*– cuando, citando a Grünberg, señala que "todos estamos guiados en nuestro trabajo académico por impulsos que derivan de nuestra propia cosmovisión"[88]. Es a partir de ésta que se establecen los intereses (cognoscitivos y políticos) que orientan a cada una de las teorías sociales.

En el particular caso de la teoría crítica de la sociedad, dicha cosmovisión lleva a sostener una vez más aquello que, según nuestro autor, los grandes fi-

---

[86] Rossi, 1997, p. 34.
[87] Weber, 1997b, p. 238.
[88] Horkheimer, "The present situation…", p. 14.

lósofos del pasado ya sostenían, pues también para ellos "una situación de justicia era [...] la condición necesaria para el desarrollo de las capacidades intelectuales del hombre, y esta idea está en la base de todo el humanismo occidental"[89]. De allí que quepa denominar a esta singular cosmovisión valorativa como "humanista", mas aclarando inmediatamente que la postura de Horkheimer no responde a cualquier tipo de humanismo, sino a lo que él denomina un "humanismo activo", propio "de la teoría crítica y del esfuerzo histórico del que forma parte"[90]. En este marco, sostiene que

> no hay humanismo sin una clara *toma de postura* frente a los problemas históricos de la época; el humanismo no puede existir como mera confesión de sí mismo. El humanismo del pasado consistió en una crítica del orden feudal de un mundo que, con su jerarquización, se había convertido en una traba para el desenvolvimiento del hombre. El humanismo del presente consiste en criticar unas formas de vida bajo las cuales sucumbe hoy la humanidad y en *esforzarse por transformarlas en un sentido racional.*[91]

Es por ello que, ante la desigualdad y carencia de libertad que producen las relaciones sociales capitalistas y modernas, los agentes posicionados en esta cosmovisión –que en la esfera científica se encuentra adherida a la práctica de producción de teoría crítica– "no se lavan las manos. Es posible que todo naufrague, pero el más lúcido análisis muestra que una sociedad racional es posible. El humanismo consiste en *tomar partido* por ella"[92]. Más allá de su probabilidad a corto plazo, su posibilidad dentro de estas condiciones sociales (incluyendo las relaciones de fuerza allí presentes) otorga una orientación para la práctica que lucha por su concreción. Aun cuando un pensamiento como el de Horkheimer, que "sospecha" de la racionalidad de la razón en el ámbito cognoscitivo, está ya a un paso de poner en cuestión la capacidad de la razón para articular una trama relacional justa.[93]

---

[89] Horkheimer, "La función social de la filosofía", p. 285.

[90] Horkheimer, M., "Montaigne y la función del escepticismo" [1938], en *Historia, metafísica y escepticismo*, op. cit., p. 195 (en adelante citado como "Montaigne y...").

[91] Ibíd., p. 197 (las cursivas son mías).

[92] Ibíd., p. 195 (las cursivas son mías).

[93] Esto separa este "momento" del pensamiento de Horkheimer del de la dialéctica de la ilustración, en el cual el cuestionamiento a la razón pareciera dejar sin fundamentos a la crítica; siendo ésta la lectura de Habermas con la que discutiremos en el capítulo IV. Para nosotros, en

La lucha por el "despliegue de las fuerzas humanas, que hoy se marchitan, es un motivo que se remonta al humanismo del Renacimiento y aun más atrás, pero no es necesario que este motivo cobre el carácter místico de un imperativo absoluto"[94]. Antes bien, se lo asume como el objetivo producto de una determinada cosmovisión, de determinados agentes, en determinadas circunstancias sociohistóricas y del rechazo e inconformismo que en ellos genera la injusticia hoy existente. El mismo rechazo alimenta la utopía-posible que se halla en el centro de los fundamentos de la teoría crítica horkheimeriana, a la vez que brinda la orientación del esfuerzo histórico del que la teoría crítica forma parte. Es con este hilo conceptual que tejemos parte de la trama de la teoría crítica reflexiva que aquí proponemos.

En resumen, la actitud crítica planteada por Horkheimer busca tornar más racional el mundo social, aludiéndose con esto a una integración de lo individual en la totalidad social, sin por ello disolver las particularidades de cada uno. Objetivo que surge de la cosmovisión valorativa del humanismo activo, en la que hunde sus raíces dicha actitud. Son esos valores lo que la utopía-posible expresa, a la vez que ella es el pilar central de los fundamentos en los que se asienta la práctica de producción de teoría crítica, cuya función social es, entonces, ser una lucha que disrumpe la doble naturalización en pos de transformar el orden dado en el sentido que surge de tales valores. Función que afecta a todo el *modus operandi* del conocimiento teórico que de esta manera se produce. La teoría crítica conlleva, entonces, una lucha en *lo* político por la concreción de los valores propios de su cosmovisión, enfrentándose a otras maneras de percibir y apreciar el mundo social.

Por todo esto, el punto de vista aquí propuesto entraña una crítica cultural de *lo* político y, en tanto que tal, "se considera a sí mismo como *el lado teórico* de los esfuerzos para suprimir la miseria existente"[95]. Pues "el rechazo de aquellas ideas que fundan, apuntalan y glorifican una situación social odiada, es contemporáneo de la lucha misma"[96], es un momento de esa lucha en pos de la transformación de lo establecido.

---

cambio, es justamente ese cuestionamiento el que brinda el hilo conceptual final de un fundamento dialéctico no normativo, aquel que permite pensar las potencialidades de la razón sin perder de vista sus características regresivas.

[94] Horkheimer, "La función social de la filosofía", p. 56.

[95] Horkheimer, "Materialismo y moral", p. 131 (las cursivas son mías).

[96] Horkheimer, "Un nuevo concepto...", p. 256.

El teórico crítico: su epistemocentrismo y su *Beruf*

El trabajo de lectura sobre los materiales horkheimerianos nos ha llevado a concebir nuestra teoría crítica reflexiva como una práctica científica que se asienta sobre un fundamento centrado en la utopía-posible, noción que contiene una dimensión valorativa (y, por tanto, no normativa), proveniente de la cosmovisión del humanismo activo. Es a partir de ella que se lleva adelante el esfuerzo que pugna por disrumpir el cerrado cosmos de los pensables-posibles, generando una caótica abertura hacia los impensables-imposibles. Todo ello en el marco de una lucha que no deja de tener en cuenta que, si bien "la política exitosa es siempre el 'arte de lo posible' […] no es menos cierto que muy a menudo lo posible sólo se obtuvo porque se procuró lo imposible que está más allá de él"[97].

Ahora bien, llegados a este punto surge la cuestión de cómo la teoría crítica horkheimeriana aborda aquello que resulta pensable desde los esquemas de dotación de sentido subjetivos de los agentes implicados en el mundo social. Es decir, cómo tematiza la lógica propia del "sano entendimiento común", aquello que con Bourdieu cabe llamar la "lógica práctica", por oposición a los principios de dotación de sentido propios del especialista en (lo que Weber llama) una esfera cultural —sea ésta la de la ciencia, la filosofía, el arte, el derecho, etcétera—, esto es, aquellos que también con Bourdieu podemos considerar propios de la lógica escolástica.[98] Nuestro argumento es que Horkheimer encuentra en los materiales culturales producto del entendimiento común un engranaje central del mecanismo por el que se reproduce el orden social establecido, pero no más que ello, sin avanzar en el estudio de las potencialidades disruptivas que allí pueda haber. Por lo que no aborda estos materiales con la misma perspectiva crítico dialéctica que pone en juego para estudiar los materiales culturales propios de la lógica escolástica.

En efecto, Horkheimer tiende a percibir los esquemas de dotación de sentido del entendimiento común como una mera fuente de desconocimiento, que lleva a los agentes a actuar en favor de la reproducción de su sojuzgamiento. En ese marco sostiene que, "cuanto menos la acción surge del conocimiento de la realidad, e incluso lo contradice, tanto más necesario es descubrir,

---

[97] Weber, 1997b, p. 244.
[98] Cf. *MP*, especialmente pp. 72-85.

en el plano psicológico, las fuerzas irracionales que determinan coercitivamente al hombre"[99]. Así, estamos ante el diagnóstico de que el sentido subjetivo (para usar la terminología weberiana) que el agente da a su acción responde a fuerzas objetivas que lo inducen a error, al no ser el producto del conocimiento teórico de la realidad. Semejante perspectiva epistemocéntrica no deja espacio alguno para un sentido subjetivo que sea a la vez disruptivo del cosmos social y distinto al que la lógica teórica establece como correcto. Es aquí donde puede detectarse un punto ciego de la propuesta horkheimeriana.

Esto resulta más evidente aún si se lo compara, por ejemplo, con su estudio de la filosofía moral burguesa. Pues Horkheimer señala todos los elementos que hacen de ella un momento de conservación de la forma burguesa de ordenar las relaciones sociales, sin por ello dejar de destacar que hay "un elemento dinámico en el fenómeno moral, que señala más allá de él mismo, hacia una sociedad más racional"[100]. Es decir que el mismo material filosófico (perteneciente a la lógica escolástica) contiene elementos conservadores y *a la vez* transformadores, siendo esa su dialéctica interna. En cambio, los materiales producto de la lógica práctica no son abordados desde esta perspectiva dialéctica, pues sólo se destaca su carácter conservador, como resultado del desconocimiento del que son producto. Horkheimer señala así la importancia de problematizar los esquemas de dotación de sentido del entendimiento común, pero no avanza hasta el fondo por el camino dialéctico que delinea. El epistemocentrismo le obtura el paso.[101]

A esto se agrega que este punto ciego impide también aprehender las particularidades de la lógica teórica y los condicionamientos que de ella emergen. En efecto, Horkheimer caracteriza a su teoría crítica a través del contraste con

---

[99] Horkheimer, "Historia y psicología", p. 32.

[100] Horkheimer, "Materialismo y moral", p. 124.

[101] Sin embargo, como señalamos en el capítulo I, esto no implica que aquí sostengamos una mirada "populista" (en el sentido dado por Grignon y Passeron, 1991) que disuelva las mediaciones conceptuales en el mero festejo (o aceptación acrítica) de los materiales culturales producto de la lógica práctica. Pero esto tampoco tiene por qué llevar a un "miserabilismo" que sólo ve en ellos un momento de la reproducción de lo establecido que, como tal, debe ser desarticulado, sin que sea concebible que allí haya, a un mismo tiempo, elementos disruptivos con esa reproducción. Es a este último polo, sin caer completamente en él, a lo que conduce el epistemocentrismo presente en la perspectiva de Horkheimer, deteniendo el movimiento de su crítica.

otra mirada teórica: la teoría tradicional; no hay allí una lógica práctica que funja de telón de fondo sobre el cual percibir, reflexivamente, las particularidades que dicha lógica teórica tiene por su mero ser teórica. Ésta es otra consecuencia del epistemocentrismo por el que, aun reconociendo las limitaciones que surgen del condicionamiento sociohistórico, no se alcanza a captar completamente cómo, entre sus condicionantes, está su ser producida desde una particular lógica relacional y categorial: la teórica. Esta perspectiva se reconoce, entonces, como el producto de agentes determinados, mas no da cuenta de que, entre tales determinaciones, una central es que dichos agentes sean teóricos implicados en el mundo escolástico, con las consecuencias que ello conlleva.

Frente a esto cabe volver a poner el énfasis en la noción de impacto de totalidad, ya que el punto de vista posicionado en dicha categoría es capaz de aprehender cómo una práctica de importancia aparentemente mínima puede romper con la lógica relacional dominante al llevar a cabo un imposible-posible, aun cuando el propio agente productor no busque esa consecuencia objetiva de su acción. Una perspectiva teórica capaz de captar dicho impacto de totalidad puede evitar la limitación que detectamos en la propuesta horkheimeriana, al aprehender cómo un material cultural cualquiera puede *a la vez* tener un carácter reproductivo y disruptivo, aun cuando esto no pase por la "conciencia" de los agentes, enmarcándose en una percepción "práctica" (volveremos sobre esto en la tercera parte).[102]

Hemos visto que la práctica de producción de teoría crítica tiene en el centro de sus fundamentos a una utopía-posible, a partir de la cual se da su objetivo. Esto nos remite a su dimensión ético-valorativa, que impacta en todo su *modus operandi*, pues es a partir de su específica cosmovisión que se dota de contenido el interés que la teoría, en tanto práctica en la esfera científica, persigue en el interior de la totalidad social. Es en este marco que Horkheimer, en clara disputa con el positivismo, sostiene que

---

[102] Sin dudas, este punto ciego ha de ser matizado a través de la inserción de la perspectiva horkheimeriana en el particular período histórico en que ella fue producida, signado por el ascenso del nazismo. Sin embargo, al no ser nuestro objetivo la realización de una "historia" del pensamiento de este autor, sino la búsqueda en su trama teórica de hilos metódico-conceptuales que nos permitan urdir nuestra perspectiva crítica, no podemos dejar de señalar su epistemocentrismo como un punto ciego que detiene el movimiento de la crítica.

> la teoría es una trama de conocimientos, que se basa en una praxis determinada, en una determinada fijación de objetivos [...] La praxis organiza ya el material, del que cada uno toma conocimiento, y la exigencia de comprobar hechos libres de teoría es falsa si se quiere decir que en los acontecimientos objetivos no actúan ya momentos subjetivos [...] La estructura epistemológica global, que da sentido a toda la descripción y a la que a su vez debe servir la teoría misma pertenece también a los esfuerzos de los hombres que la hacen. Éstos pueden surgir bien de los caprichos privados, bien de los intereses de poderes retrógradamente orientados, o bien de las necesidades de la humanidad naciente.[103]

No hay, entonces, conocimiento de lo objetivo sin ese momento subjetivo (al igual que lo afirma Weber), y es allí donde entran los intereses atinentes a *lo* político en la práctica de producción de teoría (a diferencia de lo planteado por Weber). Los cuales, en el caso de la teoría crítica, responden a los esfuerzos en pos de desarticular los mecanismos que reproducen la desigualdad y carencia de libertad hoy imperantes. Sin embargo, tales valores no pueden fundamentarse a través de argumentos científicos (al igual que lo afirmado por Weber), antes bien, se enraízan en la particular cosmovisión valorativa del humanismo activo.

Sobre este trasfondo puede comprenderse por qué, para Horkheimer, "la profesión [*Beruf*] del teórico crítico es la lucha, a la que pertenece su pensamiento, y no el pensamiento como algo independiente o que se pueda separar de la lucha"[104]. El término alemán *Beruf* significa tanto profesión como vocación, por lo que alude a la función que la propia actividad tiene en el entramado social objetivo y, al mismo tiempo, hace referencia a la inclinación subjetiva que nos lleva a realizar dicha actividad (al "llamado" vocacional). A partir de todo esto, sostenemos que la lucha intrínseca a la teoría crítica reflexiva es tanto la función social que ella cumple en la totalidad social, como la vocación del teórico crítico, de aquél que dedica sus weberianas libaciones a unos dioses de los valores que no tienen lugar en el presente y, a partir del inconformismo que ese "no lugar" genera, se ve llamado a ejercer una actitud crítica, llevando a cabo la lucha que ella implica.

Se pone así de manifiesto cómo en la teoría crítica se hallan entrelazadas, por un lado, una determinada práctica de producción de conocimiento cien-

---

[103] Horkheimer, "Materialismo y moral", p. 158.
[104] Horkheimer, "Teoría tradicional y...", p. 51.

tífico y, por el otro, la particular cosmovisión valorativa del humanismo activo, una más dentro del politeísmo de valores en que vivimos, pero aquella que es específica de la teoría crítica. Aunque *no* del conjunto de las prácticas científicas, pues la teoría tradicional sostiene (explícita o implícitamente) otros valores que también se encuentran adheridos a su *modus operandi*, lo cual conduce a que su función social sea diametralmente otra a la de la teoría crítica. Es en ese entrelazamiento donde se sitúa la utopía-posible, cuyo contenido valorativo orienta la actividad de la teoría crítica reflexiva, el impacto en *lo* político que ella se esfuerza por tener. Pues si bien dicha utopía-posible se encuentra anclada en las condiciones materiales presentes (lo cual es justamente lo que la hace posible), distinguiéndose así de la utopía renacentista que pasaba esto por alto, ambas comparten un rasgo central; ya que, aun con sus diferencias cualitativas, estas "utopías [...] son, sin embargo, las que formulan la *meta final*, de suerte que esta meta puede constituir *el criterio de valoración* de toda empresa política"[105].

Ligar esta práctica de producción de conocimiento a una cosmovisión valorativa de determinados agentes sociales, en determinadas condiciones sociohistóricas, nos permite no caer en algún tipo de incondicionado (explícito o implícito) como fundamento último de esta particular forma de saber. Es decir que aquí no se da lugar al establecimiento de una *certeza*. Ni aquella que surge de dotar de carácter normativo el progreso de la historia o a una particular noción de razón, estableciendo así una instancia incondicionada que conduce a la Escila que intentamos sortear. Ni aquella propia de la Caribdis que establece un esencialismo negativo atinente a la absoluta imposibilidad de fijar un absoluto, lo cual se constituye así en el punto incondicionado sobre el que se erige el resto de la construcción teórica (como veremos en más detalle en el capítulo VII).

Por el contrario, la teoría crítica aquí propuesta acoge la *incerteza* que proviene del politeísmo de valores (opuesto al monoteísmo normativista). Sin embargo, esto no pone en cuestión la validez objetiva del conocimiento científico que así se produce, según lo hemos problematizado a partir de la comparación con el clásico planteo weberiano, en tanto el modo en que la práctica científica elabora su *modus operandi* genera un conocimiento de la sociedad

---

[105] Horkheimer, "Los comienzos de la filosofía burguesa de la historia", p. 95 (las cursivas son mías).

que sólo ella puede producir, al "*ordenarla conceptualmente* de manera válida"[106]. Carácter "privilegiado" del punto de vista científico (sobre el que volveremos en los próximos capítulos) que no por ello hace de éste un "discurso rey", capaz de establecer el sentido último y la dirección de todas las prácticas sociales. Ni siquiera le posibilita sostener la validez única del dios de los valores propio de la teoría crítica, pues el *modus operandi* de la teoría tradicional tiene adheridos otros valores que no por ser reproductivistas son menos válidos; simplemente son *otros*. En este sentido, la teoría crítica reflexiva no aspira a cerrar el politeísmo de valores, pero no por ello su conocimiento deja de decir algo sobre el mundo social que los discursos propios de otras esferas sociales no tienen los elementos para decir. Y es a partir de esta especificidad que puede *contribuir* a (lo cual no quiere decir que sea necesaria o imprescindible para) la lucha en *lo* político, en pos de concretar los valores del humanismo activo.[107]

Llegados a esta instancia de nuestro argumento sobre el lugar y peso de los valores atinentes a *lo* político en la práctica de producción de conocimiento científico, cabe permitirnos aquí un (poco ortodoxo) parafraseo del impresionante y contundente final de "La 'objetividad' cognoscitiva...", como vía por la cual resaltar los elementos comunes en las consecuencias que Weber extrae de su planteo y que nosotros extraemos del nuestro. Así, podemos sostener que: "la validez *objetiva* de todo saber empírico descansa en esto y sólo en esto: que la realidad dada se ordene según categorías que son *subjetivas* en un sentido específico, en cuanto representan el *presupuesto* de nuestro conocimiento y están ligadas al presupuesto *del valor*" cognoscitivo pero también político, sobre el que ese saber se yergue. Y "nada tenemos que ofrecer, con los medios de nuestra" teoría crítica reflexiva, "a quien no juzgue valiosa" la

---

[106] Weber, 1997a, p. 99.

[107] Así, consideramos que la pregunta a hacerse no es sobre si la teoría es condición necesaria para que los agentes concreten la transformación social. Pues esa pregunta supone que o bien ella es el "discurso rey" que establece el sendero a ser seguido y, como en R1, marca la conciencia que los agentes tienen que adquirir (Escila), o bien la teoría no puede guiar la acción de los agentes (ya que eso es propio de los "grandes relatos"), por lo que nada puede hacer en las luchas en *lo* político (Caribdis). En definitiva, esta pregunta supone que o bien hay un Absoluto o bien un Vacío. Frente a ello, sostenemos que la pregunta es otra, pues si bien no consideramos que la teoría sea imprescindible para la lucha en *lo* político, eso no equivale a decir que su aporte sea nulo. De allí que nos interroguemos por cómo puede la teoría crítica reflexiva contribuir a las luchas en pos de la concreción del humanismo activo.

lucha por introducir la razón en el mundo, a quien no comparta los valores propios de esta utopía-posible; "y la fe en el valor de" la cosmovisión del humanismo activo "es un producto de determinadas culturas, no algo dado por naturaleza". En vano se buscará un conocimiento neutral que sustituya a una teoría sobre la sociedad (sea ésta tradicional o crítica) que contiene intereses políticos, ligados a valoraciones "que son comprobables y susceptibles de ser vividas empíricamente, por cierto, como elementos de cualquier acción humana provista de sentido, pero que *no* son fundamentables, como válidas, a partir de los materiales empíricos". La validez objetiva de este conocimiento crítico se encuentra así adherida a "la *fe*, presente en alguna forma en todos nosotros, en la validez supraempírica de ideas de valor últimas y supremas, de las que tomamos el sentido de nuestra existencia, [lo cual] no excluye sino [que] incluye la incesante mutabilidad de los puntos de vista concretos desde los cuales la realidad empírica recibe un significado"[108].

En definitiva, plantear esta ligazón entre lo cognoscitivo y lo valorativo no es más que asumir con todas sus consecuencias que la teoría crítica no es sólo una posicionada manera de *percibir* el mundo social, sino también de *apreciarlo*. Y es de esta apreciación de donde surge el interés por la introducción de la razón en el mundo. Es con este material que podemos construir un fundamento en ese vacío con que nos dejó R2, pero no uno normativo, no uno que establezca una certeza, cuya contracara es la cancelación del politeísmo valorativo. Podemos ahora retomar la cita con la que cerramos el capítulo anterior, pues el trabajo de lectura realizado en este capítulo nos posibilita *percibir* que una máquina de hilar algodón sólo en determinadas condiciones se convierte en capital, dando cuenta del conjunto de mediaciones que la relación mercantil entraña, pero también nos posibilita *apreciar* el carácter deshumanizado y deshumanizador de esas relaciones sociales y de la forma de dominación a ella ligada. Es a partir del inconformismo que eso genera a nuestro humanismo activo que nos interesamos por la transformación práctica de esas determinadas condiciones, luchamos con ese fin.

Es porque entraña esa lucha por lo que "la teoría crítica carece de confirmación hasta el final de la época, confirmación que se alcanza con la victoria. Hasta entonces continúa la lucha por su comprensión y aplicación correc-

---

[108] Las frases entrecomilladas, material de nuestro parafraseo, corresponden a Weber, 1997a, pp. 99-100.

tas"[109]. Ahora bien, esto puede inducir a pensar que Horkheimer reintroduce en este punto una armonía final, con la transparencia de lo social que ello implica. Sin embargo para sostener semejante concepción habría que obviar completamente su crítica a la metafísica (que abordamos en la primera sección), dejando de lado, en definitiva, que "la dialéctica materialista, tal como está contenida en la teoría crítica, a diferencia de Hegel, no acepta la unidad entre pensamiento e historia"[110]; antes bien se mantiene como una "dialéctica abierta". Por lo que, al ponerse en cuestión la imagen de una victoria de tintes absolutos, con el consecuente final de época (y de la historia) que ello conlleva, no cabe más que interpretar dicha cita como un señalamiento de la necesidad (con sentido) de mantener abierta y continua la lucha en *lo* político, de la cual la teoría crítica es un momento.

Pero, al introducirnos en esta problemática, la pregunta que en el fondo nos estamos haciendo es: ¿acaso es dable realizar plenamente la utopía-posible de la teoría crítica reflexiva? Y en este punto lo primero a decir es que ninguna afirmación que se haga al respecto puede pretender predicar sobre la dimensión futura; nuestras categorías no trascienden nuestro posicionado presente, con las limitaciones que ello entraña para un pensamiento condicionado por los procesos sociohistórico en que está inserto. Pretender responder a esta pregunta con la afirmación de que en el futuro esto es concretable (Escila) o inconcretable (Caribdis) sería introducir la *certeza* (positiva o negativa) que la teoría crítica reflexiva pone en cuestión. Frente a ello, mantener abierta la *incerteza* implica reconocer las limitaciones de nuestro punto de vista, que no puede saber la respuesta a esa pregunta, pues *no puede fijar* en el presente un punto que escape al condicionamiento sociohistórico, es decir, un incondicionado.

Dicho esto, y en el interior de este marco, podemos decir que lo propio de la utopía-posible (de su dialéctica) es mantener abierta la tensión entre los términos, la cual dinamiza la teoría crítica reflexiva, la mantiene interrogante e interrogándose. De allí que, por un lado, si la utopía se realiza (nos referimos no a la posibilidad de su realización, sino a su efectiva realización), pierde su carácter de no lugar para ser algo propio de la lógica relacional existente, diluyéndose así aquel hilo conceptual que impulsa la transformación

---

[109] Horkheimer, "Teoría tradicional y...", p. 76.
[110] Horkheimer, "Montaigne y...", p. 198.

de lo establecido al trascenderlo. A la vez que, por otro lado, si se pierde su dimensión de ser posible, si es meramente una utopía sin más, entonces le cabe la crítica que Horkheimer le realiza a la utopía propia del Renacimiento, convirtiéndose en una suerte de secularización del cielo cristiano que, como éste, le resta importancia (cuando no le da la espalda) a la vida que en este mundo llevamos. Se vuelve, en definitiva, una proyección ideal, ajena a las luchas sociales y a las relaciones de fuerza que se ejercen en el entramado social en que vivimos; no sería más que un fetiche, sin ligazón alguna con las prácticas sociales de las que es producto.

Esto nos aleja de lo expuesto por Brunkhorst, quien señala como una limitación insalvable de la crítica horkheimeriana de los años treinta el que "permanezca deliberadamente aporética", enfrentándose a "una contradicción que ninguna dialéctica puede reconciliar"[111]. Pues es justamente en esa aporía, que él caracteriza como un defecto insalvable, donde nosotros vemos su riqueza y potencialidad para elaborar una teoría crítica reflexiva, cuyo estilo de movimiento cabe llamar entonces: "dialéctica aporética". Dedicaremos la segunda parte de este libro a problematizar las características de ese estilo.

Señalemos, por último, que la utopía-posible tiene por contenido valores propios de una particular cosmovisión. Por lo que si, a pesar de lo ya dicho, se considera aún que esta teoría crítica reflexiva sostiene un horizonte de reconciliación y transparencia, entonces se está suponiendo que esos valores son los únicos válidos, es decir, se piensa que la utopía-posible entraña un carácter normativo y no uno valorativo, como aquí sostenemos. Su concreción no implica, por tanto, el monoteísmo normativista; no anula el politeísmo planteando la validez exclusiva de un único dios de los valores. Ni siquiera su victoria puede, por ende, cancelar el conflicto, la lucha y la opacidad que provienen del politeísmo. Ésta es una de las claves que diferencian nuestra propuesta de la elaborada por uno de los representantes más destacados de la "segunda generación" de la Escuela de Frankfurt, quien sí busca reintroducir el monoteísmo y la certeza propios de las perspectivas normativistas, de esa Escila que nosotros buscamos sortear. Nos referimos a Jürgen Habermas, cuya propuesta de teoría de la acción comunicativa estudiaremos en el próximo capítulo.

---

[111] Brunkhorst, 1993, p. 87.

III

Jürgen Habermas: monoteísmo valorativo e imposibilidad del desacuerdo

En este capítulo vamos a estudiar la propuesta de teoría de la acción comunicativa realizada por Jürgen Habermas, en tanto constituye uno de los esfuerzo más sólidos e influyentes de la teoría social contemporánea por dotar de un fundamento normativo a la perspectiva crítica. Si bien compartimos su preocupación por los fundamentos de dicha perspectiva, es su intención de que éstos tengan un carácter normativo lo que nos aleja de su propuesta teórica, al tornarla, para nosotros, una versión de la Escila. Por eso aquí nos concentraremos en indagar las consecuencias y posibles puntos ciegos que el establecimiento de ese fundamento acarrea tanto para la práctica de la crítica, como para la acción en *lo* político, poniendo en cuestión así uno de los pilares claves sobre los que se asienta el monumental edificio habermasiano. Pero no sólo él, pues consideramos que tales puntos ciegos son propios de las perspectivas normativistas en general y de su establecimiento de un referente último de *certeza*. Por todo esto, se encontrará en este capítulo un tono distinto al hasta ahora predominante, pues al abordar el pensamiento de Habermas no nos guía el esfuerzo por hallar un nuevo sendero a través del cual acercarnos a nuestro objetivo, sino mostrar uno de los escollos que hemos de evitar para poder seguir avanzando.

En este marco, cabe destacar la relevancia de concentrarnos en la propuesta habermasiana, ya que ésta se construye, en gran medida, como una crítica a la filosofía de la historia que subyace –entre otras– a la concepción lukacsiana de la relación entre totalidad histórica y clase (R1), es decir, a la perspectiva normativista que abordamos en el primer capítulo. Sin embargo, como intentaremos poner en evidencia, su propuesta –por ser ella también normativista– reitera alguna de las limitaciones de fondo que allí hemos detectado. Pues en su búsqueda por dotar a la crítica de un nuevo fundamento (preocupación que compartimos) de carácter normativo (punto en el que nos distanciamos), Habermas instaura un monoteísmo que conlleva la disolución de la dimensión atinente al conflicto en *lo* político. Esto tiene como contraparte que su concepción del saber (crítico) se tiñe de rasgos autoritarios; en tanto el establecimiento de una instancia incondicionada funge de referente para una *certeza* a partir de la cual se marca la senda por la que puede alcanzarse "una armonización de las orientaciones de acción"[1], cuyo punto cúlmine es la producción de una sociedad transparente y reconciliada. Todo sendero otro al señalado por la teoría conduce, entonces, a generar opacidad y dominación. Ésta es la tesis del presente capítulo, la cual busca poner de manifiesto la necesariedad de que el fundamento de la crítica sea no normativo, que sea capaz de acoger la *incerteza* tal y como sucede en la adherencia entre ciencia y valores (en el marco de un politeísmo valorativo) que cristaliza de forma especialmente clara en la noción de utopía-posible, según lo planteado en el capítulo anterior.

Con este fin, se dedicará la primera sección a presentar los rasgos centrales de la teoría habermasiana, enfocándonos especialmente en el propósito normativo que allí se persigue a través del concepto de razón comunicativa, base sobre la cual este autor determina las patologías de la sociedad moderna. Sin embargo, esa forma de racionalidad adquiere su carácter normativo a partir de su depuración de todo rasgo concreto, así como potencialmente coactivo, según se expondrá en la segunda sección. Esto nos llevará, en la tercera sección, a plantear cómo semejante concepción de la racionalidad comunicativa entraña una despolitización de la política; consecuencia ésta que resulta propia no sólo de la trama teórica urdida por Habermas, sino también de toda perspectiva que pretenda dotar de un fundamento normativo a la crítica.

---

[1] TAC, tomo II, p. 286.

El proyecto habermasiano

La teoría de la acción comunicativa se presenta como una indagación acerca de la base última a partir de la cual construir una teoría crítica de la sociedad. En este sentido, Habermas sostiene, ya sobre el final del segundo tomo de *Teoría de la acción comunicativa*, que "el propósito de la presente investigación ha sido por mi parte introducir una teoría de la acción comunicativa que dé razón de los fundamentos normativos de una teoría crítica de la sociedad"[2]. Para lo cual su investigación propone, como categoría central, la noción de razón comunicativa, entendida como "una razón inmanente al uso del lenguaje cuando este uso se endereza al entendimiento"[3]. Es en torno a ella (y al modo en que permite concebir el entramado social) que desarrolla su crítica al paradigma de la filosofía de la conciencia; el cual –según la versión habermasiana– reduce la razón a su puntual faceta cognitivo-instrumental, centrada en la relación entre sujeto y objeto (o, en la terminología del propio Habermas, a la relación entre actor y mundo objetivo). Frente a esto,

> lo paradigmático [de la racionalidad comunicativa] no es la relación de un sujeto solitario con algo en el mundo objetivo, que pueda representarse y manipularse, sino la relación intersubjetiva que entablan los sujetos capaces de lenguaje y acción cuando se entienden entre sí sobre algo.[4]

Esta crítica y el proyecto alternativo que le subyace alientan sus lecciones sobre el *Discurso filosófico de la modernidad*, en las cuales rastrea las aporías con las que dicho discurso se encuentra por mantenerse dentro de los límites del paradigma de la filosofía de la conciencia. A la vez, esa lectura de la propia modernidad, de sus líneas insinuadas pero no desarrolladas, lo lleva a sostener "que el paradigma que representa el conocimiento de objetos había de ser sustituido por el paradigma del entendimiento entre sujetos capaces de lenguaje y acción"[5]. Cambio de paradigma que constituye así el núcleo vital de toda su propuesta teórica.

---

[2] Ibíd., p. 562.
[3] Ibíd., p. 563.
[4] TAC, Tomo I, p. 499.
[5] DFM, p. 353.

La razón comunicativa como fundamento normativo

La mentada oposición entre paradigmas, la necesidad de (según Habermas) no reducir los conceptos fundamentales de la captación de lo social a la relación sujeto-objeto, se halla detrás de los dos grandes tipos de acción que Habermas distingue ya desde sus primeros escritos (si bien en *TAC* esto adquirirá una mayor complejidad, no por ello pierde vigencia la oposición central entre): por un lado, la acción instrumental y, por el otro, la acción comunicativa;[6] o bien la acción orientada al éxito frente a la acción orientada al entendimiento.[7] El primero de estos tipos de acción está cortado con el clásico molde de la acción racional con arreglo a fines de raíz weberiana, mientras que el segundo pone el acento en el *entendimiento* como mecanismo de coordinación de la acción. Así,

> el concepto de acción *comunicativa* se refiere a la interacción de a lo menos dos sujetos capaces de lenguaje y de acción que [...] entablan una relación interpersonal. Los actores buscan entenderse sobre una situación de acción para poder así coordinar de común acuerdo sus planes de acción y con ello sus acciones.[8]

Entendimiento al cual se llega "a través de tomas de postura de afirmación o negación frente a pretensiones de validez susceptibles de crítica"[9]. Es, entonces, en torno a tales pretensiones de validez que se teje el entendimiento, lo cual evidencia la centralidad de éstas en el planteo habermasiano, en tanto conllevan la movilización de argumentos en pos de la defensa o rechazo de una afirmación; es decir, pueden ser fundamentadas argumentativamente. A lo cual se agrega que también son ellas las que permiten dotar de objetividad el enjuiciamiento, al dar lugar a "una pretensión transubjetiva de validez que para cualquier observador o destinatario tenga *el mismo significado* que para el sujeto agente"[10].

---

[6] Cf. Habermas, J., *Ciencia y técnica como "ideología"* [1968], Madrid, Técnos, 1986, p. 68.

[7] Cf. *TAC*, Tomo I, pp. 366-367.

[8] Ibíd., p. 124.

[9] Ibíd., p. 104.

[10] Ibíd., p. 26 (las cursivas son mías). Ya en esta cita puede detectarse una cuestión que desarrollaremos en la segunda sección de este capítulo: la necesidad de la trama conceptual habermasiana de suponer que todos los actores captan el "mismo significado", generando así una igualación de puntos de vista que no da lugar a la posibilidad de que haya perspectivas distintas sobre lo mismo. Es decir, no da lugar al *desacuerdo*.

Ahora bien, Habermas no reduce estas pretensiones universales de validez a la sola pretensión de verdad sobre el mundo objetivo. Antes bien, él plantea lo que cabe entender como una "triple ontología" –en el sentido de tres tipos distintos de relaciones entre actor y mundo–, a través de la cual busca superar los enfoques que reducen esta problemática a "la relación cognitiva con el mundo del ente"[11]. Para ello, también introduce en su conceptualización las relaciones del actor con el mundo social y con el mundo subjetivo. De esta triple ontología surgen las tres pretensiones de validez que plantea: la verdad proposicional, la rectitud normativa y la veracidad expresiva; cada una de las cuales con la misma posibilidad de ser sometida a crítica y fundamentada argumentativamente. Estos tres tipos de pretensiones de validez susceptibles de crítica, y los tres mundos a ellas vinculados, se ligan con los distintos tipos de acción que el autor distingue analíticamente en *TAC*, dando lugar así a los conceptos de acción teleológica (relacionado principalmente con el mundo objetivo), acción regulada por normas (relacionado principalmente con el mundo social) y acción dramatúrgica (relacionado principalmente con el mundo subjetivo).

A esto se agrega un cuarto tipo de acción, pero de un estatus diferente al de los tres anteriores, en tanto no alude principalmente a una relación actor-mundo sino que hace referencia al uso del lenguaje en esas acciones y, particularmente, a su papel como elemento de coordinación de las interacciones que tienen lugar en esos mundos. Habermas denomina a este tipo: acción comunicativa. La cual da cuenta, entonces, de cómo "los participantes en la interacción movilizan expresamente el potencial de racionalidad que [...] encierran las tres relaciones del actor con el mundo, con el propósito, cooperativamente seguido, de llegar a entenderse"[12]. En base a esto resulta compresible por qué, para Habermas, la racionalidad a secas "se manifiesta en formas de comportamiento para las que existen en cada caso buenas razones. Esto significa que las emisiones o manifestaciones racionales son accesibles a un enjuiciamiento objetivo"[13]. Mientras que lo específico de la racionalidad comunicativa refiere a "las diversas formas de desempeño discursivo de pretensiones de validez"[14] y a las relaciones actor-mundo que ellas implican.

---

[11] Ibíd., p. 73.
[12] Ibíd., pp. 143-144.
[13] Ibíd., pp. 42-43.
[14] Ibíd., p. 111.

A partir de todo esto se torna evidente la ya mentada centralidad, para Habermas, de la noción de pretensiones universales de validez; pues, como su nombre lo indica, constituye el hilo conceptual a través del cual dota de universalidad a la lógica *formal* propia de la razón comunicativa, junto con la trama teórica que en torno a ella urde. En efecto, la fuerza de esta noción reside en que "trasciende las restricciones espacio-temporales y sociales"[15], dotando así a la racionalidad comunicativa de semejante característica; lo cual —según la perspectiva habermasiana— es un requisito para constituirse en el fundamento normativo de una teoría crítica de la sociedad. Esta normatividad se dirige, por tanto, a la búsqueda de un punto *incondicionado* sobre el cual asentar el conjunto del edificio teórico, pues el proceso (formal) de entendimiento en torno a pretensiones de validez no se hallaría, según esta lógica, *condicionado* por el contexto sociohistórico y cultural.

Además, esto implica la movilización de razones para fundamentar las mentadas pretensiones, es decir, supone la puesta en juego de argumentos en pos de convencer a los otros participantes en la acción comunicativa, con vistas a "motivarlos a la aceptación de la pretensión de validez en litigio"[16]. Es en este terreno que hace pié la famosa y "peculiar coacción sin coacciones que caracteriza al mejor argumento"[17], a través de la cual puede alcanzarse una coordinación de los planes de acción de los distintos actores, sin que se ejerza allí forma alguna de dominación o de poder. En definitiva, la razón comunicativa se encuentra *depurada* de todo rastro de coacción coactiva (o con coacciones), lo cual torna posible que la práctica que siga el camino por ella señalado pueda aspirar a generar un entramado relacional carente de toda forma de coacción. De allí su potencial emancipatorio, el cual se mantiene impoluto de toda mancha de regresiva dominación.

Las patologías de la sociedad moderna

Sobre la base normativa que brinda el concepto de razón comunicativa (y todo lo ligado a ella), Habermas funda, entonces, su teoría de la acción comunicativa y especialmente su

---

[15] Ibíd., p. 54.
[16] Ibíd., p. 37.
[17] Ibíd., p. 51.

teoría de la modernidad que explica el tipo de patologías sociales que hoy se tornan cada vez más visibles, mediante la hipótesis de que los ámbitos de acción comunicativamente estructurados quedan sometidos a los imperativos de sistemas de acción organizados formalmente que se han vuelto autónomos.[18]

En esta caracterización se evidencia ya su concepción de la sociedad articulada en dos niveles, a la que Habermas llega a través de su discusión con diferentes momentos de la historia de la teoría sociológica (a la manera de la "convergencia" parsoniana).[19] Modo de concebir la sociedad que retoma, en última instancia, la dicotomía entre acción orientada al entendimiento y acción orientada al éxito, tal y como se señala en el temprano escrito habermasiano "Ciencia y técnica como 'ideología'". En efecto, allí se presenta un modelo de sociedad que articula un marco institucional –en el que predomina la acción comunicativa– con un sistema de acciones racionales con arreglo a fines –en el que predomina la acción instrumental[20]–. Sobre esta base, puede afirmar "que hay que mantener bien separados *dos conceptos de racionalización*"[21]: por un lado, el propio de la acción comunicativa y, por el otro, el característico de la acción instrumental.

En *TAC*, esa distinción entre dos niveles de sociedad adopta la forma del desacoplamiento entre mundo de la vida y sistema; siendo ésta, tal vez, una de las aristas más conocidas de la propuesta habermasiana (por lo que nos permitiremos no desarrollarla en detalle), en la que se oponen dos formas de integración: por un lado, la integración social que *armoniza* las orientaciones

---

[18] Ibíd., p. 10.

[19] Cf. Parsons, 1968, p. 45. Cabe destacar que esta concepción de la sociedad articulada en dos niveles se torna una de las armas centrales con las Habermas se enfrenta a los distintos autores de dicha historia, sea que los encuentre limitados por no distinguir suficientemente entre ambos niveles, o bien porque sólo se concentran en uno de ellos en desmedro del otro.

[20] Cf. Habermas, 1986, p. 71.

[21] Ibíd., p. 106. Esta tendencia a "mantener bien separados" los términos de una dicotomía recorre todo el planteo habermasiano, en tanto ello le permite depurar toda ambigüedad de los procesos que estudia. Sin embargo, eso mismo lleva a que, en general, sus nociones terminen asemejándose más a tipos ideales (y, por tanto, a utopías lógicas) que a captaciones de procesos concretos. Esto cuando no son directamente tipos ideales weberianos que el autor retoma sin terminar de presentarlos como tales (es el caso, por ejemplo, de la ética de la intención y la de la responsabilidad que Habermas presenta como incompatibles entre sí, cuando esa incompatibilidad, en Weber, tiene lugar sólo a nivel típico-ideal, pues él mismo aboga por su entrelazamiento en la peculiar figura del político. Cf. Weber, 1991).

de acción de los participantes en la interacción, "por medio de un consenso asegurado normativamente o alcanzado comunicativamente"[22]. Y, por otro lado, la integración sistémica que entrelaza funcionalmente las consecuencias de la acción, dando lugar a una estabilización de plexos de acción *no-pretendidos*, "mediante una regulación no-normativa de decisiones particulares que se sitúa *allende la conciencia de los actores*"[23].

Forma de sociedad a la que se llega a través de un proceso de evolución social (entendido en los términos del estructuralismo genético –y formal– de Piaget), por el cual "al aumentar la complejidad de uno y la racionalidad del otro, sistema y mundo de la vida no sólo se diferencian internamente como sistema y mundo de la vida, sino que también se diferencian simultáneamente el uno del otro"[24]. Es decir que no sólo se desacoplan entre sí, también tienen una evolución interna que en el mundo de la vida lleva a una separación entre las esferas culturales de la ciencia, el derecho y la moral, y el arte, cada una de las cuales se liga a una forma de racionalidad distinta (la cognitivo-instrumental, la práctico-moral y la práctico-estética respectivamente). Además, esta separación permite el desarrollo de una historia interna específica a cada una de esas esferas, lo cual se vincula también con la emergencia de especialistas en los saberes y lógicas propias de cada una de ellas. En el nivel sistémico, en cambio, se da un aumento de la complejidad por el que emergen dos subsistemas: el económico y el político-administrativo, cada uno de los cuales desarrolla intercambios a través de un medio de comunicación deslingüistizado que le es propio: el dinero para la economía, el poder para el político-administrativo.

Sobre este denso trasfondo, Habermas plantea las que, según él, son las dos patologías centrales de la modernidad. La primera de las cuales consiste en el *empobrecimiento cultural* "que amenaza a un mundo de la vida que ve devaluada la sustancia de su tradición"[25]. En este sentido, estamos ante la versión habermasiana de (lo que él mismo denomina) la "tesis de la pérdida del sentido" de Weber, la cual tiene su génesis en "la diferenciación de esferas culturales de valor autónomas"[26], es decir, es un producto de la evolución in-

---

[22] *TAC*, Tomo II, p. 167.
[23] Ibíd., p. 167.
[24] Ibíd., p. 216.
[25] Ibíd., p. 462.
[26] *TAC*, Tomo I, p. 317.

terna del mundo de la vida. Por lo que aquellas imágenes del mundo que en épocas premodernas se presentaban en una unidad, dando así sustento a la tradición cultural que el mundo de la vida requiere para su reproducción simbólica, se hallan ahora doblemente *desgarradas*: por un lado, en esferas con una lógica propia que no se conecta con las demás y, por el otro, en discusiones de expertos que no tienden puentes con la práctica comunicativa cotidiana. En definitiva, los seres humanos modernos vivimos en una "totalidad desgarrada", tal como lo señalara Simmel en su "tragedia de la cultura"[27], cuestión retomada y problematizada también por Weber y el joven Lukács. Estamos ante el riesgo de una totalidad vacía de sentido, en tanto se produce una "extinción de las tradiciones vivas" (que es exactamente la manera en que Lukács define la totalidad desgarrada en su *Teoría de la novela*),[28] generada por la interrupción del "aflujo de una tradición cultural que fuera capaz de mantener su propia continuidad".[29]

En este sentido, Habermas se lamenta por el desvanecimiento de "las oportunidades de volver a *reunir con naturalidad* en una práctica cotidiana posconvencional aquellos momentos que otrora, en las formas tradicionales de vida, constituyeron *una unidad*"[30]; es decir, por la pérdida de las posibilidades de superar el desgarramiento actual en una nueva armonía, aun cuando ésta no pueda obtenerse más que a través de "una unidad formal"[31]. Esa recuperación de una (formal) totalidad armónica es uno de los fines perseguidos por la trama teórica habermasiana, a la vez que constituye un elemento subyacente a esa trama, pues brinda el telón de fondo a partir del cual realizar el diagnóstico del empobrecimiento cultural. Fin concebido como un "deber ser" que indica el camino a ser transitado en pos de que esta razón desgarrada alcance una nueva unidad, "la cual ya no puede recuperarse, ciertamente, en la forma que tuvo en las imágenes del mundo, sino sólo aquende la cultura de los expertos, en una práctica comunicativa cotidiana no cosificada"[32]. Es decir que dicha unidad no perdería lo ganado en la fragmentación

---

[27] Cf. Simmel, G., "El concepto y la tragedia de la cultura", en *Sobre la aventura*, Barcelona, Península, 1997.

[28] Según Lukács, la segunda naturaleza "es la petrificación de un complejo de sentido [...] es un osario de interioridades muertas" (Lukács, 1971, p. 67).

[29] *TAC*, Tomo II, p. 464.

[30] Ibíd., p. 468 (las cursivas son mías).

[31] Ibíd., p. 462.

[32] Ibíd., p. 565.

moderna, dando lugar, de esta manera, a una suerte de *Aufhebung* hegeliana de la razón comunicativa.

La segunda y más importante patología que Habermas detecta en la modernidad es la *colonización del mundo de la vida*, generada por su instrumentalización a partir de "las coacciones sistémicas [lo cual] hace que la práctica comunicativa cotidiana adolezca de una unilateralización hacia orientaciones de acción cognitivo-instrumentales"[33]. Esta concepción entraña una relectura, por parte de Habermas, de (lo que él denomina) la "tesis de la pérdida de la libertad" desarrollada por Weber, la cual es un producto de "la independización de los sistemas de acción racional con arreglo a fines"[34]. Pero, sobre todo, consiste en una particular apropiación de la forma en que el marxismo occidental problematizó esta temática de raíz weberiana, al plantear que esa racionalización lleva aparejada un proceso de cosificación (tal el título de último capítulo del tomo I de *TAC*). En este marco, Habermas pone el acento sobre lo que percibe como un proceso de racionalización unilateral, centrado en la razón cognitivo-instrumental, en detrimento de la razón práctico-moral y la práctico-estética; junto con lo cual se produce un avance de la lógica sistémica sobre ámbitos propios del mundo de la vida. Así, la colonización de este último remite a un proceso por el que "los imperativos de los subsistemas autonomizados [...] penetran *desde fuera* en el mundo de la vida –como señores coloniales en la sociedad tribal– e imponen la asimilación"[35]. La patología no surge de la mera autonomización de tales subsistemas, que dan lugar a "una realidad vacía de contenido normativo"[36], sino de su penetración en los ámbitos nucleares del mundo de la vida, atentando así contra su reproducción simbólica y, por ende, contra la integración social.

Sin embargo, esta conceptualización habermasiana de la cosificación de la práctica comunicativa cotidiana se focaliza en parte de la problemática estudiada por el marxismo occidental y así cambia, parcialmente, el eje de la cuestión. En efecto, en los amplios y difusos márgenes de esa tradición, la cosificación remite a la manera en que se estructura una determinada forma de subjetividad (para decirlo con la terminología lukacsiana), la cual se caracte-

---

[33] Ibíd., p. 462.
[34] *TAC*, Tomo I, p. 317.
[35] *TAC*, Tomo II, p. 502.
[36] Ibíd., p. 464.

riza justamente por relacionarse con los otros sujetos (mundo social), pero también consigo misma (mundo subjetivo), como si fuesen cosas (mundo objetivo). Es decir, la cosificación de las relaciones sociales y de las conciencias implica una situación en que esos vínculos –y especialmente la relación con la totalidad social– se conciben únicamente bajo el patrón de la relación sujeto-objeto, en vez de ver en el otro (o, incluso, en uno mismo, en las propias capacidades) un sujeto. Esto pone en cuestión que el cambio de paradigma –de la relación sujeto-objeto a la relación sujeto-sujeto– propuesto por Habermas entrañe la novedad que él le adjudica; pues la "patologización" (para usar su terminología) de esa relación sujeto-sujeto es lo que siempre ha subyacido a la noción de cosificación.

A esto se agrega que, en la concepción del marxismo occidental, las formas de subjetividad cosificadas se encuentran entrelazadas dialécticamente con su correspondiente forma de objetividad: el fetichismo. Por lo que la reducción de lo subjetivo a lo objetivo tiene por contraparte que el propio objeto adquiera rasgos específicos del momento subjetivo, esto es, una "vida propia"[37]; rigiéndose así por una lógica que escapa a los actores (llevando, en última instancia, a que la sociedad se torne una segunda naturaleza). Todo lo cual implica la concreción de un proceso de alienación, de enfrentamiento con aquello que es un producto del denso entramado de relaciones humanas pero escapa (o se percibe como escapando) a su capacidad de acción.

Ahora bien, aquí puede detectarse una primera limitación de la perspectiva habermasiana, visible sobre el telón de fondo del modo en que estas temáticas son problematizadas por la tradición del marxismo occidental (especialmente en su vertiente frankfurtiana) que él pretende retomar. En efecto, si Habermas abordarse el problema del fetichismo –ligado dialécticamente, en esta tradición, a la cosificación, por lo que no puede estudiarse ésta sin dar cuenta de aquél–, se vería obligado a poner en cuestión la lógica misma del sistema, en tanto éste se define por ser, justamente, el producto del enlazamiento funcional de las consecuencias agregadas de las acciones de los actores, más allá (o más acá) de la posibilidad que ellos tengan de aprehenderlo. Sobre este trasfondo resulta perceptible la necesidad para Habermas de reducir el problema de la cosificación, y su relación con el fetichismo, al avance de una racionalización parcial; pues esto permite presentar su mo-

---

[37] Marx, 2000, p. 38.

delo de sociedad articulada en dos niveles no como problemático en sí mismo, sino como "un componente *normal* del proceso de modernización" que sólo genera patologías cuando atraviesa "el umbral en que *la mediatización del mundo de la vida se trueca en una colonización del mundo de la vida*"[38]. Esto es, cuando hay excesos o desbordes de la lógica "normal" del proceso de evolución social, que culmina con la instauración de la modernidad. De esta manera, sea que se conciba esta lógica sistémica como fatal (al estilo de la burocracia en Weber, siendo éste el eje de la tesis de la pérdida de libertad) o bien como susceptible de ser transformada de raíz (como sucede en el Lukács de *HCC*, que apuesta a la *praxis* revolucionaria), ello no quita que Habermas conciba dicha lógica, que por sus propias características intrínsecas resulta productora de fetichismo y de su consecuente alienación, como un logro evolutivo universal.[39]

De la mano con esto, la teoría de la acción comunicativa no puede poner en cuestión el medio dinero como tal, sino tan sólo los desbordes que monetarizan ámbitos (que *deberían* estar) estructurados lingüísticamente. Por lo que no brinda las herramientas conceptuales con las que aprehender críticamente al valor de cambio en su estado puro (según la clásica definición marxiana del dinero); que en última instancia no es otra cosa que un medio facilitador del intercambio (como el propio Habermas señala siguiendo a Parsons) entre elementos particulares, previamente reducidos a la dimensión abstracta y formal propia del valor de cambio. Esta perspectiva no puede, en definitiva, abordar el particular tipo de relación social al que la noción de mercancía alude. Sobre esta base cabe sostener que la teoría de la acción comunicativa no puede sino aceptar sin cuestionamientos la lógica propia del régimen mercantil simple, es decir, aquello que constituye el objeto problemático y de crítica del primer capítulo de *El capital*.

Llegados a este punto, y retomando el argumento habermasiano, resulta pertinente señalar —sin que esto vaya en desmedro de nuestro cuestionamiento a su aceptación de la lógica relacional mercantil— su propuesta para combatir estas dos patologías a partir del desarrollo

---

[38] *TAC*, Tomo II, p. 451 (las cursivas sobre "normal" son mías).
[39] Cf., *TAC*, Tomo II, p. 480.

de una *comunicación cotidiana postradicional* capaz de conservar su autonomía, de poner coto a la dinámica propia de los subsistemas autonomizados, de romper el encapsulamiento de las culturas de los expertos y con ello de escapar a los peligros combinados que representan la cosificación y la desertización cultural del mundo de la vida.[40]

Planteo que entraña una vuelta, pero bajo un nuevo paradigma, al proyecto de la ilustración, el cual apuntaba a que el desarrollo de cada una de las esferas culturales pudiese "liberar de sus formas esotéricas las potencialidades cognoscitivas que [...] manifiestan y aprovecharlas para la praxis, esto es, para una configuración racional de las relaciones vitales"[41]. Éste es el conocido diagnóstico habermasiano de la modernidad como un proyecto inacabado, que lleva adherida la propuesta de "acabarla" de una buena vez, a través de una racionalidad comunicativa capaz de brindarle "a la resistencia contra la mediatización del mundo de la vida por la dinámica propia de los sistemas autonomizados una lógica interna"[42]. Llegamos así, nuevamente, a un punto en el que se evidencia cómo el carácter normativo de la razón comunicativa se torna fijación de la dirección a ser seguida por la acción en *lo* político.

La separación forma-contenido

Según hemos visto, este concepto de razón comunicativa alude a un procedimiento formal, a la forma en que se ponen en juego discursivamente las distintas pretensiones de validez susceptibles de crítica, independientemente de cuál sea el contenido concreto de la afirmación en cuestión. En este punto, podemos parafrasear a Lukács para sostener que esta racionalización comunicativa del mundo, de potenciales aparentemente ilimitados, "tiene empero un límite en el carácter formal de su propia racionalidad"[43], pues ella

---

[40] Ibíd., p. 467.

[41] Habermas, J., "La modernidad: un proyecto inacabado" [1980], en *Ensayos políticos*, Barcelona, Península, 1997, p. 273. Habermas reitera básicamente la misma frase en *TAC*, Tomo II, p. 463.

[42] *TAC*, Tomo II, pp. 471-472.

[43] *HCC*, p. 109.

requiere (y presupone la posibilidad de) "mantener bien separados" forma y contenido; escisión tajante que, según Habermas (quien sigue en esto nuevamente los estudios ontogenéticos del estructuralismo piagetiano),[44] es incluso un logro de la evolución interna del mundo de la vida, ya que "la diferenciación de cultura, sociedad y personalidad lleva aneja una diferenciación entre forma y contenido"[45]. Lo cual es una manera de decir que el proceso filogenético conduce al mundo de la vida racionalizado a alcanzar el estadio de las operaciones formales, el que –como en Piaget– trasciende todo *condicionamiento* sociocultural e histórico.[46] Esto implica, lógicamente, que nada en el contenido ha de alterar la forma del entendimiento lingüístico y viceversa, pues eso supondría el principio de una interrelación forma-contenido que echaría por tierra las pretensiones universalistas e *incondicionadas* de Habermas. Es por esto que en ningún momento de *TAC* se tematiza la posibilidad de que existan puentes, mediaciones, etcétera, que entrelacen esos términos.

En este marco general, la dimensión contextual es aportada por el propio mundo de la vida, en tanto horizonte dentro del cual se realizan las interacciones; es de allí de donde proviene el contenido de las afirmaciones cuyas pretensiones de validez (que no dependen del contexto)[47] son susceptibles de crítica. Sin embargo, también la aproximación habermasiana al mundo de la vida tematiza únicamente sus estructuras (formales) generales. Así, su postura universalista lo lleva a afirmar "que toda cultura, si alcanzara un determinado grado de 'conciencia' o de 'sublimación', tendría que compartir *las propiedades formales de la comprensión moderna del mundo*"[48]. Por lo que, en el fondo, esto tampoco impacta en la lógica formal de la razón comunicativa.

Sobre este telón de fondo puede percibirse, en toda su relevancia, la importancia para el proyecto habermasiano de criticar dura y reiteradamente a Weber por no distinguir "lo bastante entre los *contenidos* particulares *de valor*

---

[44] Cf. *TAC*, Tomo I p. 73.

[45] *TAC*, Tomo II, p. 207.

[46] Así, para alcanzar esa incondicionalidad, Habermas tiene "que partir de que los miembros adultos de las sociedades primitivas pueden adquirir fundamentalmente las mismas operaciones formales que los miembros de las sociedades modernas" (*TAC*, Tomo I, p. 72); por lo que ellas trascienden los condicionamientos sociohistóricos.

[47] Cf. *TAC*, Tomo I, p. 85.

[48] *TAC*, Tomo I, p. 243.

de la tradición cultural y los *criterios* universales *de valor*"[49]. Es decir, por no "mantener bien separadas" las diversas cosmovisiones que se pueden poner en juego en una sociedad particular y que dan lugar al politeísmo valorativo, de las pretensiones universales de validez propias de cada esfera cultural pero unidas por la racionalidad comunicativa que entrañan. Todo esto (a lo cual volveremos) permite ver el modo en que la razón comunicativa da lugar a un punto *incondicionado* sobre el que se asienta la teoría de la acción comunicativa, en lo que constituye la introducción de una dimensión metafísica en la propuesta habermasiana (en el sentido en que Horkheimer la critica, según lo planteado en el capítulo II). Pero también permite captar cómo este programa teórico no brinda elementos conceptuales con los que aprehender lo particular-concreto, lo diferente; antes bien, la razón comunicativa se ve constantemente *depurada* de tales contenidos. De allí su "pureza", base de un universalismo sólo asequible al precio de una homogeneización interna, de una identificación de lo distinto.

En este sentido, el proyecto habermasiano puede ser entendido como el esfuerzo por dotar de fundamento a un punto de vista único acerca de lo social (común, en el fondo, tanto a científicos sociales como a legos), sobre el cual se asienta la teoría de la acción comunicativa, y que conduce a una reimplantación del monoteísmo. Aunque sería más preciso decir que conduce a una sistemática eliminación del politeísmo de valores weberiano, extendiéndose también a los conflictos, desacuerdos y contingencias que éste conlleva. Esto constituye *el sustrato necesario* para alcanzar el fundamento normativo que, como vimos, es el propósito que persigue *TAC*. Dedicaremos la próxima sección a abordar algunas de las vías por las que ello se lleva a cabo.

Una razón depurada

El proceso de depuración de la razón comunicativa que Habermas lleva adelante se centra en dos líneas principales que le permiten dotar a esa razón de sus ropajes normativos. Por un lado, el corte con toda particularidad concreta, sea aquella proveniente del contexto histórico o bien de la diferencia

---

[49] Ibíd., p. 324.

de perspectivas en el interior de un mismo espacio social. Ésta depuración se lleva a cabo a través de un formalismo que, justamente, hace abstracción de las particularidades de aquello que aborda. Por otro lado, la radical eliminación de toda posibilidad de que la razón comunicativa no posea únicamente tendencias emancipatorias, de que ella entrañe también algún tipo de coacción con coacciones o, más aun, que pueda llegar a contribuir a la reproducción de las relaciones de dominación establecidas. Semejante concepto de razón ("impura" o, mejor aun, *ambigua*) obligaría al argumento habermasiano a tener que dar cuenta de una dialéctica interna a ella, cayendo así en el mismo punto en que basa su crítica a la dialéctica de la ilustración (que será trabajada en el capítulo IV) y la consecuente necesidad de un cambio de paradigma. De allí que la depuración de la razón comunicativa de toda mancha de coacción sea una necesidad no menor de su teoría de la acción comunicativa.

Un sujeto abstracto

Hemos señalado ya la centralidad para esta perspectiva de las pretensiones universales de validez, las cuales hunden sus raíces en la triple ontología que Habermas propone, en su dar cuenta de las relaciones del actor con tres mundos, cada uno con sus características distintivas. Sin embargo, allí no se tematiza la posibilidad de que también haya distintos actores, que no todos capten idénticamente esos mundos, es decir, que sean (cualitativamente) diferentes entre sí. Por lo que el actor que se relaciona con estos mundos formales ha de ser igualmente formal, lo cual implica vaciarlo de toda singularidad que lo diferencie de un otro y, de esta manera, lo particularice; abstracción mediante la cual se reduce a los actores sociales a la unidad.

El único punto de vista sobre el mundo tematizado (y tematizable) por el planteo habermasiano es aquél que surge del proceso evolutivo (nuevamente en sentido piagetiano) que conduce a la conformación de la estructura de conciencia moderna, a la cual se llega a través de una creciente racionalización de las imágenes del mundo, que da lugar a "un fondo formal de estructuras universales de conciencia"[50]. Es decir que no hay diferencias de percepción inter-

---

[50] Ibíd., p. 243.

nas a un mismo mundo de la vida (sea éste moderno o premoderno), en última instancia, no hay perspectivas disímiles entre los actores anclados en él. A punto tal que, según Habermas, en la estructura de conciencia tradicional "los símbolos religiosos tienen *el mismo significado* para todos los miembros del grupo"[51]. De esta manera, todo el planteo habermasiano en torno a la racionalidad comunicativa presupone, y no problematiza, "un mundo idéntico para *todos* los observadores *posibles*"[52], erradicando así de cuajo cualquier atisbo de un weberiano politeísmo de cosmovisiones valorativas. Por eso no puede más que afirmar que Weber va demasiado lejos al sostener "el politeísmo de unos poderes últimos que contienden entre sí"[53].

Más aun, esa identidad de las perspectivas de todos los actores de un mundo de la vida se sostiene en tanto no se tematice la problematización que la propia fenomenología –de la que proviene el concepto de mundo de la vida– realiza al respecto. En efecto, para Schutz, por ejemplo, la reciprocidad de perspectivas entre actores en el mundo de la vida es claramente una *idealización*, sin que por ello deje de señalarse "que, en términos estrictos, el 'mismo' objeto debe significar algo diferente para mí y para cualquiera de mis semejantes"[54]. En cambio, para Habermas, esta "idealización de la reciprocidad de perspectivas"[55] es algo realmente dado, efectivamente tiene lugar en las estructuras del mundo de la vida, pues sólo así puede alcanzarse un entendimiento, esto es, el que "dos sujetos lingüística e interactivamente competentes entienden *idénticamente* una expresión lingüística"[56]. A tal punto necesita de este rígido cemento para sostener su edificio teórico, que se ve

---

[51] *TAC*, Tomo II, p. 78 (las cursivas son mías).

[52] *TAC*, Tomo I, p. 79 (las cursivas son de Habermas).

[53] Ibíd., p. 323. Podría objetarse que ya Lukács sostiene que el capitalismo produce una estructura unitaria de conciencia. Sin embargo, ello dejaría de lado el que no sólo en la clase dominada reside la potencialidad de adquirir un conocimiento que rompa con esa estructura de conciencia –es decir, distinta a la de otros actores anclados en *el mismo mundo de la vida*–, sino que el propio teórico crítico tiene una captación del mundo social que entraña un quiebre con la forma de pensamiento dominante. Esto último no puede ser tematizado en el planteo habermasiano, pues allí el punto de vista de los científicos y el de los actores legos remiten a las mismas categorías del mundo de la vida (volveremos sobre esto); por lo que ni siquiera aquí se introduce una diferencia entre puntos de vista.

[54] Schutz, A., *El problema de la realidad social. Escritos I* [1962], Buenos Aires, Amorrortu, 2003, p. 42.

[55] Ibíd., p. 81.

[56] *TAC*, Tomo I, p. 393.

obligado a no problematizar lo que Schutz llama "la distribución social del conocimiento"[57], es decir, cómo "el acervo de conocimiento real a mano difiere de un individuo a otro [...] No solamente difiere *lo que* un individuo conoce de lo que conoce su semejante, sino también el modo *como* conocen ambos los 'mismos' hechos"[58]. Y esto se liga (si bien no directamente) con la "situación biográficamente determinada", por la que "cada individuo se sitúa en la vida de una manera específica"[59].

Si todo esto impacta no sólo en el qué se conoce sino también en el cómo, entonces claramente se estaría minando la pretensión de universalidad formal de la razón comunicativa a través, justamente, de modos particulares concretos de dotar de sentido al mundo (o a los tres mundos). Lo cual, incluso, puede llevarnos a concebir la posibilidad de que esa "distribución social" del conocimiento esté ligada también al sector o estrato social al que el actor pertenece, pudiendo dar lugar a que dicha distribución "beneficie" a algunos por sobre otros en lo atinente a los recursos y capacidades requeridos para desempeñarse en una argumentación. Se produce así lo que Bourdieu denomina "violencia simbólica", al tornarse dicha argumentación, y el entendimiento que en ella se basa, un mecanismo de coordinación que entraña la desposesión de parte de la sociedad, en favor de aquellos con mayores recursos para el ejercicio de la coacción sin coacciones del mejor argumento. Cuestión cuya gravedad es especialmente preocupante a la hora de tematizar la esfera de la opinión pública –central en toda la historia del pensamiento habermasiano– y la capacidad de tomar la palabra en ella.[60]

A partir de todo esto, vemos cómo el carácter altamente formal de la propuesta teórica de Habermas impide que ésta brinde lentes conceptuales con los que aprehender elementos particulares, al mismo tiempo que requiere obturar toda problematización acerca de ellos. Pues introducen lo diferente allí donde se los ha *identificado*, a través de la puesta en juego de una lógica abstracto-formal. En este caso puntual, se deja de lado toda posibilidad de una pluralidad de perspectivas sobre lo mismo.

---

[57] Schutz, 2003, p. 42.

[58] Ibíd., p. 44.

[59] Natanson, M., "Introducción", en Schutz, 2003, op. cit., p. 17.

[60] Cf. Bourdieu, P., "La opinión pública no existe", en *Cuestiones de sociología* [1984], Madrid, Akal, 2008, y *MP*, especialmente, pp. 90 y ss. donde Bourdieu discute el planteo habermasiano. Abordaremos en detalle el planteo bourdieuano de la violencia y la desposesión simbólica en los últimos dos capítulos.

Esto se conecta con la igualación de los puntos de vista del observador (es decir, del científico social) y del sujeto agente, en tanto "un enjuiciamiento sólo puede ser objetivo si se hace por la vía de una pretensión transubjetiva de validez que para *cualquier observador o destinatario* tenga *el mismo significado* que para el sujeto agente"[61]. De esta manera, el modo formal de someter a crítica las pretensiones de validez es común a ambos actores y a sus puntos de vista, en un gesto que homologa una manera de percibir y de actuar que es propia (o eso se pretende) de las rutinas escolásticas –con sus discusiones y formas de alcanzar un consenso–, con la práctica cotidiana de todos los agentes sociales que hayan alcanzado una estructura de conciencia moderna, dentro de un mundo de la vida racionalizado. En este sentido, puede señalarse cómo Habermas pone en juego una lógica identificante que diluye la diversidad de puntos de vista, a la vez que el punto de vista establecido como mirada única de lo social entraña el *epistemocentrismo* de hacer del procedimiento científico el procedimiento *universal*, a través del cual se pone en juego la racionalidad en la sociedad.[62]

La patologización del desacuerdo

Otra vía por la que se lleva adelante la depuración de la razón comunicativa reside en la propia conceptualización de la acción comunicativa, cuyo mecanismo de coordinación está dado por el *entendimiento*, donde "entenderse es un proceso de obtención de un *acuerdo* entre sujetos lingüística e interactivamente competentes"[63]. A dicho acuerdo, a su vez, se llega a partir de la capacidad que la argumentación tiene "de convencer a los participantes en un discurso, esto es [...] de motivarlos a la aceptación de la pretensión de validez en litigio"[64]. En definitiva, se logra el acuerdo gracias a la capacidad

---

[61] *TAC*, Tomo I, p. 26 (las cursivas son mías).

[62] Véase al respecto *TAC*, Tomo I, p. 144. Cabe destacar que éste es un punto de fuerte contacto entre la teoría de la acción comunicativa y la teoría de la elección racional, ya que ambas parten del (y requieren al) presupuesto de que los actores, en sus prácticas cotidianas, ponen en juego un procedimiento racional en todo idéntico al que el científico social, en su rol de observador, modeliza.

[63] *TAC*, Tomo I, p. 368 (las cursivas son mías).

[64] Ibíd., p. 37.

de la argumentación de generar una fuerza de motivación racional, cuya coacción sin coacciones conduce a la aceptación de la pretensión universal de validez puesta en juego. A partir de esto, se pone de manifiesto la necesidad para este programa teórico de depurar la acción comunicativa de todo aquello que pueda conducir al ejercicio de una coacción *con* coacciones.

Esto Habermas lo hará, nuevamente, a través de una tajante separación entre los dos términos de una dicotomía, cada uno de los cuales queda así limpio de toda ambigüedad o vínculo con el otro. En este caso se trata de "mantener bien separadas" la dimensión ilocucionaria de los actos de habla, a la que se dota de "una fuerza motivadora de tipo racional"[65], de la dimensión perlocucionaria, a la cual se carga con los lastres (para la conceptualización habermasiana) de estar ligada a lo contextual (y, por ende, no ser universalizable), pero, sobre todo, de estar orientada al propio éxito, en detrimento de la cooperación colectiva.[66] En efecto, como lo señala Martín Plot —cuyo argumento seguimos aquí—, en la propuesta habermasiana "ningún fin estratégico puede verse involucrado en una acción orientada al entendimiento", produciéndose así una "'purificación' de la comunicación humana"[67]; lo cual implica vilipendiar lo perlocucionario para, por contraparte, dar lugar a la pureza (no coactiva) de lo ilocucionario, sin que haya ambigüedad alguna entre esas dimensiones. De allí que

> aunque los efectos perlocucionarios de los actos de habla pueden ser, según Austin, tan amplios que incluyen tanto acciones inmorales como otras evidentemente morales, cuando Habermas enumera ejemplos de lo perlocucionario limita *estratégicamente* dicha enumeración a efectos que pudieran ser considerados como manipulativos o engañosos.[68]

Con este objetivo, Habermas sostiene que "las perlocuciones [...] son interacciones en que a lo menos uno de los participantes se conduce *estratégicamente*, mientras *engaña a los demás* sobre el hecho de *no* estar cumpliendo los presupuestos que en el caso normal son menester para conseguir fines ilo-

---

[65] Ibíd., p. 389.
[66] Como notará el lector, esta separación reitera la misma lógica que subyace a la dicotomía entre acción orientada al entendimiento y acción orientada al éxito, matriz básica del pensamiento habermasiano, a la cual éste vuelve una y otra vez de distintas maneras.
[67] Plot, 2008, p. 149.
[68] Ibíd., p. 156.

cucionarios"[69]. Sin poder tematizar, pues ello atentaría contra los fundamentos de su programa teórico, que "los efectos perlocucionarios de los actos de habla pueden ser no sólo positivos (en el sentido de alentar, persuadir, etc.) o negativos (en el sentido de enfurecer, humillar, etc.) sino *ambos* (en el sentido de alentar y persuadir a unos, y enfurecer y humillar a otros)"[70]. Vemos nuevamente cómo el atisbo de una ambigüedad que ponga en cuestión la dicotomización purificadora constituye en sí mismo un elemento disruptivo que agrieta, desde sus fundamentos, al edificio de la teoría de la acción comunicativa.

La (esperable) contraparte de este vilipendio de lo perlocucionario consiste en la conceptualización de las interacciones ilocucionarias como aquellas que se orientan *únicamente* al entendimiento, coordinando la acción a través de ese mecanismo. De allí que en estos casos, en donde el papel ilocucionario de un acto expresa una pretensión de validez susceptible de crítica, "no nos encontremos con la fuerza de motivación empírica aneja a un potencial de *sanción contingentemente* asociado con los actos de habla, sino con la fuerza de motivación racional propia de la garantía que acompaña a las pretensiones de validez"[71]. Todo lo cual lleva a Habermas al extremo (de pureza) de definir "como acción comunicativa aquellas interacciones mediadas lingüísticamente en que todos los participantes persiguen con sus actos de habla fines ilocucionarios y *sólo fines ilocucionarios*"[72]. Ese tipo de acción queda así depurado de toda posible dimensión coactiva (con coacciones), queda limpio de toda mancha de dominación.

Cabe agregar que la propia conceptualización de la razón comunicativa, como centrada en el entendimiento, conduce a Habermas a una constante "patologización" del desacuerdo y del conflicto a él ligado. Esto subyace a su afirmación de que "*entendemos un acto de habla cuando sabemos qué lo hace aceptable* [...] Llamaremos 'aceptable' a un acto de habla cuando cumple las condiciones necesarias para que un oyente pueda tomar postura con un sí frente a la pretensión que a ese acto vincula el hablante"[73]. Por lo que, si se to-

---

[69] *TAC*, Tomo I, p. 376 (las cursivas son mías).

[70] Plot, 2008, p. 160 (las cursivas son mías).

[71] *TAC*, Tomo I, p. 387 (las cursivas son mías).

[72] Ibíd., p. 378 (las cursivas son de Habermas).

[73] Ibíd., p. 382 (las cursivas son de Habermas).

mase (la siempre potencialmente posible) postura con un no, con el conflicto que ello implica, se daría lugar a una situación en que la lógica interna del acto de habla se resquebrajaría, pues se estaría planteando la no aceptabilidad de ese acto de habla, lo cual remite a un no entendimiento del mismo. Por supuesto, puede decirse que el actor es capaz de saber qué es lo que movería a un oyente a tomar una postura con un sí frente al acto de habla en cuestión y aun así mantener su postura con un no; sin embargo, sostener eso implica aceptar la posibilidad de un conflicto no reductible a través de los procedimientos de la racionalidad comunicativa (que se torna así un conflicto último), minándose, por tanto, los fundamentos del proyecto habermasiano. Pues esto entraña la necesidad de darle un lugar en la propia conceptualización (y no uno menor) a la posibilidad de que dos posturas diferentes (y hasta antagónicas) sean sostenidas con argumentos racionales —más aun, podría concebirse una situación ideal en la que ego y alter aceptan la racionalidad formal de la postura del otro—, y aun así permanezcan opuestas. Cuestión que una razón puramente formal no puede aprehender. Además, esto implicaría poner en el centro de la noción de razón comunicativa no sólo su potencialidad para articular un consenso, sino también su posible lugar en un conflicto; el cual podría ser así aclarado racionalmente a través de una movilización de razones, pero no por ello resuelto. Punto éste que choca con el núcleo fundamental de la propuesta habermasiana.

Sobre este trasfondo puede comprenderse la centralidad de definir el entendimiento como el conocimiento de "aquellas *condiciones esenciales* bajo las que [el agente] puede ser motivado por el hablante a tomar una postura afirmativa"[74], lo cual sitúa la postura con un no a un paso del no entendimiento, a la vez que el entendimiento termina siendo sólo procurable a partir de un "acuerdo [que] se basa en *convicciones comunes*"[75]. Tal vez sea por esto que Habermas no tematiza cómo se pasa de una postura con un no, de uno de los participantes en la interacción, a que éste sostenga una postura con un sí; o bien qué pasaría si la postura con un no se mantiene en el tiempo. Siempre se menciona la posibilidad de sostener esta postura, pero asumiéndose que es una posibilidad acotada en el tiempo, que se deja atrás al alcanzarse finalmente una postura con un sí. A partir de todo esto resulta comprensible por qué Ha-

---

[74] Ibíd., pp. 382-383.
[75] Ibíd., p. 369.

bermas plantea el disentimiento (y a su consecuente conflicto) como un *riesgo* que acecha a la acción comunicativa; en efecto, ella siempre está "gravada con expectativas de consenso y riesgos de disentimiento"[76]. De allí que sus participantes traten de evitar "el *riesgo* de que el *entendimiento fracase*, es decir, el riesgo de disentimiento o malentendido"[77].

Ahora bien, si a esta "patologización" del conflicto se le agrega el carácter formal-abstracto del sujeto habermasiano, en base al cual se produce la identificación de los distintos puntos de vista –necesaria para sostener el carácter universal de la razón comunicativa–, entonces cabe preguntarse: ¿cuál es el sentido *racional* de que una sociedad articule su ordenarse y desordenarse a sí misma en torno a mayorías y minorías que se sostienen en el tiempo? ¿Cuál sería el sentido *racional* de llegar a una elección por votación, no tanto porque las cuestiones en juego puedan resolverse a través de una comunicación directa (lo cual podría presentar problemas de escala), sino porque no tendría por qué haber más de un partido, en tanto pueden armonizarse los distintos planes de acción a partir del ejercicio de la racionalidad comunicativa? A menos, claro, que se acepte la posibilidad de la pervivencia de perspectivas disímiles sobre lo social, cuyo conflicto en torno a la dotación de sentido de los procesos sociales y a las acciones que de allí se derivan no sea resoluble, que las convicciones en juego no permitan –por no ser *comunes* a todos los actores– el acuerdo comunicativo, sino que conduzcan a un sostenido *desacuerdo*. A eso alude, justamente, el politeísmo de valores weberiano. Volveremos sobre esto en la tercera sección.

En defensa de la pureza

En resumen, el programa de la teoría de la acción comunicativa se sostiene en una razón comunicativa *pura*, en tanto se la depura de todo rasgo coactivo, salvo del que proviene del mejor argumento (tal es el objetivo de la tajante separación entre lo ilocucionario y lo perlocucionario), para dotarla así de una potencialidad puramente emancipatoria. Pero también se la de-

---

[76] Ibíd., p. 435.
[77] *TAC*, Tomo II, p. 181. Cabe destacar cómo, en esta frase, se equipara el disentimiento y su conflicto con un fracaso.

pura de toda concreción, reduciéndola a un carácter meramente formal, cuyo desempeño es llevado a cabo por actores igualmente formales, cuyas perspectivas no difieren –no tienen particularidades que las diferencien– entre sí (abstracción de lo particular que es necesaria, en pos de alcanzar el universalismo al que esta teoría aspira). Habermas es plenamente consciente de los problemas y puntos ciegos que esto entraña, como lo evidencia el que –en *El discurso filosófico de la modernidad*– plantee un par de argumentos contrarios a la idea de una razón (comunicativa) pura.

En efecto, según él, "no existe una razón pura [...] La razón es a nativitate una razón encarnada en los plexos de acción comunicativa como en las estructuras del mundo de la vida"[78]; así, esa inserción en el mundo de la vida dotaría a la razón comunicativa de una dimensión histórica, ligada al contexto. Sin embargo, como hemos visto, no sólo la concepción habermasiana del mundo de la vida es altamente formal, vinculando sus características definitorias a un proceso de evolución social universal (en el sentido en que Piaget entiende este proceso) que da lugar, en su interior, a estructuras de conciencia idénticas entre sí; sino que, además, tal dimensión contextual no toca en lo más mínimo a una razón formal como la razón comunicativa, la cual pretende mantener –como el propio Habermas lo destaca– un "momento trascendental que [...] rompe toda provincialidad"[79]. La razón comunicativa, entonces, no se ve en nada condicionada por el contexto histórico o sociocultural en que sus procedimientos (formales) se ponen en juego, a lo más se *encarna* en interacciones sobre temas distintos, en tiempos distintos, pero *siempre de la misma forma* y, por ende, dándole en todo lo relevante la misma forma a las interacciones sociales.[80]

---

[78] *DFM*, p. 381.

[79] Ibíd., p. 382.

[80] Puede decirse que, no casualmente, esto le da cierto aire de familia con las operaciones matemáticas, en las que la suma –por ejemplo– se encarna en prácticas cotidianas sin que por ello se vea alterado su procedimiento ni sus características relevantes. Sin embargo, como Marx y toda la tradición del marxismo occidental lo señala, esto se logra al precio de una profunda abstracción de las particularidades de aquello que es objeto (o sujeto) de la suma, quedando así igualado en todas sus características menos en la meramente cuantitativa, como los actores en Habermas. Se llega así a una matematización de la dotación de sentido (que no deja de estar vinculada a las corrientes de la filosofía analítica que Habermas retoma) como aquella que produce la recaída de la ilustración en mitología (Cf., *DI*, p. 80).

En este marco, también rechaza la acusación de que él depura la razón comunicativa de todo rasgo coactivo. Esto "cuando una vez más surge la sospecha contra el purismo de la razón pura comunicativa —esta vez contra una descripción abstracta de los mundos de la vida racionalizados, que no da razón alguna de las coacciones que ejerce la reproducción material"[81]. Y en la propia presentación del problema ya puede verse la solución que le da, pues la coacción proviene de la reproducción material, es decir: de la razón sistémica, pero no de la razón comunicativa y su reproducción simbólica. De esta manera, sostener que la "racionalidad sistémica […] se ha apoderado […] de otros ámbitos de acción"[82] que no le son propios no es otra cosa más que afirmar nuevamente su tesis de la colonización del mundo de la vida. La contracara de esto (y lo que busca Habermas) es volver a plantear una racionalidad comunicativa que, *per se*, no genera coacción *con* coacciones alguna, pues ésta es producto de una razón sistémica de la que ella se "mantiene bien separada"; por lo que tampoco hay relaciones de mediación o de entrelazamiento —sino a lo más de intercambio— entre ambas.

Esta depuración de la razón busca lo que, en definitiva, es el centro de la pretensión normativista de la teoría de la acción comunicativa (y de toda teoría que persiga asentarse sobre un fundamento normativo): alcanzar un momento de *incondicionalidad* que brinde una certeza última en la que asentar una concepción tanto sobre *lo* político, como sobre el conocimiento crítico; acerca del poder y del saber. De allí que Habermas sostenga, como conclusión (y punto cúlmine) de su teoría de la acción comunicativa, que "los procesos *fácticos* de entendimiento llevan inscrito un momento de *incondicionalidad* […] La validez que se pretende para las proposiciones y las normas trasciende los espacios y los tiempos"[83]. Hay aquí una dimensión claramente metafísica (en el sentido que le da Horkheimer), la cual hunde sus raíces en una antropología filosófica; pues sólo sobre esta base "la teoría de la acción comunicativa puede asegurarse del contenido racional de *estructuras antropológicas profundas* en un análisis que *inicialmente* es sólo reconstructivo, esto es, que viene planteado en términos *ahistóricos*"[84]. Fundamento último imprescindible para la perspectiva habermasiana,

---

[81] *DFM*, p. 411.
[82] Ibíd., p. 412.
[83] Ibíd., p. 382.
[84] *TAC*, Tomo II, p. 541 (las cursivas son mías).

pues a lo que la teoría de la acción comunicativa apunta es a ese momento de *incondicionalidad* que, con las pretensiones de validez susceptibles de crítica, viene inscrito en las condiciones mismas de los *procesos* de formación de un consenso; *en tanto* que pretensiones, éstas, *trascienden todas las limitaciones espaciales y temporales*, todas las limitaciones provinciales del contexto de cada caso.[85]

No es casual que, inmediatamente después de afirmar esto, Habermas se vea obligado a explicitar su "rechazo a toda pretensión fundamentalista" (así titula el índice la última sección de *TAC*[86]), planteando tres argumentos que, sin embargo, no modifican la presencia de esa pretensión fundamentalista en su teoría, sostenida por su carácter formal y la profunda depuración de su noción central. En efecto, el primero de estos argumentos consiste en señalar que esta teoría plantea una articulación "con ciencias que proceden reconstructivamente"[87], pero ese partir de "lo fáctico" se lleva a cabo a través de un proceso de abstracción de todas las particularidades de ese mismo material fáctico, lo cual permite acceder a las estructuras universales –del mundo de la vida, de la conciencia moderna y, en última instancia, de la acción orientada al entendimiento– que brindan el sustento normativo sobre el que se asienta esta perspectiva. Así, por el mismo hecho de desarrollar una abstracción de lo distinto, se elimina todo elemento que podría implicar una particularidad disonante con ese universalismo y, al hacerlo, se diluye el desacuerdo, a la vez que se queda sin categorías conceptuales con las que aprehenderlo.

El tercer argumento es que tanto el teórico y su teoría como el actor lego se encuentran insertos en el mundo de la vida, por lo que pueden ver tan sólo lo que éste les abre en su evolución. Sin embargo, esto no deja de suponer un mundo de la vida idéntico para todos los actores, tanto en los objetos que les presenta como en las categorías con que se los aprehende, sin que haya ningún atisbo de "distribución social del conocimiento" y de las diferencias que éste genera. Sobre esta base, Habermas procura su trascendentalidad, que no deja de estar ligada a una concepción evolucionista (piagetiana) de las estructuras de ese mundo de la vida, y a la captación de unas "estructuras antropológicas profundas" que escapan al condicionamiento sociohistórico

---

[85] Ibíd., p. 566.
[86] Cf. *TAC*, Tomo II, p. 618.
[87] Ibíd., p. 566.

y cultural. Además, si se sostiene hasta el final (es decir, radicalmente) esta idea según la cual el teórico y su práctica se hallan insertos en un mundo de la vida, entonces la dimensión contextual propia de éste tendría que impactar *condicionando* no sólo los problemas que a ese teórico se le abren, sino sobre todo las categorías con que los conoce, así como el *modo* en que lo hace (condicionamiento que se adensaría aún más si se introdujese en el planteo una "distribución social del conocimiento" en el interior del "mismo" mundo de la vida, es decir, si se le diese un lugar a la pluralidad de esquemas de dotación de sentido subjetivos). Todo lo cual agrietaría la *incondicionalidad* que se pretende, para dar lugar, por el contrario, a la necesidad de que la perspectiva acoja, en su propia teorización, su condicionamiento y las opacidades que éste genera.

Esto último nos lleva al segundo argumento, el más complejo de los tres, el cual sostiene que la teoría de la acción comunicativa permite captar lo que hemos desaprendido en el curso de nuestra historia (evolucionista), a manos de una racionalización selectiva. Y, según Habermas, "una teoría de la sociedad que no excluya a priori esa posibilidad de desaprender, tiene que comportarse críticamente también contra la precomprensión que recibe de su propio entorno social, es decir, tiene que permanecer abierta a la autocrítica"[88]. Sin embargo, esa autocrítica se limita a una crítica a la reducción de la razón a su dimensión cognitivo-instrumental y a las patologías que ello genera, pero sin tocar el fundamento (formal) de la racionalidad comunicativa, pues eso implicaría introducir en la propia teoría de la acción comunicativa una opacidad efectivamente actuante en el proceso de entendimiento al que esta racionalidad da lugar. Lo cual imposibilitaría sostener que en la modernidad tal proceso "se hace tan *transparente*, que la práctica comunicativa cotidiana no garantiza ya nicho alguno para el poder estructural de las ideologías"[89]. Introducir dicha opacidad agrietaría, entonces, las pretensiones normativas del edificio habermasiano. Y, como veremos en el capítulo IV, es justamente esto lo que Habermas, en su búsqueda de un fundamento normativo para la crítica, no puede más que rechazar de la dialéctica de la ilustración: su tornar a la crítica total y, por ende, contraria al establecimiento de un punto incondicionado, lo cual implica que nada deja de ser sometido a la crítica, ni siquiera el punto de vista crítico.

---

[88] Ibíd., p. 568.
[89] Ibíd., p. 501.

El interés de la teoría de la acción comunicativa por alcanzar un momento incondicionado, que funja de fundamento normativo para su propuesta crítica, es lo que la conduce a una conceptualización de la acción, y especialmente de la acción atinente a *lo* político, en la que se diluye el desacuerdo y su conflicto; lo cual entraña –a nuestro entender– una profunda despolitización de la política (y de *lo* político). A su vez, se instaura un saber fundado en la racionalidad comunicativa que abre una brecha por la que criticar diversos elementos del mundo de la vida, pero sin extender esa crítica a sus propios criterios formales. En última instancia, la crítica se ejerce sobre los contenidos de afirmaciones referentes a uno de los tres mundos de la ontología habermasiana, pero no sobre la lógica formal de la razón comunicativa que sustenta dicha crítica (pues ella no tiene ningún contenido concreto que pueda ser sometido a una confrontación con pretensiones de validez). La crítica de Habermas, por tanto, se sostiene en un fondo exento de toda crítica, que de esta manera no sólo es incondicionado sino que también se torna *absoluto*. Y sobre él se fija un "deber ser" de lo social, en base al cual (como ocurre con *todo* "deber ser") se demarca el camino por el que ha de transitar el entendimiento y su acuerdo. Esto en detrimento del desacuerdo y de una lucha política que no puede ser aprehendida conceptualmente, a no ser como una (vilipendiada) acción estratégico-instrumental. Dicho camino ha de ser recorrido por toda práctica que se pretenda emancipatoria, pues es el único que garantiza la ausencia de toda coacción con coacciones, la pureza de una práctica política sin mancha alguna de regresión. Lo cual entraña el sesgo autoritario de un saber que rechaza el resto de las vías por las cuales puede perseguirse una transformación de lo establecido; gesto que ya estaba contenido en ciernes en la reducción del disenso a mero riesgo de ser evitado.

La despolitización de la política

El argumento que hemos venido desarrollando nos permite afirmar que es ese establecimiento de un fundamento normativo lo que está en la base de la *despolitización de la política* a la que conduce la teoría de la acción comunicativa. Fundamento normativo cuya incondicionalidad (rasgo imprescindible en la concepción habermasiana, pero no sólo en ella, en tanto *central a toda concepción normativista* y, por ello, definitorio de nuestra Escila) se obtiene a través de la depuración del concepto de razón comunicativa y de las nociones a ella ligada. Esto lleva a que su trama teórica no tenga los hilos conceptuales con los que aprehender la *ambigüedad* de ciertos fenómenos socio-históricos, ni de algunos de los planteos de los propios autores sobre los que trabaja. Uno de los ejemplos más claros de esto (en el que confluyen ambas cuestiones) lo encontramos en la carencia de elementos, en la teoría de la acción comunicativa, para abordar densamente la sociología política weberiana y la ambigüedad que allí se pone en juego a la hora de aprehender los procesos políticos. En efecto, Habermas trabaja profusamente la sociología de la religión desarrollada por Weber, pero sus referencias a textos como "Parlamento y gobierno en una Alemania reorganizada" o a "La política como vocación" son prácticamente nulos. En estrecha relación con lo cual se encuentra su tendencia a presentar la noción weberiana de Estado *reducida* a su mera dimensión burocrática, que se rige conforme a la lógica propia de la acción racional con arreglo a fines; procediendo como si el *tipo ideal* de dominación racional-legal agotara sin más la concepción que Weber tiene del Estado moderno. Semejante estrategia le permite a Habermas diluir tanto la centralidad que en esa concepción tiene el Parlamento, y todo lo que él representa, como la fundamental tensión entre el político y el funcionario que tiene lugar en el seno mismo del Estado.

En este marco sostenemos, no que Habermas no requiera de estos elementos para su teoría de la acción comunicativa y por ello pueda dejarlos de lado sin abordarlos, sino que esos elementos, su problematización, ponen en crisis la estructura de dicha teoría. Pues en los momentos en que se acerca a tratarlos, sin dicotomizar lo que en Weber son posibles entrelazamientos, se produce el agrietamiento del monumental edificio de la teoría de la acción comunicativa. Ya que esto implica, en última instancia, abordar el politeísmo de valores –que no puede ser más que particular-concreto–, poniéndose en cuestión, así, el monoteísmo subyacente a las pretensiones normativas (formales) de la perspectiva habermasiana.

De esta manera, aun cuando Habermas plantea que "Weber ve el signo de nuestra época en el retorno de un nuevo politeísmo en el que la lucha de los dioses toma la forma despersonalizada y objetivizada de un antagonismo entre órdenes de valor y órdenes de la vida irreconciliables"[90], lo hace sola-

---

[90] *TAC*, Tomo I, p. 320.

mente para señalar que este autor "es un escéptico en cuestiones normativas"[91]. En cambio, para él, "justo en el plano formal que representa la comprobación o desempeño argumentativo de pretensiones de validez queda asegurada la *unidad* de la racionalidad *en la diversidad* de esferas de valor"[92]. Las que en la perspectiva weberiana son irreconciliables diferencias particulares entre diversas cosmovisiones valorativas podrían ser reconciliadas, según Habermas, a nivel formal; mas esa reconciliación (no por nada formal) diluye la singularidad de la cosmovisión, aquello que la distingue y opone a una manera otra de dotar de sentido al mundo social. Sólo llevando a cabo un proceso de abstracción de sus particularidades puede lograrse la unidad de estos dioses de los valores, es decir, el monoteísmo que Habermas se propone alcanzar.

Únicamente sobre este telón de fondo resulta aceptable sostener que "un orden político que ya no es capaz de darse una justificación normativa, una lucha por el poder político que ya sólo se lleva a cabo en nombre de creencias últimas subjetivas, tiene a la postre que permanecer desprovista de legitimación"[93]. Pues esto no sólo implica suponer como imprescindible el fundamento normativo del orden político (fundamento que entraña una reconciliación de las diferencias y, por ello, instala un armonía que erradica el conflicto social), sino también hacer de esos valores subjetivos valores individuales que no resultan colectivizables o generalizables. Es decir: ¿por qué esos valores no podrían ser los de la mayoría de la sociedad (que, en el modelo democrático propuesto por Habermas,[94] se impondrían de esta manera electoralmente),

---

[91] Ibíd., p. 232. Lo cual, dicho sea de paso, lo sitúa a Habermas como un creyente en cuestiones normativas.

[92] *TAC*, Tomo II, pp. 323-324. Cabe destacar que, en la interpretación que hace de Weber, es la caída de la razón sustancial lo que abre el politeísmo valorativo, con el consecuente desgarramiento de la totalidad que da lugar a (la tesis de) la pérdida del sentido. Sin plantear cómo esta caída del monoteísmo valorativo genera, según Weber, la grieta por la que puede pasar una revalorización (pero no por ello un reencantamiento) de la sociedad, con la política como la práctica que puede llevar adelante este proceso.

[93] Ibíd., pp. 459-460.

[94] Cf., por ejemplo, Habermas, J., "Tres modelos normativos de democracia", en *La inclusión del otro* [1996], Barcelona, Paidós, 1999b.

[95] Por supuesto podría argumentarse que, si ya hay un acuerdo sobre los procedimientos democráticos a través de los que se resuelven tales conflictos, entonces hay un entendimiento de base sobre el que tiene lugar la disputa democrática. Sin embargo, esto es trasladar la misma problemática a un nivel más básico pero no por ello disímil, pues eso implica suponer que en

sin por ello conllevar la no existencia de una minoría en *desacuerdo* con tales valores?[95] En este sentido, aun cuando Habermas no lo explicite completamente, su pretensión universalista requiere un acuerdo, base del entendimiento, universal; lo cual obtura la diferencia y con ella la posibilidad de existencia de mayorías y minorías de forma sostenida en el tiempo.[96] Es decir, no da lugar al "pluralismo social y cultural"[97] que, para el propio Habermas, es característico de la vida democrática.

Esto nos lleva a retomar un hilo argumental esbozado con anterioridad en este capítulo, mas no desarrollado. Aquél atinente a cómo la propuesta teórica habermasiana, que incluye entre sus pretensiones no sólo llevar a cabo una defensa de la democracia, sino incluso dotarla del fundamento normativo que él considera imprescindible, no puede dar cabida, justamente por su carácter normativista, a la lógica democrática sin resquebrajarse en el intento. Y esto es sostener, por tanto, que la lógica interna de la teoría de la acción comunicativa posee una potencialidad que no puede apuntar más que a una abolición del pluralismo democrático. En efecto, si, como él sostiene, en la democracia de masas "al final, el proceso de legitimación, sobre la base de la libertad de asociación y expresión, queda regulado, a través de la competencia política de los partidos, en forma de voto libre, secreto e igual"[98], entonces la pregunta que inmediatamente nos surge es por qué habrían de competir los partidos si podrían llegar a un entendimiento que coordinase sus planes de acción sobre la base de un acuerdo que se basa en convicciones comunes. Y en el mismo sentido, ¿cuál sería la necesidad de llegar a dirimir las diferencias a través del voto, si no hubiese orientaciones de valor irreductibles entre sí (ni esquemas de dotación de sentido subjetivos particulares y, por ende, diferentes los unos de los otros)? ¿Por qué la fuerza motivadora racional del mejor argumento no coaccionaría sin coacciones al conjunto de la

---

una sociedad regida por la lógica democrática todos los ciudadanos comulgan con ese dios de los valores, y no simplemente que aquellos que están en desacuerdo con esa lógica no son suficientes (o, mejor aun, suficientemente fuertes) como para hacer primar sus orientaciones valorativas.

[96] De allí que, por ejemplo, Plot plantee su oposición al modelo habermasiano señalando "que el 'universo' del logro del entendimiento no es *todos* sino *los muchos*. O, para expresarlo de manera diferente, que actuar concertadamente con los muchos es el *fin comunicativo* de la acción política democrática" (Plot, 2008, p. 164).

[97] Habermas, 1999b, p. 238.

[98] *TAC*, Tomo II, p. 487.

ciudadanía, evitando así la lucha política (que la competencia entre partidos entraña) en nombre de creencias últimas subjetivas, a la vez que torna innecesario que la sociedad se articule en mayorías y minorías?

La teoría de la acción comunicativa no puede dar cuenta de estas problemáticas, y ello se hace particularmente visible en su abordaje de *la* política democrática –aunque, como hemos venido mostrando, esto se extiende a toda su consideración de *lo* político–. En efecto, Habermas sostiene que la pluralidad de "intereses y orientaciones valorativas, que *en el interior de la misma comunidad entran en conflicto con otros sin ninguna perspectiva de conseguir un consenso*, tienen necesidad de un acuerdo o compromiso que *no ha de alcanzarse* mediante discursos éticos"[99]; dando lugar así a un acuerdo no obtenido comunicativamente. Esto torna evidente que la mera orientación al entendimiento no alcanza a dar cuenta de la compleja coordinación de la acción política, a menos que ésta sea despolitizada. En definitiva, si la democracia de masas ha de sostenerse en la competencia de partidos, con la lucha política que eso entraña, entonces ella constituye una instancia en la que, por su propia lógica, el riesgo siempre potencial del disentimiento se concreta, generando así un fracaso del entendimiento,[100] un momento de no racionalidad comunicativa.

Estos puntos ciegos de la perspectiva elaborada por Habermas surgen de (y a la vez llevan a) la imagen de transparencia de lo social, que subyace a su conceptualización de una racionalidad comunicativa, definida por su capacidad de armonizar las orientaciones de acción de los diversos actores. A esto se agrega la potencialidad de dicha razón para revitalizar las estructuras del mundo de la vida, lo cual podría incluso revertir (lo que Habermas concibe como) la pérdida de sentido propia de la modernidad. Es decir que podría producir una reconciliación de la totalidad hoy desgarrada, generando que el horizonte de emancipación ya no sea un horizonte, sino el espacio social en que efectivamente estamos posicionados. Únicamente en este marco puede sostenerse que el mundo de la vida racionalizado "poseería una peculiar transparencia, porque sólo permitiría situaciones en que los actores adultos distinguirían con igual claridad entre acciones orientadas al éxito y acciones orientadas al entendimiento"[101]. Sobre esta base, Habermas sos-

---

[99] Habermas, 1999b, p. 238 (las cursivas son mías).
[100] Cf. *TAC*, Tomo II, p. 181.
[101] *TAC*, Tomo II, p. 206.

tiene que "la forma moderna de entendimiento es demasiado transparente como para asegurar al poder estructural nicho alguno por vía de una restricción no percibida de la comunicación"[102]. No hay resquicio allí por el que pueda colarse el poder estructural de las ideologías, pero tampoco por el que pase forma alguna de opacidad.

Se produce así el acceso privilegiado a una sociedad que se torna transparente, permitiendo eso el potencial destierro de las ideologías y de toda forma de perturbación de la comunicación orientada al entendimiento. Y esto no sólo para la mirada del científico habermasiano, sino también para la propia forma de entendimiento del actor lego (lo cual da lugar a un claro rasgo epistemocéntrico de la teoría de la acción comunicativa). Todo lo cual constituye un presupuesto necesario para que sea concebible una acción comunicativa en la que sus participantes "persiguen sus fines individuales bajo la condición de que sus respectivos planes de acción puedan armonizarse entre sí sobre la base de una definición compartida de la situación"[103]. Esa *armonía* es la que la perspectiva normativista propuesta por Habermas persigue y presupone, sin dar lugar a ningún tipo de *disonancia*, a ninguna instancia orientada al arruinamiento de esa supuesta armonía (que Adorno calificaría de falsa totalidad) a través de la lucha política.

De esta manera, la preocupación por el orden –de raíz parsoniana– de la teoría de la acción comunicativa no deja lugar a la tematización de la producción del desorden, a su aprehensión y problematización. Además, esa imagen de armonía, que remite a la posibilidad de alcanzar una transparencia de lo social, genera como consecuencia la despolitización de la acción que tiene lugar en el entramado político actual. Pero impacta también en la conceptualización y ejercicio de la práctica crítica, la cual queda reducida a la determinación de las patologías de la modernidad desde un "deber ser" que escapa a la crítica y, como tal, la inviste de una universalidad no susceptible de crítica. Nos topamos así nuevamente con la Escila a la que se enfrenta este libro.

Se establece aquí un momento en el que se detiene el movimiento de la crítica, que no vuelve sobre sí misma para abrir una interrogación atinente a los fundamentos sobre los que ella se yergue, paralizándose así la autorreflexión crítica. En base a esto se fija el camino que conduce a la emancipación, a

---

[102] Ibíd., p. 279.
[103] *TAC*, Tomo I, p. 367.

esa transparencia de lo social; lo cual implica, por contraparte, hacer de toda acción que tome un sendero otro a la ruta así trazada un momento de introducción de una instancia de coacción con coacciones –y hasta de manipulación estratégica– que, aun cuando la teoría de la acción comunicativa no la reduzca a falsa conciencia y a error (como sí lo hace la perspectiva lukacsiana que se asienta en R1), queda claramente vilipendiada frente a la pureza de la razón comunicativa. Por lo que ha de ser, si no directamente eliminada, sí al menos dejada de lado por la práctica que aspire a una transformación emancipatoria del actual entramado relacional. De manera semejante a lo que acontecía con R1 en el marco de la perspectiva lukacsiana, se dota aquí de un carácter autoritario al conocimiento "crítico", que concentra la potestad de señalar cuáles son las acciones que se desvían de la senda de la emancipación (lo cual, en la lógica habermasiana, es también decir que introducen un nuevo momento de coacción con coacciones en el mundo social).

Este recorrido por la perspectiva normativista habermasiana y por sus puntos ciegos, por la Escila que acecha a la crítica, ha tenido el propósito de marcar la necesidad, para el punto de vista que pretende desarrollar un conocimiento crítico de la sociedad, de abandonar la búsqueda de un fundamento normativo,[104] cuyo carácter incondicionado lo lleva a fungir de referente de *certeza*, en base al cual se establece un "deber ser" de lo social. Y es a partir de él que se fija la orientación que llevaría al "ser" actual a alcanzar semejante "deber ser"; ruta que, a su vez, es potestad del teórico crítico determinar. Frente a esto, sostenemos la importancia (y la urgencia) de dotar de fundamentos a la crítica, pero de unos que acojan entre sus elementos al politeísmo de valores que Habermas destierra de su propuesta teórica, junto con la *incerteza* que éste genera. Hemos avanzado por ese camino tomando el sendero de la noción de utopía-posible, en la cual la adherencia entre ciencia y valores adquiere una especial cristalización. Ahora bien, vimos cómo esa noción, su dialéctica, entraña una aporía que antes que un límite constituye el estilo de movimiento propio de la teoría crítica reflexiva. Es hora, entonces, de estudiar ese estilo.

---

[104] Abandono de esa búsqueda que, como ya hemos señalado, no ha de ser confundido con el establecimiento de la *certidumbre inversa*: la imposibilidad de alcanzar tal incondicionalidad. Rasgo propio de la Caribdis que abordaremos en detalle en el capítulo VII, en polémica con la perspectiva de Ernesto Laclau.

No voy a ser yo quien decida si subyace a mi teoría una determinada manera de entender el hombre y la existencia. Pero discuto la necesidad de recurrir a ella. Esa es una exigencia de un comienzo absoluto como sólo puede cumplir el puro pensamiento consigo mismo.

Theodor W. Adorno

Ignoramos lo que son este orden y esta concordancia del mundo, y, por lo tanto, no sabemos dónde nos llevará nuestro empeño ni si es realmente posible. Pero hay que escoger entre él y un dogmatismo que sabemos demasiado bien adónde va, puesto que [...] es incapaz de hacernos comprender nuestra propia oscuridad.

Maurice Merleau-Ponty

IV

La disputa de la reflexividad: la dialéctica aporética como estilo

En la segunda parte de este libro nos concentraremos en el *estilo* de movimiento propio de la práctica de producción de teoría crítica reflexiva, en su "dialéctica aporética". Cuestión que indagaremos centralmente a través de la puesta en diálogo, pero también en tensión, de las perspectivas de Theodor W. Adorno (con su dialéctica negativa y su autorreflexión de la dialéctica) y Maurice Merleau-Ponty (con su carácter hiperdialéctico y sobrerreflexivo). Sobre esta tarea harán foco los próximos dos capítulos. En éste, en cambio, nuestro objetivo es desarrollar una primera aproximación a ese estilo, a partir de los escritos producto de la estrecha colaboración entre Horkheimer y Adorno en los años inmediatamente posteriores al cierre del *ZfS* (cuyo último número aparece en 1941). Esta primera aproximación nos permitirá también culminar nuestra discusión con las perspectivas normativistas, volviendo a concentrarnos en la versión habermasiana de la Escila con que aquí nos enfrentamos; dando lugar a un nuevo *round*, centrado esta vez en la noción de reflexividad y en la disputa que en torno a ella puede detectarse en la lectura que Habermas realiza de la dialéctica de la ilustración planteada por Horkheimer y Adorno. Reflexividad que, como veremos, constituye un rasgo distintivo de la dialéctica aporética como estilo.

Así, si en el capítulo II elaboramos la categoría central de unos fundamentos no normativos para la teoría crítica reflexiva, en este capítulo, en cambio, comenzamos la indagación acerca del estilo de movimiento propio de su *modus operandi*. Es decir que si allí nuestro problema giró en torno a la adherencia entre ciencia y valores, lo cual nos llevó a plantear la noción de utopía-posible, que se encuentra cargada de un contenido valorativo a la vez que funge de sostén a la práctica de la crítica, ahora empezaremos a delinear la lógica dialéctica que esa noción, con su oxímoron, entraña. Pero que no es únicamente propia de ella, sino del conjunto de la teoría crítica reflexiva aquí propuesta.

Ahora bien, no somos los primeros en señalar que esta dialéctica entraña una contradicción entre términos opuestos que se sostienen en forma simultánea, sin llevar a su reconciliación. Pues a esto se alude cuando se plantea "la aporía [como] estrategia clave de un Adorno"[1] que desarrolla las contradicciones existentes sin resolverlas. O al sostenerse que la potencialidad de Horkheimer reside en "su característico estilo de pensamiento: él opera no en términos de una rigurosa consistencia interna sino aporéticamente"[2], al explicitar y hacer productivas las contradicciones entre perspectivas opuestas. En estos casos –y en concordancia con lo que aquí plantearemos–, se reconoce en el carácter aporético de esta dialéctica un elemento clave de la perspectiva crítica elaborada por Horkheimer y Adorno. En este marco, la especificidad de nuestro abordaje se sitúa en cómo el hilo conceptual de la dialéctica aporética se enlaza con la trama de la teoría crítica reflexiva que aquí se teje, a lo cual se agrega el particular cruce con la (hiper)dialéctica merleau-pontyana que trabajaremos en los próximos capítulos.

Sin embargo, no debe dejar de percibirse que el trabajo de lectura aquí efectuado implica discutir con los muchos autores que hacen de ese carácter aporético un límite insalvable a partir del cual no queda más opción que abandonar el núcleo central de la dialéctica de la ilustración. Tal era el caso del argumento de Brunkhorst, expuesto al final del capítulo II[3]. Ahora bien, la forma consagrada de esta particular crítica a la dialéctica de la ilustración la encontramos justamente en la obra de Habermas, y es en relación con ella que surgen un conjunto de lecturas que (compartiendo o no su proyecto de una teoría de la acción comunicativa) hacen propio su diagnóstico, según el

---

[1] Aguilera, A., "Lógica de la descomposición", introducción a Adorno, Th., *Actualidad de la filosofía*, Barcelona, Paidós, 1991, p. 52. Véase también Schwarzböck, S., *Adorno y lo político*, Buenos Aires, Prometeo, 2008.

[2] McCole et al., "Introduction. Max Horkheimer: Between philosophy and Social Science", en Benhabib, S., Bonss, W. y McCole, J. (edit), op. cit., p. 6.

[3] Cf. *supra* nota 111 al capítulo II; véase también Brunkhorst, H., "The Enlightenment of rationality: Remarks on Horkheimer and Adorno's *Dialectic of Enlightenment*", en *Constellations*, Vol. 7, N° 1, 2000, p. 137.

cual el límite del pensamiento de Horkheimer y Adorno reside en la aporía a la que su perspectiva conduce, es decir, exactamente allí donde nosotros encontramos su potencialidad y riqueza. Por ello, aquí nos interesará discutir con la lectura que Habermas realiza de la dialéctica de la ilustración, lo cual nos llevará a cuestionar desde un nuevo ángulo su programa teórico.

Es esa discusión con Habermas lo que está en el centro de la primera sección del capítulo. Luego, en la segunda sección, sostendremos que la aporía es la noción clave a la hora de pensar las características de la dialéctica que Horkheimer y Adorno ponen en juego; para ello estudiaremos dos "fragmentos filosóficos" que ellos problematizan a través de este particular estilo, pues es sólo en su movimiento en y a través de estos motivos que puede captarse lo propio de esa dialéctica aporética. Finalmente, en la tercera sección, retomaremos la discusión con Habermas para plantear la disputa sobre la reflexividad que puede detectarse entre su perspectiva teórica y la de Horkheimer y Adorno; cuestión que nos permitirá aprehender la centralidad de la (sobre)reflexividad para la práctica de la crítica.

La lectura habermasiana: el rechazo del segundo giro reflexivo

Giros

La lectura habermasiana parte de señalar que, en su crítica a la razón instrumental, Horkheimer y Adorno "se ven envueltos por su parte en aporías, […] de las que podemos obtener *razones a favor de un cambio de paradigma* en teoría de la sociedad"[4]. Así, es esa dimensión aporética de la dialéctica de la ilustración la que está detrás de su propuesta de cambio del paradigma de la filosofía de la conciencia, en favor de un paradigma centrado en la relación sujeto-sujeto. Lo cual le permitiría a Habermas "replantear la teoría weberiana de la racionalización liberándola de la aporética de la filosofía de la conciencia"[5], para resolver así sus tensiones. El eje de dicha aporía se encuentra,

---

[4] *TAC*, Tomo I, p. 465.
[5] Ibíd., p. 508.

según Habermas, en la "contradicción realizativa"[6] en la que cae la crítica de la razón instrumental, al develar críticamente cómo la razón ha renunciado a su potencialidad crítica. En efecto, ella "se ve en la precisión de describir la autodestrucción de la capacidad crítica en términos asaz paradójicos, porque en el instante en el que efectúa tal descripción no tiene más remedio que seguir haciendo uso de la crítica que declara muerta"[7].

En este sentido, la teoría crítica realiza un primer giro reflexivo cuando critica los fundamentos sobre los que se construyen otras perspectivas teóricas, es decir, al criticar la teoría tradicional, dando cuenta de su función social. Según Habermas, esto entraña proseguir y avanzar por el sendero que la ilustración ha trazado, pues esta crítica "ilumina" cómo aquella comprensión del mundo que se pretende "desmitologizada" —las teorías— contiene aún una dimensión mítica. El problema surge cuando Horkheimer y Adorno pretenden rastrear la dimensión mítica de la propia ilustración, esto es, del punto de vista a partir del cual se iluminan los resabios míticos y se pugna por su desmitologización. En definitiva, cuando ellos "tratan de ilustrar radicalmente a la ilustración sobre sí misma"[8], propugnando que "la ilustración reflexione sobre sí misma"[9]. En este momento "la ilustración se torna […] por segunda vez reflexiva"[10], al realizar un segundo giro reflexivo que pone en cuestión los elementos que dan fundamento al punto de vista cuestionador. Esto resulta particularmente evidente en la radical crítica que Horkheimer y Adorno realizan del elemento central de ese fundamento: la razón. Es esto último lo que Habermas rechaza, cuestionando así "el paso que da la *Dialéctica de la ilustración* —autonomiza la crítica incluso contra los propios fundamentos de la crítica"[11]. Y si bien aquí estamos de acuerdo con que ése es el paso que Horkheimer y Adorno dan, no es seguro en cambio que ello implique una "autonomización" de la crítica que —al decir de este autor— la dejaría sin fundamento sobre el cual erigirse. Pues a semejante postura le subyace la idea

---

[6] Acerca de la noción de "contradicción realizativa", puede consultarse Jay, M., "El debate sobre la contradicción performativa: Habermas versus los postestructuralistas", en *Campos de fuerza*, Buenos Aires, Paidós, 2003.

[7] *DFM*, pp. 149-150.

[8] Ibíd., p. 136.

[9] *DI*, p. 55.

[10] *DFM*, p. 146.

[11] Ibíd., p. 146.

de que los conceptos sobre los que la crítica se funda han de escapar al ejercicio de esa misma crítica, deteniéndose por tanto la reflexividad en su primer giro, sin que se produzca el segundo. De esta manera, tales fundamentos se tornan absolutos, brindando un fijo referente último sobre el cual asentar la práctica de la crítica, que es justamente el objetivo que persigue la búsqueda de un fundamento normativo, según lo visto en el capítulo anterior.

A partir de esto, y luego del recorrido realizado por la obra de los años treinta de Horkheimer, cabe sostener que la teoría de la acción comunicativa contiene una central dimensión *metafísica*, sobre la que se sostiene el resto de su propuesta (incluyendo su concepción sobre *lo* político). En contraste, una perspectiva crítica del mundo social de carácter no metafísico no da lugar en su trama teórica –en su materialidad– a ningún punto incondicionado (incluyendo en esto al esencialismo negativo, según lo planteado también con Horkheimer en su crítica a la antropología filosófica), sometiendo constantemente a crítica incluso los elementos que sostienen el ejercicio de la práctica de la crítica. En un estilo de movimiento que se caracteriza por mantener abierto aquello que Habermas rechaza en la dialéctica de la ilustración: el segundo giro reflexivo o, como preferimos llamarlo junto con Merleau-Ponty, la sobrerreflexividad. A nuestro entender, un punto de vista de estas características no "autonomizaría" la crítica, antes bien llevaría a que ésta también se ejerza sobre los fundamentos en los que ella se yergue, los cuales no quedarían, entonces, autonomizados de la crítica.

Pureza contra ambigüedad

De su rechazo al segundo giro reflexivo y, por tanto, al carácter aporético de la dialéctica de la ilustración, Habermas extrae su justificación sobre la necesidad de cambiar de paradigma para dotar de nuevos fundamentos normativos a la crítica.[12] De esto se siguen al menos dos cuestiones relevantes para nuestra investigación. En primer lugar, el diagnóstico habermasiano re-

---

[12] No deja de ser interesante el esfuerzo de Habermas por justificar de esta manera su cambio de paradigma, pues aun cuando éste podría justificarse por otras vías, parece tener la necesidad (casi biográfica) de ajustar cuentas con Horkheimer y Adorno; pero también de evidenciar cómo su proyecto se aleja de la concepción dialéctica que tales autores ponen en juego.

quiere reducir la dialéctica de la ilustración a una crítica de la razón instrumental subjetiva, haciendo de ésta su única dimensión. Así, la ilustración entrañaría –en la lectura que Habermas hace de Horkheimer y Adorno– *únicamente* un proceso de instrumentalización en base al cual se establece la relación de dominio sobre la naturaleza, por lo que aquí no habría más que la progresiva reducción de la razón a "una racionalidad al servicio de una autoconservación que se ha vuelto salvaje", quedando así "asimilada al puro poder"[13]. Sin embargo, como argumentaremos en la próxima sección, es claro que para Horkheimer y Adorno la ilustración y su concepto de razón no se reducen a esta sola dimensión, pues es esa misma razón ilustrada la que aún tiene la capacidad de detectar la injusticia existente en un presente que adquiere la apariencia de segunda naturaleza. Sólo así puede entenderse que los autores sostengan que la crítica "a la ilustración tiene por objetivo preparar un concepto positivo de ésta, que la libere de su cautividad en el ciego dominio"[14], en tanto en ella hay una potencialidad que escapa al dominio, más aun, que permite reconocerlo como tal y a partir de ello luchar por la desarticulación de sus mecanismos.

Concebir al planteo de Horkheimer y Adorno como la sola detección de las consecuencias de la razón instrumental subjetiva, sin poner en juego cómo se percibe también la dimensión no instrumental y objetiva (en tanto alude a la estructuración objetiva de las relaciones sociales) de la razón, dando cuenta así de la adherencia de esos momentos que *no* se "mantienen bien separados", implica una reducción que achata la elaboración realizada por los autores, al no señalarse la tensión intrínseca y (según la lectura que nosotros proponemos) aporética de la ilustración. En definitiva, al des-dialectizarse su dialéctica. Tensión que puede resumirse señalando el carácter regresivo de la ilustración, ligado a la relación entre razón y autoconservación, *a la vez* que se ponen de manifiesto sus elementos emancipatorios, su estar ligada a la liberación de los agentes sociales de la (segunda) naturaleza. A esto se agrega la posibilidad, que esa razón ilustrada brinda, de ejercer la crítica sobre las consecuencias regresivas de esa misma razón ilustrada, pues "al perder sus ilusiones racionalistas en este infierno en el que ella misma, como dominación, ha convertido el mundo, es capaz de resistirlo y recono-

---

[13] *DFM*, p. 142.
[14] *DI*, p. 56.

cerlo como lo que es"[15]. En este marco, Horkheimer y Adorno plantean la necesidad de que la ilustración asuma "en sí misma la reflexión sobre este momento regresivo, [pues si no] firma su propia condena"[16]. Es de importancia capital, entonces, que la ilustración aborde tal momento para poder impulsar sus elementos progresivos sin el lastre que aquél implica o, mejor aun, introduciendo −reflexivamente− la captación de esa limitación y de los condicionamientos que le genera.

A partir de esto rechazamos el planteo habermasiano según el cual estos autores "sometieron la razón subjetiva a una crítica implacable, y ello desde la perspectiva, irónicamente asumida, de una razón objetiva que consideraban irrevocablemente destruida"[17]. Pues la concepción que a ello subyace es la de una profunda escisión entre razón objetiva y razón subjetiva, a las que (una vez más) Habermas "mantiene bien separadas", sin poner en juego ninguna forma de entrelazamiento y menos aun de *ambigüedad* entre ellas; cuando dar cuenta de esto, de la dialéctica propia de la razón ilustrada, constituye justamente el objetivo central de *Dialéctica de la ilustración*. De allí que la crítica habermasiana se sostenga únicamente si se reduce dicha dialéctica a una sola de sus dimensiones −la crítica de la razón instrumental y del proceso de abstracción a ella ligada, a través del cual se ejerce el dominio sobre la naturaleza externa e interna−; únicamente así puede sostenerse que "la espontaneidad todavía no inficionada por el poder cosificante de la racionalización sistémica [ellos] sólo pueden localizarla ya en fuerzas irracionales"[18]. Pues esa irracionalidad es tal tan sólo para un punto de vista asentado en la racionalidad instrumental, pero no para uno que se yerga sobre una concepción más amplia (y dialéctica) de la razón. Así, aseverar, por ejemplo, que en lo estético, en sus disonancias con las pretendida armonía del cosmos social, hay meramente fuerzas irracionales es negar la posibilidad de una racionalidad práctico-estética, como la que el propio Habermas plantea. Se torna así aprehensible un punto ciego de la lectura que él realiza de Horkheimer y Adorno.

---

[15] Horkheimer, "Razón y autoconservación", p. 119.
[16] *DI*, p. 53.
[17] *TAC*, Tomo I, p. 480.
[18] *TAC*, Tomo II, p. 471.

En base a todo esto, aquí coincidimos con Habermas cuando sostiene que "la crítica, al volverse contra la razón como fundamento de validez de la crítica, se hace total"[19], lo que no compartimos es que esto sea un motivo para rechazar críticamente el planteo de Horkheimer y Adorno. Pues en ello no encontramos más que una manera de expresar que el pensamiento crítico no se detiene ante nada, ni siquiera ante el propio pensamiento crítico, ya que detenerlo ante éste implicaría sostener que la mirada crítica no tiene puntos ciegos, que consigue atravesar todos los rincones de un entramado relacional que se le ha vuelto completamente transparente. Al no aceptar esa transparencia de lo social para la propia perspectiva, se hace necesario mantener abierto no sólo el cuestionamiento reflexivo hacia la forma en que se producen teorías, sino también el cuestionamiento hacia el propio punto de vista cuestionador; es decir, un segundo giro reflexivo, una sobrerreflexividad de la perspectiva crítica. En base a esto sostenemos, frente al planteo de Habermas, que la autonomización de la crítica sólo sería tal si dejase de basarse en esta razón que contribuye a la reproducción de la dominación y *a la vez* a su disolución, que tiene una dimensión cósmica adherida a su carácter caótico. Tensión aporética que no constituye un yerro de la teoría crítica, sino (como argumentaremos más adelante) el estilo de movimiento que le permite captar las contradicciones de la sociedad presente, incluyendo aquellas que están en sus propios fundamentos metódico-conceptuales.

En segundo lugar, si se rechaza críticamente esta aporía, al no aceptarse el entrelazamiento del carácter progresivo y regresivo de dicha razón, si lo que se busca es escapar a esa dialéctica, entonces es necesario hallar una nueva forma de razón (o de aquel concepto que ocupe el lugar que ella tiene para esta tradición) puramente emancipatoria, que tenga un potencial liberador sin mancha alguna de dominio y violencia.[20] En definitiva, se requiere que,

---

[19] *DFM*, p. 149.

[20] Un ejemplo de este reclamo es el planteado por Lohmann, quien critica a Horkheimer por "persistir con el aporético" estilo con que lleva a cabo sus construcciones conceptuales. Para salir de ese estilo, postula la necesidad de "una forma de razón que no esté infectada con la enfermedad" propia de la ilustración (Lohmann, G., "The failure of self-realization: An interpretation of Horkheimer's *Eclipse of Reason*", en Benhabib, S., Bonss, W. y McCole, J. (edit), op. cit., p. 407). Sólo desde esta posición es posible criticar la aporía como un límite insalvable del punto de vista de Horkheimer y Adorno. Un reclamo similar puede encontrarse en Morgan, B., "The proyect of the Frankfurt School", en *Telos*, N° 119, 2001, especialmente p. 83.

en una sociedad desbordante de injusticias, esa razón sea pura justicia; pues si ella contuviese alguna mancha de regresiva injusticia, entonces se estaría cayendo en la misma aporía que se critica. Y es a esto a lo que apunta Habermas con su noción de razón comunicativa, según lo hemos planteado en el capítulo III. Para lo cual resulta imprescindible depurarla de cualquier sesgo conflictivo y, sobre todo, de la posibilidad de que ella conduzca a una resolución no armónica de las problemáticas sociales, con las consecuencias despolitizantes que esto genera en la concepción habermasiana de *lo* político (particularmente por su erradicación de toda forma de *lucha* política). Sin un concepto de razón como éste, en el que se han disuelto todas las posibles tensiones, no se podría establecer la *certeza normativa* que la teoría de la acción comunicativa persigue, no se podría, en definitiva, hacer de la racionalidad comunicativa y de la lógica de acción a ella ligada el "deber ser" de lo social.

A esto se agrega que, si la lógica de la estructura relacional regida por este nuevo concepto de razón tiene una de sus formulaciones en el oxímoron que entraña la ya mentada "coacción sin coacciones que ejerce el mejor argumento"[21], es decir, una coacción que al ser aceptable racionalmente por el sujeto (en tanto proviene del mejor argumento) no sería coacción, entonces se hace al menos cuestionable la posibilidad de concretar una razón impoluta de todo rastro de dominación. Pero, de no conseguirse semejante *pureza*, tambalearía tanto su proyecto de hacer de esta razón un nuevo fundamento normativo, como su crítica a la concepción de la dialéctica elaborada por Horkheimer y Adorno. Pues sin ella sería necesario pensar la adherencia entre el momento transformador y el reproductivista de esa razón, es decir, su dialéctica. Sobre este trasfondo se percibe la importancia capital, para la teoría de la acción comunicativa, de sostener dicho oxímoron, cuya contracara es la necesidad de reconocer la existencia de una coacción *con* coacciones; noción que no puede ser considerada una redundancia dentro del pensamiento habermasiano; antes bien, ella debe concebirse como una particular forma de coacción dentro del conjunto más amplio de las coacciones, caracterizándose por su ser coactiva.

---

[21] *DFM*, p. 162.

Una cuestión de estilo

La consagración de Habermas y de su lectura ha llevado a que ésta tenga ecos en la obra de diversos autores que trabajan y reelaboran la perspectiva teórica producida por Horkheimer y Adorno. Tal es el caso de Axel Honneth, uno de los miembros más reconocidos de (lo que ha dado en llamarse) la "tercera generación" de la Escuela de Frankfurt, cuya perspectiva tiene por punto de partida, sobre todo en sus primeros trabajos, el rechazo de "las aporías de la teoría crítica"[22]. Según él, la fuente principal de dicha aporía se encuentra en una filosofía de la historia que reduce la densidad de lo social a un proceso de dominación de la naturaleza, el cual lleva, en última instancia, a la destrucción de la civilización. De allí que sostenga que "con su filosofía de la historia ellos [Horkheimer y Adorno] interpretan la historia de la civilización como el proceso creciente de dominación de la naturaleza, de dominación social de clase y de dominación de los instintos individuales"[23]. Lectura que –al igual que la habermasiana– se sostiene en tanto no se ponga en juego la dimensión productiva que esa misma dominación entraña, la cual (como argumentaremos en la próxima sección) posibilita la emergencia del sí mismo y, con él, de la civilización tal y como se ha concretado, con toda su injusticia pero también con toda la libertad en ella existente.

Es ese modo de pensar que aprehende la adherencia entre términos opuestos, ese *modus operandi* o, mejor aun, el *estilo* de su movimiento, lo que Honneth (como Habermas) no puede introducir en su perspectiva (también) de pretensiones normativas; a la vez que es justamente eso lo que nosotros, en la segunda parte de este libro, buscamos apropiarnos para la teoría crítica reflexiva que aquí se trama. Es, entonces, en discusión con estas lecturas que volvemos sobre la dialéctica que ponen en juego Horkheimer y Adorno, situando en el centro de su potencialidad crítica el carácter aporético que es propio de su estilo de movimiento.

---

[22] Honneth, A., *The critic of power: Reflective stages in a critical social theory*, Massachusetts, MIT Press, 1991, p. 1.
[23] Ibíd., p. 54.

Fragmentos dialéctico aporéticos

Crítica genealógica y dialéctica aporética

En esta sección abordaremos algunos de los "fragmentos filosóficos" que Horkheimer y Adorno tratan con el estilo aporético que, a nuestro entender, caracteriza al movimiento de su perspectiva crítica. Pues es únicamente en el estudio de cómo ellos lo ponen en juego que podemos aprehender sus rasgos centrales, ya que no constituye un mero procedimiento formal pasible de ser formulado sin referencia al contenido que aborda. Por eso, resulta imprescindible captarlo en su particular manera de tratar con tales materiales. Sin embargo, antes de adentrarnos en este trabajo de lectura, cabe destacar dos de sus rasgos principales.

En primer lugar, aquel que Foster —también en discusión con Habermas— destaca de la dialéctica de la ilustración, al señalar que ésta puede ser mejor comprendida si se la piensa como una crítica genealógica, en la que se utiliza el análisis histórico para socavar los esquemas de dotación de sentido subjetivos *hoy* dominantes, restituyendo el carácter condicionado y relativo de la percepción que la ilustración tiene del mundo social y de sí misma. Lo cual es también mostrar los intereses y valores que esa ilustración encarna, a la vez que se abre el espacio de los posibles, al señalarse la existencia de posibilidades otras al proceso que efectivamente se ha concretado. En este sentido, vemos en la relación entre mito e ilustración (por atenernos a las dos tesis centrales de *Dialéctica de la ilustración*) una vía por la cual socavar críticamente tales esquemas. De allí que sostengamos, junto con Foster, que "la tesis de la 'dominación de la naturaleza' no busca generalizar la reificación cultural en una antropología filosófica. Antes bien, intenta develar los orígenes contingentes y extra-racionales de la restricción del pensamiento a lo útil técnicamente"[24].

En última instancia, esta crítica entraña el esfuerzo por aprehender los elementos arcaicos en lo más moderno, al ver cómo el mito ya comparte cierta estructura con la ilustración y, mucho más importante aun, al mostrarse cómo en la ilustración, en el esquema dominante a través del cual *hoy*

---

[24] Foster, R., "*Dialectic of Enlightenment* as Genealogy Critique", en *Telos*, N° 120, 2001.

dotamos de sentido al mundo, se pueden encontrar características propias del pensamiento mítico. Una crítica genealógica que busca, entonces, tornar visible la lógica del proceso histórico que terminó desembocando en ese esquema (sin que por ello fuese una consecuencia necesaria de dicho proceso) y, junto con ello, señalar que mientras en el presente se mantenga como preponderante esa forma de estructurar nuestra manera de pensar y de relacionarnos, las consecuencias seguirán siendo las mismas, la ilustración seguirá recayendo en mitología. Es por esto que el planteo genealógico de Horkheimer y Adorno no busca recomponer la lógica interna de una totalidad social del pasado, sino agrietar las lógicas *hoy* dominantes,[25] disrumpiendo esos esquemas de dotación de sentido subjetivos y lo que resulta pensable a partir de ellos.

Segundo, resulta clave en nuestro trabajo de lectura tomarle la palabra a Horkheimer y Adorno, poniendo en el centro de nuestra mirada aquello que sitúan en el foco mismo de su reflexión: la aporía que la ilustración entraña. En efecto, ellos señalan ya desde el "Prólogo" a *Dialéctica de la ilustración*, que

> la aporía ante la que nos encontramos en nuestro trabajo se reveló así como el primer objeto que debíamos analizar: la autodestrucción de la ilustración. No albergamos la menor duda –y ésta es nuestra *petitio principii*– que la libertad en la sociedad es inseparable del pensamiento ilustrado. Pero creemos haber descubierto con igual claridad que el concepto de este mismo pensamiento, no menos que las formas históricas concretas y las instituciones sociales en que se halla inmerso, contiene ya el germen de aquella regresión que hoy se verifica por doquier.[26]

En la ilustración, que expresa el movimiento real de la sociedad burguesa, se hallan adheridas, entonces, ambas lógicas, poniéndose de manifiesto "el carácter dual del progreso, que siempre ha desarrollado el potencial de la libertad de consumo con la realidad de la opresión"[27]. Es este quiasma propio de la ilustración, así como el carácter genealógico de su crítica, lo que está en el centro de la concepción dialéctica que aquí buscamos entrelazar a la trama de nuestra teoría crítica reflexiva.

---

[25] Cf. Grüner, 2006, especialmente pp. 200-224.
[26] *DI*, p. 53.
[27] MM, p.146.

Idea de un sí mismo natural

Los autores ponen en juego el estilo dialéctico aporético en su abordaje de la central relación entre sí mismo y naturaleza, constelación que da cuenta de uno de los procesos más capilares y centrales en la (re)producción de *lo* político. De allí nuestro interés por tratar este "fragmento", tarea a la que dedicaremos el presente apartado.[28] Horkheimer y Adorno parten de la tesis según la cual "la ilustración […] ha perseguido desde siempre el objetivo de liberar a los hombres del miedo"[29], desencantando a la naturaleza a través del intelecto para así dominarla, en un proceso que elimina todo lo desconocido que haya en ella; pues allí reside la incertidumbre, fuente del miedo que la ilustración busca erradicar. Es por eso que no puede haber nada que escape a este sistema, que se sitúe por fuera de él; en este sentido, la "ilustración es totalitaria como ningún otro sistema"[30]. Lógica en la cual se articula un "saber, que es poder"[31], centrado en una concepción de la razón que "simplemente ha sido reducida a su sentido instrumental de un modo más radical que nunca"[32] y en la cual se asienta un proceso de abstracción de lo particular, que elimina lo diferente al subsumirlo en una lógica identificatoria, acabando así con su otredad.

Esta dominación de la naturaleza se extiende también a la "naturaleza interior" a los seres humanos o, mejor dicho, a lo que el proceso civilizatorio occidental ha relegado a ese carácter natural (lo cual es una manera de tornar evidente la historicidad de esa "naturaleza"): las pasiones e impulsos. Esto, a través de un proceso de abstracción que tiene por presupuesto la separación entre sujeto y objeto; a partir de lo cual el ser humano introyecta esta escisión al hacer de una dimensión de su ser un objeto a ser dominado por otra dimensión suya: el sí mismo o yo. Es en la tensión entre estas instancias, en su dialéctica, que emerge un particular modo de corporalidad, aquél específico de la ilustración. Proceso en el cual tanto la naturaleza interior como el sí

---

[28] Hemos desarrollado con más detalle esta cuestión en Gambarotta, E., "La dialéctica aporética entre cuerpo y sí mismo: Una lectura de *Dialéctica de la ilustración* en clave política", en *Intersticios. Revista Sociológica de Pensamiento Crítico*, Vol. 4 N° 1, Año 2010.

[29] *DI*, p. 59.

[30] Ibíd., p. 78.

[31] Ibíd., p. 60.

[32] Horkheimer, "Razón y autoconservación", p. 92.

mismo son abstraídos de sus particularidades cualitativas; pues la represión de la naturaleza interior hace del cuerpo un objeto más en el mundo de los objetos, al mismo tiempo que impulsa la constitución de un sí mismo cada vez más abstracto. A punto tal de tornarse, este último, una mera cáscara formal que no tiene elemento alguno que lo particularice, dando lugar a una "identidad de todo con todo que se paga al precio de que nada puede ya ser idéntico consigo mismo"[33]. Se obtura la emergencia de un sí mismo, idéntico tan sólo consigo mismo y, por tanto, diferente de la naturaleza y de los otros sujetos. La apoteosis del yo es también "su completa negación"[34].

Sin embargo, esta descripción de la dominación de la naturaleza no alude más que a un *proceso*. Lo que hace de ella una *dialéctica* es que esa misma represión y eliminación de lo diferente es *a la vez* el itinerario por el que emerge el sí mismo de la naturaleza indiferenciada. Es decir, de esa dominación surge también lo distinto, lo nuevo; por eso, "el despertar del sujeto se paga con el reconocimiento del poder en cuanto principio de todas las relaciones"[35]. Pues es a través de la violencia hacia la naturaleza que el sí mismo rompe con su cíclico discurrir y consigue emerger de ese trasfondo anónimo con un nombre propio. Esto es lo que Horkheimer y Adorno rastrean (genealógicamente) en la *Odisea*, en tanto para ellos "la odisea desde Troya hasta Ítaca es el itinerario del *sí mismo* [...] a través de los mitos"[36]. La victoria de Odiseo sobre los poderes míticos a los que se enfrenta se basa en la represión de su naturaleza interior, en su no abandonarse al placer que las sirenas prometen, ni a la furia que Polifemo le genera. A lo largo de esas aventuras, Odiseo constituye su sí mismo en su rigidez unívoca, alienándose de su naturaleza interior al enfrentarse a ella para así negarla; alienación y negación que le permiten vencer en cada episodio, logrando su autoconservación.

Una de las expresiones más acabadas de esto la hallamos en la figura del sacrificio. En efecto, Odiseo se ofrece en sacrificio a cada poder mítico al que se enfrenta, pero sólo aparenta darle lo que a él le corresponde. Sigue el aspecto formal del rito, mas su realización concreta le permite evadirse de entregar su parte; la justicia formal del intercambio de equivalentes encuentra

---

[33] *DI*, p. 67.
[34] CRI, p. 132.
[35] *DI*, p. 64.
[36] *DI*, p. 100.

aquí una magistral prefiguración. El protoburgués que hay en Odiseo sabe sacar el máximo provecho de ese particular tipo de comercio con la divinidad que es el sacrificio, obteniendo siempre mucho más de lo que entrega; es decir que adquiere una ganancia en el intercambio de iguales: su autoconservación. Donde el órgano que le permite vencer al mito es su astucia (y no su fuerza física, ligada a la naturaleza interior), rasgo característico de este héroe y que será distintivo del sí mismo, en tanto sujeto de la ilustración; ya que, en un mundo aun dominado por los poderes mágicos, "la racionalidad, en cuanto actitud de quien sacrifica, se convierte en astucia"[37]. Es a través de esta "proto-razón" que Odiseo vence en las diversas aventuras, sujetando sus pasiones e impulsos, tornándose sujeto. Así es como arranca su existencia a la anónima naturaleza, introduciendo con sus prácticas algo nuevo frente al cíclico movimiento de ésta. Las mismas prácticas que producen una *abertura* a lo distinto están impregnadas de la violencia a través de la cual el sí mismo se enfrenta a la naturaleza, distanciándose de ella.

Esta dialéctica es la que está detrás de la lectura que Horkheimer y Adorno hacen del episodio de los lotófagos, pues el idilio que su isla ofrece no es más que "mera apariencia de felicidad, un obtuso vegetar, indigente como la existencia de los animales"[38]. Es decir, una vuelta a aquella naturaleza previa a toda conciencia, por lo que abandonarse a ese supuesto idilio implica borrar al propio sí mismo y, con él, la diferencia cualitativa primera: la que distingue al yo de la naturaleza. De allí que el ilustrado Odiseo, con su razón autoconservadora, no pueda permitir semejante abandono y saque a sus hombres a la fuerza;[39] es esa violencia de la razón la que –como Hobbes mostró mejor que nadie– arranca a la humanidad del estado de naturaleza.

Otro episodio clave en este itinerario del sí mismo lo encontramos en el enfrentamiento con las sirenas, donde Odiseo astutamente aparenta ofrecerse en sacrificio.[40] Para ello utiliza cuerdas como un medio técnico que le

---

[37] Ibíd., pp. 102-103, nota 6.

[38] Ibíd., p. 114.

[39] Se evidencia aquí otra dimensión de la lectura que Horkheimer y Adorno hacen de la *Odisea*, aquella que refiere a la dominación no ya de la propia naturaleza interior sino de los otros seres humanos, a la relación de dominio que Odiseo ejerce sobre su tripulación en esa suerte de microsociedad que es la nave en que viajan (esta dimensión volverá a aparecer en el episodio de las sirenas que trabajaremos a continuación). En pos de una cierta brevedad, hemos optado por no extender aún más nuestro análisis abordando también esta otra problemática.

[40] Nos atenemos aquí a la primera de las tres lecturas del episodio de las sirenas propuestas por

permite atarse cediendo parte de su libertad, en pos de lograr su autoconservación. Cuerdas y acto de autoatarse que prefiguran las más técnicas y racionales cadenas de las leyes civiles con las que, según Hobbes, el individuo se hace sujetar para salir del estado de naturaleza. Odiseo atado al mástil manifiesta una forma extrema de la violenta autorrepresión de la propia naturaleza interior puesta en práctica para vencer a los poderes míticos. Una violencia que, sin embargo, es también calculada (en tanto hay una previsión estratégica al hacerse atar) y calculable (en tanto Odiseo se hará atar más fuerte cuanto más clame por liberarse, calculando el nivel de violencia que será necesario ejercerse).

De esta manera, al negar su naturaleza interior, logra autoconservarse, afirmándose a sí mismo como algo diferente de la naturaleza. Sin embargo, el propio poema homérico contiene ya el germen de la eliminación de aquellas particularidades que hacen de él un ser idéntico consigo mismo y con nada ni nadie más. Esto se manifiesta en la estrategia que utiliza para vencer a Polifemo, negando su sí mismo al llamarse "Udeis", asimilándose a la nada para salvar su ser; pero en esa acción pierde aquello que pretendía salvar, pues el sujeto Odiseo niega "la propia identidad que le constituye como sujeto y se mantiene en vida mediante su asimilación a lo amorfo"[41].

Se torna visible cómo la relación entre sí mismo y naturaleza entraña un proceso por el cual se elimina lo distinto, negándose totalitariamente toda otredad, en una lógica relacional que tiende a la instauración del cerrado cosmos de la autoconservación. Pero en esa misma relación hay también una faceta productiva, en tanto es a través de ella que se constituye el sí mismo, introduciendo lo distinto, lo que posee un nombre propio frente a la anónima naturaleza. Es en este sentido que la constelación sí mismo-naturaleza entraña un movimiento dialéctico, ya que el mismo proceso posibilita la emergencia de lo diferente y *a la vez* hace posible la lógica relacional que lleva a la equiparación de lo distinto. Las consecuencias de uno de estos momentos diluye al otro al mismo tiempo que lleva a él, y viceversa. Además, esto permite captar cómo la dialéctica (aporética) entre sí mismo y naturaleza ocupa un lugar capilar y central en el ordenamiento y desordenamiento de la sociedad, es decir, en la forma en que se articula *lo* político.

Wellmer en "The death of the Sirens and the origins of the work of art", en *New German Critique*, N° 81, 2000.
[41] *DI*, p. 118.

Finalmente, cabe destacar que esta relación entre términos opuestos no deviene en el primado de la naturaleza (que sería una situación isomórfica con el episodio de los lotófagos), ni en un completo dominio del sí mismo (pues ello conduce a su eliminación en la segunda naturaleza), pero tampoco en una identidad final de los opuestos, que no sería otra cosa más que la reintroducción de una instancia metafísica. Se hace perceptible así el carácter aporético de esta dialéctica entre sí mismo y naturaleza, esa simultaneidad de dos lógicas opuestas, que llevan una a la otra y viceversa.

La ilustración y su dialéctica

Podemos aprehender ahora cómo la propia ilustración entraña esta tensión entre elementos opuestos, que son productos del mismo proceso y que se sostienen en forma simultánea, sin devenir en una totalidad normativa que las reconcilie. Es decir que abordaremos la dialéctica de la ilustración que da título al libro, en tanto vía a través de la cual alcanzar nuestro objetivo de captar los rasgos centrales de este estilo de movimiento que aquí llamamos dialéctica aporética. Para lo cual resulta clave trabajar, aunque más no sea brevemente, sobre este "fragmento".

En esta dialéctica de la ilustración, la razón no es sólo instrumental-subjetiva, por más que el proceso sociohistórico ha llevado a su progresiva reducción a esa dimensión, pues

> algo de la relación objetiva con lo vivo, y no sólo con la propia existencia, se ha conservado en aquella facultad subjetiva de la razón […] Es siempre capaz de reconocer la figura de la injusticia en la dominación, y gracias a ello elevarse por encima de la injusticia hasta la verdad".[42]

Estas dos dimensiones de la razón, "se encuentran entrelazadas en el sentido de que la consecuencia de cada una de ellas no sólo disuelve a la otra, sino que también conduce de vuelta a ella"[43]. La misma razón ilustrada, que en su dominación de todo lo desconocido se torna totalitaria, es también la

---

[42] Horkheimer, "Razón y autoconservación", pp. 118-119.
[43] *CRI*, p. 183.

que, al permitir la emergencia del sí mismo, posibilita el surgimiento de lo distinto. Lo cual implica una ruptura con el intento de producir la clausura del sistema –con el mantenimiento del cosmos social y su orden–, al posibilitarse una acción que, en su introducir lo cualitativamente distinto, abre esa lógica relacional generando un *impacto* (de totalidad) *caótico* en el cosmos social. *A la vez* que lo desconocido, que se introduce a través de esa ruptura con el sistema, es la fuente del miedo hobbesiano que esa misma ilustración busca erradicar no dejando nada por fuera de tal sistema.

En la ilustración, entonces, se encuentra una tendencia a la producción de un ordenamiento cerrado que reproduce el cosmos social establecido, tanto en el saber (en el ámbito de los pensables e impensables) como en el poder (en el espacio de los posibles e imposibles). *A la vez* que su cerrarse genera las condiciones para una caótica abertura por la que se introduzca, en el mundo social, aquello que hasta entonces no tenía lugar en él. Ambos momentos son producto del mismo proceso, más aun, se hallan en un entrelazamiento por el cual cada uno lleva al otro en su disolverlo. Es en este sentido que hablamos de una productiva aporía que caracteriza a la dialéctica, pues ella mantiene siempre en movimiento la práctica de producción de teoría crítica reflexiva, impidiendo que ésta se quede quieta en una resignación carente de esperanzas, ya que, aun cuando se esté en una situación –como aquella en que Horkheimer y Adorno escribieron su *Dialéctica de la ilustración*– en la que lo totalitario impera, queda todavía un resquicio para la esperanza. Incluso cuando el entramado relacional parezca cerrarse herméticamente sobre sí mismo, el movimiento que ese proceso implica genera las grietas por las cuales puede producirse un impacto caótico en *lo* político; y con él el modo específico que éste adquiere en la esfera científica: la práctica de la crítica. En este marco puede comprenderse por qué "es la ilustración misma […] la instancia que podría romper los límites de la ilustración"[44], sin que ello implique su autodestrucción sino más bien la concreción en el mundo social de sus potencialidades, cuyo mayor obstáculo reside en los mecanismos de dominación que son un producto de la propia concreción de la ilustración.

---

[44] *DI*, p. 250. No podemos dejar de señalar que, en nuestro contexto sociohistórico, tan cierto como que no hay situación sin esperanzas lo es la idea contraria y complementaria: no hay situación sin desesperanzas; pues negar este momento melancólico sería sostener la posibilidad de un triunfo pleno que tornase transparente lo social, postura que hemos criticado con Horkheimer. Volveremos sobre esto.

Opacidad y (sobre)reflexividad

Es en esa dimensión aporética donde se encuentra la productividad de la trama teórica urdida en torno a la dialéctica de la ilustración. Esto nos enfrenta a la lectura que Habermas realiza de ella, en la cual la aporía es considerada un límite que obliga a abandonar la perspectiva teórica elaborada por Horkheimer y Adorno. En este sentido, consideramos que la dialéctica de la ilustración no nos deja en el habermasiano callejón sin salida, frente al cual sólo queda el camino de vuelta,[45] sino que, si se nos permite el juego de palabras con la voz griega ἀπορία (aporía), nos sitúa ante una "dificultad para pasar". La cual es producto del cierre que esta lógica relacional genera, obstaculizando la puesta en juego de la perspectiva crítica y de la más amplia práctica en *lo* político que pugna por concretar esa libertad y justicia allí donde no tienen lugar en este cosmos social. Frente a ello, sólo queda el esfuerzo por pasar, por producir una disrupción caótica que torne pensable lo que se nos presenta como impensable, posible lo que percibimos como imposible, y es a esto a lo que apunta la práctica de producción de conocimiento crítico (pero no sólo ella) que se caracteriza por ese singular estilo dialéctico, en cuyo centro se sitúa el segundo giro reflexivo que Habermas rechaza en Horkheimer y Adorno.

Sobre este telón de fondo podemos entender esta diferencia entre ambas propuestas teóricas como una "disputa de la reflexividad"[46]. En ella, la postura de Habermas está signada por su detener el movimiento de la reflexión en el momento en que ella podría llegar a tocar la lógica procedimental propia de la racionalidad comunicativa; es decir, en el momento en que ella daría un segundo giro reflexivo para abordar los fundamentos sobre los que se erige la teoría crítica de la sociedad por él propuesta. Esto puede detectarse en cómo, en su perspectiva, la relación reflexiva de ego en la comunicación se produce cuando éste "al internalizar el papel de participante en la argumentación se torna capaz de criticarse a sí mismo; podemos llamar 'reflexiva' a la relación que se entabla con uno mismo según el modelo de la autocrí-

---

[45] Cf. *DFM*, p. 160.

[46] Si se nos permite la paráfrasis con la "disputa del positivismo" que tuvo lugar entre Adorno y Popper, y de la que participó también un joven Habermas (Cf. Adorno, Th. W. et al, *La disputa del positivismo en la sociología alemana* [1969], Barcelona, Grijalbo, 1972).

tica"[47]. En base a esto ego puede poner en cuestión las pretensiones de validez no sólo de las afirmaciones de alter, sino también de las suyas propias. Sin embargo, dicho cuestionamiento no llega en ningún momento a asir el procedimiento formal que le permite poner en cuestión esas pretensiones de validez, esto es: la racionalidad comunicativa.[48] Así, esta razón implica la capacidad reflexiva de criticar las propias pretensiones de validez, pero ese giro reflexivo no se torna un segundo giro reflexivo que critique al procedimiento que permite esa reflexividad.

Por eso, el "modo reflexivo" del uso del lenguaje en la acción comunicativa alude a cómo los actores "no se refieren *sin más salvedades* a algo en el mundo objetivo, en el mundo social y en el mundo subjetivo, sino que relativizan sus manifestaciones o emisiones contando con la posibilidad de que la validez de éstas pueda ser puesta en tela de juicio por otros actores"[49]. Sin que esto se extienda al procedimiento formal por el cual se cuestionan tales emisiones, sólo se aborda el contenido sin interpelar la forma, siendo esta última lo propio de la razón comunicativa (lo cual supone, como ya hemos visto, una tajante escisión forma-contenido). Esto mismo acontece con el científico social, "quien convierte en tema lo que los participantes se limitan a suponer y adopta una actitud reflexiva frente al interpretandum"[50], radicalizando así lo que los propios actores hacen "por un camino que en principio está abierto a todos los participantes"[51]. Mas, nuevamente, sin que se toque aquí la "forma" en que esa reflexión se lleva adelante. La práctica científica, en la concepción habermasiana, no incluye una reflexión acerca de aquello que posibilita el ejercicio de la actitud reflexiva. De incluirlo, se estaría produciendo un segundo giro reflexivo, dando un paso hacia (lo que con Merleau-Ponty llamamos) la sobrerreflexividad.

Para el proyecto habermasiano resulta vital no radicalizar la crítica hasta ese nivel, pues ello pondría en cuestión la posibilidad de alcanzar el punto incondicionado –al ejercerse un constante cuestionamiento sobre aquello que

---

[47] *TAC*, Tomo II, p. 109.

[48] Y es justamente por esto que puede realizársele a Habermas la misma crítica que Adorno le realizara a Popper, cuando opone a la "crítica formal" de este último una concepción *material* de la misma (cf. Adorno et al., 1972, p. 130).

[49] *TAC*, Tomo I, p. 143.

[50] Ibíd., p. 182.

[51] Ibíd., p. 182.

se pretende incuestionable– que él busca instaurar como fundamento normativo de la teoría crítica, aspiración propia de nuestra Escila. Más aun, mantener abierta la interrogación crítica sobre la racionalidad comunicativa, poniendo en cuestión su pureza, pero también la identidad de esquemas de dotación de sentido subjetivos que supone, o bien la igual distribución de los recursos argumentativos entre todos los actores sociales, conlleva tornar en objeto de crítica el procedimiento que pretende lograr un "asentimiento reflexivo, racionalmente motivado"[52], que en tanto tal daría su carácter no coactivo a la coacción que ejerce el mejor argumento. Interrogar críticamente la pretensión de transparencia de esa motivación racional abre, entonces, una dimensión hacia su opacidad y hacia la posibilidad de que el procedimiento de la racionalidad comunicativa entrañe algún tipo de coacción con coacciones.

Esta cuestión se conecta con la concepción subyacente a la propuesta de cambio de paradigma que Habermas realiza. Hemos visto que su teoría parte de una crítica al paradigma de la filosofía de la conciencia, centrado en la relación sujeto-objeto, frente a lo cual sostiene la necesidad de hacer pié en un paradigma que ponga en el centro la relación sujeto-sujeto. Sin embargo, no sólo hemos planteado que la noción de cosificación ya entraña una consideración asentada sobre esa relación, en base a la cual se critica los procesos que hacen que ella se experiencie como una relación sujeto-objeto (abriendo esto la pregunta acerca de si este paradigma no estaba ya en juego en la tradición del marxismo occidental que Habermas cuestiona). También podemos detectar ahora cómo esta manera de plantear la cuestión entraña una reducción de aquello a lo que se alude con la noción de paradigma de la filosofía de la conciencia y, por ende, de la crítica que a él se le realiza. En efecto, el planteo habermasiano no busca cuestionar uno de los rasgos claves del mismo: su pretensión de dar lugar a una transparencia en el conocimiento del objeto por parte del sujeto. Habermas no incluye esa opacidad entre los elementos que llevan a su distanciamiento de dicho paradigma, no puede hacerlo. Ni la opacidad que proviene de una dimensión no plenamente consciente del conocimiento (sea ésta pre-consciente, pre-reflexiva, ante-predicativa, entre otras maneras en que se la ha denominado), ni la que surge de la (posibilidad de una) pluralidad de puntos de vista distintos sobre

---

[52] *TAC*, Tomo II, p. 133.

lo mismo, pues para que sean distintos cada uno de ellos ha de percibir algo diferente a lo que perciben los otros al ver lo mismo, introduciendo, por tanto, una dimensión de opacidad que sólo se superaría con la reunión de estos puntos de vista en uno sólo que pueda dar cuenta de todos ellos al mimo tiempo. Es decir, se dejaría atrás la pluralidad de puntos de vista (y su politeísmo) dando lugar a un punto de vista omnisciente, como el que, en definitiva, requiere la perspectiva normativista habermasiana y su monoteísta valorativo.[53]

Dar cuenta de esa opacidad en la relación sujeto-objeto plantea también el problema de su lugar en la relación sujeto-sujeto, abriendo el interrogante sobre la posibilidad de que ellos alcancen siempre una misma definición de la situación, base para la obtención de un acuerdo. A lo cual se agrega el cuestionamiento que esto implica a la concepción habermasiana del entendimiento moderno y de su transparencia. Todo esto conlleva la necesidad, por un lado, de no enfocar la propia práctica de producción de conocimiento únicamente en el estudio de las condiciones por las que se produce el *acuerdo* entre los actores, sino en ver también a éste en su tensión con el *desacuerdo*, ligado a la opacidad que tiene lugar en los procesos de entendimiento entre sujetos. Y, por otro lado, de interrogar críticamente no sólo a la opacidad en el punto de vista a partir del cual un actor se relaciona con uno de los tres mundos, sino también a las propias categorías a partir de las que desarrollamos dicha interrogación. En una práctica sobrerreflexiva que hace de esa opacidad un objeto de preocupación permanente, tanto en su lugar en los esquemas de dotación de sentido subjetivos cosificados (reflexividad) como en los fundamentos de la perspectiva que pretende realizar la crítica de esa cosificación (sobrerreflexividad).

Sobre este trasfondo cobra todo su sentido el esfuerzo de la teoría crítica reflexiva aquí propuesta por darle un lugar en su trama conceptual a la consideración de esa opacidad. Aquella que surge, por un lado, en la propia perspectiva, dado el carácter condicionado de la práctica de su producción —que incluye entre tales condicionamientos la dimensión valorativa, según lo visto

---

[53] En el capítulo VIII veremos cómo la forma en que Bourdieu sale del paradigma de la filosofía de la conciencia es diametralmente distinta, lo cual modifica al conjunto del *modus operandi*; más aun, puede considerarse que esta diferencia en las "salidas" está en la base de muchas de las críticas que Bourdieu le realiza a la perspectiva habermasiana.

con Horkheimer–, tornando necesario mantener abierto el esfuerzo sobre-rreflexivo. Por otro lado, la opacidad que es generada por la coexistencia de una pluralidad de puntos de vista sobre lo mismo, sin que esto implique la re-ducción a mero error de todos ellos, frente a un único punto de vista conside-rado como correcto. Finalmente –y en relación con esto último–, la opacidad que proviene de un conocimiento no plenamente consciente, sin que por ello haya que ver allí simplemente una pieza más del mecanismo de repro-ducción del cosmos social en su forma dada, tal y como Horkheimer termina concibiéndolo. En efecto, estas últimas dos instancias de producción de opa-cidad nos sitúan ante el problema del epistemocentrismo, al que la tradición crítico dialéctica alemana nos lleva pero sin terminar de darnos los elementos para desarmarlo. Es la línea de pensamiento reflexivo de raíz francesa la que nos permitirá recorrer el camino de su desarticulación, a partir de nociones tan centrales como la de "estilo" en Merleau-Ponty o la de "sentido práctico" en Bourdieu.

Esta crítica a la pretensión de alcanzar una transparencia de lo social es lo que diferencia nuestro cuestionamiento al paradigma de la filosofía de la con-ciencia de aquél llevado a cabo por Habermas, en tanto, según vimos en el ca-pítulo III, presupone en su teoría de la acción comunicativa la posibilidad de obtener esa transparencia, dándole un lugar –y no uno menor– en su trama conceptual; lo cual impacta en la concepción del saber-poder que a partir de esto se sostiene. Considerar estas cuestiones nos permite, primero, señalar los último puntos de nuestra discusión con su propuesta teórica de carácter explícitamente normativista y con su monoteísmo valorativo subyacente; rasgos éstos propios de la Escila que aquí se busca sortear. Y, en segundo lugar, delinear algunas de las implicancias del estilo propio del *modus ope-randi* de nuestra teoría crítica *reflexiva*, tarea que será desarrollada en los res-tantes capítulos de esta segunda parte.

Sobre este telón de fondo –y retomando lo planteado en el capítulo ante-rior– resulta perceptible cómo la perspectiva habermasiana entraña una des-politización de la acción atinente a *lo* político, al hacer del desacuerdo un riesgo a ser evitado y –de ser posible– erradicado de la práctica comunicativa, la cual por tanto se orienta únicamente a la armonización de los planes de ac-ción. Frente a esto, dar cuenta en la propia trama teórica de la opacidad produ-cida por la pluralidad de visiones sobre lo mismo y, más aun, de la pluralidad de cosmovisiones valorativas en relación con las cuales dotamos de sentido al mundo, implica una modificación radical de la conceptualización de la acción atinente a *lo* político, en tanto se deja de lado la *certeza* sobre la que se funda la propuesta teórica habermasiana, para pasar a una percepción en la que, sin menospreciar el lugar del acuerdo en *lo* político, también se le dé un lugar central al *desacuerdo*, a la no armonización final de los planes de acción y al *conflicto* que de ella emerge (al menos desde lo que puede aprehenderse en base a nuestro posicionado punto de vista sociohistóricamente condicionado, sin que esto nos permita extender esta afirmación a todo tiempo y lugar). No hay así punto de vista –incluyendo por supuesto el científico– que pueda clausurarlo a través de la reducción a error del resto de los puntos de vista; no hay, en definitiva, elementos con los que afirmar la validez de un único dios de los valores. Y esto resulta clave para la concepción de *lo* político que aquí se teje, especialmente para la captación de la acción o, mejor aun, del *impacto* (de totalidad) en *lo* político. Tales cuestiones nos ocuparán en el capítulo VI.

El habermasiano establecimiento de una *certeza* tiene también consecuencias sobre su concepción del saber. En efecto, según lo visto en el capítulo III, es sobre este fundamento que se hace de la razón comunicativa la única capaz de garantizar una práctica que ejerza tan sólo la coacción sin coacciones del mejor argumento, cuya contracara es la marginación y el rechazo de todo otro curso de acción (y de toda otra perspectiva sobre lo social que a él se ligue), pues no puede ser concebido más que como otra instancia de producción de una coacción con coacciones. En este punto se evidencia el carácter potencialmente autoritario del planteo habermasiano, rasgo éste que se halla en germen en toda perspectiva normativista. Frente a esto, la trama teórica aquí propuesta, en su acoger al politeísmo en sus fundamentos, le está dando *un lugar al desacuerdo en los propios elementos conceptuales sobre los que ella se sustenta*. Lo cual implica explicitar y tornar objeto de interrogación su ser una práctica de producción de conocimiento científico que se asienta en una particular cosmovisión valorativa (dentro de la cual se aprecia, por ejemplo, al gesto autoritario de la perspectiva normativista como algo a ser evitado en la práctica científica), en lucha simultánea con, por un lado, otras prácticas de producción de conocimiento científico (como la teoría tradicional) que se asientan en otras cosmovisiones, persiguiendo por tanto otros intereses. Esto puede *erosionar* el carácter "privilegiado" del conocimiento producido por la teoría crítica (y por toda teoría social, en tanto todas contienen intereses políticos), mas no por ello *elimina* dicho carácter, según veremos a partir de la sociología reflexiva de Bourdieu. Y, por otro lado, con los pensables-posibles dominantes en el "sano entendimiento común", en pos de disrumpir su doble naturalización del cosmos social.

La aceptación de esta opacidad en el propio punto de vista teórico requiere que éste se interrogue críticamente a sí mismo, en un segundo giro reflexivo que constituye un hilo entretejido a su trama teórica y a través del cual batalla constantemente contra esa opacidad. Sin embargo, al decir de Horkheimer, en este contexto histórico (no sabemos en otros) no es dable alcanzar una identidad entre pensamiento y ser, por lo que el pensamiento dialéctico se mantiene inconcluso y, justamente por ello, en *movimiento* (esta cuestión se encuentra en el centro del próximo capítulo). Lo cual es también una manera de decir que esta dialéctica aporética no detiene la crítica. Ese singular modo en que, en la esfera científica, se practica la lucha en *lo* político en pos de concretar los valores del humanismo activo.

V

La dialéctica aporética fórmula-estilo. De Adorno a Merleau-Ponty

El capítulo anterior nos dejó con dos problemáticas, cuya crítica delinea senderos a través de los cuales avanzar en pos de nuestros objetivos: en primer lugar, como consecuencia de la "disputa de la reflexividad", hemos señalado la centralidad para la crítica de profundizar ese segundo giro reflexivo que la perspectiva habermasiana necesita clausurar para poder investir de carácter normativo su propuesta teórica. Frente a ello, sostenemos la importancia de mantener abierto dicho giro reflexivo y el movimiento dialéctico que él entraña, para evitar así detener la crítica ante algún tipo de absoluto, aun cuando éste se encuentre en los propios fundamentos sobre los que se yergue la crítica. En segundo lugar, hemos planteado cómo el rechazo habermasiano al paradigma de la filosofía de la conciencia no apunta a cuestionar —sino más bien lo contrario— la transparencia del conocimiento que se produce en la relación sujeto-objeto y/o sujeto-sujeto, por lo que no hay allí espacio para el acogimiento de la opacidad de la propia perspectiva. En discusión con ello, la teoría crítica reflexiva da cuenta del cono de sombras del saber (incluyendo el del propio saber), producto del condicionamiento que resulta de su implicación en el mundo sociohistórico. Pero donde este dar cuenta de la propia opacidad no significa pretender reintroducir tal transparencia al final del camino, como resultado de dicha reflexividad, pues eso no sería más que tomar un rodeo para llegar al mismo punto que hemos criticado en la perspectiva de Habermas.

Entre los elementos que generan esa opacidad se destaca, desde el punto de vista de los interrogantes que aquí nos hemos planteado, el lugar ocupado por los valores (en el sentido weberiano del término), en tanto es por esa vía, por su lugar en los fundamentos de la práctica teórica, por donde se introduce la *incerteza* en el conocimiento teórico sobre el mundo social.[1] En este marco, la particularidad de la teoría crítica surge del esfuerzo tanto por explicitar los valores que ella pone en juego en la producción de su saber, como por aprehender con sus categorías conceptuales las limitaciones que esos valores introducen en tales categorías. Esto la diferencia de las perspectivas que se pretenden "neutrales" y sin valores, pero también de aquellas que elevan su posición valorativa a un "deber ser" normativo, negando la validez de otros valores y, en última instancia, del politeísmo valorativo propio de la sociedad moderna. Así, el esfuerzo por aprehender la propia limitación vuelve a señalar la centralidad que para la teoría crítica tiene el ser también *reflexiva*, el mantener abierto su "segundo giro reflexivo".

Ambas problemáticas nos conducen entonces a la centralidad para la crítica de esa sobrerreflexividad, hilo clave de la trama conceptual aquí propuesta en tanto constituye, más que su método, su *estilo* de movimiento. Producir este hilo es el objetivo del presente capítulo, para lo cual realizaremos un trabajo de lectura sobre las perspectivas de Adorno y Merleau-Ponty,[2] pues en ellos, en su concepción de la dialéctica, encontramos la clave a través de la cual pensar aquello otro al saber conceptual que a su vez se encuentra entrelazado a él. Cuestión central para nosotros, ya que, en última instancia, el lugar que aquí le damos a los valores es el de algo que escapa a la lógica del concepto, sin por ello dejar de formar parte del conocimiento conceptual, más aun, posibilitándolo. Esta tensión, que está en el centro del papel de la incerteza en la práctica de la crítica, es lo que estos autores nos permiten problematizar.

---

[1] Lo cual, según hemos visto *con* y *contra* Weber, no lo reduce a un discurso más; pues esa dimensión valorativa está adherida a ella, pero no diluye su especificidad de perseguir el ordenamiento conceptual de los procesos y fenómenos que se abordan teóricamente, para de esa manera producir un particular tipo de saber sobre el mundo social. Es esto lo que lleva a que, en última instancia, tanto la tradicional como la crítica sean *teorías*, modos distintos de esa específica forma de conocimiento, aun cuando ello no las torne un saber absoluto y soberano, en tanto ambas se fundan en un momento de *incerteza*, sólo que la crítica lo hace de forma explícita y no encubriéndolo bajo una aparente "neutralidad".

[2] Si en el abordaje de las perspectivas de Lukács y Horkheimer ya se evidenció cómo nuestro *trabajo* de lectura se aleja del comentario exegético, esto será aun más notable aquí, en tanto nuestro planteo no es "puramente" adorniano o merleau-pontyano; antes bien, surge del cruce entre ambas propuestas teóricas, en pos de tejer otro punto de vista sobre lo social: el de la teoría crítica reflexiva.

Con este fin señalaremos, en la primera sección, los rasgos centrales de las concepciones de la dialéctica que estos autores elaboran, para luego dar cuenta de cómo ello nos permite aprehender la tensión entre el estilo y su opuesto: la fórmula. En la segunda sección indagaremos un conjunto de derivaciones de esta dialéctica aporética entre estilo y fórmula; para, en la tercera sección, volver sobre la noción de utopía-posible, con vistas a aprehender su dinámica interna a partir del estilo dialéctico que se problematiza en este capítulo.

Con estilo dialéctico

Dialectizar la dialéctica

[a] "Mala dialéctica" y dialéctica negativa

Ambos proyectos teóricos plantean una extensa discusión con la concepción de la dialéctica de raíz hegelo-marxiana, pero no para abandonarla sino para dialectizar esa versión de la dialéctica. Éste es el terreno común a ambos y es allí donde hunde sus raíces nuestra apropiación de sus perspectivas. En este sentido, Adorno señala que "la formulación *dialéctica negativa* atenta contra la tradición" que pretende hacer culminar el movimiento dialéctico en lo positivo, por eso él busca "liberar a la dialéctica de semejante esencia afirmativa, sin disminuir en nada la determinidad"[3]. Con este propósito dirige sus críticas a Hegel, pero también a las concepciones marxistas de la dialéctica que, como sucede en la relación totalidad histórica-clase (R1), al hacer culminar la dialéctica en un momento afirmativo la "cierran", dando lugar a un sistema que se pretende no dialectizable. Pues, "si debe estar efectivamente cerrado, no tolerar nada fuera de su jurisdicción, *por más dinámicamente que se lo conciba*, el sistema se hace, en cuanto infinitud positiva, finito, estático"[4]. Frente a ello, Adorno sostiene que "la dialéctica [...] en cuanto crítica al sistema, recuerda lo que estaría fuera del sistema; y la fuerza que libera la dialéctica en el conocimiento es la que se rebela contra

---

[3] DN, p. 9.
[4] Ibíd., p. 36, (las cursivas son mías).

el sistema"[5]; por ello su fuerza se pierde "al convertir finalmente en absoluto el resultado conocido del entero proceso de la negación"[6]. Con ese paso, la dialéctica hegeliana, así como las versiones marxistas que comparten con ella la culminación en una positividad, terminan por establecer "la validez absoluta, ontológica, de la lógica de la pura no-contradicción, que la demostración dialéctica de los 'momentos' había roto; en último término la posición de algo absolutamente primero"[7], del cual se derivan los restantes momentos del sistema.

Éste es el núcleo de aquella "mala dialéctica" de la que busca tomar distancia Merleau-Ponty, pues su culminación en un absoluto detiene "el movimiento dialéctico, lo convierte en significación, tesis o cosa dicha"[8], dejándonos ante una "dialéctica 'embalsamada', que ya no es dialéctica"[9]. En definitiva, lo que rechaza en la dialéctica "es la idea de que ella desemboque en un nuevo positivo"[10]. Sin embargo, para Merleau-Ponty –en una consideración que podría extenderse a Adorno– "no es la dialéctica lo que está caduco, sino la pretensión de darle término en un fin de la historia [...] en un régimen que, por ser la negación de sí mismo, no tenga necesidad de ser negado desde el exterior, y en una palabra, que no tenga más exterior"[11]; sistema cerrado y, por tanto, no dialectizable que detiene así su movimiento.

Esta discusión con una dialéctica que pretende establecer un absoluto, brindando la *certeza* sobre la cual fundar un sistema que, por ello, se cierra sobre sí mismo, nos lleva a plantear una dialéctica cuya tarea es "conmover las afirmaciones dogmáticas"[12]. Especialmente aquellas que se enraízan en suelo dialéctico, que hacen de ella la base a partir de la cual erigir esa *certeza* última sobre la que se funda el saber que pretende guiar la acción histórica. Semejante relación entre saber y poder nos sitúa nuevamente ante R1, ante un punto de vista que, al pretender captar la lógica *en sí* del proceso histórico,

---

[5] Ibíd., p. 40.

[6] *DI*, p. 78.

[7] *DN*, p. 302. Aquí puede notarse uno de los elementos claves de nuestra apropiación de la propuesta adorniana, su crítica a las concepciones ontológicas en tanto conducen a la fijación de un absoluto.

[8] *VI*, p. 89.

[9] Ibíd., p. 149.

[10] Ibíd., p. 90.

[11] *AD*, p. 230.

[12] *MM*, p. 247.

"se presenta como el asiento de un saber absoluto y por ese mismo acto se autoriza a sí mismo a extraer por medio de la violencia un sentido que está en ella, pero profundamente oculto"[13]. En definitiva, vemos nuevamente cómo aun una perspectiva enraizada en la dialéctica puede conducir a la Escila que buscamos sortear; de allí la importancia de llevar el movimiento dialéctico incluso a la dialéctica misma.

[b] Para un crítica de la ontología

En sus discusiones y diálogos con los diversos episodios de las aventuras de la dialéctica,[14] ambos autores se plantearon la tarea de desentrañar "el problema de una dialéctica abierta que no fue fundada en lo eterno sobre una subjetividad absoluta"[15]. Por ello en la obra de Adorno ocupa un lugar central su crítica a los intentos de establecer una nueva ontología, la cual se encuentra estrechamente vinculada con las críticas de Horkheimer a las concepciones metafísicas o de la antropología filosófica —abordadas en el capítulo II—, en tanto comparten su punto central: el cuestionamiento a los intentos de fijar un fundamento último del conocimiento que quede por fuera de los procesos sociohistóricos y su dialéctica, absolutizándose así esa instancia. De allí que Adorno sostenga, y nosotros con él, que "ningún proyecto ontológico se pasa sin absolutizar momentos singulares seleccionados"[16]; incluyendo aquellos proyectos que plantean como estructura ontológica del Ser a la historicidad y su contingencia. Ésta es la clave de la crítica adorniana a Heiddeger y sus intentos por establecer una nueva ontología, pues "si la historia se convierte en la estructura ontológica fundamental del ente [...] es *alteración como algo inalterable* [...] Esto permite luego trasponer a conveniencia lo históricamente determinado en invarianza"[17]. En un sentido similar cuestiona a Husserl su "intento de justificar lo condicionado como si fuese incon-

---

[13] *AD*, p. 98.

[14] Y, en gran medida, a partir de los acontecimientos históricos que signaron su obra, sea el estalinismo que encuentra en una filosofía de la historia de raíz aparentemente dialéctica un sustento para la justificación de sus acciones; sea la consideración de Auschwitz como una consecuencia de la ilustración y su dialéctica.

[15] *AD*, p. 75.

[16] *DN*, p. 87.

[17] Ibíd., p. 329 (las cursivas son mías).

dicionado, lo derivado como primario. Repítese un *topos* de la tradición occidental entera, de acuerdo con el cual únicamente lo primero […] solamente lo no devenido puede ser verdadero"[18]. Sobre esta base sostenemos que el acogimiento de la contingencia y su *incerteza* no puede producirse por el camino de transfigurarla en sustrato ontológico de lo sociohistórico; pues en ese gesto, que la inviste del estatus de un incondicionado, se la depura de toda la contingencia que con ella se pretendía acoger, se vuelve al mito.

Dentro de este marco puede comprenderse la centralidad que, para nuestra búsqueda de unos fundamentos *no* normativos de la crítica, tiene el dar cuenta de cómo Adorno critica no sólo la dialéctica hegeliana (y aquellas que comparten la lógica de la R1 lukacsiana), sino también la fijación de la contingencia como absoluto. En estrecha relación con esto se encuentra su cuestionamiento a los intentos por establecer como sustrato último e incondicionado la imposibilidad de nuestro conocimiento de captar lo real en sí. Es en este sentido que ha de entenderse su crítica a la perspectiva kantiana, al límite incondicionado que ella establece para nuestro conocimiento de la cosa en sí; el cual se sostiene en una absolutización de las formas de entendimiento del sujeto, que quedan así por fuera del devenir histórico. En este punto, la ontología se toca con la antropología filosófica que erradica la contingencia a partir de una concepción esencialista del ser humano; pues, si las formas mismas también son contingentes, entonces "su figura positiva puede estipularse para todo conocimiento futuro tan poco como cualquiera de los contenidos sin los cuales no existen y con los que se transforman"[19]. Consagrar como ontológica la diferencia entre formas categoriales y su contenido conlleva el establecimiento de un esencialismo negativo –en tanto implica la fijación de una imposibilidad como sustrato último de nuestro conocimiento y nuestra acción en la historia–, el cual entraña una inversión especular de la

---

[18] Gg, p. 146. Aun cuando estos planteos, que intentan restituir un fundamento último y su *certeza*, le dan una centralidad determinante a la historia, "la determinación ontológica de ese fenómeno fundamental llamado historia o la interpretación ontológica de ese fenómeno fundamental llamado historia se frustra, al transfigurarlo en ontología" (Adorno, Th. W., "La idea de historia natural", en *Actualidad de la filosofía*, Barcelona, Paidós, 1991, pp. 112-113). Este cuestionamiento se extiende, como veremos, a las pretensiones ontológicas del propio Merleau-Ponty.

[19] DN, p. 353.

concepción idealista que sostiene la posibilidad de la reconciliación entre ellos;[20] teniendo ambos en común la búsqueda de una *certeza* sobre la cual fundar el conjunto de su sistema teórico. Es esa concepción del límite absoluto lo que se encuentra en el centro de los fundamentos del "pensamiento post" que hace del juego de diferencias entre significantes y significados la ontología última de lo social. Gesto que no diluye la certeza esencialista de los "grandes relatos", sino que da lugar a una certeza negativa, en base a la cual se construye el propio sistema teórico, pero también se propugna un sistema político que entrañaría la institucionalización de esa ontología del límite y de la lógica relacional que de allí se deriva. Éste es el núcleo de nuestra crítica a Laclau, en tanto versión de la Caribdis que buscamos sortear.

Frente a esto, la teoría crítica reflexiva plantea un doble rechazo de esas ontologías opuestas o, mejor aun, especularmente inversas. Lo cual nos lleva a suspender la búsqueda de un referente de *certeza* para nuestros fundamentos, pero sin por ello abandonar la pretensión de fundar la práctica crítica; antes bien buscando dicho fundamento en otra dirección, una que acoja la *incerteza* sin investirla de un sesgo ontológico. Y es ello lo que encontramos en la adherencia de la práctica cognoscitiva con una cosmovisión valorativa en el marco de un weberiano politeísmo de valores, de las disputas en torno a valores que son los míos pero no los únicos. Esto es lo que se cristaliza especial, aunque no únicamente, en la noción de utopía-posible planteada en el capítulo II. Dicha noción, por su propia lógica, no fija un "deber ser" (monoteísta), sino un "querer que sea" en disputa abierta con el "querer", con los valores, de los otros; vía por la cual hallamos un fundamento que acoge la incerteza, pero sin elevarla al estatus de ontológico. En este sentido, nos apropiamos de las palabras de Adorno cuando sostiene que "la crítica de la ontología no quiere desembocar en otra ontología, ni siquiera de lo no-ontológico. De lo contrario meramente se pondría otra cosa como lo absolutamente primero"[21].

Así, la concepción de la dialéctica aporética que aquí se busca elaborar es abierta tanto porque no conduce a un fin que la clausure, como porque no se erige sobre un suelo ontológico. Esto último nos llevará a proponer una lec-

---

[20] En este sentido, Adorno sostiene que la kantiana "doctrina antiidealista del límite absoluto y la idealista del saber absoluto no son en absoluto tan hostiles mutuamente como creyeron la una de la otra" (*DN*, p. 354).

[21] *DN*, p. 134. En esta misma línea puede leerse la frase de "Actualidad de la filosofía" que funge de epígrafe a la segunda parte de este libro.

tura de Merleau-Ponty que no ontologice sus categorías (incluyendo su central noción de "carne"), o pretenda extraer consecuencias normativas de ellas. Aun cuando retomemos aquí sus críticas a las indagaciones ontológicas de la Modernidad,[22] no por ello dejaremos de cuestionar sus intentos por fundar una nueva ontología; más aun, consideramos que es *con* la concepción de la dialéctica elaborada por el propio Merleau-Ponty que podemos ir *contra* su planteo ontológico. Volveremos sobre esto.

[c] Dialéctica sobrerreflexiva

A partir de todo esto puede captarse por qué resulta tan relevante que la dialéctica se dirija contra sí misma y sus posibles pretensiones ontológicas o metafísicas. En tanto "el pensamiento dialéctico es el ensayo de romper el carácter impositivo de la lógica con los medios de ésta. Pero al tener que servirse de esos medios, a cada momento corre el peligro de sucumbir él mismo a ese carácter impositivo"[23]. Por eso su movimiento, el de "la filosofía negativa, la disolución universal, disuelve siempre *a la vez* lo disolvente mismo"[24]. En definitiva, "la dialéctica negativa exige la autorreflexión del pensamiento, esto implica palpablemente que, para ser verdadero, el pensamiento debería pensar también contra sí mismo"[25]. Pero esto no implica –como ya hemos señalado– que al final de este camino (si es que siquiera tiene un final) se dé lugar a una nueva transparencia, pues esto es justamente lo que Adorno le critica a las concepciones "cerradas" de la dialéctica, el que ellas hagan culminar su movimiento en esa positividad sin opacidad.

Esto conlleva la puesta en cuestión de la lógica de conocimiento propia de la *intentio recta* y su prolongación en el positivismo, pero también de aquella perspectiva (opuesta a ese positivismo) que pone en el centro la figura del su-

---

[22] Sobre todo porque "la ontología que él intenta revisar es aquella del *Kosmotheoros*" y su punto de vista omnisciente (Maldiney, H., "Flesh and verb in the philosophy of Merleau-Ponty", en Evans, F. y Lawlor, L. (ed.), *Chiasms. Merleau-Ponty's notion of flesh*, New York, SUNY, 2000, p. 53) Al respecto, véase también Barbaras, R., "Percepción and movement: the end of the metaphysical approach" en Evans y Lawlor (ed.), op. cit., especialmente p. 78.

[23] *MM*, p. 150.

[24] Ibíd., p. 248 (las cursivas son mías).

[25] *DN*, p. 334. En un sentido similar, Merleau-Ponty plantea que "la reflexión recupera todo salvo a ella misma como esfuerzo de recuperación, esclarece todo menos su propia función" (*VI*, p. 42), de allí la necesidad de reflexionar sobre la reflexión.

jeto constituyente del objeto. Ya que ella no da cuenta de cómo los esquemas con que se dota de sentido al mundo social forman parte de ese mundo, así como el mundo de esos esquemas, "las cosas pasan en nosotros tanto como nosotros en las cosas"[26]. Por lo que "lo 'condicionado' condiciona aquí a la condición"[27]. En este marco, Adorno plantea la necesidad de producir un segundo giro copernicano (frente al kantiano que instituye a ese sujeto constitutivo) que dé la primacía al objeto, a cómo éste impacta –en el sentido de un impacto de totalidad– en la constitución de ese sujeto constitutivo, abriendo un sendero por el cual indagar cómo los procesos sociales objetivos en parte preforman los esquemas de dotación de sentido subjetivos.

Así, la crítica desarrollada por estos autores puede verse bajo la merleaupontyana lógica de un "ni…, ni…". En tanto, *ni* aceptan un puro objeto, pues en la percepción del sujeto hay ya dotación de sentido, por lo que no hay captación pura de la cosa en sí misma; *ni* un puro sujeto, ya que su implicación en el mundo social condiciona su carácter condicionante. Lo cual nos sitúa ante una *ambigüedad* entre sujeto y objeto, ligada a la mediación entre ambos. Ambigüedad que incluye las categorías propias de la práctica de producción de conocimiento científico y, especialmente, las de la teoría crítica, que ha de tornarse así *reflexiva*. Pero no con una reflexión como la de la *intento obliqua*, sino con "una segunda reflexión"[28] que se practique sobre la reflexividad de esa *intentio obliqua*. "En otros términos, vemos la necesidad de otra operación diferente a la de la conversión reflexiva, más fundamental, una especie de *sobrerreflexión* que se consideraría también a sí misma y a los cambios que ella introduce en el espectáculo"[29]. Mas esto no implica hacer de esta percepción un mero epifenómeno de las estructuras objetivas, atribuyéndole toda la actividad a éstas; antes bien, "el primado del objeto es la *intentio obliqua* de la *intentio obliqua*, no la *intentio recta* rediviva, es el correctivo de la reducción subjetiva, no la denegación de una participación subjetiva"[30]. Esto se torna aun más claro si se tiene en cuenta que, para ambos autores, "el objeto está constituido por las huellas dejadas por otros sujetos"[31].

---

[26] *VI*, p. 114.
[27] Ibíd., p. 32.
[28] *Cg*, p. 144.
[29] *VI*, p. 45.
[30] *Cg*, p. 148.
[31] *AD*, p. 38.

De esta manera, "cada término sólo es él mismo cuando se dirige al término opuesto, se vuelve lo que es por el movimiento"[32]. Donde ese movimiento, el quiasma que entraña y que sólo una dialéctica sin síntesis y negativa puede introducir en la práctica teórica sin pretender cerrarlo en una positividad, es el que caracteriza al estilo de pensamiento que aquí buscamos apropiarnos. Pues con ese estilo se puede practicar una crítica que no se detenga ante ningún absoluto, que no lo busque en sus fundamentos ni aspire a encontrarlo en una superación reconciliadora. Ya que "sólo conocemos superaciones concretas, parciales, abarrotadas de supervivencias, gravadas de déficits"[33]; por eso, nuestra dialéctica "debe volverse hacia [...] los materiales de desecho y los puntos ciegos que se le escapan a la dialéctica"[34]. Un estilo que apunta, entonces, a dialectizar la propia dialéctica, generando una "autorreflexión de la dialéctica"[35], en tanto "sólo es buena dialéctica aquella que se critique a sí misma y se supere como enunciado separado; la única buena dialéctica es la hiperdialéctica"[36], cuya autocrítica es sobrerreflexiva y, como tal, concreta constantemente la negación determinada de la negación determinada (sin que ello conduzca, por supuesto, a una positividad).

Éste es el terreno donde los proyectos de ambos autores se engarzan, donde hunde sus raíces la dialéctica aporética que señala su límite, su "dificultad para pasar", desde su propia enunciación, pero también la no absolutización de ese límite. Lo cual se encuentra adherido a la posibilidad de concretar lo que *no tiene lugar* en esta constelación social, no vía resolver las tensiones de ésta, sino disolviendo la constelación aporética, pues "la suya es una lógica de la desintegración"[37].

---

[32] *VI*, p. 87.

[33] Ibíd., p. 90.

[34] *MM*, p. 151.

[35] *DN*, p. 371.

[36] *VI*, p. 90 (traducción corregida, el original dice: "il n'est de bonne dialectique que celle qui se critique elle-même et se dépasse comme énoncé séparé; il n'est de bonne dialectique que l'hyperdialectique", Éditions Gallimard, 2001, p. 127).

[37] *DN*, p. 141. Cf. también Aguilera, 1991.

Dialéctica del concepto: otredad y pluralidad

Es a partir de este estilo que podemos abordar el modo en que Adorno problematiza la dialéctica del concepto, cuestión central para la práctica de producción de conocimiento científico que apunta a aprehender conceptualmente los procesos que estudia. Adorno plantea que el concepto es el instrumento del conocimiento que identifica lo bajo él comprendido, abstrayendo las particularidades de lo no-conceptual; de allí que

> como la cosa o el instrumento material, que se mantiene idéntico en diversas situaciones y así separa el mundo –como lo caótico, multiforme y disparatado– de lo conocido, uno e idéntico, el concepto es el instrumento ideal que se ajusta a cada cosa en el lugar donde se las puede aferrar.[38]

Introduce la identidad y su cierre al aferrar lo *caótico*, lo cualitativamente distinto –que abre la lógica del concepto y desordena su orden–, en una asimilación que diluye su diferencia. En este sentido, la lógica identificante del concepto apunta al sistema, para el cual resulta sospechoso todo lo que no se reduce a su lógica. Pero *a la vez* el concepto, en su aferrar lo no-conceptual, lo señala como tal; es en su mediación con el concepto que se produce su no-conceptualidad. Se expresa, de esta manera, "la contradicción de que una cosa sea ella misma y a la vez otra distinta de lo que es, idéntica y no idéntica"; por lo que el concepto es también "desde el principio el producto del pensamiento dialéctico, en el que cada cosa sólo es lo que es en la medida en que se convierte en aquello que no es"[39]. Dialéctica del concepto que en su ir hacia lo no-conceptual lo disuelve, asimilándolo a su lógica, rompiendo su mediación con él; pero, de completarse esta identidad del concepto consigo mismo –su pura conceptualidad–, éste "ya no sería el concepto de algo y, por tanto, devendría nulo"[40], mera tautología. Evitar esa nulidad requiere mantener abierta su mediación con lo no-conceptual; es a través de su no identidad que alcanza su identidad, en un quiasma que lo constituye como tal. En este sentido, la dialéctica entraña el intento "de aproximar la cosa y la expresión hasta

---

[38] *DI*, p. 92.
[39] Ibíd., p. 70.
[40] *DN*, p. 23.

la indiferencia mutua"[41], en una reversibilidad que no alcanza a concretarse, que es "siempre inminente y nunca realizada de hecho"[42]. Sobre este telón de fondo puede comprenderse cómo la crítica que intenta disrumpir la tautología del pensamiento "sólo vive del silencio"[43], de aquello que no es palabra pero que no por ello carece de voz; las voces del silencio. Y "son las cosas en sí mismas, desde el fondo de su silencio, lo que la filosofía quiere conducir a la expresión"[44], aun cuando lo expresado ya no sea silencio. Dando lugar a un "fracaso" que no deja de lograr el "triunfo" de sacudir el mecanismo del lenguaje-tautológico (volveremos sobre esto). Es justamente porque no alcanza a concretar esa reversibilidad, a lograr la identidad entre cosa y expresión, que el pensamiento crítico mantiene su movimiento de "reconversión del silencio y de la palabra uno en otra"[45].

Esta dialéctica del concepto nos permite ver que lo no-conceptual *no constituye una realidad anterior al concepto, o un sustrato último*, pues es sólo en su relación con el concepto que se constituye como no-conceptual (tal como su propia denominación lo indica). Es decir que es un producto de la lógica identificante del concepto que en su cerrarse sobre sí misma lo determina como otredad (para con esa lógica), al no poder aprehenderlo en su espesor con sus categorías conceptuales. "En tal medida, lo no-idéntico sería la propia identidad de la cosa contra sus identificaciones"[46], por eso "lo no-idéntico no puede obtenerse inmediatamente como algo por su parte positivo, ni tampoco mediante la negación de lo negativo"[47]. La relevancia de esto para los fines de nuestra investigación es que esta concepción de la dialéctica del concepto no nos lleva a una ontología de lo no-idéntico, al mismo tiempo que permite dar cuenta de la producción de una otredad sin tener que presuponerla como dada. Es en tanto su no ser completamente aprehendido por la abstracción del concepto que hay otredad, *a la vez* que una plena abstracción diluye la identidad –al romper la mediación– que ya no podría ser sólo idéntica consigo misma, dando lugar a la nulidad del concepto.

---

[41] Ibíd., p. 62.
[42] *VI*, p. 133.
[43] Ibíd., p. 115.
[44] Ibíd., p. 18.
[45] Ibíd., p. 118.
[46] *DN*, p. 156.
[47] Ibíd., p. 153.

Adherido a esto encontramos el movimiento por el cual el sistema identificante, en su reducir todo a la unidad, produce pluralidad; en tanto lo que no se ajuste al sistema (cognoscitivo o de ejercicio de poder), su exterior a ser eliminado, es la marca de la no reducción a la unidad, de la existencia de una pluralidad de lógicas. De allí que sea "precisamente el insaciable principio de identidad el que perpetúa el antagonismo mediante la represión de lo contradictorio [...] La violencia de la igualación reproduce la contradicción que extirpa"[48]. A la vez, sin esa pluralidad de lógicas no habría lugar para el sí mismo –esa instancia central de la ilustración y su lógica identificante–, pues éste sólo tiene sentido (en su identidad) en tanto no-idéntico con el otro y, en definitiva, con el sistema social en su conjunto.[49] Pero "para que el otro sea verdaderamente otro [...] es necesario y suficiente que tenga el poder de descentrarme, de oponer su centración a la mía"[50]. Se arruina así la imagen de un único y centrado punto de vista para dar lugar a un entrelazamiento de perspectivas parciales sobre un mismo entramado relacional (que está en nosotros como nosotros en él), cada una de las cuales lo percibe *a su manera*; instaurando una opacidad del propio punto de vista que no puede (auto)concebirse como poseedor de todos los puntos de vista. No es un ojo omnisciente, no es el espíritu hegeliano; por lo que posee puntos ciegos en su percepción.[51] De allí la centralidad del gesto reflexivo sobre las categorías que posibilitan la reflexión, en tanto ello permite considerar la opacidad del propio punto de vista.

En este planteo de Merleau-Ponty encontramos, también, un sendero por el cual buscar no la disipación de toda opacidad –que implicaría la pretensión de reinstaurar una transparencia última de lo social–, sino más bien procurar evitar la ceguera producto de alguna forma de "centrismo" (sea la del egocentrismo, la del epistemocentrismo, etcétera), a través de un descentramiento de la mirada que ponga en consideración el punto de vista de los otros de los que yo soy un otro. Semejantes en nuestra otredad, la cual es producto

---

[48] Ibíd., p. 139.

[49] En sus "Notas de trabajo" para *Lo visible y lo invisible,* Merleau-Ponty se pregunta "¿qué aporto yo al problema del mismo y del otro? Lo siguiente: que el mismo sea el otro diferente del otro, y la identidad diferencia de la diferencia" (*VI*, p. 233).

[50] *VI*, p. 80.

[51] Esto genera la crítica merleau-pontyana a la perspectiva del "*Kosmotheoros*, esa mirada que no viene de *ninguna parte* y que, consecuentemente, se presenta a sí misma como una mirada que domina y abarca todo" (Dastur, F., "World, flesh, vision" en Evans, F. y Lawlor, L. (ed.), op. cit., p. 23).

de nuestros diferentes puntos de vista; una diferencia ligada a nuestra semejanza en la coexistencia en un mismo entramado relacional. Este quiasma nos sitúa en una consideración de la relación con los otros como una dialéctica aporética entre semejante y diferente, lo cual forma parte del planteo del próximo capítulo.

A partir de todo esto se evidencia el espesor de lo social, esa profundidad que una "mirada de sobrevuelo" no puede aprehender,[52] espesor que la lógica identificante aplana al disolver la particularidad y su diferencia, disolviendo también al semejante para tornarlo idéntico. Dando lugar a "la platitud del pensamiento 'tecnificado'"[53] y a su lenguaje vuelto fórmula.

Fórmula y estilo: entre lo pensable y lo impensable

Esto último nos permite aprehender la dialéctica entre el concepto y lo no-conceptual, y todo lo que ella implica, como una instancia de una lógica más general; aquella que comparten el arte y la crítica, en tanto ambas prácticas "no tienen lo que les es común en la forma o en el procedimiento configurador, sino en un *modo de proceder*"[54]. Es este *modus operandi* lo que, según sostenemos, está en juego en la dialéctica aporética entre fórmula y estilo. Punto en el cual la diferencia de énfasis entre ambos autores es más notoria, pero también donde más nos iluminan los chispazos que surgen de sus mutuas fricciones. La propuesta adorniana se enfoca principalmente en los mecanismos que contribuyen a la reproducción de la lógica identificante y su tautología, que en su repetir lo establecido, sin decir nada cualitativamente distinto, torna al lenguaje una fórmula fija. De allí que su perspectiva se enfoque en la crítica de lo establecido, lo cual no implica un plano rechazo de la Modernidad, pero sí la preocupación por sus tendencias regresivas, cuya culminación fue Auschwitz. Mientras que la perspectiva de Merleau-Ponty

---

[52] "Para una filosofía que se instala en la visión pura, el sobrevuelo del panorama, no puede haber encuentro del otro; pues la mirada domina, no puede dominar sino cosas, y si se topa con hombres, los transforma en maniquíes que sólo se mueven por resortes" (*VI*, p. 77).
[53] OE, p.42.
[54] *DN*, p. 26 (las cursivas son mías).

pone el acento en la producción de lo nuevo, en la inauguración de sentido sobre lo ya instituido, en el estilo con que ello se hace. Sin que esto implique, por otra parte, una carencia de preocupación por los sentidos sedimentados (que incluyen las relaciones de dominación); pero aun allí el foco se pone en los procesos por los que se reactiva ese sentido, en el advenimiento que eso genera. Son esas diferencias (de enfoque) y sus tensiones lo que aquí buscamos tornar una vía productiva para indagar los aspectos centrales de la dialéctica aporética.

La vía de entrada para abordar dicho modo de proceder lo brinda la tensión inmanente a la obra de arte, que tiene lugar, según Horkheimer y Adorno, entre lo que ella busca expresar y aquello a través de lo cual le da forma. Es esto último lo que Adorno denomina "estilo", en un sentido diferente a (pero no incompatible con) la concepción merleau-pontyana. Pues para aquél refiere a las formas dominantes de la universalidad que se cristalizan en el lenguaje visual, pictórico o verbal predominante de una época; por lo que allí reside la potencialidad siempre presente de conducir a un proceso estandarizado que ya no expresa. Es a esto a lo que nosotros denominamos *fórmula*, en la cual se pierde toda materialidad y, en definitiva, aquello que se buscaba expresar. En este marco, la obra de arte es la que consigue romper con la fórmula estilística dominante y no la que meramente se acomoda a ella. Por eso "los grandes artistas no fueron nunca quienes encarnaron el estilo del modo más puro y perfecto, sino aquellos que lo acogieron en la propia obra como dureza e intransigencia en contra de la expresión caótica del sufrimiento, como verdad negativa"[55]. Sin embargo, esto no quiere decir que no haya estilo en la obra de arte; antes bien, cabría decir que tales grandes artistas lo son justamente por tener un estilo propio y particular, en el cual reside su capacidad de "sacudir el mecanismo del lenguaje o del relato para arrancarle un sonido nuevo"[56], agrietando así las fórmulas dominantes. Pues esas "fórmulas ante las que se encuentra el compositor es donde la historia ha sedimentado con preferencia. Y jamás encuentra el compositor el material separado de aquellas fórmulas"[57].

---

[55] *DI*, p. 175.
[56] *Sg*, p. 57.
[57] Adorno, Th. W., "Reacción y progreso" [1930], en *Reacción y progreso y otros ensayos musicales*, Barcelona, Tusquets, 1984, pp. 13-14 (en adelante citado como "Reacción y progreso").

No se puede –desde lo que resulta perceptible a través de nuestras categorías, sociohistóricamente condicionadas, adheridas a una dimensión valorativa, sin que quepa hacer de estos mismos condicionamientos algo válido para todo tiempo y lugar– llevar a cabo esa expresión *caótica* del sufrimiento si no es a través de tales *ordenadas* formas instituidas. Con lo cual se pierde algo de eso que se quiere expresar, *a la vez* que sólo a través del estilo, de la batalla contra su dureza, halla el arte expresión para el sufrimiento. Es la búsqueda de una reconciliación entre estos elementos opuestos y el fracaso de ese intento lo que está, para Horkheimer y Adorno, en el centro mismo nada menos que de la obra de arte y de lo que ella consigue decirnos acerca del entramado relacional en que tiene lugar. Pues,

> el elemento de la obra de arte mediante el cual ésta trasciende la realidad es [...] inseparable del estilo; pero no radica en la armonía realizada, en la problemática unidad de forma y contenido, interior y exterior, individuo y sociedad, sino en los rasgos en los que aparece la discrepancia, en el necesario fracaso del apasionado esfuerzo por la identidad.[58]

Los grandes artistas, entonces, alcanzan el triunfo de producir una obra de arte que ponga de manifiesto el sufrimiento dominante a través del fracaso, y viceversa. Se vislumbra así una dialéctica entre triunfo y fracaso sobre la que habremos de volver.

Frente a esta lógica de la obra de arte, y su disrupción de lo instituido, están esas obras que son tan sólo "el producto ciego de un dictado histórico"[59], la mera aplicación de la fórmula dominante. Lo cual lleva, en su caso extremo, a la pérdida de la posibilidad de expresar lo otro, lo cualitativamente distinto (a esa forma de dotación de sentido), la anulación del fenómeno de la expresión. Esto encuentra su culminación en la industria cultural, que aplica formas históricas petrificadas, fórmulas a través de las cuales se controla aquello que en la obra de arte se erige "en expresión desenfrenada, en exponente de la rebelión contra la organización [...] A ello pone fin, mediante la totalidad, la industria cultural"[60], que traduce todo a sus estereotipadas fórmulas, "incluso [...] aquello que aún no ha sido pensado"[61].

---

[58] *DI*, p. 175.
[59] Adorno, "Reacción y progreso", p. 15.
[60] Ibíd., p. 170.
[61] *DI*, p. 172.

Se produce así el cierre de los esquemas de dotación de sentido subjetivos a lo *pensable*, pretendiendo eliminar todo aquello que sea exterior a tales fórmulas, que sea *impensable* desde ellas y que, como tal, puedan disrumpir su lógica e inaugurar un sentido frente a lo allí dicho al poner en juego un estilo propio frente a las fórmulas dominantes y su aparente universalidad.

Llegados a este punto cabe esbozar un problema que sólo resultará evidente más adelante en nuestro desarrollo. El carácter petrificado de las fórmulas tiende a ser extremado por Adorno, planteando un estrecho cierre de los esquemas de dotación de sentido subjetivos de los agentes sociales hasta un punto que pareciera frenar el movimiento dialéctico, al verse allí sólo un engranaje de la reproducción de lo establecido. En definitiva, se concibe a tales esquemas como *puramente* cosificados, disolviendo su ambigüedad al achatarse su espesor. Nos encontramos, nuevamente, con la problemática del epistemocentrismo tal y como la detectamos en la obra de Horkheimer en el capítulo II.

Pero *a la vez* Adorno marca cómo, frente a esa forma histórica petrificada que es la fórmula estilística o, mejor aun, a través de ella *al mismo tiempo* que quebrándola, generando algo nuevo, es que se produce la obra de arte y su expresión.[62] En esa dimensión de inauguración de sentido es donde Merleau-Ponty pone el foco y en la cual juega un rol clave su particular noción de "estilo", entendido como "una potencia general de formulación"[63] que entraña una singular manera de relacionarse con los procesos sociohistóricos y culturales. Por ello, la expresión que inaugura sentido está habitada por el estilo de quien la produce, por su "hablar con su propia voz"[64] frente a lo ya dicho, sin que allí deje de haber una puesta en forma que introduzca un orden en aquello que se busca expresar. Pues ésta es "una nueva y personalísima ordenación de las palabras, de las formas, de los elementos del relato", cuya lógica disrumpe los mecanismos instituidos, abriendo "un nuevo régimen de correspondencia entre los signos, un imperceptible retorcimiento"[65] capaz de agrietar la petrificada fórmula. En definitiva, la noción de estilo en Merleau-Ponty pone en juego la producción de un *impensable* desde la fór-

---

[62] "Sólo en la confrontación con la tradición, que cristaliza en el estilo, halla el arte expresión para el sufrimiento" (*DI*, p. 175).

[63] *Sg*, p. 78.

[64] Ibíd., p. 63.

[65] Ibíd., p. 295.

mula hoy dominante, dando voz a lo que no la tenía, a lo que no podía tenerla en ese ámbito de los pensables; tornando parlante al silencio.

Por ello, la palabra que expresa algo está entremezclada con hilos de silencio,[66] y así rompe con el sentido directo "que corresponde punto por punto a giros, formas, palabras *instituidas*"[67]. La expresión, estilo en acto, tiene un sentido indirecto que no se completa en sí misma, sino que se ve entremezclada con su otredad. La de aquello que escapa a la lógica del concepto, así como la de un punto de vista otro que descentra al propio estilo; a la vez que dicho estilo, en su entrañar una puesta en orden, carga ya con una fórmula.

A partir de todo esto es que aquí proponemos aprehender el estilo y la fórmula como una constelación dialéctica de relaciones reversibles. Por eso, cada vez que hemos aludido en estas líneas a una fórmula, hemos estado refiriéndonos a una fórmula-estilo y viceversa, al referirnos al estilo lo hacemos como un estilo-fórmula. El cual, al dar lugar a la expresión, "implanta un sentido en lo que no lo tenía, y que por consiguiente, lejos de agotarse en el instante en que tiene lugar, inaugura un orden, funda una institución o una tradición…"[68]. En esa tensión se plasma cómo la disrupción entraña la potencialidad de su anquilosamiento, de volverse una fórmula tautológica; es decir, una palabra que no dice nada nuevo, que es silencio. Así, siguiendo a Lefort en su "Nota final" a *Lo visible y lo invisible*, podemos ver como "la palabra está entre dos silencios"[69]; pero a través de Adorno sostenemos que esos silencios son, por un lado, el del "ser salvaje", lo no-conceptual que al no tener lugar en la lógica dominante resulta, por ello, impensable. Y, por otro lado, el silencio de lo tautológico, de la palabra instituida y petrificada en su "sentido directo", que permanece dentro del ámbito de los pensables y lo reproduce. Un "segundo silencio", homólogo a la "segunda naturaleza" que genera la petrificación de los procesos socio-históricos.

---

[66] Merleau-Ponty sostiene que tenemos que considerar la palabra en "el fondo de silencio que no deja de rodearla, sin el cual no diría nada, o lo que es más, poner al descubierto los hilos de silencio de que está entremezclada" (*Sg*, p. 57).

[67] *Sg*, p. 57 (las cursivas son mías). En este sentido, Waldenfels señala que el lenguaje directo "no dice nada que no haya ya sido dicho" (Waldenfels, B., "The paradox of expression", en Evans y Lawlor (ed.), op. cit., p. 89); es en su ruptura por aquello que aún no ha sido expresado donde él sitúa la "paradoja de la expresión".

[68] Ibíd., p. 80.

[69] Lefort, C., "Nota final" a *VI*, p. 266.

La palabra se encuentra entremezclada de hilos de silencio, pero de ambos silencios. Es en esta constelación y su quiasma, reversibilidad siempre inminente pero no realizada de hecho, que se produce la expresión y con ella el advenimiento de sentido. Con lo cual se alude a la producción de una abertura que excede las intenciones de su productor, insertándose "en una multitud de relaciones"[70]. En ese ámbito se produce la expresión, en la dialéctica aporética entre fórmula y estilo. Instancia que no es, entonces, la del sujeto constituyente, pero tampoco la del objeto y su ciega necesidad, sino

un tercer orden, el de las relaciones entre los hombres inscriptas en los útiles o en los símbolos sociales, y esas relaciones tienen su desarrollo, su progreso y sus regresiones; en esta vida generalizada, tal como en la vida del individuo, hay semi-intenciones, fracasos o éxitos, reacción del resultado sobre lo que se intenta, continuación o diversificación, y esto es lo que se llama historia.[71]

Es allí donde disrumpe la obra de arte que expresa el sufrimiento, la palabra nueva que agrieta la tautología, lo impensable que introduce el caos en los cerrados y ordenados esquemas de dotación de sentido subjetivos vueltos fórmula. Por eso la filosofía, según Adorno, y para nosotros todo pensamiento crítico, pugna por "expresar lo inexpresable"[72].

Derivaciones dialécticas

Certeza ontológica frente a incerteza valorativa

El recorrido realizado en la primera sección nos permite ahora indagar los senderos de tres derivaciones de esta dialéctica entre estilo y fórmula; la primera de las cuales nos ocupará en este apartado. La centralidad de dicha dialéctica aporética reside en que es con ese movimiento que la práctica de la crítica lleva adelante su lucha *a la vez* que lucha contra las particulares cristalizaciones de esta constelación. Se ve así, nuevamente, la centralidad del giro sobrerreflexivo que busca dar cuenta de los lastres que para la crítica entraña

---

[70] *Sg*, p. 81.
[71] *AD*, p. 45.
[72] *DN*, p. 109.

el estar implicada en la lógica que critica; entre los cuales no es uno menor la posibilidad de anquilosarse estandarizando el procedimiento crítico, tornando conocido su resultado aun antes de ponerse en práctica. Y ésta es una de las consecuencias que acarrea el asentar la crítica sobre una *certeza* (metafísica, ontológica o de la antropología filosófica) que ya sabe cuál es la dirección que el proceso tendría que tomar, cuya contracara es su concebir como un error a ser eliminado (y no como una cosmovisión valorativa diferente) la existencia de otros puntos de vista sobre lo mismo; la pluralidad. Lo cual acontece aun cuando se hace de la misma pluralidad el sustrato ontológico último. Volveremos sobre esto en el próximo capítulo.

Es frente a ello que aquí se plantea la necesidad de acoger la *incerteza* si se quiere mantener abierto el movimiento de la crítica y su estilo, haciendo de tal acogimiento un elemento constitutivo de su *modus operandi*. Esto es lo que hemos abordado a través de la adherencia entre ciencia y valores, cuya cristalización más clara o, mejor aun, su punto "bisagra" o "pivote" (como suele anotar Merleau-Ponty en su "Notas de trabajo" para *Lo visible y lo invisible*) lo hallamos en la noción de utopía-posible. Pues ella, además de brindar un pilar central para el sostenimiento de la práctica de producción de conocimiento crítico, contiene una particular cosmovisión valorativa (la del humanismo activo), en conflicto con diferentes (pero semejantes) cosmovisiones. Donde tales valores tienen consecuencias en toda la estructuración de la teoría, a punto tal de ser, según hemos visto, uno de los elementos claves que diferencian la teoría tradicional de la teoría crítica y el impacto (de totalidad) en *lo* político de cada una.

Sobre esta base podemos, en primer lugar, dar cuenta de ese impacto en *lo* político de la crítica. El cual, como vimos, entraña el esfuerzo –valorativamente orientado– por *disrumpir* la constelación entre estructura social objetiva y esquemas de dotación de sentido subjetivos *hoy* dominante (a diferencia de aquel impacto tendiente a la reproducción de dicha constelación). Ella pretende hacer "vibrar nuestras evidencias habituales hasta desarticularlas"[73], evitar que nos abandonemos por simple hábito de ideas a lo *pensable*. Así, si "la misión del arte hoy es introducir el caos en el orden"[74], la crítica, con un modo de proceder común a ella, tiene por tarea producir el

---

[73] VI, p. 96.
[74] MM, p. 224.

caos en el ordenado cosmos que surge del entrelazo de esquemas de dotación de sentido subjetivos y estructura social objetiva; en pos de introducir por esa abertura (a la que el caos alude) las prácticas que concreten esos valores que no tienen lugar allí (que son utópicos).

En este sentido, la crítica y su ejercicio no entrañan un en sí, pues adquieren su sentido en relación con el telón de fondo de lo instituido. Su impacto caótico sólo es tal en su mediación con el cosmos que pugna por abrir. La crítica tiene un carácter relativo, pero no por ello las consecuencias de su práctica dentro de esta constelación son relativas, y menos aun lo son las consecuencias de los mecanismos que reproducen el carácter utópico de una articulación de *lo* político en que sí tengan lugar los valores del humanismo activo; articulación que es posible. Nos topamos, de esta manera, con la tensión que Merleau-Ponty conceptualiza a través de la relación entre sincronía y diacronía.

En segundo lugar, ésta problemática nos lleva a marcar cómo la adherencia de una cosmovisión valorativa a la práctica científica entraña un cuestionamiento a todo intento por fundar la propia perspectiva en una ontología; pues dicho intento implica la pretensión de investir a un punto de vista de la capacidad de acceder al Ser, de aprehender la lógica constitutiva de nuestra relación con él. Dando lugar a un saber que rompe con el conflicto propio del politeísmo de cosmovisiones, pues el conocimiento adherido a una de ellas se eleva a un estatus cuya contracara es la reducción de los demás puntos de vista a captaciones fallidas del Ser. Es aquí donde hunde sus raíces la autoridad que ese punto de vista ontológico pretende para sí, lo cual es ya un primer paso hacia el establecimiento de un fundamento *normativo*, hacia la Escila y sus consecuencias.

Esto acontece incluso cuando lo que se eleva a definición del sustrato ontológico es la pluralidad misma, junto con la opacidad que ella genera, tal y como sucede en la perspectiva de Merleau-Ponty; punto, por tanto, en que nos alejamos críticamente de su propuesta teórica. La preocupación ontológica de este autor se sitúa en el marco del "problema de nuestro acceso al mundo"[75], que constituye una de las temáticas centrales de *Lo visible y lo invisible*, con hondo arraigo además en la tradición fenomenológica en su conjunto. Merleau-Ponty pone aquí el énfasis en la pluralidad de perspectivas,

---

[75] *VI*, p. 19.

en cómo el otro y yo constituimos dos entradas distintas (sin lo cual no habría otredad) al mismo Ser, pero sin que ello implique dos Para Síes paralelos, en tanto estamos enlazados, conformando "un sistema de Para Síes"[76]. Sobre esta base encara el objetivo de revisar nuestra ontología, proponiendo su noción de "carne" como elemento a través del cual caracterizar al sustrato ontológico y a la reversibilidad como verdad última. Es en este marco que se pregunta retóricamente

> si toda relación de mí con el Ser hasta en la visión, hasta en la palabra, no es una relación carnal, con la carne del mundo [...] y que es causa finalmente de que lo que merece el nombre de ser no sea el horizonte de ser "puro", sino el sistema de perspectivas que en él introduce, que el ser integral está no ante mí, sino en la intersección de mis visiones y en la intersección de mis visiones con las de los demás.[77]

En definitiva, el planteo de *Lo visible y lo invisible* y especialmente la central noción de carne "conciernen a una nueva ontología"[78], la cual subyace a la concepción hiperdialéctica y sobrerreflexiva que aquí procuramos apropiarnos. Es por ello que resulta central marcar las limitaciones que esa ontología genera, para así separar nuestra propuesta de esa apelación a un fundamento último sin por ello alejarnos de la dialéctica merleau-pontyana. En efecto, si se concibe la carne como sustrato ontológico en sentido estricto, y no como la lógica (o como una de las lógicas) de un particular entramado relacional, sociohistóricamente situado (más allá de que perdure en el tiempo, como lo hace la sociedad capitalista y moderna), cuyo sentido es adquirido en el interior de la sincronía (cargada de diacronía) de una singular constelación de estructura social objetiva y esquemas de dotación de sentido subjetivos, sin que se pueda afirmar nada más por fuera de esto; si se le da, entonces, ese estatus ontológico, se tornaría a su valor (en el sentido que le da al término "valor" la lingüística de Saussure) dentro de una particular sincronía en una

---

[76] Ibíd., p. 80.

[77] Ibíd., pp. 81-82.

[78] Lefort, C., "Nota final" a *VI*, p. 259. Y, como veremos en el próximo capítulo, retomar el planteo merleau-pontyano en términos ontológicos –es decir, en los términos que el propio Merleau-Ponty le da– tiene profundas consecuencias en la concepción sobre *lo* político que de allí se extraiga, en la pretensión de (una vez más) fundarla en una ontología.

constante para toda la diacronía y, como tal, inmutable. Por lo que la noción de carne entrañaría un movimiento dialéctico *en el interior de* su Ser, pero ella misma quedaría por fuera de tal dialéctica, en tanto no habría término opuesto al cual la carne condujera en su disolverlo, y en ese quiasma, a través de su movimiento, se vuelva lo que es. Esto conlleva, en última instancia, "una sublimación del Siendo"[79] en Ser, similar a la que Merleau-Ponty le critica a la metafísica. Así, es la propia concepción dialéctica de este autor y la crítica que él le realiza a los puntos de vista que se pretenden absolutos lo que nos brinda los elementos con los que cuestionar la ontología presente en su propuesta teórica, pensando a un mismo tiempo "con y en contra de él"[80].

Además, la elevación de la pluralidad a fundamento último del Ser genera problemas homólogos al de la erección del relativismo en absoluto[81] que, como tal, no puede dar cuenta de su carácter relativo, en consonancia con las críticas realizadas por Adorno. Pues esa ontología del pluralismo implica investir el propio punto de vista —aquél que sí da cuenta de la pluralidad ontológica— con la posibilidad de acceder a la lógica última del Ser, a diferencia de los otros puntos de vista que para ser otros —y no una mera variedad del mismo— han de *no* dar cuenta de esa pluralidad. Por lo que su otredad los sumergiría en una concepción errada de lo ontológico, quebrándose así la semejanza (en su diferencia) de la pluralidad, para dar lugar a un punto de vista verdadero frente a un conjunto de concepciones no-verdaderas. La consecuencia de esto es que la autoridad que ese saber extrae de su verdad permite hacer de la institucionalización de la pluralidad, su oposición y su conflicto, no un valor particular-concreto —adherido a una dimensión cognoscitiva— en disputa con otros valores por la articulación de *lo* político (tal y como concibe la teoría crítica a los valores de su utopía-posible), sino un *criterio normativo* a partir del cual establecer la única orientación correcta que tendrían que tener las prácticas sociales (para concretar, justamente, el "deber ser" que surge de esa misma concepción ontológica)[82]. Por lo que ese punto de vista,

---

[79] *VI*, p. 168.

[80] Ibíd., p. 188.

[81] En este sentido, Merleau-Ponty señala que es la superación del relativismo a través de la dialéctica "la que dejaría de existir si se erigiera lo relativo en absoluto" (*AD*, p. 66).

[82] Cabe destacar que aquí no se trata de la defensa o no del pluralismo en tanto valor, pues la cosmovisión del humanismo activo entraña una defensa de la diferencia (y su pluralidad) frente a la lógica identificante; de lo que aquí se trata es de discutir cuál es el estatus que tiene

al atribuirse la legitimidad de fijar el "deber ser" de lo social, cancela el espacio para la disputa en torno a diversos "querer que sea" valorativos. Frente a ello sostenemos que es esta opción por una cosmovisión valorativa la que "en un campo de acción abierto hacia el porvenir, y con las *incertidumbres* que esto implica, orient[a] probablemente las cosas en *un sentido querido por nosotros* y admitido por ellas"[83].

En resumen, la perspectiva asentada en un fundamento ontológico "pretende el monopolio del ser"[84] y, por ende, le veda ese acceso (esa semejanza) a las perspectivas que, en relación con ella, son otras; quebrándose así el terreno que hace posible la pluralidad. A la vez que su consecuencia, de revestir de carácter normativo una forma de institución de lo social, le produce la indigestión generada por "los frutos envenenados de la *verdad que se quiere tal*: autoriza a avanzar contra todas las apariencias"[85]. En donde tales apariencias están constituidas por todos los puntos de vista otros, que no reconocen la supremacía ontológica de esa articulación de *lo* político.

Aquí sostenemos, en cambio, la necesidad de profundizar el gesto sobrerreflexivo e hiperdialéctico que problematiza al carácter sociohistóricamente condicionado de nuestro punto de vista –lo cual incluye la dimensión valorativa–, y esto pues "nuestras categorías también se liberan de su parcialidad en contacto con la historia"[86]. Más aun, es posicionada en la sincronía –momento de la diacronía– que nuestra perspectiva, cuyo valor surge de su relación con los elementos que conforman la constelación específica de esa sincronía[87], adquiere su carácter crítico. El cual, por ende, no es una constante en tanto cambia con el cambio de articulación de la constela-

---

ese valor para la práctica cognoscitiva, si es una ontología o bien una instancia de una cosmovisión entre otras. En definitiva, con lo que discutimos es con el gesto por el cual "en la historia de la filosofía se repite la metamorfosis de categorías epistemológicas en morales" (*DN*, p. 43). Y esto es, en parte, lo que le acontece a una concepción sobre *lo* político como la elaborada por Martín Plot, que se asienta en esta concepción ontológica para extraer de allí el criterio a partir del cual establecer normativamente cómo debería instituirse lo social (cf. Plot, 2008, pp. 114 y ss.). Volveremos sobre esto en el próximo capítulo.

[83] *AD*, p. 150, nota 63 (las cursivas son mías).

[84] *Sg*, p. 207.

[85] *AD*, p. 147.

[86] Ibíd., pp. 37-38.

[87] Para el uso que aquí se hace de las nociones de sincronía y diacronía, véase "Sobre la fenomenología del lenguaje", en *Sg*, especialmente pp. 103 y ss.

ción. Sostener su carácter crítico por fuera de dicha sincronía, como ligado a las características del Ser sin más, sería investirlo con los ropajes de lo incondicionado que le hemos cuestionado a nuestra Escila. Sin embargo, tampoco cabe dar lugar, a partir de esto, a un historicismo relativista que meramente registra cada práctica en su particularidad, disolviendo el juicio crítico sobre ellas. Pues de esta manera se pierde la captación del sentido de tales prácticas en la sincronía, tanto del impacto que puede producir la práctica crítica en su disrumpir lo instituido (en esa sincronía), como de las consecuencias de los mecanismos que reproducen lo instituido y sus relaciones de dominación.

Es en esta tensión de una diacronía cargada de sincronía y viceversa donde tiene lugar la práctica de la crítica, que por tanto no busca fundarse en un incondicionado y su *certeza*, ni siquiera el del pluralismo como lógica última del Ser. De allí que la perspectiva crítica que acoge la *incerteza* sostenga –como reconocimiento autorreflexivo de sus limitaciones pero también de sus potencialidades– que "en *el estado presente* de nuestro saber no hay, no habrá nunca *tal vez*, un análisis teórico que nos dé la verdad absoluta de una sociedad"[88]. Pero sostener eso por fuera de este estado presente, tornar ese "tal vez" en una certeza de esa imposibilidad, hacer de él una ontología (dirección en la que apunta el planteo de *Lo visible y lo invisible*, instancia central de nuestro cuestionamiento a Merleau-Ponty), conllevaría la ruptura de la sincronía, para establecer un punto fijo e intemporal: el de una imposibilidad elevada a *certeza* (negativa) acerca de nuestra relación con el mundo. Es en una ontología de estas características en la que se basa la propuesta teórica "post" de Laclau, como veremos en el capítulo VII.

Esta inherencia de nuestro punto de vista a una situación histórica (con su particular lucha de cosmovisiones incluida) es lo que "hace del conocimiento de lo social un conocimiento de mí mismo"[89]; por ello, "la crítica de la sociedad es crítica del conocimiento y viceversa"[90]. De esta manera, "si la historia nos envuelve a todos, a nosotros toca comprender que lo que nosotros podemos tener de verdad no se obtiene contra la inherencia histórica, sino por ella. Pensada superficialmente, destruye toda verdad. Pensada radi-

---

[88] *AD*, p. 173 (las cursivas son mías).
[89] *Sg*, p. 131.
[90] *Cg*, p. 149.

calmente, echa los cimientos de una nueva verdad"[91]. Verdad que no constituye un incondicionado o un absoluto, sino que se obtiene dentro de las posibilidades (y limitaciones) de la sincronía (cargada de diacronía), pero que
no por ello carece de valor objetivo; pues "somos de 'la carne del mundo' [...]
la cual ni garantiza la certeza ni impide la objetividad"[92]. En este marco, esa
"nueva verdad" entraña su no-verdad, pues su verdad crítica se torna no-verdadera fuera de la particular constelación entre estructura social objetiva y
esquemas de dotación de sentido subjetivos sobre cuyo fondo ella adquiere
su carácter. Es "una verdad en la situación"[93], donde esa situación incluye
también la cosmovisión valorativa que allí se pone en juego. Estamos, entonces, ante una verdad que –como vimos a través de la puesta en discusión de
las perspectivas de Weber y Horkheimer en el capítulo II– es tal para aquellos
que tienen *fe* en ciertos valores, los del humanismo activo, y en el conocimiento que así puede construirse.

Un punto de vista "privilegiado" y sus limitaciones

Ahora bien, si la teoría crítica reflexiva está inscripta de esta manera en la
tensión entre diacronía y sincronía, a la vez que dicha sincronía incluye una
dimensión valorativa (la de unos valores que no tienen lugar en el presente y
por cuya concreción se lucha) adherida a la instancia cognoscitiva, entonces
¿por qué el discurso teórico no es un discurso más? A lo cual se agrega: ¿cabe
llevar adelante la práctica de la teoría crítica reflexiva, y no la de la teoría tradicional, sólo por cuestiones valorativas?, ¿por los diferentes valores a que
cada una de ellas se encuentra adherida?, ¿o bien es dable hallar además una
especificidad cognoscitiva? Son estas dos cuestiones las que se encuentran
en el centro de este apartado.

La especificidad del discurso teórico se percibe sobre el telón de fondo de
la crítica al sujeto constitutivo y el consecuente planteamiento de "la primacía del objeto"; lo cual da la clave del fenómeno de la implicación de los agen-

---

[91] *Sg*, p. 131.
[92] Flynn, B., "Merleau-Ponty and the philosophical position of skepticism" en Flynn, B. et al
(ed.), *Merleau-Ponty and the possibilities of philosophy. Transforming the tradition*, New York,
SUNY, 2009, pp. 127-128.
[93] *Sg*, p. 132.

tes y sus esquemas de dotación de sentido en el mundo social. Podemos decir, junto con Merleau-Ponty, que lo condicionado condiciona a lo condicionante y es de esta manera que se establece el ámbito de los pensables, entrelazado con el espacio de los posibles. Captar este condicionamiento requiere tornarlo objeto de la reflexión, introduciendo de esa manera un distanciamiento de aquellos procesos que son generadores del condicionamiento de dichos esquemas. En este marco se percibe la crítica más dura que Adorno le dirige a la *intentio recta*, en tanto su realismo ingenuo no genera esa distancia; antes bien, es el pensamiento reflexivo, con su *intentio obliqua*, el que introduce ese distanciamiento que torna posible problematizar las categorías a través de las cuales se dota de sentido al mundo social. Éste es el primer rasgo característico del saber teórico y su ordenamiento conceptual de los procesos sociohistóricos, un privilegio (pero no por ello una supremacía *per se*) de un punto de vista asentado en una situación social privilegiada, la cual permite producir ese distanciamiento del entramado relacional en el que nos hallamos inmersos, objetualizándolo para conocerlo (en una forma de saber que no por ello deja de generar relaciones de dominación). Volveremos más adelante sobre esto, a través de la perspectiva que Bourdieu elabora al respecto.

Sin embargo, este pensamiento reflexivo contiene el gesto de "olvidar la reflexión misma como acto distinto de reanudación"[94]. Es en este punto donde se marca la particularidad cognoscitiva de la teoría crítica *reflexiva* dentro del saber teórico; en tanto ella no se detiene en la *intentio obliqua*, sino que procura llevar adelante la *intentio obliqua* de la *intentio obliqua*, abordando los condicionamientos del pensamiento que estudia el condicionamiento de los esquemas de dotación de sentido subjetivos, pero que se pretende incondicionado. Dando cuenta de la presencia de puntos ciegos que surgen tanto de su inherencia a una situación sociohistórica, como de su adherencia a una determinada cosmovisión valorativa dentro de esa situación; cuestiones que sólo podría aspirarse a eliminar a través de la pretensión de erigir una ciencia suprahistórica y neutral (puntos ambos que hemos criticado con Horkheimer). En este sentido, Adorno sostiene que "el que vive distanciado se halla tan implicado como el afanoso; frente a éste no tiene otra ventaja que la conciencia de su implicación y la suerte de la menuda libertad que supone tener

---

[94] *VI*, p. 45.

ese conocimiento"[95]. La sobrerreflexión acerca del cosmos social y su condicionar las categorías que permiten la reflexión es lo que nos abre la posibilidad de esa "menuda libertad", lo cual es también un principio de relativización de ese cosmos que se pretende absoluto. De allí que, según este autor, "los únicos que pueden oponérsele espiritualmente son aquellos que él no haya modelado completamente. La crítica del privilegio se convierte en privilegio: así de dialéctico es el curso del mundo"[96]. Ésta es la especificidad cognoscitiva que la teoría crítica reflexiva pone en práctica, en tanto no hay posibilidad de ejercerla si no es a través de este estilo sobrerreflexivo y dialéctico negativo; sólo así puede acogerse la incerteza sin cerrar el movimiento crítico con algún tipo de certeza ontológica o metafísica.[97]

Destaquemos velozmente, sin embargo, el problema que surge para la crítica cuando se lleva a tal extremo la consideración de su carácter privilegiado (asentado en un privilegio social) que éste cambia cualitativamente su carácter. Esto sucede cuando se hace de la perspectiva crítica y de las prácticas que comparten su escolástico privilegio, las únicas que escapan a la constelación de esquemas de dotación de sentido subjetivos-estructura social objetiva y que, como tales, son capaces de disrumpir en el entrelazamiento de los pensables-posibles que de allí surge. En definitiva, estamos nuevamente ante un epistemocentrismo escolástico, que tiene por contraparte la asunción de una plana y completa cosificación de los agentes sociales, cuyas prácticas por tanto no podrían ser más que reproductivas. Es decir, como vimos para el caso de Horkheimer en el capítulo II, se capta dialécticamente las potencialidades entrelazadas con limitaciones en ciertos materiales culturales (los propios de lo que bourdieuanamente llamamos ámbitos escolásticos), mientras que otros (los propios de la "lógica práctica") son percibidos como depositarios de una pura limitación. Esta problemática se reitera en la perspectiva de Adorno,[98] quien, en su abordaje de las diversas dimensiones

---

[95] *MM*, p. 23.

[96] *DN*, p. 48.

[97] Esto no implica sostener que sea imposible poner en juego el movimiento autorreflexivo e hiperdialéctico en adherencia a valores opuestos a los de la teoría crítica reflexiva, pero para que semejante perspectiva sea efectivamente sobrerreflexiva habría de dar cuenta de tales valores y su influjo en la trama conceptual que así se teje, sin velar esto en una pretensión de neutralidad, como la que hemos criticado con Horkheimer en términos de una des-politización atinente a lo espacial de la práctica científica.

[98] Aquí yace uno de los puntos claves de la disputa epistolar que él mantuvo con Benjamin, en

de la industria cultural, no deja resquicio alguno por el cual pueda pasar alguna instancia capaz de agrietar la lógica instituida. Únicamente así puede sostenerse que "en el lenguaje de los sometidos sólo el dominio ha dejado su expresión, arrebatándoles incluso la justicia que la palabra autónoma y no mutilada promete a cuantos son lo bastante libres para pronunciarla sin rencor"[99].

En este marco, para Adorno ni el cine ni el jazz, dos de los productos más representativos de la industria cultural, contienen otra lógica que no sea la *pura* reproducción del dominio. Pues el cine "no deja a la fantasía ni al pensamiento de los espectadores ninguna dimensión en la que pudieran [...] pasearse y moverse por su propia cuenta"[100]; generando la total heteronomía de un espectador sometido a las leyes que le impone la industria cultural. Por otro lado, "hay en el jazz, expuestos y visibles, mecanismos que, en verdad, pertenecen a toda la ideología actual, a la industria cultural entera"[101]. La estandarización de su procedimiento, su tornarlo fórmula, se extiende incluso a los momentos de improvisación, los cuales –según este autor– "se reducen a paráfrasis más o menos pobres de las fórmulas básicas, bajo cuya máscara se adivina el esquema a cada momento. Las mismas improvisaciones están ampliamente reguladas y se repiten constantemente"[102]. Y a esta situación en la música le corresponde, en el polo opuesto, una "regresión en la escucha"[103], que sumerge a la masa en una pseudoactividad, cuando no directa-

---

tanto este último pareciera encontrar un potencial disruptivo en prácticas que para Adorno sólo entrañan una dimensión reproductiva. Así, cabría indagar si la "desdialectización" que Adorno le crítica a Benjamin (cf. carta de Adorno a Benjamin del 18/3/1936, en Adorno, Th. W., *Sobre Walter Benjamin*, Barcelona, Cátedra, 2001) no sería también aplicable a la concepción adorniana de los materiales culturales ajenos a la lógica escolástica.

[99] *MM*, p. 101.

[100] *DI*, p. 171. Y continúa más abajo: "la atrofia de la imaginación y de la espontaneidad del actual consumidor cultural no necesita ser reducida a mecanismos psicológicos. Los mismos productos, comenzando por el más característico, el cine sonoro, paralizan, por su propia constitución objetiva, tales facultades [...], prohíben directamente la actividad pensante del espectador si éste no quiere perder los hechos que pasan con rapidez ante su mirada" (*DI*, p. 171). Todo lo cual constituye una clara disputa con el planteo benjaminiano de "La obra de arte en la época de su reproductibilidad técnica". Cf. al respecto Wolin, 1994.

[101] *PS*, p. 132.

[102] Ibíd., p. 128.

[103] *Dsn*, p. 34.

mente en la pasiva aceptación de la fórmula y su lógica. En este sentido, "la estandarización significa el robustecimiento del dominio duradero sobre las masas de oyentes y sobre sus *conditioned reflexes*"[104]. Todo lo cual, en definitiva, hace de esta música "un complemento del enmudecimiento de los seres humanos, del fenecer del lenguaje como expresión"[105].

Vemos así cómo en estos materiales culturales no hay tensión, no hay potencialidad alguna que pueda conducir a la inauguración de sentido, ni contener una verdad negativa, sólo *pura* regresión. Lo cual vuelve a centrar en el punto de vista teórico y, más en general, escolástico la posibilidad (ambigua y dialéctica) de disrupción. Sólo allí hay potenciales emancipatorios, con el "miserabilismo" que esto entraña.

En esta tensión, de una trama conceptual que no quiere perder la especificidad cognoscitiva del punto de vista teórico y su riqueza, pero tampoco caer en un epistemocentrismo, no cabe más que preguntarse *con* Merleau-Ponty (y *contra* Adorno): "¿cómo entender al otro sin sacrificarlo a nuestra lógica o sin sacrificar nuestra lógica a la suya?"[106]. Lo cual conlleva acoger el descentramiento que el otro genera en mi punto de vista –que es también una manera de marcar mis opacidades y puntos ciegos–, pero sin por ello dejar de concentrar el esfuerzo en lo propio de mi punto de vista, su ser un saber teórico y, en nuestro caso, crítico y reflexivo. Se requiere, entonces, que "este movimiento centrípeto y este movimiento centrífugo sean posibles *a la vez*"[107]; dar cuenta, en suma,

> que es lo mismo para cada uno pasar al otro o devenir sí mismo, salir de sí o volver a sí, que el movimiento centrípeto y el movimiento centrífugo son un solo movimiento porque cada término es su propia mediación, la exigencia de un devenir, e incluso de una autodestrucción que da el otro.[108]

Estamos nuevamente moviéndonos con estilo dialéctico aporético. Volviendo sobrerreflexivamente no sólo sobre las características de la situación y el lugar de los valores en el propio punto de vista, sino también sobre los

---

[104] *Ps*, p. 130. Sí, Adorno habla aquí de los reflejos condicionados de la masa.
[105] *Dsn*, p. 16.
[106] *Sg*, p. 140.
[107] *Sg*, pp. 134-135 (las cursivas son mías).
[108] *VI*, p. 87.

condicionamientos específicos que surgen de que ese punto de vista sea teórico. Un particular tipo de saber que entra en relaciones múltiples con un saber otro que, como el de la visión, "no puede […] ser pensado verdaderamente"[109], sólo se lo puede practicar, en tanto perspectiva "de la que no se puede tener idea sino ejerciéndola"[110]. Por ello, "decir que el mundo *es* el objeto X de nuestras operaciones, por definición nominal, es llevar a absoluto la situación de conocimiento del sabio"[111]. Diferente a él, encontramos un saber asentado en categorías y esquemas que "el sujeto se incorpora como estilo de funcionamiento, como configuración global sin que tenga necesidad de concebirlo"[112] bajo la forma de un "yo pienso". Con todo esto, que vuelve a situarnos ante el concepto de estilo, Merleau-Ponty hace referencia a "un esquema de existencia"[113] que no es entonces el del sujeto consciente, pero tampoco un mero epifenómeno de las estructuras sociales objetivas; es "algo menos que un sujeto y más que un objeto"[114]. Éste es el lugar de la *praxis* en el pensamiento de Merleau-Ponty; lo cual traza un camino en dirección a las problemáticas del capítulo VI.

La dialéctica aporética entre triunfo y fracaso

Sin embargo, antes de poder adentrarnos en ese terreno, nos queda aún abordar una tercera derivación de la dialéctica fórmula-estilo, para luego dar cuenta de las consecuencias de todo esto en la central noción de utopía-posible. Dicha derivación da lugar a lo que aquí entendemos como la dialéctica aporética entre triunfo y fracaso. En efecto, si volvemos sobre la concepción de la obra de arte propuesta por Horkheimer y Adorno, podemos notar cómo en ella es del *fracaso* en el apasionado esfuerzo por la identidad, entre

---

[109] *OE*, p. 41.

[110] Ibíd., p. 41.

[111] Ibíd., p. 10. Y es justamente a esa absolutización a lo que con Bourdieu hemos caracterizado como un epistemocentrismo, que constituye uno de los más flagrantes errores escolásticos (cf. *MP*, capítulo 2).

[112] *EF*, p. 36.

[113] *AD*, p. 58.

[114] Ibíd., p. 56.

la fórmula estilística y lo expresado a través de ésta, de donde surge la obra de arte y su *triunfo*, su impactar caóticamente en las fórmulas instituidas. Triunfo que se consigue, entonces, a través de ese fracaso, *a la vez* que la sedimentación del triunfo, la reiteración del procedimiento que dio lugar a esa obra de arte, hace de éste una forma histórica más, cuya petrificada dureza se hace sentir sobre el esfuerzo de expresión. Así, el triunfo lleva a su fracaso, y viceversa.

En este sentido, podemos hablar de una dialéctica aporética entre triunfo y fracaso, tensión que, en definitiva, es intrínseca a la dialéctica negativa y a la sobrerreflexividad. Pues ésta, al mostrar nuestros condicionamientos, puede permitirnos esa "menuda libertad" de la que habla Adorno, pero si no viésemos el quiasma entre triunfo y fracaso, si considerásemos que esa sobrerreflexividad nos permite abolir nuestros puntos ciegos alcanzando así una transparencia de lo social y una plena libertad, entonces estaríamos deteniendo el propio movimiento sobrerreflexivo y su crítica. El triunfo nos llevaría al fracaso, pero es sólo en el fracaso de no alcanzar la completa abolición de los puntos ciegos que tiene sentido continuar con el esfuerzo sobrerreflexivo, con los triunfos que éste conlleva.

La teoría crítica reflexiva (y toda práctica que pugne en pos de la introducción de los valores del humanismo activo en este entramado relacional) se encuentra en esta dialéctica aporética. En tanto, cuando consigue producir su impacto caótico en la fórmula de los pensables-posibles, lo concreta desde unas categorías conceptuales que ponen en marcha la lógica identificante y su cerrado sistema, que no puede tolerar la mera existencia de un exterior. Pero *a la vez* tales conceptos, en su cerrarse, señalan lo no-conceptual como tal, tornando aprehensible la mediación del concepto con su otro, el fracaso de su esfuerzo por cerrarse sobre sí mismo. En definitiva: su no-identidad consigo mismo. Punto a través del cual se abre (y relativiza) su lógica identificante, dando lugar a lo otro, a lo particular-concreto que la crítica busca rescatar. Además, la producción de una disrupción por parte de la práctica de la crítica en la fórmula de los pensables-posibles altera la constelación de esquemas de dotación de sentido subjetivos-estructura social objetiva, inaugurando un sentido que allí no tenía lugar; es decir, generando el fenómeno de la expresión. La cual se encuentra entrelazada con los hilos del silencio, el de lo no-conceptual que escapa a la palabra, pero también el de la palabra instituida que sólo posee un sentido directo; tautología que genera el (segundo) silencio. Y este último es quebrado por la palabra que expresa, pero que se halla cargada de él. Se rearticula esa constelación que ya no es la misma, pero que sigue siendo la misma, al continuar imponiendo los límites de los pensables-posibles (lo cual nos conduce una vez más a la tensión entre diacronía y sincronía).

De esta dialéctica aporética sólo podría salirse si se concibiera el propio punto de vista crítico como *puro* productor de potenciales emancipatorios, sin lastre alguno de violencia y dominación; es decir, si se adopta la postura que hemos criticado en la propuesta habermasiana. O bien a través de una acción histórica cuya pureza dé lugar a un radical corte que acabe con la prehistoria de la humanidad, al concentrar toda la negación en un solo punto, para instaurar una sociedad que ya no requiera de ella. Y es justamente esto lo que Merleau-Ponty critica a la concepción de la acción revolucionaria.[115]

Sobre este telón de fondo puede percibirse la centralidad para la teoría crítica reflexiva de dar cuenta, en una autorreflexión crítica, de la dialéctica triunfo-fracaso en el ejercicio de su propia práctica. Pues la crítica que sólo se vea como fracaso perdería todo impulso para llevar adelante su práctica, la cual carecería de sentido en tanto no tendría impacto alguno sobre la constelación instituida. Pero el pensamiento crítico que sólo vea su momento de triunfo, perdiendo de vista el fracaso a él entrelazado, pierde también con ello su elemento crítico; es decir, deja de ser pensamiento crítico para volverse alguna forma de afirmación de las relaciones de dominación establecidas. Ya que le estaría sucediendo

> lo que siempre le sucedió al pensamiento triunfante: en cuanto abandona voluntariamente su elemento crítico y se convierte en mero instrumento al servicio de lo existente, contribuye sin querer a transformar lo positivo que había hecho suyo en algo negativo y destructor [...] Las metamorfosis de la crítica en afirmación afectan al contenido teórico: su verdad se volatiliza.[116]

Y es justamente por ello, por esa "volatilización", que no puede cerrarse el movimiento de la crítica; pero a ésta sólo se llega (dialécticamente) si el pensamiento crítico triunfa.

---

[115] Cf. *AD*. Abordaremos este tema en el próximo capítulo.
[116] *DI*, p. 52.

Podemos volver ahora sobre aquella afirmación horkheimeriana que citáramos sobre el final del capítulo II, según la cual "la teoría crítica carece de confirmación hasta el final de la época, confirmación que se alcanza con la victoria. Hasta entonces continua la lucha por su comprensión y aplicación correctas"[117]. Y esto para sostener que en el estado presente de nuestro saber y de nuestras capacidades de acción no hay, no habrá nunca *tal vez* (pero *no* podemos saberlo con *certeza*), una práctica que nos dé semejante victoria. Por lo que, mientras tanto, continúa abierta la lucha impulsada por ese fracaso de la no-victoria, al que se encuentran entrelazados los triunfos que significan introducir en el mundo algo de aquellos valores propios de la teoría crítica reflexiva; posibles de ser concretados en el actual entramado relacional, aun cuando hoy no tengan lugar en él.

La dialéctica aporética de la utopía-posible

Luego del recorrido realizado en estás páginas, podemos volver sobre la noción central de utopía-posible, para captar ahora la dialéctica aporética que entraña esta noción y que caracteriza al estilo de movimiento propio de la práctica de la crítica reflexiva que se asienta sobre los fundamentos *no* normativos articulados en torno a ella. Pero ese estilo no caracteriza únicamente a esa práctica, antes bien es propio de las diversas prácticas en *lo* político que se orientan hacia la transformación del cosmos social en la dirección que surge de la cosmovisión valorativa del humanismo activo. Y esto no porque tales prácticas sean un mero desprendimiento de la crítica y su saber, o se conformen a su imagen y semejanza, sino más bien al contrario: porque la práctica de la crítica es uno de los momentos de esa lucha en *lo* político. Momento que tiene la especificidad de constituir un saber teórico, pero que no por ello es central en tal lucha o, tan siquiera, la instancia sobredeterminante del conjunto de esas prácticas en *lo* político. Su saber no es un discurso más (según sostuvimos en la sección anterior), pero, en tanto práctica orientada a la producción de un impacto *caótico* en el cosmos social, sí es una práctica más; o, mejor aun, sólo en condiciones particulares-concretas, en la situación sincrónica y no como un postulado generalizable fuera de ella, se puede

---

[117] Horkheimer, "Teoría tradicional y...", p. 76.

establecer su valor en relación con el conjunto de las diversas prácticas productoras de *caos*.

De esta manera, dar cuenta de su acotado pero no por ello indiferente lugar en el conjunto de las prácticas en *lo* político implica introducir una suerte de "segundo giro copernicano"[118] frente a aquellas perspectivas que asientan la práctica política en el saber, producto de la *certeza* que se extrae de una concepción ontológica o metafísica. Ahora bien, no queremos dejar de destacar que esta particular práctica de producción de saber teórico es aquella en la que quien escribe estas líneas –y muy probablemente quien las lee– tiene su *Beruf*; por lo que, según aquí sostenemos, es a través de la teoría crítica reflexiva que puede realizar su específico aporte a la concreción de los valores del humanismo activo. Es a través de ella que nosotros podemos llevar adelante nuestra singular manera de luchar en *lo* político. De allí la centralidad de *re*fundar la crítica sin fundarla en un nuevo absoluto.

La práctica de producción de conocimiento crítico se asienta, entonces, en la noción de utopía-posible, cuya dimensión utópica, por su lógica intrínseca, puede alejarse tanto de lo establecido que termine por romper su vínculo con la materialidad de la sociedad, tornándose así mera utopía abstracta. *A la vez* que es por su no lugar, por su estar fuera de lo establecido, que ella se constituye en el momento del cual la crítica extrae su orientación y, junto con ello, el impulso para romper con lo instituido, en una lucha por introducir un otro que no tiene lugar en el presente entramado relacional. Y si es introducible, si la lucha consigue darle un lugar en el entramado relacional, entonces ese contenido de la utopía era posible de ser concretado en las condiciones materiales presentes. *A la vez* que, si sólo buscásemos concretar aquello que se nos presenta como posible, en el interior del espacio de los posibles, entonces no haríamos más que reproducir lo existente, en un momento de cierre sobre lo establecido, que dejaría fuera aquello que no se reduzca al principio rector de ese sistema. Dando lugar a un exterior, inaceptable para el sistema que se pretende absoluto, en el que se sitúa aquello que no tiene lugar en él, ni en su lógica relacional, ni en su espacio de los posibles; aquello que se mantiene como utópico. Las consecuencias de uno de estos términos llevan al otro término en su disolverlo, y es al disolverlo que nos conducen a él.

---

[118] Como el que Adorno plantea, con su primacía del objeto, frente al dado por Kant y su sujeto constitutivo.

En este movimiento aporético, la práctica de producción de teoría crítica reflexiva lucha por dar un lugar a lo que no tenía lugar, haciéndolo parte de lo existente, concretándolo como un mecanismo establecido en *este* particular entramado relacional. Concreción frente a la cual la utopía se sigue oponiendo, negándola por su carencia de justicia e igualdad. Sin embargo, no por ello hay que perder de vista que la lucha que esa práctica llevó a cabo, en tanto hizo posible algo que se presentaba como utópico, transforma lo establecido, en el sentido literal del término: cambiando una forma por otra, donde esta última entraña ya un momento de cierre de la abertura que la práctica produjo. Estamos nuevamente ante la dialéctica aporética entre triunfo y fracaso, en la que la práctica crítica que busca disrumpir la fórmula de los pensables-posibles le da lugar a algo nuevo, modificando lo establecido en el sentido de la utopía, que es posible. Y es en ese momento de triunfo que adquiere su carácter afirmativo, perdiendo de esta manera su negatividad, deteniendo la crítica. Con lo cual transforma lo progresivo que había hecho suyo en algo regresivo y destructor, fracasando.

En este marco, sostenemos que la práctica de producción de teoría crítica reflexiva fundada en la noción de utopía-posible es fracaso cuando se mira lo que podría haber sido y no fue. Profunda melancolía que tiene aquí su raíz, ya que, como sostiene Adorno, "con la felicidad acontece igual que con la verdad [...] Sólo le es fiel el que dice: yo fui feliz"[119], y lo mismo se puede sostener de la verdad: sólo le es fiel aquél que dice eso fue verdadero, o eso fue un momento de abertura, pero ya no lo es, pues ahora no es más que un (nuevo) momento de cierre regresivo, frente al cual seguir luchando en pos de la felicidad. Pero ese melancólico fracaso es *al mismo tiempo* triunfo, cuando se mira lo que era antes y lo que es ahora, los mecanismos de dominación y de reproducción de la injusticia que se han conseguido desarticular.[120]

En este terreno hunde sus raíces el esfuerzo de la teoría crítica reflexiva por disrumpir la constelación establecida, agrietando su cierre, inaugurando un sentido que en ella no tenía lugar, introduciendo una discontinuidad con

---

[119] *MM*, p. 111. En este sentido, "la melancolía siempre se dirige con dolor hacia algo irrealizado, que la imaginación disfruta en evocar como si hubiera sido posible, aun cuando se autoimponga el deber de recordar que si no sucedió es porque no podía suceder" (Schwarzböck, S., "El reino de los medios", *Deus Mortalis*, N° 2, 2003, p. 400).

[120] "La revolución es progreso cuando se la compara con el pasado, pero decepción y aborto cuando se la compara con el porvenir que dejó entrever y que ahogó" (*AD*, pp. 232-233).

la petrificada fórmula de los pensables-posibles, en pos de tornar pensable lo impensable, posible lo imposible. Esto implica un salto del proceso, disrumpiendo su *continuum*, pues lo que se sigue de éste (casi por definición) es lo pensable y lo posible. Por ello "es lo posible, nunca lo inmediatamente real, lo que obstruye el paso a la utopía"[121].

La práctica de la teoría crítica reflexiva, asentada en este fundamento *no* normativo, implica una toma de distancia de la constelación hoy dominante, una ruptura de la implicación y de la consecuente aceptación como "natural" (en tanto atinente a la segunda naturaleza) de la fórmula de los pensables-posibles. *A la vez* que ese punto de vista se adentra en el espesor de esa constelación, en pos de captar los mecanismos que conducen a su reproducción, así como los elementos potencialmente transformadores que ese material puede contener. En este sentido, la perspectiva crítica se posiciona tanto dentro como fuera del objeto sociedad –constituido por las huellas dejadas por otros sujetos–, en forma simultánea y en una tensión característica de su mirada, aquella que aquí hemos denominado dialéctica aporética. En este marco es que podemos hacer propias las palabras de Adorno, y no pedirle

> al pensador sino que sepa estar en todo momento en las cosas y fuera de las cosas. El gesto de Münchhausen tirándose de la coleta para salir del pozo se convierte en esquema de todo conocimiento que quiere ser más que comprobación o proyecto. Y aún vienen los filósofos a sueldo y nos reprochan la falta de un punto de vista sólido.[122]

Fundamento sólido pero no fijo, no inmutable y ajeno a los condicionamientos sociohistóricos, en el cual se sostiene la lucha en pos de los valores de la cosmovisión del humanismo activo como articuladores de relaciones sociales y, en definitiva, de *lo* político. Dándoles un lugar en aquellos terrenos y dimensiones de las prácticas sociales cuyos mecanismos reproducen la carencia de libertad, igualdad, justicia y fraternidad; su no lugar allí. Incluso cuando se fracase en lograr una articulación de *lo* político en la que tales valores se hallen *plenamente* concretados y, por tanto, ellos sigan siendo utópicos, es posible el triunfo de desarticular algunos mecanismos sociales hoy

---

[121] *DN*, p. 63.
[122] *MM*, p. 72.

existentes, transformándolos, poniendo en su lugar otros con otra forma, cualitativamente distinta, *más* humanos. De este movimiento dialéctico aporético, entonces, surge, una y otra vez, no la resignación sino el inconformismo que impulsa la lucha en *lo* político.

Ahora bien, ante la pregunta de si alguna vez se logrará dar lugar a una sociedad en la que la utopía-posible de la teoría crítica reflexiva se concrete, en la que sus valores se hayan realizado completamente y sean los que rijan la articulación de *lo* político, cabe, por un lado, volver a señalar que ello implicaría la concreción de los *valores* propios de *una cosmovisión* y no de algún tipo de "deber ser" de lo social con su monoteísmo normativista. Por lo que semejante concreción no cancela —su propia lógica le impide hacerlo— el politeísmo de valores, con la opacidad y lucha en torno a diversos dioses que entraña.

Por otro lado, insistimos en que nuestras categorías, y el saber que con ellas producimos, adquieren su sentido en la situación, dentro de *esta* sincronía y en relación con el resto de los elementos que la conforman. Aspirar a fijar, a partir de tales categorías, un punto válido para todo tiempo y lugar es pretender investirlas del carácter de *in*condicionadas por los procesos sociohistóricos, es decir, de aquél carácter que hemos venido criticando a lo largo de este libro. Así, si tal concreción va a suceder o no es algo que (hoy) no podemos saber, lo cual no es igual a sostener que ella es imposible, pues esto entraña asumir que *sí* se sabe algo que trasciende a dichos condicionamientos: que esa concreción es imposible. Las consideraciones de la teoría crítica reflexiva no buscan predicar sobre las constelaciones futuras, sólo sobre la constelación presente, acerca de las consecuencias para este presente tanto de fundar la crítica en una utopía-posible (pero no sobre su realización en un "fin de la historia" o la imposibilidad de esto para todos los tiempos), como de las luchas en *lo* político que de ello se siguen. En este sentido, sostenemos con Adorno que:

> El conocimiento no tiene otra luz iluminadora del mundo que la que arroja la idea de la redención: todo lo demás se agota en reconstrucciones y se reduce a mera técnica. Es preciso fijar perspectivas en las que el mundo aparezca trastocado, enajenado, mostrando sus grietas y desgarros, menesteroso y deforme en el grado en que aparece bajo la luz mesiánica [...] Pero esta posición representa también lo absolutamente imposible, puesto que presupone una ubicación por

fuera del círculo mágico de la existencia, aunque sólo sea en un grado mínimo, cuando todo conocimiento posible, para que adquiera validez no sólo hay que extraerlo primariamente de lo que es, sino que también, y por lo mismo, está afectado por la deformación y la precariedad mismas de las que intenta salir. Cuanto más afanosamente se hermetiza el pensamiento a su ser condicionado en aras de lo incondicionado es cuando más inconsciente y, por ende, fatalmente sucumbe al mundo. Hasta su propia imposibilidad debe asumirla en aras de la posibilidad. Pero frente a la exigencia que de ese modo se impone, la pregunta por la realidad o la irrealidad de la redención misma *resulta poco menos que indiferente*.[123]

---

[123] *MM*, p. 250 (las cursivas son mías).

VI

La carne ilustrada. De Merleau-Ponty a Adorno

En el capítulo anterior abordamos los interrogantes que se siguen de la "disputa de la reflexividad" para el ámbito del saber, concentrándonos en la práctica de la crítica y en su estilo de movimiento dialéctico aporético. Ahora indagaremos esta misma problemática pero para el ámbito del poder, enfocándonos particularmente en la práctica en *lo* político orientada a la transformación de lo instituido en el sentido que surge de la cosmovisión del humanismo activo. O, mejor aun, más que la práctica, lo que nos va a interesar es el impacto (de totalidad) en *lo* político; categoría que entraña de por sí una mediación, a la vez que contiene un principio de relativización del sustancialismo de rol y de la concepción de las esferas sociales como plenamente autónomas. Por lo que esta noción nos sitúa ya en un terreno dialéctico. Dar cuenta de este impacto en *lo* político constituye el objetivo de este capítulo. Esto requerirá esbozar una concepción sobre *lo* político, es decir, sobre la forma en que la sociedad se ordena y desordena a sí misma; esbozo que elaboramos a partir del entrelazo de las nociones de carne e ilustración, en tanto cada una de ellas nos brinda un prototipo de las formas relacionales propias de la sociedad moderna y capitalista.

En este marco, consideramos que lo planteado para la práctica de la crítica presenta un camino de entrada a esta problemática, no el único pero sí uno posible. Y eso no se debe a que ella contenga la clave de *lo* político y de las luchas que allí tienen lugar, sino a que es uno de los momentos de esa lucha, una instancia con sus rasgos específicos (el ser un saber teórico), que se realiza en una esfera social específica (la científica), que no por eso deja de hallarse inscripta en ese escenario más amplio. Por eso, el problema que se encuentra en el centro de nuestras indagaciones en torno a *lo* político es básicamente el mismo que hemos venido investigando para la más particular práctica de la crítica: el acogimiento de la incerteza frente a los intentos por instaurar una certeza última.

Con este fin, trabajaremos, en la primera sección, la noción de praxis presente en el pensamiento de Merleau-Ponty, en pos de encontrar allí elementos con los que elaborar nuestro concepto de impacto en *lo* político. Esto nos conducirá a indagar el lugar de la incerteza en *lo* político a través de un excurso lefortiano, el cual a su vez nos dejará con algunos interrogantes a ser abordados en la segunda sección. Es en ella donde plantearemos nuestro esbozo sobre *lo* político, en base a la dialéctica aporética de la carne ilustrada. Finalmente, en la tercera sección volveremos sobre el carácter disruptivo y ambiguo del impacto en *lo* político, lo cual lo diferencia claramente de dos tendencias que apuntan a la oclusión de la lucha en *lo* político: la revolución y la apatía.

El espesor de la carne y la pregunta por su achatamiento

Praxis e incerteza

En el capítulo anterior realizamos una primera aproximación a la noción de expresión, la cual ocupa un lugar central en el pensamiento del último Merleau-Ponty,[1] y es a través de ella que nos proponemos releer su problematización de la praxis, con vistas a delinear nuestra concepción del impacto caótico en *lo* político. La expresión entraña una inauguración de sentido que rompe con el (segundo) silencio; no transita por los senderos establecidos de los posibles-pensables, antes bien, abre nuevas vías dando lugar a lo que se presentaba como imposible o impensable. Así "la palabra verdaderamente expresiva […] tantea en torno a una intención de significar que no se guía por un texto, que precisamente está escribiéndolo"[2]. Donde, para escribir o decir eso nuevo, es necesario encontrar la propia voz. La expresión habita un estilo y ello la introduce en la tensión dialéctica con la fórmula que tiende a cerrar las posibilidades de expresión en favor de la reproducción de los pensables-posibles establecidos. Mas la expresión no es "ese trabajo derivado que sustituye lo expresado por signos dados por otra parte con su sentido y su regla de empleo"[3]; antes bien, ella entraña una abertura que no se agota en el ins-

---

[1] Cf. Plot, 2008, especialmente pp. 99 y ss.

[2] *Sg*, pp. 56-57.

[3] Ibíd., pp. 79-80.

tante en que tiene lugar, no se clausura en sí misma sino que da lugar a un advenimiento, "que no está, como el acontecimiento, cerrado sobre su diferencia y acabado de una vez para todas, que va más allá de su simple presencia"[4]. Por eso tiene un sentido indirecto, ya que no da completa cuenta de lo expresado; estamos, en definitiva, ante lo que Adorno llama el fracaso en la búsqueda de la identidad entre la forma de expresar y lo expresado. Además, su sentido también es indirecto porque no se agota en lo que busca el agente que realiza la expresión, sino que abre unas (weberianas) consecuencias no buscadas, y "este exceso de la obra sobre las intenciones deliberadas la inserta en una multitud de relaciones"[5], aquellas que conforman, en última instancia, el "espacio de horizontes intersubjetivos compartidos que constituyen el todo en un contexto de pluralidad"[6].

Esta concepción define el modo en que Merleau-Ponty aborda lo sociohistórico, ese tercer orden que es el de la vida generalizada, el de los símbolos sociales, que no son ni objeto ni sujeto, "ni materialidad inerte ni etérea espiritualidad, ni pura positividad ni pura negatividad, son carne"[7]. Arribamos nuevamente a esta noción que constituye una de las dimensiones centrales de nuestro esbozo sobre *lo* político, la cual se verá tensada por y tensando a la lógica identificante propia de la ilustración. Sin embargo, al abordar aquí la noción de carne, no lo hacemos en tanto "elemento" que refiere, en última instancia, a la concepción ontológica de Merleau-Ponty; punto que hemos criticado de su propuesta teórica y del cual nos alejamos. Nuestro interés por dicha noción reside, en cambio, en lo que a través de ella podemos percibir del entramado relacional moderno, concentrándonos entonces en la forma de autoesquematización que el elemento carne adquiere en la Modernidad. Concibiéndolo no como una ontología, sino como uno de los modos prototípicos (junto con la ilustración) en que se tejen las relaciones sociales (entre sujeto y objeto, así como entre sujeto y sujeto) en la sociedad moderna y capitalista, con la ambigüedad e inestabilidad que resulta definitoria de esta

---

[4] Ibíd., p. 81.

[5] Ibíd., p. 81.

[6] Plot, M., *El kitsch político*, Buenos Aires, Prometeo, 2003, p. 27. Este escrito, junto con *La carne de lo social*, conforman una propuesta para pensar a la acción política a partir de la merleau-pontyana noción de expresión. Es en estas consideraciones que abreva nuestra lectura sobre esta particular noción.

[7] Plot, 2008, p. 9.

forma del elemento carne. Más adelante desarrollaremos esto, pero ya aquí puede notarse su relación con un pensamiento igualmente inestable y ambiguo: la hiperdialéctica.[8] Es decir, aquella lógica que pusimos en juego para captar el estilo de la práctica de la crítica y que ahora nos resulta necesaria para captar el estilo del impacto en *lo* político.

Es en este marco que nos introducimos en la conceptualización merleaupontyana de la praxis. Parafraseándolo, podemos decir que todo lo que hemos venido diciendo sobre la expresión es una aproximación a la praxis. Sin embargo, cabe destacar que dicha noción ocupa un lugar relativamente marginal en el pensamiento de Merleau-Ponty, sobre todo en relación con la expresión; e incluso puede considerarse que, cuando la trabaja, lo hace más guiado por su interés en entablar una discusión, en el contexto del marxismo, con otros intelectuales franceses de su época (especialmente con Sartre). Sin dejar de tener esto en cuenta, nuestro *trabajo* de lectura vuelve sobre esa noción, pues en ella encontramos el material que nos permite dar cuenta del impacto en *lo* político. Ya que, aun cuando la expresión sucede en el entramado intersubjetivo, con ella se alude más que nada a la actividad de un hablante o pintor individual, con el riesgo de extender esa lógica al estudio del ámbito de *lo* político, enfocando la mirada sólo en las grandes individualidades y no en los actores colectivos. La praxis, en cambio, es siempre de un actor colectivo que, una vez rechazada la filosofía de la historia presente en algunas vertientes del marxismo, no tiene por qué ser la clase proletaria. Es por esto que la consideramos como la expresión que tiene lugar en el ámbito de *lo* político.

Con esta noción, Merleau-Ponty alude a la situación común de los agentes por la que se genera ese colectivo, al "sistema de lo que hacen en todos los órdenes de acción, sistema elástico y deformable que admite toda suerte de diferencias individuales y aun de errores colectivos, pero que termina siempre por hacer sentir su peso"[9]. Ya aquí se manifiesta el vínculo con lo que nosotros, a partir de Lukács, hemos denominado el impacto de totalidad (CM2 en el cuadro I del capítulo I), en tanto se hace referencia a la totalidad de la

---

[8] "La dialéctica es inestable, en el sentido que los químicos le dan a ese término" (*VI*, p. 88). Y también "lo que llamamos hiperdialéctica es un pensamiento que [...] encara sin restricción la pluralidad de relaciones y lo que se ha llamado ambigüedad" (*VI*, p. 90).
[9] *AD*, p. 58.

personalidad en su relación con la totalidad social, al no restringirse su alcance a un solo orden de acción y al rol que los agentes desempeñan allí. Además, no es el producto de un esquema subjetivo ni de una estructura objetiva, pues "esta alternativa es justamente la que Marx deja de lado al introducir un nuevo modo de existencia histórica y de sentido: la *praxis*"[10]. Y así como a través del esfuerzo continuo de expresión el pintor adquiere su singular modo de expresarse, al cual "tiene que conquistarlo sobre sus ensayos tanto como sobre la pintura de los demás o sobre el mundo"[11], conquista por la cual se vuelve pintor o, mejor aun, *ese* pintor, con su particular modo de interrogar al mundo y de percibirlo, con su estilo frente a las fórmulas sedimentadas; de manera homóloga es en el movimiento de la praxis, a través de ese modo de existencia y de sentido, que se conforma el actor colectivo. En un plano de contingencia y advenimientos en el que no hay necesidad histórica que lo determine. Así, según el particular trabajo de lectura que Merleau-Ponty realiza,

> lo que Marx llama *praxis* es ese sentido que se dibuja espontáneamente en el entrecruzamiento de las acciones por las cuales el hombre organiza sus relaciones con la naturaleza y con los otros. Ella no es dirigida desde el comienzo por una idea de la historia universal o total.[12]

Ahora bien, al igual que la expresión está entrelazada con los hilos del (segundo) silencio, la praxis, el impacto en *lo* político, también contiene esa ambigüedad. De allí la distinción que hemos venido esbozando a lo largo de este libro, y que termina aquí de cristalizar, entre, por un lado, el impacto *caótico*, aquél que genera una disrupción en los mecanismos que reproducen el cosmos social y su orden, produciendo un χάος, en los dos sentidos de esta voz que para nosotros son uno en su adherencia.[13] Pues introduce un desorden en el modo de ordenamiento que establece la fórmula instituida, a la vez que al hacerlo genera una abertura por la que puede concretarse lo otro que no tiene lugar en la constelación de estructura social objetiva-esquemas de do-

---

[10] Ibíd., p. 56. Puede detectarse la misma ambigüedad de la carne de lo social, en la que la praxis tiene lugar.

[11] *Sg*, p. 63.

[12] *EF*, p. 33.

[13] Cf. nota 40 al capítulo II.

tación de sentido subjetivos, en los posibles-pensables que de allí surgen. Y, por otro lado, el impacto tendiente a la reproducción de lo establecido en su orden actual, aquél que denominamos impacto *cósmico*. Pero no cabe pensar esta distinción como una escisión que "mantiene bien separados" a uno del otro y a cada uno encerrado en sí, antes bien hay que abordarlos en su dialéctica aporética. Volveremos a esto en la última sección.

Sobre este telón de fondo puede percibirse cómo lo dicho para la práctica de producción de conocimiento crítico constituye una instancia específica (con su lógica propia, pero no por ello absolutamente autónoma) de los esfuerzos sociales en pos de producir un impacto caótico, orientado por la cosmovisión valorativa del humanismo activo. Y si bien quien defiende esos valores sostiene que "no existe más humanismo serio que el que espera, a través del mundo, el reconocimiento efectivo del hombre por el hombre"[14], no por ello deja de asumirlos como los propios valores, como su dios por el cual lucha pero que no conduce a un nuevo monoteísmo, no cancela los otros valores. En este marco, Merleau-Ponty realiza una particular apropiación del "liberalismo heroico" de Weber, con dos consecuencias destacables: en primer lugar, que nuestros valores "pertenecen a otro orden que el de la lucha y no pueden subsistir sin la lucha"[15], ellos no son la lucha misma pero no hay una instancia fuera de la lucha y su conflicto (ni espiritualmente por encima ni materialmente por debajo) que pueda llevar a la concreción de tales valores. Y si se encuentran en conflicto es porque no son los únicos, aun cuando sea por ellos que llevamos adelante la lucha en que se nos va la vida. En segundo lugar, si aceptamos consecuentemente que *no estamos seguros* (en tanto no podemos saberlo con certeza) que la historia sea finalmente racional, entonces "el que *escoge* la verdad y la libertad no puede convencer de lo absurdo de sus posiciones a quienes han hecho otras elecciones, ni tampoco vanagloriarse de haberlos 'superado'"[16]. Pues optar por esos valores es una elección, una apuesta pascaliana que no da certeza ni establece la superioridad de nuestros valores; opacidad propia del politeísmo que vuelve a enfrentarnos con el problema de la *(in)certeza*, pero ahora al abordar el impacto en *lo* político.

---

[14] *Sg*, p. 277.
[15] *AD*, p. 13.
[16] Ibíd., p. 32 (las cursivas son mías).

Esto sustenta la crítica merleau-pontyana a la revolución, a su "presentarse como el reflejo de lo que es", sustrato ontológico a partir del cual "se presenta como asiento de un *saber absoluto*"[17]; poseedora de una certeza a partir de la cual se garantiza la corrección del rumbo de acción. Por ello, la revolución no puede acoger la existencia de otros puntos de vista, ya que eso relativizaría su pretensión de absoluto. Para ella, como para la ilustración y su lógica identificante, *"todo cuanto es extraño es enemigo"*[18], lo cual constituye una radical forma de apuntar a la cancelación de la pluralidad, achatando la profundidad de la carne de lo social a partir de la referencia a una certeza y a la autoridad que ella conlleva. Apostar, en cambio, por el acogimiento de la pluralidad, de la libertad y la igualdad, requiere reconocer (sobrerreflexivamente) que eso es una apuesta de tintes pascalianos, que no hemos superado moral o cognoscitivamente a los que luchan por otros valores, que nos paramos sobre una *incerteza*.

Excurso: el acogimiento de la incerteza y su cierre en Claude Lefort

Esta tensión entre certeza e incerteza, en la forma en que la sociedad se ordena y desordena a sí misma, está en el centro de las consideraciones de Lefort sobre la sociedad democrática y la sociedad totalitaria. En ellas retoma múltiples elementos del pensamiento de Merleau-Ponty, su maestro y amigo; de allí que realicemos un excurso por su perspectiva, no para adentrarnos en toda su complejidad, sino tan sólo para encontrar allí elementos que nos permitan terminar de plantear las preguntas que conforman nuestra problemática. Según Lefort, ambas formas de sociedad, sus particulares maneras de articular *lo* político, surgen de la abolición de "toda referencia a poderes sobrenaturales, o a un orden del mundo"[19] en base al cual regular las relaciones sociales. Es decir, emergen como formas de *lo* político propias de la modernidad, del quiebre que ella instaura (no de una vez y para siempre, sino con todos los azares, avances y retrocesos propios de la carnalidad de la historia)

---

[17] Ibíd., p. 98 (las cursivas son mías).

[18] Ibíd., p. 231.

[19] Lefort, C., "La lógica totalitaria", en *La incertidumbre democrática*, Barcelona, Anthropos, 2004c, p. 234.

y que a la vez la define, por el cual "en lo sucesivo lo teológico y lo político estarán separados"[20], siendo éste uno de los rasgos claves de la autoesquematización de la carne en la modernidad. Esto lleva al fin de ese monoteísmo que, según Weber, ha prevalecido en Occidente por siglos, dando lugar a un politeísmo en el que "las diversas esferas de valores del mundo se encuentran en conflicto irreconciliable"[21]; es por ello que "nuestra civilización nos destina a comprender de nuevo estas luchas con mayor claridad después de tener los ojos vendados durante todo un milenio"[22]. Y es el modo en que Lefort problematiza esa separación lo que aquí nos interesa, su interrogarse en torno a la ausencia de un absoluto trascendente a partir del cual fijar el "deber ser" de las prácticas humanas.

En este marco, Lefort concibe la democracia y el totalitarismo como cara y anverso del proceso desatado por este fenómeno. Pues, mientras la primera acoge la profunda incertidumbre que implica la no existencia de un referente último de valor, el segundo rechaza todo indicio de una diferencia de cosmovisiones en su interior, pero no se funda para ello en un referente externo, sino en la negación radical de toda exterioridad y en la concentración en un único punto de "todas las fuerzas de la sociedad"[23]. Así, en el contexto de la mutación simbólica que entraña la abolición del monoteísmo fundado teológicamente y el consecuente cese de la certeza que allí se asentaba, la sociedad totalitaria se caracteriza por ser aquella en que se rechaza el principio de una división interna de la sociedad, cancelando el pluralismo y, en última instancia, pugnando por erradicar el politeísmo que surge de la separación del monoteísmo religioso y *lo* político; rompiendo, en definitiva, con esa lógica moderna. En este marco puede percibirse por qué, en la sociedad totalitaria, "todo el sistema está basado en una *lógica de la identificación*"[24] que, de modo semejante a lo señalado por Adorno, iguala lo distinto borrando sus diferencias. Se niega entonces la división, cuyo resultado no puede ser más que la instauración del *uno*, unidad sin divisiones a la que todo se reduce.

---

[20] Lefort, C., "¿Permanencia de lo teológico-político?", en *La incertidumbre democrática*, Barcelona, Anthropos, 2004f, p. 106.

[21] Weber, 1991b, p. 103.

[22] Ibíd., p. 105.

[23] Lefort, 2004c, p. 233.

[24] Lefort, C., "¿Renacimiento de la democracia?", en *La incertidumbre democrática*, Barcelona, Anthropos, 2004e, p. 263 (las cursivas son mías).

La sociedad totalitaria entraña, por tanto, la reinstauración de un único dios, sólo que esta vez es un dios mortal e interno al propio entramado relacional; sin embargo, no por ello deja de tener la capacidad de atravesar con su mirada todo el espesor de lo social. Es a partir de esa transparencia que puede atribuirse un poder ilimitado para actuar, pues él posee el "conocimiento de los fines últimos de la sociedad"; en definitiva: conforma un sistema de saber-poder "que enuncia lo real como tal"[25]. Es esta certeza la que le permite regular (en el caso extremo, planificar) la lógica de lo social, en tanto de ella se extrae el "deber ser" que no sólo establece el rumbo de acción a ser seguido, también reduce a error y a desviación cualquier otro curso de acción. Sobre esta base, en la sociedad totalitaria, como en la revolución y en la lógica ilustrada, "la imagen de una historia que se va haciendo a cada momento queda absolutamente contradicha por la de una historia fijada de antemano. Lo desconocido, lo imprevisible, lo indeterminable son las figuras del enemigo"[26], y jamás la figura de un semejante en su diferencia.

Por el contrario, en la sociedad democrática no sólo se tolera la división interna, sino que ésta es "constitutiva de la unidad misma de la sociedad"[27]. La abolición moderna de la certeza no lleva aquí al esfuerzo por instaurar una certeza secular, antes bien se acoge la ausencia de un referente último al cual remitirse; es decir, se da lugar al politeísmo y su conflicto. De allí que este último no sea un elemento a erradicar, sino el rasgo definitorio de la lógica misma de este tipo de articulación de *lo* político; por lo que se mantiene una opacidad que inhabilita a todos los agentes en juego la posibilidad de auto-adscribirse un saber absoluto (o, al menos, toda pretensión de esas características entrañaría una ruptura de la lógica democrática). En este marco es posible o, mejor aun, no es posible no reconocer a los otros como semejantes, incluso cuando sostengan valores radicalmente diferentes a los míos, a los cuales no puedo tachar de falsos, de una errada percepción del sustrato ontológico y de las consecuencias normativas que de él se siguen, en tanto no

---

[25] Lefort, C., "La cuestión de la democracia", en *La incertidumbre democrática*, Barcelona, Anthropos, 2004a, p. 41. Nótese la cercanía con la concepción merleau-pontyana del punto de vista propio de la revolución, el cual se pretende poseedor de un saber absoluto "y por ese mismo acto se autoriza a sí mismo a extraer por medio de la violencia un sentido que está en ella, pero profundamente oculto" (*AD*, p. 98).
[26] Lefort, 2004c, p. 237.
[27] Lefort, 2004a, p. 49.

hay tal referente para una verdad última. En definitiva, "la democracia se instituye y se mantiene por la *disolución de los referentes de certeza*", que produce "una indeterminación última [...] respecto al fundamento de la relación del *uno* con el *otro* en todos los registros de la vida social"[28]. Indeterminación que diluye cualquier posibilidad de fijar como ya sabido lo que aún no ha tenido lugar. De allí que, para este autor, la democracia sea la sociedad histórica por excelencia, pues en ella se mantiene abierto el sentido último de los acontecimientos. En oposición a lo que ocurre en la sociedad totalitaria, la cual, al estructurarse "contra esta indeterminación, pretende detentar la ley de su organización y de su desarrollo, y se dibuja secretamente en el mundo moderno como *sociedad sin historia*"[29].

Ahora bien, si la sociedad democrática posee estas características, que no achatan la profundidad de la carne de lo social al abstraer lo diferente reduciendo su pluralidad al uno, a la vez que da cuenta de su ambigüedad; si es capaz de acoger la indeterminación de la carne en su modo de articularse en la modernidad, y dar cabida a la incerteza que surge de la ruptura entre *lo* político y la pretensión de fundarlo en una concepción teológico-monoteísta; en definitiva, si el estilo de la sociedad democrática es isomórfico con el de la carne de lo social, entonces ¿por qué se ve, según Lefort, constantemente amenazada por el totalitarismo (que entraña una ruptura con ese estilo)? ¿Qué lleva a que el totalitarismo dé "una respuesta a los interrogantes planteados por la democracia", que exista ese intento por "desterrar la indeterminación que acosa a la experiencia democrática"?[30] ¿Cuáles son los mecanismos sociales inscriptos en este entramado relacional moderno que ponen en movimiento una lógica identificante que culmina en el uno y su certeza, amenazando así a la incerteza y a la articulación de *lo* político que se sigue de su acogimiento? Frente a tales interrogantes, ¿no cabría pensar esta problemática en términos de una dialéctica aporética entre el estilo de la carne en su autoesquematización moderna —con su opacidad y ambigüedad— y la lógica propia de la ilustración, que disuelve la otredad para instaurar un sistema cerrado que se pretende, por tanto, sin exterior y para el cual toda otredad es la imagen del enemigo?

---

[28] Ibíd., p. 50.
[29] Ibíd., p. 46.
[30] Lefort, C., "La imagen del cuerpo y el totalitarismo", en *La incertidumbre democrática*, Barcelona, Anthropos, 2004d, pp. 255-256.

De vuelta hacia Weber

A partir de lo visto hasta aquí podemos notar que tanto Merleau-Ponty como Lefort encuentran en el "liberalismo heroico" de Weber un referente en base al cual aprehender el fenómeno del politeísmo de valores y de la opacidad que ello genera en el propio punto de vista;[31] a la vez que se hace de ello, y de la conflictividad que entraña, el elemento definitorio de la sociedad moderna. Es continuando este movimiento, remontándonos hasta la fuente weberiana, donde encontramos el elemento en que abrevar en pos de responder a nuestros interrogantes. Ya que, en su pensamiento, la preocupación por el conflicto valorativo se ve generalmente contrapesada por otra problemática que, antes que introducir nuevos dioses en el mundo, pareciera implicar el destierro de los mismos, su desencantamiento. Si la política es el terreno privilegiado de la disputa en torno a valores y el político la figura en la que se plasma esa lucha, es en su contrafigura donde encontramos los rastros de esa otra lógica social. Nos referimos al funcionario y su ámbito de acción: la burocracia, con la racionalidad instrumental que allí se pone en juego.

En efecto, es esta lógica la que, en el pensamiento de Weber, puede considerarse como el fenómeno opuesto a la reapertura del politeísmo valorativo, pero no una oposición en la que ambos coexistan armónicamente, pues lo propio de este proceso de racionalización instrumental es tender a avanzar sobre su contrario. De allí el diagnóstico weberiano según el cual "el destino de nuestra época se halla caracterizado por una racionalización e intelectualización y, sobre todo, por el 'desencantamiento del mundo'. Precisamente los valores esenciales y más sublimes se han retirado de la vida pública"[32], a manos de esa racionalización instrumental propia de la figura del funcionario, quien no decide entre fines pero no por ello deja de avanzar sobre esta prerrogativa del político y de la arena política en su conjunto. En un gesto ilustrado que desencanta al mundo de sus restos teológicos (lo cual lleva a que la política deje atrás la matriz religiosa), pero también de todo lo otro a su lógica identificante y calculatoria: la pluralidad de perspectivas (que no se resumen en el uno) y lo cualitativamente distinto. En esta sociedad moderna

---

[31] Y es justamente éste el lugar que ocupó Weber en el capítulo II, al discutir la adherencia entre ciencia y valores.
[32] Weber, 1991b, p. 113.

encontramos, entonces, no sólo la abertura que conduce a la pluralidad de dioses de los valores, sino también el cierre producto de la lógica que "mantiene el empeño en la destrucción de los dioses y las cualidades"[33].

Es aquí donde reside la diferencia central entre el diagnóstico de la modernidad de Lefort (quien sigue algunas líneas centrales del pensamiento merleau-pontyano) y el de raíz adorniana. En tanto para el primero la lógica totalitaria implica una ruptura para con la modernidad que cancela la abertura de la carne, lo cual vuelve aun más necesario el que nos preguntemos por los mecanismos que impulsan esa "respuesta". Consideramos que estos interrogantes pueden contestarse tan sólo si se busca en la propia lógica moderna los elementos potencialmente impulsores de este totalitarismo, el cual no sería entonces un quiebre de esa lógica, sino una radicalización extrema de una (no la única) de sus facetas. Así lo concibe Adorno al abordar la dialéctica de la ilustración, en un diagnóstico de la modernidad que resulta claramente distinto del que surge de Merleau-Ponty-Lefort pero que, al igual que éste, hunde sus raíces en suelo weberiano; poniendo el foco en "la burocracia", es decir, en las consecuencias de su racionalidad instrumental y calculatoria, en vez de ponerlo en la política y su lucha en torno a valores. Sobre esta base podemos dar cuenta del cierre que apunta hacia el totalitarismo, pero en su relación con la abertura democrática, a través de lo que aquí concebimos como una dialéctica aporética entre carne e ilustración.

La dialéctica aporética de la carne ilustrada

La dialéctica entre dos prototipos

En pos de dar cuenta de esta racionalidad instrumental y calculatoria es que volvemos a adentramos en la lógica de la ilustración, cuyos rasgos centrales hemos visto en capítulos anteriores. Y, si bien esta perspectiva tiene una concepción distinta a la lefortiana acerca de los procesos que llevan a la lógica totalitaria (en tanto, como hemos dicho, para este último entraña una ruptura con la modernidad, mientras que para Horkheimer y Adorno constituye una radicalización de una de sus facetas), ambas perspectivas arriban a una

---

[33] *DI*, p. 63.

caracterización con múltiples puntos de contacto. Especialmente en torno al lugar que ambas otorgan al saber que, asentado en un referente de certeza, pretende atravesar con su mirada el espesor de lo social, a partir de lo cual hasta la dimensión futura resulta algo ya conocido. Esto permite presentar el sistema como completamente cerrado en sí mismo, en una unidad que se pretende sin exterior, pero también sin divisiones internas, pues cualquiera de estas circunstancias implicaría una relativización de esa certeza, de su carácter absoluto. Es en torno a estos puntos que aquí nos concentramos.

La ilustración se define por un saber-poder cuyo núcleo es la técnica instrumental; a partir de ella ejerce la dominación de la naturaleza (externa e interna), en una lógica que lleva al dominio de lo cualitativamente distinto, abstrayendo su particularidad en un proceso que reduce lo diferente a equivalencias formales. De allí que apunte al sistema, de cuyo principio se sigue la fórmula de los posibles-pensables, por lo que se pretende sin exterior, de modo semejante a la sociedad totalitaria lefortiana. Es esto lo que la vuelve una sociedad sin historia, aquello que Adorno llama un mito.[34] Por eso en la ilustración, con su tendencia totalitaria, lo que no se reduce al uno resulta sospechoso. No hay lugar para puntos de vista otros que, como tales, escapen a la lógica identificante del sistema. La cual tiene su punto extremo en la disolución de la identidad misma, ya que la identidad de todo con todo conlleva el que nada pueda ser idéntico consigo mismo. Se vuelve a evidenciar así la mediación de la identidad por la no-identidad para poder constituirse como identidad.

Dominio (vía saber-poder) que persigue el único fin al que apunta una razón instrumental que se pretende sin valores: la autoconservación, "ya se trate de la autoconservación del individuo solo o de la comunidad, de cuya perdurabilidad depende la del individuo"[35]. En pos de este fin el sujeto debe dominarse a sí mismo y –para decirlo con Horkheimer– "éste es el consejo de la razón"[36]. Frente a la *incerteza* en torno de la propia autoconservación, al hobbesiano temor a la muerte, resulta un buen negocio realizar el intercambio por el cual se adquiere la posesión de la *certeza*, aun cuando lo que allí se ceda sea parte de la propia libertad; atándose con las sogas al mástil, como

---

[34] Cf. Buck-Morss, S., *Origen de la dialéctica negativa*, México, Siglo XXI, 1981, capítulo 3.
[35] *CRI*, p. 16.
[36] Horkheimer, "Razón y autoconservación", p. 93.

hace Odiseo frente a las sirenas, sujetándose con las cadenas de las leyes civiles, como hace el miembro de la sociedad civil hobbesiana. Donde la clave de esto, para Adorno (así como para Horkheimer), es que desde el punto de vista ilustrado eso es profundamente *racional* si es que con ello se cancela la incerteza, si así se adquiere la certeza en base a la cual erigir secularmente el orden social. De esta manera, si la autoesquematización moderna de la carne de lo social conlleva la indeterminación de la acción en un contexto de pluralidad, la lógica ilustrada busca cancelar esa indeterminación, pretende establecer un punto de determinación última y para ello diluye la pluralidad en la identidad.[37]

Sobre este telón de fondo puede captarse la importancia crucial de que los diversos miembros de un entramado relacional "soporten su libertad, que *no la cambien* con pérdida, pues no es solamente *su* cosa, su secreto, su placer, su salvación, sino *porque interesa a todos los demás*"[38], pues "nadie es sujeto y libre solo"[39]. De la misma manera que "la felicidad individual no es posible si no incluye virtualmente la felicidad de la sociedad en su conjunto", lo cual lleva al "reconocimiento de la sociedad, del todo, como el verdadero sujeto de la felicidad"[40]. Sobre esta base no cabe más que sostener que "todas las sociedades que toleran la existencia de un proletariado son injustificables"[41], no hay posibilidad de vida justa en una sociedad injusta, como señala Adorno.

---

[37] Hemos visto que la carne de lo social, en el modo moderno de autoesquematización de este elemento, surge de la separación entre lo teológico y lo político, del desencantamiento que esto entraña, el cual lleva a que la práctica en *lo* político se funde en sí misma y no en un elemento trascendente. Pero es también de ese desencantamiento que emerge esta racionalidad instrumental. Y nuevamente es Weber quien nos da la clave al mostrarnos cómo la racionalización de la vida (y, particularmente, de la vida económica) se liga al "dogma de la predestinación" calvinista, al desencantamiento que ocluye la posibilidad de alcanzar la salvación (de tener la certeza de la propia bienaventuranza) a partir de las acciones realizadas en este mundo (con particular relevancia de la acción ritual de la confesión). Lo cual genera una profunda incerteza acerca del propio destino en el más allá. La forma de conjurar esto es a través de una racionalización y sistematización de la propia vida, especialmente en la *Beruf*. El mismo proceso que abre la incerteza pone en movimiento la "respuesta" que intenta clausurarla vía una nueva certeza, y viceversa.

[38] *AD*, p. 259 (las cursivas son mías).

[39] Ibíd., p. 229.

[40] *Ps*, p. 89. "Para que alguien sea feliz, y lo sea de manera auténtica, es necesario que la humanidad toda se haya emancipado" (Schwarzböck, 2008, p. 278).

[41] *AD*, p. 258.

Las concepciones de Merleau-Ponty y de Adorno no se plantean para el individuo autónomo y en solitario, sino para la forma de articulación de la sociedad en su conjunto, para el proceso de su ordenamiento y desordenamiento, para *lo* político. Donde el movimiento de la carne, por un lado, y el de la ilustración, por otro, se encuentran en el centro de sus respectivos abordajes; nociones que en ninguno de los dos casos refieren al sujeto o al objeto, sino a la lógica relacional que se establece entre ellos y entre los diversos sujetos. En este sentido, la carne "es un prototipo del Ser"[42], pero a partir de nuestro trabajo de lectura no concebimos esto en términos ontológicos –como sí lo hace el propio Merleau-Ponty–, antes bien aquí retomamos la manera en que Merleau-Ponty retoma a Lukács, y vemos allí un prototipo de las relaciones sociales que tienen lugar en la sociedad moderna y capitalista, con sus consecuentes "formas de objetividad y [...] formas de subjetividad"[43]; o, mejor aun, con la ambigüedad y reversibilidad entre esas formas. Frente a lo cual se encuentra aquel otro prototipo de relaciones sociales modernas y capitalistas que no entraña una ambigüedad entre sujeto y objeto, sino la escisión entre ellos, a la vez que pone en marcha un proceso de racionalización instrumental e identificación de lo distinto: la ilustración.

Encontramos de esta manera dos entradas que dan cuenta del modelo de relaciones que articulan el orden y el desorden de la sociedad. Es en el quiasma entre ellas, "en la intersección de las avenidas"[44], que hallamos el terreno en el que asentar nuestro esbozo sobre *lo* político; terreno que es el de la carne ilustrada, el de la ilustración carnal. Esta dialéctica nos permite dar cuenta de los interrogantes a los que nos condujo el excurso lefortiano, acerca de por qué la sociedad totalitaria mantiene presente la amenaza de desterrar la indeterminación propia de la democracia (y de la carne de lo social), estableciendo la certeza del uno allí donde se da la pluralidad, su oposición y su incerteza. Sin embargo, al sostenerse esta dialéctica aporética no puede dársele primacía a uno de sus momentos sobre el otro y, por ende, no nos permite hacer de la carne una lógica más fundamental que la de la ilustración. En consecuencia, esta dialéctica sin síntesis no nos da fundamento alguno en base al cual establecer "el estatus *normativo* de la coexistencia descentrante y

---

[42] *VI*, p. 124.
[43] *HCC*, p. 89.
[44] *VI*, p. 146.

conflictiva de perspectivas que evitan que el mundo se vuelva 'plano'"[45], pues esa platitud del pensamiento tecnificado es uno de los momentos de dicha dialéctica. Más allá de que nuestra cosmovisión valorativa nos lleve a defender el pluralismo, a pugnar por él pues "queremos que sea", si buscamos no instaurar una ilustrada certeza, entonces no tenemos elementos con los que sostener la superioridad ontológica y/o normativa de la sociedad democrática. La hiperdialéctica, al igual que el "liberalismo heroico" de Weber, "no postula un empíreo político, no considera como absoluto el universo formal de la democracia"[46].

Crítica al estatus normativo

Sin embargo, no sólo la lógica de la carne no constituye una ontología, sino que (como se desprende de lo planteado en el capítulo V) tampoco lo es la dialéctica aporética de la carne ilustrada, en tanto ésta es el producto de un proceso sociohistórico, ligado a la transformación que instituye a la sociedad moderna y capitalista. Es decir, su peso es tal en el interior de la sincronía cargada de diacronía, pero no podemos extenderlo a una constante para toda la diacronía. Esto afecta el estatus de la articulación de *lo* político que busque basarse en ella, pues no hay en esta sincronía –no sabemos más allá– fundamento último sobre el cual asentar una pretensión normativa. Cabe agregar, además, que los valores de nuestra utopía-posible entrañan el interés por transformar (y no por reproducir) esta dialéctica aporética, que no deja de ocasionar una "dificultad para pasar" hacia la concreción de tales valores. Aun cuando –como señalamos con Adorno al final del capítulo anterior– la pregunta por la realidad o no de su concreción plena "resulta poco menos que indiferente".

Este cuestionamiento a la ontología como fundamento último nos separa de la concepción acerca de *lo* político elaborada por Martín Plot (a quien hemos seguido en su lectura de la noción de expresión en la primera sección); pues concibe la carne de lo social como la base a partir de la cual sostener el estatus normativo de la sociedad democrática. Destaquemos inmediatamente

---

[45] Plot, 2008, p. 108.
[46] *AD*, p. 32.

que lo que rechazamos no es el señalamiento de que "un horizonte de transparencia y de desaparición de la división social y del conflicto son sólo posibles desde una perspectiva contraria a la forma de ser de lo democrático-político"[47], pues la incerteza que procede de esa opacidad es un rasgo constitutivo y definitorio de la sociedad democrática. Lo que cuestionamos, en cambio, es asumir tal opacidad y la división en una pluralidad como ontología, en base a la cual elevar la democracia moderna a un estatus normativo, cimentando su legitimidad en que ella "da cuenta del ser de la carne de lo social"[48], y no en que sea un valor propio de nuestra cosmovisión valorativa (una entre las muchas de la pluralidad) por cuya concreción luchamos. Ya que, como hemos visto, hacer de la pluralidad propia de la carne una ontología conlleva considerar el punto de vista que niega esa pluralidad no como una cosmovisión diferente (pero semejante) con la cual me enfrento, sino como una percepción que no accede a la captación del sustrato ontológico de lo social y, por ende, es no-verdadera.

Nuestro argumento es que el gesto ontologizante entraña un cierre de la pluralidad más propio de la lógica ilustrada que de la carne. Sólo realizando ese gesto (ilustrado) se puede buscar "un cimiento normativo para el régimen democrático"[49]. Éste es el punto ciego de toda perspectiva normativista, incluso de aquellas más sutiles teóricamente, que al hacer de la sobrerreflexividad y de la hiperdialéctica el estilo propio de su concepción sobre la democracia trazan el camino por el que nuestra crítica transita.

Esta problemática se traslada también a la fundamentación de los procedimientos democráticos, pues si sostenemos que "ni en el lenguaje ni en la política podría establecerse un procedimiento fijo de autoinstitución de una vez y para siempre"[50], entonces ¿en qué pilares asentar la concepción de "la alternancia en el ejercicio del poder mediante elecciones periódicas y frecuentes y el sufragio universal como efectivamente ocupando un lugar normativo central en la institución y permanente autoinstitución de la democracia moderna"[51]? Puesto que o bien estos procedimientos no son más que unos entre los múltiples posibles, en tanto no fijos, y por tanto no establecen el

---

[47] Plot, 2008, pp. 19-20.
[48] Ibíd., p. 132.
[49] Ibíd., p. 133.
[50] Ibíd., p. 115.
[51] Ibíd., p. 13.

"deber ser" de la autoinstitución de *lo* político (más allá de que sí establezcan lo que nosotros "queremos que sea"), o bien ellos sí establecen la forma en que "debe" darse la autoinstitución de *lo* político y, en ese sentido, constituyen un procedimiento fijo de la sociedad moderna y su articulación democrática. Sólo sobre esta base –que entraña un punto ciego– puede establecerse el "deber ser" que tendría que orientar las prácticas de los actores, únicamente de este modo puede sostenerse que "*normativamente* hablando [...] los actores [...] *deben* asumir el hecho de ser-de-la-carne de la opinión"[52]; donde no asumir eso entrañaría un error en la percepción de la ontología del ser social y no el detentar una cosmovisión valorativa diferente. Lo cual marca un límite para la oposición que la democracia instituye. En este sentido, y como señalamos para la carne, esta concepción de la democracia es hiperdialéctica y sobrerreflexiva en su interior, pero ella misma no es un momento de un movimiento dialéctico.

En este marco cabe preguntarse: si lo que la sociedad democrática requiere para ser tal es "una reversibilidad de la carne de lo social que sólo podría materializarse si existe suficiente 'oposición y libertad'"[53], esta oposición ¿incluye las perspectivas que se oponen a la sociedad democrática y a la forma en que en ella se articula *lo* político? Detrás de esta pregunta aparentemente banal, lo que se plantea es un interrogante sobre la hiperdialéctica. Pues si esa oposición tiene límites y no acoge a su otro, a la lógica ilustrada, entonces es una dialéctica aun cuando no concluya en una positividad sino en una negatividad –la cual, en un gesto dialéctico negativo, habría a su vez que negar–. Sólo si la oposición no tiene límites nos situamos en el terreno hiperdialéctico, pero entonces no podemos sostener la democracia en términos normativos, deslegitimando las perspectivas otras. Nuevamente nos topamos con este punto ciego que únicamente puede sortearse manteniendo abierta la *incerteza* que tiene lugar en el marco de un politeísmo valorativo; lo cual implica que no hay un dios preponderante, ni siquiera la

---

[52] Ibíd., pp. 210-211 (las cursivas son mías). Permítasenos insistir en que nuestra diferencia con esta perspectiva no es acerca de la orientación que ella plantea, sino sobre el estatus que se establece para la misma: si la lucha en favor de la democracia tiene una validez normativa o bien si se la sostiene a partir de nuestra cosmovisión valorativa. Es la cercanía entre nuestra perspectiva y la de Plot –así como nuestra deuda con ella– lo que amerita marcar la diferencia, tornando así más específico nuestro argumento.
[53] Ibíd., p. 134.

democracia, nuestro dios. Pues "los ideales supremos que nos mueven con la máxima fuerza se abren camino, en todas las épocas, sólo en la lucha con otros ideales, los cuales son tan sagrados para otras personas como para nosotros los nuestros"[54].

La dialéctica entre semejante y diferente

El recorrido realizado vuelve a situarnos ante la problemática relación entre semejante y diferente, la cual cristaliza en torno a la importancia, para el Weber producto del trabajo de lectura merleau-pontyano, de "tener que legitimar [a] sus adversarios y tener que afrontarlos"[55]. Adversarios con los que se lucha en torno a cosmovisiones valorativas *diferentes*, pues son esos *otros* cuya mirada descentra la mía, pero para ello tengo que salir de mi "centrismo" (egocentrismo, epistemocentrismo, etcétera) y legitimar su particular centración de la mirada, con la que ven los mismos procesos sociales que yo pero a su manera. En tanto "el mundo es un sistema que posee múltiples entradas o, como quisiéramos decir, que tenemos *semejantes*"[56], *y es esa semejanza la que brinda el piso que permite la diferencia*. Por eso, "el sujeto que presuntamente es en sí está en sí mediado por aquello de lo que se separa, la conexión de todos los sujetos"[57]. *A la vez* que esa conexión que nos torna semejantes sólo puede ser tal en la diferencia entre perspectivas, ya que la visión monocular, de un único ojo que da cuenta del conjunto, no da cabida más que a un sí mismo, encerrado en su solipsismo, sin conexión con los otros, es decir, sin semejantes. *Es la diferencia, entonces, la que brinda el piso para la semejanza.*

Entrelazamiento de diferente-semejante en el cual tiene lugar la dialéctica aporética y su estilo de movimiento, pues "sólo hay dialéctica en ese tipo de ser en el que se realiza la convergencia de los sujetos y que no es *solamente un espectáculo* que se proporciona cada uno de ellos por su cuenta, sino su residencia común, el lugar de sus intercambios y de sus inserciones recípro-

---

[54] Weber, 1997, p. 46. Merleau-Ponty cita más extensamente este mismo pasaje en *AD*, p. 32.
[55] *AD*, p. 13.
[56] Ibíd., p. 28 (las cursivas son mías).
[57] *DN*, p. 201.

cas"[58]. Sobre este entrelazamiento se ciernen dos instancias, cada una de las cuales apunta a la pureza de tan sólo uno de estos momentos, poniendo en jaque su dialéctica, aun cuando no lleguen a romperla. Por un lado, el extremo de una (cuasi) pureza en la semejanza que abstrae la diferencia en pos de una igualdad formal, la cual tiende hacia una fungibilidad universal en la que todo puede ser intercambiable por todo, en tanto se halla igualado. Sin embargo, este llevar al extremo la ilustrada lógica identificante produciría, como ya hemos dicho, una identidad de todo con todo en la que nada puede ser idéntico consigo mismo; por lo que la propia lógica identificante tendería a diluirse en el mismo gesto en el que apunta a su pureza. Por otro lado, el extremo de una (cuasi) pureza en la diferencia, que radicaliza la otredad del otro tornándolo de "adversario" (como dice Merleau-Ponty) en enemigo, con el cual prácticamente no hay punto alguno de contacto, salvo justamente el conflicto que los enemista. Aun en esta radical otredad se mantiene un mínimo de semejanza, en tanto es ella la que evita que sean meramente dos Para Síes paralelos, los cuales no se cruzarían en relación alguna, ni siquiera para establecer su conflicto.

Sin embargo, esta concepción de la enemistad se sostiene siempre y cuando tenga lugar en una articulación de *lo* político en la que se acoge la incerteza, con el cono de sombras sobre la propia perspectiva que ella entraña. En efecto, lo que sí rompe con la dialéctica entre diferente y semejante (y no sólo la pone en jaque) es el establecimiento de una certeza última (sea ontológica, metafísica o de la antropología filosófica), en base a la cual se inviste un punto de vista particular del carácter de normativo, emergiendo así la Escila de esta investigación. Pues se hace del punto de vista otro no un adversario al que reconozco semejante en su diferencia, ni siquiera ese otro radical con el que sólo me cruza la enemistad, sino directamente *una perspectiva errada* en su acceso a lo ontológico (o en sus meditaciones metafísicas o antropológicas). Aquí no hay posibilidad de semejanza y, por ende, de pluralidad. El eje se corre de la consideración valorativa (en su adherencia a una dimensión cognoscitiva) con su incerteza y opacidad, para dar lugar a una pura verdad y su consecuente establecimiento del "deber ser" de lo social. El

---

[58] *AD*, pp. 227-228 (las cursivas son mías). Veremos más adelante la centralidad de que esta residencia común no sea tan sólo un "espectáculo" que los agentes contemplan desapasionadamente, sin la pasión propia de *lo* político y su disputa de valores.

anverso de esto es concebir el resto de los puntos de vista sobre lo sociohistórico como consideraciones erradas a ser corregidas (un eufemismo para "eliminadas", en tanto asimiladas al propio punto de vista); pues sólo dan lugar a unas prácticas desviadas del sendero correcto y que, por tanto, han de ser enmendadas.

En definitiva, para decirlo con Merleau-Ponty: se sacrifica la lógica del otro a la nuestra; lo cual brinda a la propia consideración sobre *lo* político la autoridad para avanzar sobre cualquier forma de otredad, para civilizar ilustradamente a la barbarie que habita en todas ellas. Autoridad que se dirige, sin vacilaciones, hacia el autoritarismo que toda perspectiva normativa contiene en germen. Pues ella no puede sostenerse sin contener el propósito de conducir al otro a la Verdad (que es *mi* verdad), algo muy diferente del esfuerzo en pos de convertir al otro a mi cosmovisión valorativa. Perspectiva normativa que pretende acceder a la ontología del ser social, apuntando así a una transparencia aun cuando lo que se eleve a lógica del Ser sea la opacidad. Por este camino vemos nuevamente cómo la certeza (y su deriva autoritaria) es puesta en crisis por la dialéctica negativa y el movimiento sobrerreflexivo.

La oclusión de la lucha y el impacto en lo político

Sobre este telón de fondo percibimos densamente el sentido de la crítica que Merleau-Ponty le realiza a la revolución, en tanto entraña un caso extremo —por la radicalidad de la transformación que pretende encarar— de una acción asentada en una *certeza* y en la consecuente pretensión de poseer un saber absoluto, lo cual hace de su acción la concreción del "deber ser" de lo social. Lógica que no permite la existencia de un exterior, de una perspectiva otra que no sea reducida a "falsa conciencia" (por usar la terminología que surge de la relación entre totalidad histórica y clase, es decir, de R1). Así, "en su manera de negar ya está presente su manera de afirmar"[59] y viceversa. Pues es su afirmarse en una certeza lo que le permite pensarse como un saber-poder que concentra toda la negación y, justamente por ello, constituirse en una pura afirmación, "en un régimen que, por ser la negación de sí mismo, no

---

[59] *AD*, p. 258.

tenga necesidad de ser negado desde el exterior, y en una palabra, que no tenga más exterior"[60].

La radicalidad de la transformación que aquí se pretende concretar torna particularmente claro esto, pero no por ello estamos ante un sesgo que únicamente tiene lugar en la acción revolucionaria. Al contrario, es a partir de ella que podemos echar luz sobre acciones menos radicales en su transformación, pero igualmente asentadas en una certeza, con su deriva normativa. En tanto en estas acciones se sigue dando preponderancia al momento cognoscitivo, a partir de lo cual se hace de la dimensión valorativa o, mejor dicho, de lo que en una perspectiva que da cuenta del politeísmo valorativo es un valor (en conflicto con otros), una postura normativa en base a la cual se orienta la práctica en *lo* político. Concepción que también conlleva el no admitir un exterior (incluso cuando el sustrato ontológico es la pluralidad y su opacidad), pues toda otredad, si es efectivamente otra y no meramente una variación de la misma, constituye una perspectiva (valorativa) no-verdadera. En esta lógica el otro diferente a mí nunca puede ser mi semejante.

La revolución entraña el investir un valor del estatus de normativo, en base a lo cual se sostiene una forma de lucha en *lo* político que pretende la cancelación de la lucha misma, al cambiar el eje del conflicto entre valores a una cuestión puramente cognoscitiva. Ahora bien, es dable hallar otra problemática, en cierto sentido opuesta, cuya lógica tiende también a la oclusión de la lucha en *lo* político: no la elevación a verdad normativa de un valor, sino la (aparente) ausencia de todo valor. Aquello que con Adorno podemos llamar la "apatía"[61], actitud que entraña lo contrario a una de las tres cualidades decisivas que Weber señala para el político: la pasión, en el sentido "de devoción apasionada a una 'causa'"[62]. Frente a esta última encontramos la fría y sobria actividad del funcionario munido de un saber técnico-instrumental, quien realiza su tarea detalladamente pero sin cuestionar los fines que le son dados ni los procedimientos formales a través de los cuales los alcanza. Antes bien, se convierte en una suerte de máquina de aplicación de dichos procedimientos, tal y como Weber caracteriza al juez del Estado burocrático moderno, el cual

---

[60] Ibíd., p. 230.
[61] Para un desarrollo de esta noción, véase Schwarzböck, 2008.
[62] Weber, 1991, p. 60.

es prácticamente una máquina automática de artículos jurídicos, en la que se introducen por arriba las actas y los costes y demás tasas, y sale luego por abajo la sentencia acompañada de los argumentos más o menos sólidos en que se basa; el funcionamiento es, en todo caso, en general calculable.[63]

Nos topamos nuevamente con la racionalidad instrumental-formal propia de la ilustración, que conduce a una generalización –según Lukács señala retomando y ampliando a Weber, en una lectura que a su vez Horkheimer y Adorno continúan desarrollando– de esa "actitud contemplativa ante un proceso de leyes mecánicas y que se desarrolla […] sin influenciación posible por una actividad humana, proceso, pues, que se manifiesta como sistema cerrado y concluso"[64]. Esta lógica lleva a "la retraducción de la espontaneidad en contemplación que se consumó en la historia […] de la burguesía y culminó en la apatía política, algo sumamente político"[65]. En definitiva, estamos nuevamente ante aquel fenómeno que viéramos con Horkheimer en el capítulo II: el de *la despolitización* en sus dos dimensiones, espacial y temporal. Pero mientras allí lo estudiamos para la esfera científica y su práctica específica, ahora lo estamos indagando para *lo* político en su conjunto; para los mecanismos a través de los cuales la sociedad se ordena y desordena a sí misma y que son percibidos, desde la fórmula de los pensables-posibles, como ajenos a los agentes, quienes sólo pueden contemplarlos como un espectáculo.[66] Por lo que, en oposición a lo que planteamos con Merleau-Ponty, en la apatía se aprehende a la "residencia común" solamente como un espectáculo, lógica intrínseca a una ilustración que enfrenta al sujeto con el objeto sociedad, sosteniendo una concepción de la (pura) autonomía individual que está lejos de aprehender el entrelazo en la "residencia común". Antes bien, se introduce allí la "fría distancia"[67] que nos deja apáticos ante el espec-

---

[63] Weber, M., 2003, p. 278.

[64] *HCC*, pp. 96-97.

[65] *DN*, p. 221.

[66] Esto acontece para aquél que posee el saber técnico, como vimos con Weber en el caso del juez, pero también (y tal vez más aun) para el que no posee ese saber, quien por tanto no puede decir nada válido al respecto. En esto se cifra, según Weber, el poder del funcionario sobre el político y sobre el ciudadano en general. Baste pensar la complejidad que implica para el lego poder introducirse densamente en una problemática económica o legal, por mencionar dos de los ámbitos más claramente tecnificados en su saber.

[67] *DI*, p. 127.

táculo de una sociedad en la que aún hay carencia de libertad e igualdad. Todo lo cual lo contemplamos con la distancia de lo ajeno, a pesar de que ello nos involucre directamente, en tanto "las libertades […] se exigen unas a las otras"[68], por lo que en una sociedad no-libre nadie puede ser libre. Vemos cómo "la capacidad para distanciarse y elevarse como espectador"[69] es el gesto definitorio de la apatía ilustrada, "de la frialdad […] principio fundamental de la subjetividad burguesa sin el que Auschwitz no habría sido posible"[70].

En resumen, la apatía y su intrínseca despolitización constituyen una instancia que ocluye la lucha en *lo* político, pero no por la instauración de una certeza, sino por la (aparente) ausencia de fines y valores en pos de los que luchar. Esto conduce, por un lado, a que se persiga únicamente el fin que la razón instrumental establece: la autoconservación; y, por otro, a que la lucha en torno a valores sea remplazada por la aplicación de un saber técnico, por los procedimientos formales que éste pone en juego. Base sobre la cual se instaura una "necesidad ciega", que es justamente aquella que el impacto en *lo* político orientado por la cosmovisión del humanismo activo busca disrumpir. Son aquellas prácticas que se esfuerzan por concretar valores otros a los hoy establecidos las que encuentran un obstáculo especialmente duro en esta apatía; de allí la centralidad de incluir esta cuestión en nuestras consideraciones.

Arribamos, una vez más, a la problemática en torno al esfuerzo por disrumpir lo instituido, pero ahora no para la práctica de la crítica, sino para la práctica en *lo* político; aquí el movimiento propio de la carne ilustrada nos brinda un sendero por el cual avanzar, en tanto nos permite captar los mecanismos sociohistóricos por los que en el entramado relacional moderno y capitalista se genera la abertura propia de la carne (en el modo de autoesquematización de este "elemento" en la modernidad), al darse la vida en común y la pluralidad de cosmovisiones que ya no es resuelta a partir de la referencia a una certeza última de carácter suprahumano. *A la vez* que la ilustración busca desterrar la incerteza que así se instaura, produciendo un cerrado sistema que se pretende absoluto, y es en ese movimiento de cierre que genera su otro, así como

---

[68] *AD*, p. 229.
[69] *DN*, p. 333.
[70] Ibíd., p. 332.

el concepto produce lo no-conceptual. Un movimiento, entonces, que en pos de establecerse como absoluto se relativiza, abriendo la lógica identificante hacia una otredad que ya apunta en dirección a la carne.

Es en esta sincronía cargada de diacronía que tiene lugar el impacto orientado a la concreción de los valores propios del humanismo activo, el cual apunta a la producción de un *caos* (así como, según Adorno, también lo hace el arte y, a su manera, la crítica) en la constelación de esquemas de dotación de sentido subjetivos-estructura social objetiva, en el cosmos que allí se genera, disrumpiendo la fórmula de los posibles-pensables dominante en la sociedad en que vivimos. Apunta, entonces, a producir un desorden que es también abertura por la que puede pasar la concreción de valores que hoy no tienen lugar; en definitiva, busca tornar posible lo que se presenta como imposible, pensable lo que resulta impensable para los esquemas de dotación de sentido subjetivos instituidos. Sobre este telón de fondo puede percibirse la homología entre lo planteado para la práctica crítica y para la práctica en *lo* político, pues "pensar es un hacer, teoría una forma de praxis; únicamente la ideología de la pureza del pensamiento engaña sobre este punto"[71]. De allí que para nosotros la crítica sea una de las instancias (con sus especificidades) de la práctica en *lo* político, pero no la única o ni siquiera la sobredeterminante.

Aun cuando esta disrupción, que hemos denominado impacto caótico, no genere una transformación de la radicalidad a la que apunta la revolución, no puede dejar de apreciarse que "por el solo hecho de que se haya producido un progreso, la situación ha cambiado y, para seguir siendo igual a sí mismo necesita hacer frente a los cambios que ha suscitado"[72]. Además, si la expresión en su inaugurar sentido no deja de estar entrelazada con los hilos del (segundo) silencio, conduciendo a esas fórmulas sedimentadas que al mismo tiempo arruina con su particular estilo, del mismo modo entonces el impacto caótico está entrelazado con la lógica dominante en el cosmos social, aun cuando genera una discontinuidad en su *continuum*, produciendo un advenimiento. Pues "se necesita del orden para cambiarlo"[73]. El impacto caótico está adherido al impacto cósmico y su reproducir lo instituido; ésta es la *am-*

---

[71] *Cg*, p. 161.
[72] *AD*, p. 47.
[73] *EF*, p. 26.

bigüedad del impacto en *lo* político, que es intrínseca a toda práctica que no se pretenda *puro* potencial emancipatorio, como le hemos criticado a la perspectiva habermasiana. Es esto lo que impide ponerle fin a su movimiento dialéctico aporético, situándonos de esta manera en el terreno de la dialéctica triunfo-fracaso. Punto éste que tiene lugar no sólo en la revolución (aunque aquí se manifieste de una manera más evidente), sino también en aquella práctica que acoge la incerteza; pues, mientras no cese su dialéctica aporética, de ella también hay que decir "que es siempre relativa, [...] que la victoria y el fracaso forman en ella una sola unidad"[74]. Como en la revolución, el triunfo de la disrupción "y su fracaso serían la misma cosa"[75] y viceversa; pues no hay situación tan cerrada sobre sí misma –como por momentos parece serlo la cosificación y sus consecuencias para Adorno– que no tenga grietas por las que dar lugar a un impacto caótico. En el espesor de lo social, en su carne ilustrada, "no existe ninguna situación sin esperanza" y viceversa: no existe ninguna situación sin desesperanza, que no amerite la melancolía adorniana por lo que podría haber sido y no fue. De allí "el carácter dual del progreso, que siempre ha desarrollado el potencial de la libertad de consuno con la realidad de la opresión"[76].

Ahora bien, ¿en qué sentido podemos hablar de "progreso"?, ¿cómo enunciar esta categoría (que nos sabe cargada de anacronismo) sin asentarla en un estándar normativo que la sostenga? Lo hacemos en el sentido que leemos (a través de nuestro *trabajo* de lectura) en Merleau-Ponty cuando, en primer lugar, plantea la tensión sincronía-diacronía, dando cuenta del peso y consecuencias de una práctica en una situación determinada sin sostener que la misma tenga igual valor en diversas sincronías, esto es, cuando la diacronía altera la articulación de *lo* político de la sincronía. En este sentido, "el Comité de Salud Pública es progresivo relativamente a 1793, es decir, es absolutamente progresivo en su época"[77], quiasma que no llega a un punto de unión en el cruce de las avenidas de lo relativo y lo absoluto, pero que transforma el sentido de ambos términos en su movimiento. Donde lo relevante es ese carácter progresivo dentro de su situación, que es también una manera

---

[74] *AD*, p. 246.

[75] Ibíd., p. 244.

[76] MM, p. 146. En un sentido similar, Merleau-Ponty señala que "cada progreso es ambiguo" (*AD*, p. 47).

[77] *AD*, p. 246.

de decir que: para ser hoy progresivo de una manera semejante a la del Comité se tendría que hacer algo completamente distinto a lo por él hecho. Esto nos conduce, en segundo lugar, a la cuestión acerca de cómo señalar que un impacto en *lo* político es progresivo en la sincronía. Es decir, ¿sobre qué base sostener ese juicio? La clave acá la brinda el que entre los diversos elementos de la sincronía estén las diferentes (pero semejantes) cosmovisiones valorativas. Teniendo eso en cuenta, podemos sostener que

> cuando se dice que el marxismo encuentra un sentido a la historia, no debemos comprender esto como una orientación irresistible hacia ciertos fines, sino [...] como una interrogación en relación a [la cual] todo cuanto ocurre a cada momento puede ser clasificado, situado, *apreciado* como progreso o regresión, comparado con lo que ocurre en otros momentos [...] concebido como contribución a la misma tentativa.[78]

Sólo podemos hablar de un progreso o una regresión en relación a la interrogación que percibimos en la situación. Es a partir de ella que *apreciamos* lo que acontece, lo *valoramos* como un avance o un retroceso. ¿En qué orientación? En la de la concreción (azarosa y contingente, no irresistible, no teleológica) de nuestra cosmovisión valorativa. Estamos entonces ante una dimensión valorativa de la noción de progreso –como ya lo señalara Weber[79]–, lo cual implica que aquello que es progresivo para un determinado punto de vista puede no serlo para otro, pues la única manera de ver allí un progreso para todos los puntos de vista es reinstaurando un único dios como dios de todos, dando lugar al monoteísmo implícito a las perspectivas normativas, introduciendo la Escila que la teoría crítica reflexiva busca sortear. En definitiva, la incerteza también ha de ser acogida en el juicio (valorativo) acerca de las consecuencias indeterminadas a que ha dado lugar una práctica en *lo* político.

A partir de todo esto se manifiesta la centralidad de ese acogimiento de la incerteza no sólo para una crítica que no detenga su movimiento ante un absoluto, sino también para evitar esa misma detención en el impacto en *lo* político. Lo cual acontece como consecuencia de pretender que la propia práctica se funda en un absoluto, garante de su pureza, cuyo anverso es no

---

[78] Ibíd., pp. 45-46 (las cursivas son mías).
[79] Cf. Weber, 1997.

dar lugar a otros puntos de vista sobre lo mismo. Frente a ello, aquí apuntamos e intentamos apuntalar un impacto caótico que incluya sobrerreflexivamente su propia ambigüedad –su estar enlazado con un impacto cósmico–, así como la indeterminación de sus consecuencias. Praxis que, como la expresión y la crítica, "avanzan oblicuamente, y no directamente, hacia fines o hacia conceptos"[80].

Para ello es necesario mantener abierta la incerteza en los fundamentos de la práctica de la crítica, así como en los de la práctica en *lo* político. Donde la cosmovisión valorativa brinda un punto de apoyo sólido pero no fijo e inmutable, que tampoco es idéntico y plano dentro del espesor de una constelación en la que tienen lugar múltiples entradas a lo mismo, en la que hay pluralidad de perspectivas. La cosmovisión, en conflicto con otras, semejantes en su diferencia, no lleva a la mirada omnisciente del espíritu capaz de aprehender de forma transparente lo social. Sin embargo, tampoco conduce a la concepción especularmente inversa a esta Escila del normativismo, aquella que establece un Vacío en los fundamentos al fijar como certidumbre radical la imposibilidad absoluta de alcanzar esa transparencia, la ontológicamente necesaria presencia de elementos no articulables, como sucede en el pensamiento post. El cual da lugar así a la certeza negativa que define a la Caribdis con la que nos topamos sobre el final del capítulo I y cuya crítica es nuestra próxima tarea.

A partir del recorrido que hemos realizado, de la crítica a aquellas prácticas en *lo* político que pretenden fundarse en una *certeza* con la concepción del poder-saber que ello entraña, junto con la captación de la dialéctica aporética del impacto en *lo* político al que el acogimiento de la incerteza nos conduce, arribamos a una posición en la cual podemos sostener que:

> si [...] convenimos que ninguna acción asume todo cuanto pasa, ni alcanza el acontecimiento mismo, que toda acción, aún una guerra, siempre es acción simbólica y descuenta el efecto a que dará lugar como significativo y rastro de una intención tanto como los resultados inmediatos en el acontecimiento, si se renuncia entonces a la *"acción pura"*, *que es un mito*, y un mito de *la conciencia especular*, tal vez entonces comiencen a existir las mayores posibilidades de *cambiar el mundo*.[81]

---

[80] *Sg*, p. 98.
[81] *AD*, p. 224 (las cursivas son mías).

Cuando [la crítica] tropieza con insuficiencias no las atribuye precipitadamente al individuo y a su psicología, al chivo expiatorio del fracaso personal, sino que intenta derivarlas de los diversos momentos del objeto. Esta crítica persigue las aporías de la lógica, las irresolubilidades ínsitas ya en su tarea. Y en esas antinomias comprende las propiamente sociales.

Theodor W. Adorno

Ya lo hemos visto: si se penetra bastante profundamente en el relativismo se encuentra en él la superación del relativismo, y esa superación es la que dejaría de existir si se erigiera lo relativo en absoluto.

Maurice Merleau-Ponty

El mundo social, con sus jerarquías que se resisten a dejarse relativizar tan fácilmente, no es relativista…

Pierre Bourdieu

VII

Ernesto Laclau: esencialismo negativo y disolución de la crítica

La intención de este capítulo es abordar la propuesta de Ernesto Laclau, concentrándonos específicamente en la teoría social que su perspectiva plantea, en la concepción de la sociedad allí presente, a partir de la cual desarrolla su problematización (más conocida) acerca de la conformación de identidades políticas. Nos enfocamos en esta perspectiva pues en ella encontramos una de las versiones más sofisticadas y de más peso en la actualidad de nuestra Caribdis, con su fundamento en una certeza negativa y su Vacío. Es decir que buscaremos dar cuenta de las limitaciones de dicha Caribdis a partir de la problematización y discusión de la compleja versión del "pensamiento post"[1] que elabora Laclau, quien incluso pone en cuestión algunos de sus

---

[1] Como señalamos en la introducción, entendemos por "pensamiento post" –siguiendo a Grüner, 2002– aquella perspectiva que ejecuta la "muerte de los grandes relatos" modernos, llevando a cabo una crítica radical de las concepciones normativistas, que nosotros compartimos. Sin embargo, lo que le cuestionamos es la manera en que "sale" de esa crítica, pues desde su punto de vista si no existe un fundamento último incondicionado (en figuras como la Historia, la Razón, el Sujeto, etcétera) entonces no hay más que un infinito juego de las diferencias, ligado a un constante desborde de las mismas sobre todo intento de aprehenderlas. Y ésta es la *certeza* que deja a la práctica de la crítica sin punto de apoyo en base al cual poner en juego una diferenciación entre las diferencias; por lo que no queda más que el registro de tales diferencias, igualadas en su sola diferencia, tornando la perspectiva teórica in-diferente. Ya sea ante la multiplicidad de las diferencias, o bien (como es el caso de Laclau) ante las diferentes articulaciones que entre ellas se generan. Pero sin que esto conlleve la crítica de una de esas diferencias, pues esto implicaría darle un lugar central (dominante, sobredeterminante o como quiera conceptualizárselo) a uno de esos relatos y a sus consecuencias, a la vez que se pondría en cuestión la diferencia propia de esa diferencia (¿sobre qué base cuestionarla?), rompiéndose por ambas vías la ontología de la que se parte. ¿Cómo evitar esa indiferencia ante la articulación de *lo* político sin caer en un "gran relato"? Ésta es otra manera de plantear el interrogante central de este libro, el doble rechazo del que surge.

puntos más extremos. Especialmente aquellos que reducen todo a fenómenos que han de ser aprehendidos en el marco de sus específicos juegos de lenguaje, haciendo del discurso científico un juego más, a la vez que se diluye la práctica política en una pluralidad de juegos inconmensurables entre sí. De allí su rechazo a las consecuencias pospolíticas de dichas versiones extremas, como él mismo se ocupa de señalarlo en su crítica a Lyotard.[2] La propuesta de Laclau, por el contrario, busca construir un conocimiento científico sobre lo social y para ello establece los fundamentos (ajenos a todo "gran relato") sobre los que asentarlo; pero en ellos –y ésta es nuestra preocupación– no hay elementos que permitan sostener la crítica del cosmos social establecido.

Esta particularidad, que lo acerca a nuestra propuesta y por ello hace más interesante señalar lo que nos distancia de él, se inscribe en el marco del pensamiento post y su crítica (que compartimos) a toda forma de esencialismo, con sus derivas normativistas. En este sentido, ya en la introducción a *Hegemonía y estrategia socialista* sostiene, junto a Chantal Mouffe, que "así como ha concluido la era de las epistemologías normativas, ha concluido también la de los discursos universales"[3]. Sin embargo, aun cuando consideramos esa crítica como un elemento a rescatar del pensamiento de Laclau, en él se hace de este rechazo al esencialismo una inversión del mismo; en efecto, su posición es "exactamente la opuesta"[4] a la de las perspectivas normativistas, pero la de un opuesto especular que conduce a un nuevo esencialismo, esta vez de carácter negativo. El cual no deja de desempeñar el papel de un incondicionado que funge de referente de certeza, aunque de él se sigan consecuencias (especularmente) opuestas: no un vínculo autoritario entre la práctica científica y las luchas en *lo* político (como el que detectamos en nuestra Escila), sino la ausencia de todo vínculo o, mejor aun, la imposibilidad de problematizar el impacto en *lo* político de la práctica científica, sin que esto implique que ella deje de tener tal impacto, según lo planteado en el capítulo

---

[2] *HES*, p. 14. Véase también Lyotard, J-F, *La condición posmoderna* [1979], Barcelona, Planeta-Agostini, 1993, especialmente pp. 59-88.

[3] Ibíd., p. 27.

[4] *NR*, pp. 19-20.

II. Este esencialismo constituye el punto fijo (no contingente) que sostiene y pone en movimiento al conjunto de su sistema teórico.

Dar cuenta de esto, caracterizando así a nuestra Caribdis y a sus consecuencias para la práctica de la crítica, constituye el objetivo de este capítulo, lo cual nos permitirá señalar la otra instancia de nuestro doble rechazo: su no aceptar *ni* el fundamento normativo de la crítica (Escila), *ni* la ausencia de fundamentos (Caribdis). De aquí surge nuestro objetivo central: *refundar la crítica sobre bases no normativas*, a través de la adherencia de ciencia y valores, acogiendo así su ligazón con una cosmovisión dentro de un politeísmo valorativo, con la opacidad y el conflicto que eso conlleva, a la vez que esto es constantemente puesto en interrogación por un estilo dialéctico aporético.

Con este fin abordaremos, en la primera sección, las nociones que conforman el fundamento de la teoría de Laclau, especialmente su concepción ontológica y las consecuencias que ella acarrea para su propuesta conceptual. En la segunda sección, nos interrogaremos sobre cómo, desde su punto de vista, se aprehende aquella problemática en la que él encuentra el síntoma de la crisis del marxismo: la relación entre teoría y práctica. Finalmente, en la tercera sección, recogeremos los argumentos planteados para indagar cómo la trama teórica laclauiana entraña una despolitización que se extiende hasta su concepción de la acción política.

El juego de las diferencias como esencia negativa

La infinitud de lo social y su hegemonización

La perspectiva postmarxista de Laclau se enraíza en un clima intelectual en el que domina "una nueva, creciente y generalizada *conciencia de los límites*"[5]. En ese marco él postula un cambio de "paradigma *ontológico*"[6] que, en última instancia, constituye el corazón de la tesis de *Hegemonía y estrategia socialista*, según la cual "es sólo a través de una crítica del racionalismo y del esencialismo como es posible dar cuenta, de manera adecuada, de la multi-

---

[5] Ibíd., p. 19.
[6] *HES*, p. 10.

plicidad y diversidad de las luchas políticas actuales"[7]. De allí que sea fundamental a su perspectiva afirmar que "no existe un espacio suturado que podamos concebir como una 'sociedad', ya que lo social carecería de esencia"[8]; sosteniendo así

> la *infinitud de lo social*, es decir, el hecho de que todo sistema estructural es limitado, que está siempre rodeado por un "exceso de sentido" que él es incapaz de dominar y que, en consecuencia, la "sociedad" como objeto unitario e inteligible que funda sus procesos parciales, es una imposibilidad.[9]

En este sentido, Laclau le reconoce al estructuralismo el haber puesto en juego un pensamiento relacional para dar cuenta de los procesos sociales, pero señala como su límite el haber concebido tales relaciones en términos de sistemas cerrados, frente a lo cual afirma —y éste es su rasgo distintivamente post— que "lo social debe ser identificado con el juego infinito de las diferencias, es decir, con lo que en el sentido estricto del término podemos llamar *discurso*"[10]. En definitiva, "lo que tenemos [...] es una totalidad fallida"[11], cuya contingencia está dada por la no fijación de sus elementos.

Es dentro de esta contingencia que tiene lugar la necesidad estructural propia del discurso, por lo que ésta "no deriva de un principio subyacente, sino de la regularidad de un sistema de posiciones estructurales"[12]. La necesidad y el orden estructural que ella genera son concebidos, entonces, como una limitación siempre parcial de la contingencia y su desorden, esta última constituye el fundamento ontológico de la perspectiva de Laclau. Es sobre dicho cimiento que se piensa toda práctica social como orientada a la producción de un ordenamiento parcial de ese desorden generado por el movimiento ontológico. En efecto, "toda acción social tiende a la constitución de ese objeto imposible"[13]; proceso de constitución que se ve "interrumpido constantemente por un 'real' heterogéneo al cual no puede dominar simbó-

---

[7] Ibíd., p. 23.

[8] Ibíd., p. 132.

[9] *NR* p. 104.

[10] Ibíd., p. 104.

[11] *LRP*, p. 94.

[12] *HES*, p. 144.

[13] *NR*, p. 61.

[14] *LRP*, p. 177.

licamente"[14]. Todo esto implica introducir una diferencia de estatus entre la contingencia ontológicamente generada y la producción de una necesidad, dentro de esa contingencia, a través de la acción social y, especialmente, de la acción política. En este punto se evidencia una inversión (especular) de aquella vertiente del marxismo que él reconstruye y con la que discute, pues allí lo contingente sólo tiene lugar en el marco de una necesidad más básica, establecida a partir de una filosofía de la historia esencialista y normativa, lo cual diluye la contingencia al remitírsela a una estructura necesaria. En la propuesta de Laclau, en cambio, es la necesidad la que se enmarca en una contingencia más amplia (pero aun así ellas no tienen el mismo estatus, ni hay dialéctica entre ellas), generando eso que la estructura discursiva esté siempre en riesgo de verse subvertida.[15]

Sobre este trasfondo puede percibirse la centralidad que esta teoría le otorga a la noción de práctica articulatoria, en tanto es ella la que pone en relación los diversos elementos modificándolos en el proceso. En la terminología de Laclau: la práctica articulatoria hace de (algunos) elementos momentos de una totalidad discursiva, cuya fijación (siempre parcial) se estructura en base a ciertos puntos nodales, entendidos como "significantes privilegiados que fijan el sentido de la cadena significante"[16]. Por lo que, en definitiva,

la práctica articulatoria consiste [...] en la construcción de puntos nodales que fijan parcialmente el sentido; y el carácter parcial de esa fijación procede de la apertura de lo social, resultante a su vez del constante desbordamiento de todo discurso por la infinitud del campo de la discursividad.[17]

Este desborde (central para la perspectiva de Laclau) se liga, además, a otra noción clave de su pensamiento: la de antagonismo. Es decir, a la negación de la identidad interna a una estructura discursiva por elementos exter-

---

[15] Nótese, sin embargo, que esta presencia de la necesidad enmarcada en la contingencia entraña ponerle un tope al movimiento relativista, lo cual constituye una de las preocupaciones centrales del pensamiento de Laclau, diferenciándolo de las versiones más extremas del pensamiento post.

[16] *HES*, p. 152.

[17] Ibíd., p. 154 (las cursivas son de Laclau y Mouffe).

nos a ella, pero que en su negarla posibilitan su constitución. De esto se sigue que "el antagonismo es el límite de toda objetividad"[18], por tanto, "como negación de un cierto orden es, simplemente, el límite de dicho orden"[19], pero un límite que es central en la determinación de la estructura interna a dicho orden, acotando el juego de las diferencias.

En este punto de la teoría de Laclau resulta clave la tensión entre diferencia y equivalencia, donde ésta subvierte la lógica de aquella al disolver (parcialmente) su especificidad, generando un vínculo que iguala las diferencias en su ser todas negadas por ese exterior que es la fuerza antagónica. La práctica articulatoria conlleva, entonces, la eliminación (parcial) de aquello en lo que reside la particularidad, por lo que su presencia entraña el desarrollo de una lógica identificante que diluye lo diferente al tornarlo equivalente (en el mismo sentido en que hemos criticado esa lógica con Adorno), rasgo característico de todo proceso de abstracción formal que iguala lo distinto al liquidar lo que lo singulariza. Así "las diferencias se anulan en la medida en que son usadas para expresar algo idéntico que subyace a todas ellas"[20], y es justamente esto lo que posibilita el proceso por el cual un significante puntual se erige en significante vacío, cuya función "es renunciar a su identidad diferencial a los efectos de representar la identidad puramente equivalencial de un espacio comunitario"[21]. Donde "esta operación por la que una particularidad asume una significación universal inconmensurable consigo misma es lo que denominamos *hegemonía*"[22], por lo que ella es algo del orden del significante vacío. Todo lo cual tiene lugar en el terreno preciso en el que se constituye el vínculo hegemónico: el de la *ideología*; categoría que ocupa, por ende, una lugar central en la teoría de Laclau, en tanto permite la sutura (siempre parcial) del espacio social, de aquello que, con Gramsci, denomina bloque histórico. En efecto, el singular momento diferencial sólo "a través de la ideología, pasa a ser el cemento orgánico unificador del 'bloque histórico'"[23], a asumir (ideológicamente) la representación de una universalidad ontológicamente imposible.

---

[18] *NR*, p. 34.

[19] *HES*, pp. 169-170.

[20] Ibíd., p. 171.

[21] Laclau, E., "¿Por qué los significantes vacíos son importantes para la política?", en *Emancipación y diferencia*, Buenos Aires, Ariel, 1996, p. 78.

[22] *LRP*, p. 95.

[23] *HES*, p. 101.

El establecimiento de una certeza (negativa)

En resumen, para la teoría de Laclau, sólo a través de la ideología –en su particular concepción de ella– puede darse un ordenamiento parcial de la contingencia, por lo que toda sutura hegemónica ha de ser ideológica. Es a través de ese procedimiento que se eleva una diferencia particular a condensación de la totalidad, a representante de la cadena equivalencial generada por la práctica articulatoria sobre los elementos diferenciales que resultan del movimiento ontológico. Y esta imposibilidad de la sociedad, su infinitud como producto del constante juego de las diferencias, adquiere así el carácter de dimensión primaria y constitutiva de la perspectiva de este autor, pues es sobre ese fundamento que se erige el resto de su edificio teórico. Fundamento que, a su vez, presenta el carácter de un punto fijo (no contingente, incondicionado) que da movimiento al resto de su sistema.[24]

El juego infinito de las diferencias constituye el sustrato ontológico del punto de vista de Laclau, por el cual "la forma y la esencia de los objetos están penetrados por una inestabilidad y precariedad básicas, y [...] éstas constituyen *su más esencial posibilidad*"[25]. Es esto lo que adquiere, claramente, un carácter "esencial" en esta teoría, pero en un sentido especularmente inverso al del esencialismo que el propio Laclau cuestiona. En efecto, él parte de la ruptura con el paradigma ontológico que establece una esencia a partir de la cual se instaura lo social en su unidad, pero esto no lo lleva a abandonar todo esencialismo o pretensión ontológica (como aquí hacemos a través de la crítica de Adorno a las concepciones ontológicas), sino a fijar una esencia –igual de incondicionada que la normativista– a partir de la cual se sostiene la imposibilidad de instaurar la unidad del todo social. Lo que allí era positivo

---

[24] De esto depende esa imposibilidad de la sociedad que Laclau pone en juego para analizar fenómenos distantes en tiempo y lugar, sin ninguna pretensión de acotar su perspectiva a algún parámetro sociohistórico (pongamos por caso: el de la modernidad occidental). Podría pensarse que esta contingencia es introducida por el advenimiento del capitalismo; sin embargo, si bien para Laclau "la *plena visibilidad* del carácter contingente y precario de toda objetividad sólo se alcanza con el capitalismo contemporáneo" (*NR*, p. 20, las cursivas son mías), es sólo eso lo que el capitalismo trae, la plena visibilidad de una ontología que ya tenía lugar con anterioridad a ese capitalismo. De otra forma sería imposible, por ejemplo, aplicar su análisis a los movimientos milenaristas (Cf., *HES*, p. 173).
[25] *NR*, p. 123.

aquí es negativo, lo que allí daba lugar a un Absoluto aquí a un Vacío. Pero no se pone en cuestión la referencia a una certeza última (con la clausura de la incerteza que eso conlleva) y su esencialismo. El propio Laclau lo señala al sostener que "debemos pues considerar a la apertura de lo social como constitutiva, *como 'esencia negativa' de lo existente*, y a los diversos 'órdenes sociales' como intentos precarios y en última instancia fallidos de domesticar el campo de las diferencias"[26]. Ésta es la *certeza* (negativa) en la que se funda la perspectiva de Laclau, la de una imposibilidad ontológica (y, por ende, incondicionada): la de la constitución de la sociedad.

Sobre esta certeza se asienta su teoría política, dejando a la práctica de la crítica sin fundamentos en los que sostenerse. Pues se hace del *vacío* en los fundamentos –con que nos topamos sobre el final del capítulo I, al no asentar sobre bases normativas a la perspectiva que surge de R2– un *Vacío*; es decir que, para esta perspectiva (y para Caribdis en general), si no hay una esencia positiva sobre la cual asentar el propio punto de vista y a partir de eso establecer el "deber ser" que oriente la práctica de la crítica, entonces nada puede ponerse allí. Se genera un Vacío que no impide la producción de conocimiento científico (Laclau elabora todo un programa teórico con mucha potencialidad para el estudio de procesos sociales), pero sí que ese conocimiento apunte a la transformación de la actual articulación de *lo* político. Lo cual, insistimos una vez más, no quiere decir que esta práctica científica no tenga un impacto en *lo* político, sino que no tiene elementos con los cuales problematizarlo y menos aun orientarlo. Allí donde la perspectiva normativista encuentra un referente de certeza a partir del cual se establece el único dios válido, dando lugar a una relación unívoca entre ciencia y valores que, en última instancia, consiste en investir a un dios de los valores del carácter de divinidad monoteísta (con el consecuente autoritarismo de la crítica y heteronomía de los agentes); el "pensamiento post", en cambio, halla un referente de certeza (negativo) a partir del cual establece la ausencia de toda divinidad… incluidos los dioses de los valores. Esto le permite romper con las consecuencias autoritarias de las perspectivas normativistas, pero también conduce a un quiebre de toda adherencia entre ciencia y política, a su escisión.

---

[26] *HES*, p. 132 (las cursivas son mías).

Como consecuencia de la "muerte de los grandes monoteísmos", no se acoge el politeísmo y su incerteza, sino que se elabora una práctica científica que tiene la certeza de que no hay divinidad alguna, lo cual impide que se genere la apuesta pascaliana que requiere, justamente, un marco de incerteza. Esto clausura la posibilidad de situar algo allí donde antes estaba la certeza normativa; sólo hay *Vacío*, que es también una manera de poner algo allí: otra certeza, pero negativa. Ésta es la inversión especular que lleva a cabo la Caribdis a la que nos enfrentamos, cuya consecuencia no es la de una crítica que se detiene ante su fundamento incondicionado (obturando el "segundo giro reflexivo") a la vez que se planta autoritariamente en el ámbito de las luchas en *lo* político, sino el de una práctica científica que no da fundamentos a la crítica y, por ende, no puede ser un momento de la lucha en *lo* político. Éste es el punto central de nuestra crítica a la perspectiva de Laclau que se desarrollará a lo largo del resto del capítulo. Frente a ello, nuestro objetivo es *refundar* la crítica, y para eso es necesario acoger la disolución de los referentes de certeza, sin buscar ocupar ese espacio con una nueva esencia, aun cuando ésta sea negativa.[27] En definitiva: *aceptar la incerteza en los propios fundamentos*, producto de la adherencia entre ciencia y valores en el marco de un politeísmo valorativo, así como sus consecuencias para el conjunto del modo de producción de conocimiento científico cuyo estilo de movimiento se torna dialéctica aporético.

A partir de todo esto vemos cómo el planteo de Laclau es centralmente ontológico, sin que sea admisible la existencia de una pluralidad de puntos de vista sobre ese fundamento último, lo cual rompe con la dialéctica entre semejante y diferente al hacer de todo otro punto de vista una perspectiva errada. A su vez, ese planteo ontológico introduce una dimensión no historizable, en tanto no es el producto de determinadas condiciones sociohistóricas, sino la definición del ser de lo social en todo tiempo y lugar; para

---

[27] Resulta interesante señalar cómo, en la lectura que Laclau hace de Lefort, la disolución de los referentes de certeza y la no encarnación del lugar del poder que esto genera es releída, primero, como una ontología general y no como el producto de un proceso sociohistórico: el de las revoluciones democráticas que tienen una condensación particular en la decapitación del rey y sus dos cuerpos. Y, segundo, es justamente esa no encarnación lo que Laclau no acepta (en tanto es la fuerza hegemónica la que ocuparía ese lugar; cf. *LRP*, pp. 214-215), es decir, justamente aquella dimensión que implica el acogimiento de la incerteza en la sociedad democrática.

decirlo con Adorno, se hace de la alteración algo inalterable. De allí que Laclau caracterice su labor como una suerte de "exploración trascendental"[28], pues en ese nivel pretende situar sus reflexiones. Sin embargo, sostenemos que, si se busca dar lugar a "la disolución de las marcas de la certeza [que] quita al juego político todo tipo de terreno apriorístico sobre el que asentarse"[29], entonces cabe ser radicalmente consecuente con ello y dejar también de lado el planteo de un fundamento ontológico (aun cuando sea el de una ontología de la contingencia) en base al cual se inviste una particular lógica sociohistórica del carácter de forma incondicionada.

Práctica autoritaria y práctica democrática

Es ese fundamento ontológico el que sostiene la distinción entre la práctica autoritaria y la práctica democrática de la hegemonía, en tanto otorga la base misma que posibilita realizar esa distinción entre dos formas de acción política, con sus consecuentes maneras de ordenar lo social. En efecto, la diferencia clave entre ambas reside en que la práctica autoritaria *fija* la tarea, el objetivo político, a una determinada clase que sería la encargada de llevarla adelante; lo cual tiene por contraparte que se *suelde* la identidad de cada una de las clases en lucha, por lo que ésta no se verá modificada si una de ellas asume una tarea que no le estaba fijada. Por tanto, la identidad de la clase es *anterior* a la práctica hegemónica, que no impacta en su articulación. En cambio, la práctica democrática de la hegemonía surge del rechazo a esa *fijación* de una tarea a una clase, lo cual implica que la identidad de esa clase no se encuentra cerrada, sino que puede verse modificada por las tareas que asume, por lo que dicha identidad no es anterior a la práctica articulatoria sino que "la hegemonía supone la construcción de la propia identidad de los agentes sociales"[30].

---

[28] *LRP*, p. 275. Éste es uno de los puntos que Žižek le cuestiona, al plantear que su carácter "puramente formal, 'trascendental'" le impide a Laclau dar cuenta de las diferencias de contenido que pueden tener lugar bajo la misma cáscara formal (Žižek, S., "Against the Populist Temptation", en *Critical Inquiry*, N° 32, Spring, 2006a, p. 553).

[29] Ibíd., p. 276.

[30] *HES*, p. 90.

Sobre esta base puede percibirse que la diferencia central entre ambas está dada por cómo cada una de ellas responde a los desafíos que presenta el sustrato ontológico (de carácter trascendental) establecido por la teoría de Laclau. La forma en que cada una de ellas accede a esa dimensión y, en consecuencia, articula su práctica hegemónica. Así, posicionados en el punto de vista sobre lo político que surge de esta trama conceptual, lo único que permite privilegiar la práctica democrática por sobre la práctica autoritaria es que se "corresponde" más con el movimiento de la ontología, pues ella pretende ser menos fija y, por ende, dejar más a la vista sus propias suturas, en lugar de intentar soldarlas a partir de una postura esencialista.[31] Por lo que si se busca con esta teoría –además de analizar distintos procesos histórico-políticos concretos– encontrar los elementos con los que apuntalar un proyecto de radicalización de la práctica democrática por sobre la autoritaria, el único sostén posible surge del carácter más verdadero (en los parámetros de una verdad por "correspondencia") de aquella. No es una valoración propiamente política lo que aquí entra en juego, pues (como veremos en la segunda sección) no hay elementos en la teoría de Laclau que permitan engarzar tales valoraciones en su propuesta teórica; antes bien lo que se pone en uso es un criterio estrictamente cognoscitivo. Por lo que la distinción entre estas prácticas hegemónicas y la potencial superioridad de una sobre otra "se plantea en términos de un *saber*"[32], es decir, en los mismos términos del cuestionamiento de Laclau al marxismo.

Si, por el contrario, se rechaza el establecimiento de la orientación en *lo político* de la práctica científica a partir de semejante privilegio ontológico, entonces no hay elementos en la teoría laclauiana que permitan hacer de esta práctica un momento de la radicalización de la democracia (como anuncia el subtítulo de *Hegemonía y estrategia socialista*). En parte, en esta línea puede leerse una de

---

[31] Cabe destacar que sobre este trasfondo no hay posibilidad de llevar a cabo una crítica de la práctica autoritaria de la hegemonía. En todo caso, puede señalarse cómo su intento de soldar lo (ontológicamente) insoldable trae consecuencias autoritarias, lo cual constituye la definición misma de esta práctica hegemónica. Sin embargo, no hay elementos con los que aprehender los mecanismos por los que esa articulación autoritaria se sostiene y reproduce en el tiempo, como no sean los mismos mecanismos de *toda* forma de articulación. Nuevamente, sólo se podría decir que la práctica autoritaria (a diferencia de la práctica democrática) responde con un esencialismo (positivo) a los desafíos que plantea la ontológica apertura de lo social (entendida, como el propio Laclau señala, como su "esencia negativa").
[32] *HES*, p. 88.

las críticas que Žižek le realiza a la concepción laclauiana del populismo, al señalar que el "populismo es inherentemente neutral: un tipo de *dispositivo* político trascendental-formal"[33], desde el cual no se puede dar cuenta de (y menos aun tomar posición ante) las orientaciones valorativas que sigue un determinado pueblo, así como del modo de articulación de *lo* político que de ello surge. Por eso, según el propio Laclau, "entre el populismo de izquierda y el de derecha existe una nebulosa tierra de nadie que puede ser cruzada [...] en muchas direcciones"[34]; pero esto es así sólo para un punto de vista formal-abstracto cuyos fundamentos, por eso mismo, no pueden acoger a ningún dios de los valores, en relación con el cual constituirse en un momento de la lucha en pos de un populismo "de izquierda". Vemos nuevamente cómo el rechazo a la certeza normativa y a su "deber ser" lleva a Laclau a sostener un Vacío que deja su propuesta teórica sin fundamentos en base a los que criticar los mecanismos que (re)producen populismos "de derecha" o prácticas autoritarias.

Ahora bien, el que cuestionemos este Vacío en los fundamentos no implica –como se desprende de la primera parte de este libro– que aquí postulemos la vuelta a una certeza normativa, al establecimiento de una positividad no contingente. Esto nos aleja del camino tomado por Žižek, quien presenta una concepción centrada en la lucha de clases y el consiguiente presupuesto de "un grupo social particular (la clase trabajadora) como el agente político privilegiado; este privilegio no es en sí mismo resultado de la lucha hegemónica sino que está fundado en la 'posición social objetiva' de este grupo"[35]. Y es justamente esto lo que Laclau le critica,[36] pues en semejante concepción toda lucha que no se enfrente a lo "Real [que] es la inexorable lógica abstracta y espectral del capital que determina qué sucede en la realidad social"[37] carecerá de toda legitimidad. En definitiva, la postura de Žižek vuelve a hacer del conocimiento

---

[33] Žižek, 2006a, p. 553.

[34] *LRP*, p. 115. En este marco Žižek plantea que, "como es claro para él [Laclau], el populismo puede también ser muy reaccionario; entonces ¿cómo dibujamos una línea aquí? (Žižek, S., "Schlagend, aber nicht Treffend!", en *Critical Inquiry*, Nº 33, Autumn, 2006b, p. 197). Y es justamente esa línea la que la propuesta laclauiana no puede trazar; más aun, su propuesta teórica es indiferente frente a esa distinción, pues entraña una dimensión particular-concreta que no juega ningún papel en las consideraciones de Laclau.

[35] Žižek, 2006a, p. 554.

[36] Cf. Laclau, E., "Why constructing a people is the main task of radical politics", en *Critical Inquiry*, Nº 32, Summer, 2006, p. 664.

[37] Žižek, 2006a, p. 566.

científico el portador del criterio que establece si una práctica transformadora es verdaderamente transformadora, o bien si entraña un "desvío" del camino (fijado por la teoría) que tendría que ser recorrido, tal y como acontece en la relación totalidad histórica-clase abordada en el capítulo I.

Uno de los puntos clave de la disputa entre Laclau y Žižek reside, entonces, en el carácter de la certeza que cada uno de ellos establece: negativa el primero, con su consecuente Vacío y disolución de la crítica, positiva el segundo, con el rumbo normativista que de ello se sigue. La teoría crítica reflexiva, en cambio, rechaza ambas posturas, pues lo que nosotros cuestionamos es el establecimiento mismo de una certeza, cualquiera sea su carácter. Frente a lo cual acogemos la incerteza en los propios fundamentos y a través de ello ponemos un pilar en ese vacío (en vez de elevarlo a Vacío) sobre el que sostener la crítica. Pilar que no conduce a un "deber ser", sino a un "querer que sea" en conflicto con lo que quieren otros agentes, posicionados en otras cosmovisiones valorativas, diferentes en su semejanza.

En consecuencia, o bien la perspectiva de Laclau no permite luchar en pos de una radicalización de la democracia (o de un populismo "de izquierda") o bien esto no puede sostenerse más que en su privilegio ontológico sobre las prácticas hegemónicas autoritarias. Por supuesto, esto último no significa que la práctica democrática vaya a triunfar necesariamente en cada contexto histórico, ya que eso atentaría contra la contingencia fundante de esta teoría; tan sólo buscamos señalar que, si no estamos ante una ciencia "neutral" con la despolitización que ello conlleva, y por el contrario se busca darle una orientación al impacto en *lo* político de esta práctica teórica, entonces tal orientación no puede asentarse más que sobre un principio ontológico, en su corresponderse con (y responder a) él. De allí que pueda dirigirse contra Laclau el mismo cuestionamiento que él le hace a Gramsci, pues la superioridad de la *lógica formal* propia de la práctica democrática de la hegemonía "no es enteramente práctica y resultante de la lucha, sino que tiene en su última instancia un fundamento ontológico"[38]. Y "éste es el último núcleo esencialista que continúa presente en el pensamiento de"[39] Laclau: el de un "esencialismo negativo"; punto ciego de su teoría política.

---

[38] *HES*, pp. 103-104.

[39] Ibíd., p. 104. Nuevamente usamos una cita en la que Laclau, junto con Mouffe, cuestiona el punto de vista gramsciano.

Teoría política y política

En la sección anterior vimos cómo el infinito juego de las diferencias y la consecuente apertura de lo social constituye lo que el propio Laclau caracteriza como la "esencia negativa" de lo existente, fungiendo de referente de certeza en el que se asienta su perspectiva. Sobre este telón de fondo, nos introduciremos ahora en el estudio de una problemática que se encuentra en el núcleo mismo de la pregunta que nuestra investigación se formula, a la vez que pone nuevamente en evidencia cómo en la teoría de Laclau no hay fundamentos sobre los que sostener la práctica de producción de conocimiento crítico. Nos referimos al problema de la relación entre ciencia y valores políticos y, consecuentemente, al modo en que se plantea la relación de la teoría con la práctica. ¿Cómo es abordada esta cuestión por Laclau? Sobre todo si se tiene en cuenta que él, junto con Mouffe, inicia su labor señalando "una escisión entre 'teoría' y 'práctica' que es claramente el síntoma de una crisis. Esta crisis [...] es el punto de partida de nuestro análisis"[40]. En este marco se abre una segunda cuestión: ¿cómo aprehende la relación entre su teoría política y lo político?, ¿cómo piensa el impacto que aquella tiene en la forma en que una sociedad se ordena y se desordena a sí misma? Tales preguntas orientan la labor de esta sección.

El cemento y su agrietamiento

Una primer entrada a esta cuestión puede hallarse en cómo, a pesar de que gran parte de su perspectiva se construye en discusión permanente con una vertiente de la tradición marxista, Laclau no plantea el problema de la "conciencia" de los agentes sociales, o, para usar nuestra terminología y así evitar la reintroducción del paradigma de la filosofía de la conciencia (con la transparencia a él ligada), no tematiza los esquemas de dotación de sentido subjetivos. Problema que está en el centro de la relación teoría-práctica en esa vertiente del marxismo que Laclau critica (y que nosotros abordamos a través de la relación totalidad histórica-clase), en tanto allí la tarea de la teoría es

---

[40] Ibíd., p. 39.

concebida como la posibilidad de alterar la forma en que los esquemas subjetivos de los agentes sociales dotan de sentido al mundo, entendiendo esa alteración como una "toma de conciencia" sobre la verdad última de los procesos sociohistóricos. Todo lo cual tendría consecuencias directas en la práctica política de dichos agentes. Esto entraña dos cuestiones estrechamente entrelazadas: por un lado, la centralidad del señalamiento (reflexivo) del carácter eminentemente político de la teoría, ya que la práctica de su producción contiene un impacto en *lo* político; por otro lado, la diferencia existente entre lo que aquí llamamos (con Bourdieu) la lógica teórica y la lógica práctica, se trata en definitiva de la diferencia entre la teoría y la "conciencia empírica" de los agentes sociales (para decirlo con la terminología lukacsiana).

Ambas cuestiones no se anulan por el hecho de rechazar la forma en que el marxismo esencialista las ha planteado e intentado resolver (rechazo que, por otra parte, compartimos con Laclau). Por el contrario, esto nos sitúa ante el desafío de repensar estas cuestiones, de volver una vez más sobre ellas. Si la escisión entre teoría y práctica es presentada como el síntoma de una crisis que funge de punto de partida de la propia labor, se torna indispensable indagar posibles salidas a esa escisión.

El rechazo de Laclau a la forma en que la vertiente esencialista de la tradición marxista ha abordado esta problemática se centra en cuestionar su pretensión de establecer una certeza última sobre el devenir sociohistórico, en base a la cual se señala a la clase proletaria como el sujeto de la acción histórica, a la vez que se determina cuál es la identidad que ella ha de tener. Por lo que, según Laclau, "la centralidad atribuida a la clase obrera no es una centralidad *práctica*; es una centralidad *ontológica*, sede a su vez de un privilegio *epistemológico*"[41], que por ende despolitiza el proceso sociohistórico y sus luchas al reconducirlo a una necesidad metafísica u ontológica. Frente a esto, plantea una inversión de esta conceptualización, en la cual la identidad es el resultado de una práctica articulatoria que ordena el ontológico infinito juego de las diferencias; por lo que, en este caso, la constitución de la identidad es plenamente política –en el sentido que Laclau le da a lo político al atribuirle "el estatus de una ontología de lo social"[42]–, a la vez que siempre es de carácter parcial.

---

[41] *HES*, p. 88.
[42] *NR*, p. 110.

Sin embargo, su teoría no tematiza, no tiene los elementos conceptuales con los que hacerlo, la percepción que los propios agentes implicados en el entramado relacional tienen de esa construcción hegemónica y de la identidad que ellos adquieren en su interior. Más específicamente, no se problematiza la cuestión de si los propios agentes sociales perciben esa identidad como necesariamente fallida o no. Cabe destacar, antes de seguir avanzando con nuestro argumento, que esto no implica una discusión sobre la "falsa conciencia", pues –como Laclau lo señala– ella "sólo tiene sentido si la identidad del agente social puede ser fijada. Es sólo sobre la base de reconocer su verdadera identidad que podemos afirmar que la conciencia de un sujeto es 'falsa'"[43]. Antes bien, de lo que aquí se trata es de indagar cómo, según esta teoría, los agentes sociales posicionados, en sus luchas y en el conjunto de sus prácticas, perciben y aprecian la propia identidad colectiva (y contingente) que en ese momento puntual portan.

La primer posibilidad es que los esquemas de dotación de sentido subjetivos de los agentes sociales *sí den cuenta* del carácter necesariamente parcial de su identidad, esto es, cómo ella no constituye una totalidad cerrada, sino el intento siempre fallido por cerrarla, dada la imposibilidad de una plena constitución del objeto a raíz de la apertura de lo social como "esencia negativa" que subyace a la teoría de Laclau. Lo cual implica que el punto de vista del agente accede plenamente a las complejidades de lo ontológico;[44] más aun, a la particular concepción laclauiana de la ontología. Es decir que, en este caso, el agente implicado en el mundo tiene (o "tendría que tener", para usar la fórmula con la que Lukács alude a la "conciencia atribuida") el punto de vista propio de Laclau, dando lugar a un epistemocentrismo que nada tiene que envidiarle al privilegio del punto de vista teórico por sobre la "conciencia empírica" de los agentes situados, propia de la vertiente del marxismo con la que él discute.

---

[43] Ibíd., p. 105.

[44] Puede objetarse que el agente no accede conscientemente a este conocimiento, sino prácticamente, a través de unos esquemas prácticos; sin embargo, esto implicaría empezar a problematizar tales esquemas (su transparencia u opacidad, su relación con la lógica teórica, etcétera), que es justamente lo que la perspectiva de Laclau no problematiza. En el próximo capítulo veremos cómo en este punto reside la clave de las distintas rutas por las que Laclau y Bourdieu "salen" del paradigma estructuralista; cuestión que cristaliza especialmente en las diversas maneras en que conciben al plano simbólico.

La otra posibilidad es que dichos esquemas de dotación de sentido subjetivos *no den cuenta* del carácter fallido de esa identidad, de su carácter relacional y relativo al interior del bloque histórico, es decir, que no den cuenta de la sutura parcial como sutura *parcial*. Lo cual implica la percepción de la totalidad fallida como si fuese una totalidad cerrada, y es justamente esto lo que Adorno llama "falsa totalidad"[45], cuya falsedad no surge de su contraposición con una "totalidad verdadera", sino de que se la perciba como armónica en su devenir desgarrado. Así, si los agentes no perciben la totalidad como resultado de que "un contenido parcial adopta la representación de una universalidad inconmensurable con él"[46]; eso implicaría entonces que dicho contenido sea percibido y apreciado como la posibilidad de alcanzar una reconciliación en el interior del entramado relacional. Por lo que toda práctica articulatoria, si no es percibida en su parcialidad por los agentes sociales, no sería otra cosa más que el intento de constituir una "falsa totalidad", y la teoría de Laclau –que hace de la política el esfuerzo continuado por generar estas prácticas– se tornaría a su pesar en una suerte de festejo de la "falsa totalidad", de sostén a la elaboración del cemento ideológico que oculta las grietas que desgarran el bloque histórico. Totalidad que sería aun más "falsa" desde el punto de vista del teórico laclauiano, que percibe plenamente el carácter particular y necesariamente fallido de aquel contenido que se presenta como universal y pleno.

En este sentido, ante su afirmación de que la categoría de totalidad "constituye un horizonte y no un fundamento"[47], la pregunta que aquí se plantea es desde qué punto de vista es un horizonte, para qué manera de dotar de sentido al mundo. Sin duda lo es desde el punto de vista del teórico laclauiano, pero ¿y desde el del agente social implicado en el mundo? Ante estos interrogantes se evidencia la centralidad de problematizar los esquemas de dotación de sentidos subjetivos y, particularmente, la relación (de cercanía, distancia, ruptura, etcétera) entre ellos y el modo de dotación de sentido que el discurso científico elabora. Cuestión ésta que el (post)estructuralismo de Laclau no puede abordar, al no tener los elementos conceptuales con los que hacerlo. Esto lleva a que su perspectiva o bien sostenga un

---

[45] Cf. *DN*, p. 27.
[46] *LRP*, p. 137.
[47] Ibíd., p. 95.

cerrado epistemocentrismo, o bien haga del impulso a las prácticas articulatorias hegemónicas (incluyendo la construcción de un "pueblo") un festejo de la "falsa totalidad"[48].

Se evidencia así un punto ciego de su teoría, que permite pensar la ideología como el cemento del bloque histórico, pero sin dejar resquicio alguno para la práctica de agrietar ese cemento, para una "crítica ideológica" que arruine las construcciones particulares-concretas que con ese material ideológico se llevan a cabo. Pues, si definimos lo ideológico como "aquellas formas discursivas a través de las cuales la sociedad trata de instituirse a sí misma sobre la base del cierre, de la fijación del sentido, *del no reconocimiento del juego infinito de las diferencias*"[49], entonces el desafío consiste no sólo en analizar la lógica a través de la cual se produce ese intento de institucionalización, sino (sobre todo) en el esfuerzo por disrumpir sus pretensiones de cierre, por tornar aprehensible la dimensión de "falsedad" (en el sentido antes mentado) del punto de vista que percibe allí una totalidad fija, generando así una abertura en ese cierre. Consiste, en definitiva, en llevar adelante una crítica ideológica, labor que fue una de las preocupaciones centrales del marxismo con el que Laclau discute y que, sin embargo, no es tematizada, no puede serlo, desde su pensamiento post. En tanto él, por un lado, no da cuenta del punto de vista otro, de la posibilidad de que se perciba la sutura como total (y no parcial); en definitiva, de que la fórmula de los pensables-posibles dé lugar a una segunda naturaleza que reproduzca las relaciones de dominación instituidas. Su preocupación es por la lógica formal, no por las consecuencias concretas que ello acarree. Por otro lado, según Laclau es la propia lógica ontológica la que produce las diferencias que hacen colapsar el equivalente que se ha articulado, es decir que el agrietamiento del cemento ideológico se daría por el propio movimiento de la ontología, sin necesidad de que la práctica se oriente hacia su producción. Volveremos sobre esto último más adelante, pero ya aquí vemos cómo se deja la práctica de producción de conocimiento crítico *sin fundamentos*; de allí que nuestro esfuerzo en pos de *re*fundarla nos lleve a

---

[48] Una tercera posibilidad sería que el carácter fallido de toda identidad sea percibido por algunos agentes sociales y no por otros, pero ésta es justamente la lógica propia del partido de vanguardia que el propio Laclau cuestiona, en la que algunos poseen la certeza que surge del saber sobre lo ontológico y sus consecuencias para las prácticas políticas, sólo que en este caso dicho saber sería el de la imposibilidad de una totalidad cerrada.

[49] *NR*, p. 106 (las cursivas son mías).

situarnos por fuera del paradigma esencialista que, a nuestro entender, incluye el rechazo al esencialismo negativo subyacente a la ontología propuesta por Laclau.

Una actitud pitagórica

Lo argumentado en el apartado anterior nos conduce ahora a otra dimensión de la problemática relación entre ciencia y valores, la cual a su vez contiene el interrogante (reflexivo) acerca del lugar que la perspectiva de Laclau se da a sí misma en los conflictos sociales, es decir, la relación entre su teoría política y la práctica en *lo* político. Mientras las vertientes esencialistas del marxismo no sólo plantean claramente esta cuestión, sino que la sitúan como una de sus preocupaciones centrales, donde la certeza brindada por la teoría funge de fundamento para su manera de intervenir e impactar en el resto de las prácticas atinentes a *lo* político. En el postmarxismo de Laclau, en cambio, el rechazo (que compartimos) a esa certeza trae aparejado como consecuencia que se arroje al niño con el agua, obturándose la posibilidad de tematizar tales cuestiones desde la propia teoría. En este sentido, su perspectiva no contiene elementos conceptuales que permitan abordar esta problemática *desde* la propia teoría que él elabora, *a partir* de ella y en una concepción que se encuentre *enraizada* en la materialidad de los hilos conceptuales con los que urde su trama teórica.

Esto se evidencia, especialmente, cuando se pregunta "¿por qué preferir un futuro antes que otro, por qué optar entre tipos distintos de sociedad?". Su respuesta entraña, por supuesto, el rechazo al establecimiento de una certeza positiva como fundamento necesario para ese optar (que, si se sostiene sobre una certeza, no es optar); señalando, en cambio, que "si quien debe optar es alguien que tiene *ya* ciertas creencias y valores, en ese caso criterios de elección [...] pueden ser formulados"[50]. Por lo que su respuesta implica introducir una dimensión atinente a las "creencias y valores" que no tiene ningún peso en la trama de su teoría. Antes bien, semejante apelación a tales "creencias y valores" señala el punto donde concluyen los alcances de la teoría laclauiana sobre lo político, para dar paso a cuestiones "puramente" polí-

---

[50] Ibíd., p. 98.

ticas, que su perspectiva permite mirar pero no tocar. Pues cuando se acerca, como en este caso, a una dimensión que no es la del análisis de un conflicto desde su punto de vista teórico, sino que implica algún tipo de impacto en él, entonces subyace a su planteo el que ése es un momento en que se deja de hablar en tanto que científico para pasar a hablar en tanto que ciudadano, con el sustancialismo de rol que esto implica. Semejante escisión, que presupone un rol completamente autónomo del otro, una esfera social completamente autónoma del cosmos social, deja su perspectiva sin los elementos que, *desde* ella misma, permitan aprehender (reflexivamente) la práctica científica como una de las dimensiones de la lucha en *lo* político, y viceversa: captar la lucha en *lo* político como una de las dimensiones intrínsecas a la práctica científica. Esto último es central para la práctica de la crítica que su pensamiento post deja sin fundamentos.

Sobre este telón de fondo puede percibirse cómo su teoría se presenta –más allá de las intenciones del propio Laclau al respecto– como "neutral" y "autónoma", como una práctica de producción de conocimiento científico que da cuenta del conflicto político constitutivo de las sociedades presentes, pero que no se concibe a sí misma (no tiene los elementos categoriales con los que hacerlo) como teniendo consecuencias en él y, menos aun, tomando una posición allí. Antes bien, esta trama teórica lleva a que cualquier posicionamiento sea concebido (más implícita que explícitamente) como un "asunto privado" que cada científico decide individualmente, sin que ello afecte su *modus operandi*; por lo que éste puede ser exactamente el mismo aun cuando, en tanto que "ciudadanos", tengan "creencias y valores" antagónicos. Subyace a esto, por tanto, una concepción instrumental de la ciencia, a la que los fines le resultan completamente externos, como en el clásico planteo weberiano.

Es ese carácter externo de los fines, con la tajante separación entre ciencia y valores que entraña, lo que le obtura a la perspectiva de Laclau el camino por el cual problematizar (reflexivamente) su propio lugar en los antagonismos constitutivos de la (imposible) sociedad, impidiendo que se interrogue acerca de esa relación entre teoría y práctica, cuya escisión –como hemos mencionado– es el síntoma de la crisis a la que su postmarxismo busca una solución. Esto no quiere decir que su teoría no tenga un impacto en *lo* político, sino que no puede interrogarse (sobre)reflexivamente acerca de esa temática; por lo que no puede aprehender cuál es su lugar, su peso y el impacto de su intervención en las luchas por la hegemonía. Antes bien, lo que prima es una concepción pitagórica, en la que, por un lado, están los que luchan en el estadio y, por el otro, los que se sientan en las gradas a ver el espectáculo,[51] analizándolo y comentándolo pero *sin participar* (ni impactar) en él, dando lugar a una actitud profundamente *contemplativa*, que está detrás de la potente perspectiva para el análisis que Laclau elabora.

Sobre este telón de fondo podemos preguntarnos densamente cuál es el lugar y el papel de la teoría postmarxista de Laclau en las luchas políticas, cómo participa en y de ellas. Si se tiene en cuenta que en su teoría se mantiene una tajante escisión entre ciencia y valores, sin brindar el espacio para que pueda conceptualizarse alguna forma de adherencia entre ambos que torne *ambigua* su relación, manteniéndose por el contrario la *pureza* de cada uno de los términos así como la separación entre ellos, entonces: o bien su perspectiva es puramente científica y, por ende, su propuesta de una radicalización de la democracia se sustenta en el acceso privilegiado de ésta a lo ontológico (según lo señalado en la sección anterior), siendo esa "correspondencia" la que dotaría a este proyecto de una orientación, dada por la posesión de una verdad (y no de un valor político), con la consecuente ruptura de la dialéctica entre diferente y semejante; o bien la radicalización de la democracia es un puro fin político que Laclau tiene en tanto que ciudadano, sin que ello altere en lo más mínimo las prácticas puramente científicas que él realiza, dando lugar a una matriz de raigambre weberiana que reduce la práctica científica a un carácter meramente instrumental; por lo que su perspectiva teórica no puede impulsar una radicalización de la democracia (o del populismo "de izquierda") más de lo que puede impulsar una radicalización del autoritarismo (o del populismo "de derecha"), pues en definitiva no puede impulsar ningún tipo de orientación en *lo* político, en tanto su perspectiva carece de elementos en los que fundar semejante orientación (elementos que nosotros extraemos de la cosmovisión del humanismo activo, una más, diferente en su semejanza, entre las que componen el politeísmo valorativo moderno). Una tercera posibilidad, pero que sería ya un caso límite, es que se conciba al propio postmarxismo de Laclau como un intento de sutura parcial del juego infinito de las diferencias, en pos de un determi-

---

[51] Cf. Diógenes Laercio, *Vidas de los más ilustres filósofos griegos*, Barcelona, Folio, 1999, especialmente vol. II, p. 103.

nado objetivo político; es decir, que se lo perciba como una pura práctica articulatoria orientada a la hegemonización del bloque histórico. Pero, en ese caso, su perspectiva sería pura política, diluyéndose su dimensión específicamente científica; lo cual conduciría, en última instancia, al "todos son relatos" de los pensamientos post más radicales que el propio Laclau rechaza. Nos topamos, nuevamente, con un punto ciego de su teoría sobre lo político.

Certeza negativa e incerteza

El núcleo de dicho punto ciego está dado no por su rechazo a la particular forma en que se entrelaza ciencia y valores políticos (junto con teoría y práctica) en la vertiente esencialista del marxismo —que compartimos—, sino por la forma que este rechazo adopta en él. Así, en su discusión con la perspectiva que da sustento a la concepción del partido de vanguardia, sostiene que "es en este entrecruzamiento entre ciencia y política donde está la raíz de la política autoritaria"[52], lo cual es predicable de aquellas formas de saber que (como en el caso de R1) pretenden establecer una certeza última sobre lo social, para trasladarla luego al ámbito político. A partir de lo cual se fija la dirección hacia la que deben orientarse todas las prácticas políticas, mientras que se reducen a mero "error" o "falsedad" todas aquellas que se orienten en cualquier otra dirección. Sin embargo, la teoría laclauiana extiende esta particular limitación a toda forma de vínculo entre ciencia y valores políticos, pues su perspectiva no concibe una ciencia que no busque (y, en última instancia, consiga) establecer esa certeza como resultado de su práctica científica; es decir, no hay allí un acogimiento de la incerteza, por lo que su crítica a la certeza normativa lleva a Laclau a fijar una certeza negativa, con el Vacío que ella entraña. Sobre este trasfondo se comprende que en su teoría se mantengan escindidos ambos términos —lo cual constituye una inversión especular del abordaje del marxismo esencialista que persigue la identidad final de ambos—, sin que haya manera de tender *un puente otro* entre ellos.

Esto lleva, por un lado, a que no pueda concebir los fines políticos más que como un "asunto privado" que no impacta en la estructuración y materialidad de la propia práctica científica, la cual queda, de esta manera, despolitizada.

---

[52] *HES*, p. 91.

Por otro lado, se genera la imagen de una ciencia "neutral" –que no es más que la contracara de su despolitización–, de carácter estrictamente técnico-instrumental, lo que impide todo intento de problematización (reflexiva) de los intereses políticos que forman parte de los diversos modos de producción de conocimiento científico, más allá de que los agentes científicos lo perciban o no. Y, en tercer lugar, se obtura toda posibilidad de urdir una trama teórica que permita hacer de esa misma teoría parte de un esfuerzo más amplio por impactar en la estructuración de *lo* político, es decir, de hacer de una dimensión de la práctica de producción de conocimiento científico un momento de la *lucha* en pos de impactar caóticamente en la forma en que la sociedad se ordena y desordena a sí misma, dimensión que nosotros llamamos *crítica*.

En este sentido, la despolitización de la teoría, que hemos señalado como uno de los hilos con los que se teje la perspectiva sobre lo político de Laclau, no es más que otra manera de manifestar cómo ella no puede brindar fundamentos sobre los que asentar la práctica de la crítica, conduciendo, por el contrario, a una pitagórica actitud de contemplación de las luchas que suceden en el estadio. Semejante concepción de la relación entre ciencia y valores surge de que el vacío en los fundamentos, que entraña la crítica a la certeza (positiva) propia de la perspectiva normativista, la abertura de un hiato no cerrado por algún otro tipo de referente de una certeza última, es asumido por Laclau como un Vacío. Esto es, esa ausencia en los fundamentos es considerada como constitutiva de la estructuración ontológica de lo social, brindando el referente para una *nueva certeza*: la de un "esencialismo negativo". Se *fija* así un Vacío sobre el que no puede asentarse ningún fundamento para la crítica, diluyéndose el esfuerzo por hacer de la práctica científica una *disrupción* de las fórmulas de los pensables-posibles dominantes.

Es ese Vacío, entonces, el que funciona en la teoría laclauiana como referente para una certeza última, a partir del cual se establece su particular ontología (de carácter trascendental) y la concepción de lo político que se deriva de ella. Frente a esto, coincidimos con el propio Laclau cuando señala que "un enfoque 'científico' que intentara determinar la 'esencia' de lo social sería, en realidad, la primera de las utopías"[53], lo cual incluye –a nuestro entender–

---

[53] Ibíd., p. 187. Cabe destacar que este uso de la noción de "utopía" refiere a su habitual empleo despectivo en las ciencias sociales y, por tanto, no al particular uso que nosotros le hemos dado (como "utopía posible") en el capítulo II.

los enfoques que intentan establecer su esencia negativa. Es en este punto que sostenemos la necesidad de suspender la pregunta por la "esencia" y la búsqueda de una certeza última a ella ligada; acogiendo el vacío y las problemáticas que él entraña sin tornarlo un Vacío que funja de referente último —pero sin volver tampoco a plantear la posibilidad de colmar ese vacío con alguna forma de absoluto—. Para articular así un modo de producción de conocimiento científico que dé un lugar en sus propios fundamentos a la disolución del horizonte de certeza, asumiendo el estallido del monoteísmo valorativo y sus pretensiones normativas, en pos de hallar un fundamento (no normativo) en el politeísmo de valores políticos.

Un saber-poder despolitizado

Los diversos puntos ciegos que hemos señalado en la perspectiva de Laclau giran en torno a una misma cuestión: su "esencialismo negativo", cuya consecuencia última es la producción de una despolitización de su teoría política, así como de la ciencia en general. Pues su *modus operandi* entraña –aunque no explícitamente– la percepción de la propia práctica como "autónoma", en tanto no se aborda el lugar que ella ocupa en los antagonismos constitutivos de la sociedad, ni la forma en que éstos repercuten en la urdimbre de la trama teórica. Antes bien, se mantiene una escisión entre el ámbito del saber y el del poder, entre la teoría y la práctica, entre las gradas y la arena del estadio. De allí las limitaciones de esta teoría —por no contar en su trama con los hilos conceptuales necesarios— para reflexionar sobre su impacto en *lo* político, sobre sus consecuencias en el entrelazamiento de estructura social objetiva y esquemas de dotación de sentido subjetivos. Su generar una disrupción en los mecanismos que reproducen la lógica de dominación e injusticia hoy imperante, o bien ser un momento de la reproducción de los mismos (aunque sería más preciso decir: reflexionar sobre cómo esa práctica científica contribuye a dicha disrupción y a su vez, en un movimiento dialéctico aporético, a la reproducción de tales mecanismos).

Esta despolitización de un saber (que es poder) repercute en la concepción laclauiana del poder (que es saber), específicamente en su manera de entender la acción política, despolitizándola. Lo cual es producto de la diferencia de estatus que en su teoría se le da a los dos movimientos constitutivos de su perspectiva. Pues, mientras que la imposibilidad de fijar el sentido es un resultado de la ontología propuesta por Laclau, en base a la cual se establece el infinito juego de las diferencias como la esencia negativa de lo social, la instancia de la acción humana, en cambio, y más aun la de la acción política (si es que pudiera hacerse esta diferencia en el interior de la perspectiva de Laclau), tiene lugar en el segundo movimiento que "consiste [...] en llevar a cabo una fijación que es, en última instancia, imposible"[54]. Es decir, mientras que la diferencia es un producto constitutivo de la forma de ser de lo social, la actividad humana se orienta a generar una articulación que introduzca un orden parcial en el desorden intrínseco a lo social.[55]

De allí que, para Laclau, "el problema de lo político es el problema de la institución de lo social"[56], pero no el de su desinstitucionalización. Su teoría se conforma en torno a la pregunta por la producción del orden, de lo ideológico, sin que se ponga el mismo énfasis en la pregunta por la producción del desorden, por el agrietamiento de la ideología; pues, en definitiva, esto último es generado por el movimiento propio del sustrato ontológico, por lo que su producción es necesaria. De esta manera, la hegemonía nunca dará lugar a una sutura total, ya que siempre perviven elementos que no se tornan momentos articulados dentro de la estructura discursiva (y éstos perviven porque la hegemonía no puede alcanzar una sutura total). Y en ello radica la necesariedad (ontológica) de la contingencia de lo social.[57]

---

[54] *NR*, p. 104.

[55] En *La razón populista*, esta misma lógica es presentada como el surgimiento de una pluralidad de demandas particulares insatisfechas por el sistema, posiciones diferenciales cuya articulación equivalencial da lugar a una demanda popular, que nunca consigue articular todas las demandas particulares (llamadas por Laclau "democráticas") en su cadena equivalencial (cf. *LRP*, capítulo 4, especialmente p. 99). Sin embargo, no se plantea aquí cómo y por qué emergen esas demandas particulares insatisfechas; antes bien se las presenta como algo dado y, en efecto, lo están: por la ontología que Laclau fija.

[56] *HES*, p. 195.

[57] Sobre este telón de fondo puede percibirse por qué, en la teoría de Laclau, es una preocupación y un problema reiterado la posibilidad de "un discurso en el que ningún sentido pudiera ser fijado [que] no es otra cosa que el discurso del psicótico" (*NR*, p. 104); pues semejante discurso representa el riesgo de que la práctica política no responda al desafío que la ontología entraña, dando lugar a una ausencia total de orden (a un puro caos). Sin embargo, su teoría no se preocupa (no puede hacerlo) por aquellos discursos que reproducen las fórmulas dominantes de los pensables-posibles, sin que se encuentren allí palabras nuevas, tan sólo el (segundo) silencio; y menos aun aborda la problemática de cómo disrumpir esas fórmulas, generando un caos que desordene y produzca una abertura por la que advenga lo cualitativa-

Otra manera de abordar este mismo problema es preguntarnos qué consecuencias tendría sobre su perspectiva el que ambos movimientos tuviesen el mismo estatus. Así, si ambos son generados por la propia ontología, la hegemonía no sería una contingencia histórica, sino *la* forma de "ordenar" lo social, sustentada en una necesidad ontológica: la de producción de diferencias y equivalencias como resultado del movimiento del ser de lo social. En todo caso, lo contingente sería su contenido concreto, pero no la lógica *formal* (y *abstracta*) de la hegemonía según la detalla Laclau. Por lo que el devenir histórico no sería más que el continuo suceder (sin un sentido dado previamente) de la misma hegemonía absoluta que se encarna en diversas hegemonías del pueblo, remedándose al viejo espíritu hegeliano, al menos en su pretensión de saber absoluto.

En cambio, si son ambos producto de las prácticas humanas y su entrelazo, entonces el juego de las diferencias sería una particularidad histórica, propia de ciertas condiciones sociohistóricas y, por ende, no el sustrato ontológico de lo social, ni mucho menos un juego inerradicable (es decir que se acercaría al planteo de Lefort, en el que es el entrecruzamiento de las acciones en la historia –cristalizado en torno a la decapitación del rey– el que ha producido el lugar vacío del poder).[58] Por lo que la propia contingencia sería contingente y la hegemonía una entre las múltiples formas de constituir el vínculo político, que puede, en todo caso, tender a predominar en ciertas circunstancias sociohistóricas. Pero sobre esta base no es posible afirmar que "este tipo de 'universalidad hegemónica' es el único que una comunidad política puede alcanzar"[59]. Así, las consecuencias de estas dos opciones choca-

---

mente distinto. Es decir, no se preocupa por el discurso del neurótico, aquél que es predominante en las sociedades contemporáneas. Así, por ejemplo, en *La Razón populista* se plantea directamente que "en una situación de desorden radical se necesita *algún* tipo de orden y, cuanto más generalizado es ese desorden, menos importante se vuelve el contenido óntico de aquello que restaura el orden" (*LRP*, p. 203), sin que se brinden los elementos para entender de dónde surge esa necesidad como no sea de una traspolación de las categorías psicoanalíticas al ámbito de la política. Pero ello requeriría: o bien establecer en qué condiciones sociohistóricas el discurso del psicótico/desorden es considerado, primero, como una patología (lo cual implica un discurso que hace de esa forma de otredad una "patología" y no algún otro tipo de fenómeno) y, segundo, como algo a ser "curado"; o bien establecer una antropología filosófica que haga de la "normalidad" psicológica el deber ser de los seres humanos.

[58] Cf. Lefort, 2004d.

[59] *HES*, p. 10.

rían contra partes centrales del proyecto de Laclau, tornándolas incompatibles con el conjunto de su propuesta teórica.

En esta trama conceptual, entonces, la acción política es reducida al rol de productora "de un 'orden' que sólo existe como limitación parcial del desorden"[60] generado por el juego infinito de las diferencias (entendido como sustrato ontológico y, por ello mismo, fundamento de la teoría de Laclau). Esto implica que se pierda de vista (lo cual remite a un punto ciego), que no se perciba y aprecie, el carácter eminentemente político del desorden, de las prácticas que lo generan,[61] en definitiva: de la disrupción caótica de un cosmos social particular-concreto. A la vez que se concibe la práctica política como una suerte de reacción (antes que acción) al problema que presenta la ontología social; pues dicha práctica, en la perspectiva de Laclau, consiste centralmente en reaccionar limitando el desorden generado por el infinito juego de las diferencias, tarea que realiza *siempre de la misma forma* (lo cual no implica que su contenido concreto no pueda cambiar, pero esta dimensión material no es una preocupación de la teoría de Laclau). Se deja así en un segundo plano al carácter productivo y generador de contenidos pero también de formas (si es que tal distinción es acaso posible) de la práctica política y, en definitiva, de la práctica humana.

Frente a todo esto, sostenemos aquí la necesidad de abordar el proceso de institución de lo social –tal y como señala Laclau–, pero también de pensar el arruinamiento de esa institucionalización, el agrietamiento de su cemento ideológico, problematizándolo como el producto de una práctica humana que ha de disrumpir en lo establecido. Dar cuenta, sin dudas, de los mecanismos que (re)producen el cierre de lo social, pero indagar también (y, tal vez, sobre todo) las posibilidades de generar aberturas en un cosmos social que tiene uno de sus prototipos de lógicas relacionales –como ya dijera Lukács– en la mercancía, en la lógica identificante de la ilustración.

Es decir, sobre el telón de fondo del tautológico segundo silencio, planteamos aquí la importancia de concentrar el esfuerzo en el conocimiento y la

---

[60] Ibíd., p. 239.

[61] Cabe señalar que es justamente a esa producción de un desordenamiento a lo que Rancière, por ejemplo, llama "lo político", mientras que a las prácticas (re)productoras de un orden les asigna el nombre de "lo policial" (cf. Rancière, J., *El desacuerdo. Política y filosofía*, Buenos Aires, Nueva Visión, 1996, pp. 35-60).

producción de lo otro cualitativamente distinto. O, mejor aun, pensar los momentos de abertura y cierre no como instancias escindidas y aisladas entre sí, sino en su entrelazamiento dialéctico aporético; en cómo el cierre, en su movimiento de cerrarse, genera lo distinto que, *a la vez*, en su expresarse como abertura, está cargado de la misma lógica que contribuye así a reproducir, *a la vez* que la disrumpe. En dar cuenta de esa dialéctica aporética consiste, para nosotros, el problema de *lo* político tanto en el ámbito del saber como en el del poder. Donde la *crítica*, entendida como aquella dimensión de la práctica de producción de conocimiento científico que se caracteriza por ser un modo de *lucha* en *lo* político orientado por la cosmovisión del humanismo activo, no se asienta *ni* en una certeza normativa *ni* en aquella que surge de la ontología de la contingencia, sino que suspende la búsqueda de lo absoluto para acoger el politeísmo de valores, al sostenerse en una cosmovisión entre otras (semejante en su diferencia). En definitiva, al fundarse en la incerteza.

VIII

Crítica de la dominación simbólica y *Realpolitik* de la razón. Bourdieu y lo simbólico

En este capítulo y en el siguiente abordaremos el *modus operandi* propio de la sociología reflexiva elaborada por Pierre Bourdieu, buscando allí el material con el cual producir los hilos que completen la trama de nuestra teoría crítica reflexiva. La problemática clave que su perspectiva introduce en nuestro planteo surge del modo en que da cuenta de la pluralidad de visiones sobre lo mismo —momento central de la institución de lo social—, pues, sin perder los puntos de contacto con el planteo de Merleau-Ponty, introduce una dimensión "sociológica" que marca una clara distancia entre ambos. En efecto, Bourdieu le otorga un papel nodal al lugar que, en la generación de tales diferencias, tienen las desigualdades sociales históricamente producidas, las disímiles trayectorias de los agentes (individuales o colectivos) y el desigual volumen y composición de su capital dentro del cosmos social. Punto por el cual la pluralidad entraña también una jerarquización de tales perspectivas en el interior de la sincronía cargada de diacronía; siento éste uno de los pilares de su concepción sobre la dominación social.

A esto se agrega su problematización de las diferencias entre dos lógicas cognoscitivas que, ligadas también (aunque no sólo) a una desigualdad social, tienen una especial relevancia para la temática de nuestra investigación así como para la perspectiva del propio Bourdieu. Nos referimos a las diferencias entre la lógica teórica, propia del singular universo escolástico, y la lógica práctica que rige los modos de dotar de sentido de los agentes en su relación inmediata con el cosmos social. Esto permite a Bourdieu tematizar tanto el sentido subjetivo de los procesos sociohistóricos, como la especificidad teórica de la lógica teórica, dando cuenta de los sesgos y dificultades que se producen al extenderla a la lógica propia del punto de vista práctico, es decir, del epistemocentrismo que así se genera. Impulsando un movimiento sobrerreflexivo que nos permitirá volver sobre el *modus operandi* de la práctica de la crítica y sus limitaciones; pero no para alcanzar por esta vía la reconquista de una transparencia (pues de ser así el gesto no sería sobrerreflexivo), sino para dar cuenta de la especificidad de este punto de vista. En este sentido, su perspectiva contiene una (muy) particular apropiación sociológica del movimiento sobrerreflexivo que constituye el estilo de la trama teórica que este libro pretende tejer.[1]

Por último, la forma en que concibe la dimensión simbólica y la dominación que allí se enraíza entraña un denso modo de pensar los vínculos entre lo cognitivo y *lo* político (entre el saber y el poder). Esto junto con la dimensión (sobre)reflexiva de su pensamiento conectan el presente capítulo con las problemáticas en torno a la adherencia entre ciencia y valores, núcleo de la noción de utopía-posible (capítulo II), así como con el estilo sobrerreflexivo que acoge la opacidad del propio punto de vista (capítulo V) –incluyendo la generada por esos valores– sin que ello conduzca a la reducción de la ciencia y su saber conceptual al estatus de un mero discurso más. Sobre esta base indagaremos su propuesta de una *Realpolitik* de la razón, así como su concepción del plano simbólico, en pos de aprehender sus potencialidades y limitaciones para la práctica de la crítica.

Con este fin abordaremos, en la primera sección, el modo en que Bourdieu problematiza la dimensión simbólica, otorgándole un lugar central a la lógica propia del sentido práctico (en oposición a lo que acontece en la teoría de Laclau); esto nos permitirá dar cuenta de su crítica a una de las formas más extremas de violencia simbólica: el monopolio de lo universal. En la segunda sección estudiaremos su propuesta de una *Realpolitik* de la razón, el resabio escolástico que en ella puede detectarse, así como sus vínculos con nuestra noción de utopía-posible. Finalmente, en la tercera sección extraeremos las consecuencias de esto para el planteo de una práctica crítica, entendida –a partir del trabajo sobre este material– como una lucha simbólica que disrumpe la fórmula instituida de unos pensables-posibles de carácter práctico.

---

[1] Suele señalarse la deuda de Bourdieu con la filosofía de Merleau-Ponty, sin embargo se la restringe a cómo su concepción del cuerpo y del sentido práctico abreva, en parte, en esa fuente (Foster, 2005; Martínez, 2007), sin tematizarse en cambio la centralidad que tiene en su obra –sobre todo en los últimos años– la reflexividad de raíz merleau-pontyana.

La lógica práctica en el plano simbólico

Salidas contrastantes

Una de las maneras en que puede iniciarse la caracterización de la perspectiva de Bourdieu es a partir de las concepciones teóricas que él rechaza y con las que polemiza,[2] señalando así el particular modo en que rompe con y sale de algunas de las tradiciones de más peso en la Francia de los años cincuenta y sesenta[3] (en la que se forma y comienza su labor de investigación). A los fines de nuestra investigación, resulta relevante contrastar, por un lado, el modo en que sale del paradigma de la filosofía de la conciencia, tomando un camino que entraña una central diferencia con el seguido por Habermas. Y, por otro lado, dar cuenta de su ruptura con la perspectiva estructuralista, que se produce por una vía distinta a la transitada por Laclau. Esto nos permitirá distinguir la propuesta bourdieuana, y sus aportes a una teoría crítica reflexiva, de aquellas dos concepciones que hemos abordado como expresiones del doble rechazo con el que aquí polemizamos.

Encontramos en su pensamiento, entonces, un modo distinto al habermasiano de salir del paradigma de la filosofía de la conciencia. En tanto este último, como vimos en el capítulo III, critica a tal paradigma por enfocarse en la relación sujeto-objeto, reduciendo la razón a su faceta cognitivo-instrumental. Frente a ello, Habermas plantea su noción de razón comunicativa, que sitúa en el centro de la consideración la relación intersubjetiva y la posibilidad de entendimiento que allí tiene lugar. Sin embargo, hemos señalado que en su perspectiva no se pone en cuestión la transparencia que este paradigma entraña; la razón comunicativa, por tanto, no se presenta como conteniendo un cono de sombra (de allí el rechazo habermasiano al segundo giro reflexivo de la dialéctica de la ilustración). Sobre este telón de fondo se percibe cómo la ruptura bourdieuana con dicho paradigma se da por una vía radicalmente distinta, pues la suya es una constante puesta en cuestión de "la

---

[2] Como él mismo lo hace en distintos libros (cf. *SP* y *RA*) o entrevistas (cf. *CD*).
[3] Para el contexto general del pensamiento francés del período, puede consultarse Descombes, V., *Lo mismo y lo otro*, Madrid, Cátedra, 1998.

ilusión de la transparencia de la conciencia para sí misma"[4], planteándose así una opacidad a ser abordada reflexivamente.

Punto éste en el que se evidencia su retomar el pensamiento de Merleau-Ponty, quien da cuenta de una producción de sentido que no pasa por un "yo pienso", sino por un particular "estilo", entendido como un "esquema interior" que entraña "una manera de morar en el mundo, de tratarlo, de interpretarlo"[5]. Bourdieu abreva en esta fuente pero, si cabe la expresión, sociologizando el planteo de Merleau-Ponty (formulado en el marco de una filosofía fenomenológica), al darle un peso central a los procesos sociohistóricos y a las trayectorias de los agentes en la constitución de tales esquemas interiores. En definitiva, ésta es una de las influencias claves en la elaboración de su noción de *habitus*,[6] esquemas que "tienen por principio no unas reglas conscientes y constantes sino principios prácticos, opacos a ellos mismos, sujetos a variación según la lógica de la situación [...] Así, los pasos de la lógica práctica raramente son coherentes por entero y raramente incoherentes por entero"[7], dando lugar a una "conducta a la vez sensata y desprovista de razón"[8].

Este concepto es el que a Bourdieu le resulta "el más indicado para significar esta voluntad de salir de la filosofía de la conciencia sin anular al agente"[9]. Dando cuenta de sus razones prácticas, de la lógica propia de las prácticas de los agentes implicados en el mundo social, sin tornarla un "yo pienso" o diluirla en las estructuras objetivas. Pero también tematizando la oposición de esta lógica con aquella propia del punto de vista teórico y con su tendencia a poner en la cabeza de los agentes que investiga el mismo modelo que el teórico utiliza para abordar el mundo.[10] Por esta vía emerge otra novedad del planteo bourdieuano con respecto a la concepción fenomenológica de Merleau-Ponty: la distinción entre una lógica práctica y sus razones y una lógica teórica con su punto de vista escolástico. Se abre así la posibili-

---

[4] *MP*, p. 23.
[5] *Sg*, p. 65.
[6] Cf. *RA*, pp. 265 y ss., y Martínez, 2007.
[7] *SP*, p. 31.
[8] Ibíd., p. 40.
[9] *RA*, p. 269.
[10] Esto resulta particularmente claro en la discusión de Bourdieu con el modelo de la Teoría de la Elección Racional (cf. *CD*, p. 23).

dad de indagar las diferencias entre estas lógicas, que es también un modo de volver (sobrerreflexivamente) sobre las opacidades propias de la perspectiva escolástica en la que el conocimiento científico nos posiciona. Especialmente las que ella contiene en su aprehender el sentido subjetivo de las prácticas de los agentes, problemática que hemos detectado en los diversos autores de la tradición crítico-dialéctica alemana que constituye uno de los vértices de nuestra propuesta teórica.

En este marco, sostenemos que resulta imprescindible mantener abierta la lucha contra la lógica del concepto con los medios del concepto, pero a ello hay que agregarle el esfuerzo por luchar contra la lógica escolástica con los medios que la situación escolástica nos brinda; con vistas a proponerse no "la recuperación por cuenta propia de la lógica práctica, sino la reconstrucción teórica de esa lógica incluyendo en la teoría la distancia entre la lógica práctica y la teórica"[11]. La teoría no sólo se diferencia de otro punto de vista teórico (como sucede en la teoría crítica horkheimeriana con respecto a la teoría tradicional), también se diferencia de otra lógica cognoscitiva: la práctica. Aprehender su productividad, y no sólo su carácter reproductivo, es lo que no termina de concretar la tradición alemana aquí abordada. A su vez, esto ilumina las limitaciones de la lógica teórica en sus estudios del mundo social, en tanto "esta *diferencia*, que es constitutiva de la actividad intelectual y de la condición intelectual, es probablemente lo que menos posibilidades tiene de ser expresado en su esencia por el discurso intelectual"[12]. Plantear esta limitación, marcar la centralidad de una (sobre)reflexividad acerca de ella, constituye uno de los elementos del *modus operandi* bourdieuano que buscamos introducir en la trama de nuestra teoría crítica reflexiva.

Ahora bien, la ruptura que la sociología reflexiva entraña para con el estructuralismo se distancia de aquella realizada por Laclau, quien –como vimos– cuestiona que se conciba a las estructuras relacionales como positividades cerradas, haciendo de ellas "un sistema […] un objeto identificable e inteligible"[13]. Frente a esto, Laclau postula, como rasgo específicamente

---

[11] *MP*, pp. 74-75. Sin que ello entrañe un pleno control de las limitaciones que el punto de vista escolástico genera, pues eso implicaría intentar reintroducir la transparencia en la propia perspectiva; antes bien, cabe entender esto como un gesto sobrerreflexivo que se mantiene abierto.

[12] *SP*, p. 41.

[13] *NR*, p. 104.

"post" de su estructuralismo, la primacía del juego infinito de las diferencias, donde la estructura no puede ser más que un ordenamiento siempre parcial de la contingencia propia de su concepción ontológica, todo lo cual conduce a su esencialismo negativo. A partir de ello, señala la imposibilidad (ontológica) de todo objeto y, en última instancia, de la sociedad misma, en tanto esta constitución se ve necesariamente interrumpida por un real heterogéneo que no puede ser dominado *simbólicamente*. La sutura simbólica es siempre parcial y éste es el rol de lo simbólico en el pensamiento de Laclau (con su particular apropiación de la perspectiva lacaniana): el de posibilitar la institución de un cierto ordenamiento sobre el juego de las diferencias, aunque se trate de un ordenamiento necesariamente fallido. Sin embargo, como sostuvimos en el capítulo anterior, su perspectiva y su concepción de la dimensión simbólica no se interroga, no tiene los elementos con los que hacerlo, acerca del punto de vista de los agentes. En torno a esta cuestión Laclau mantiene, en lo central, la matriz estructuralista, a la vez que es justamente allí donde se produce la principal ruptura de Bourdieu con ella.

En efecto, según Bourdieu, el estructuralismo, "debido a que ignora la relación entre el *sentido vivido* que explicita la fenomenología social y el *sentido objetivo* que construye la física social o la semiología objetivista, se impide analizar las condiciones de la producción y del funcionamiento del *sentido del juego social*"[14]. Cuyo anverso es su deslizarse hacia un intelectualismo por "el hecho de introducir en el objeto la relación intelectual con el objeto, de sustituir la relación práctica con la práctica por la relación que el observador mantiene con su objeto"[15]. Son los presupuestos de este objetivismo, entonces, los que constituyen "el *inconsciente epistemológico* del estructuralismo"[16], incluyendo su deriva "post". Presupuestos entre los que se destaca "el privilegio de la observación con relación al indígena, consagrado a la inconciencia"[17] al no poseer la misma lógica cognoscitiva que aquella propia de la teoría; o bien el intelectualismo que pone "los modelos que el científico debe construir para explicar las prácticas dentro de la conciencia de los agentes"[18].

---

[14] *SP*, p. 50.
[15] Ibíd., p. 62.
[16] Ibíd., p. 55.
[17] *CD*, p. 21.
[18] *ISR*, p. 115, nota 10.

Sobre este telón de fondo podemos percibir cómo tanto el estructuralismo como el posestructuralismo laclauiano dejan sin tematizar la relación entre las estructuras sociales objetivas y los esquemas de dotación de sentido subjetivos. Y al no dar cuenta de esta relación –concentrando la mirada en cambio en las leyes objetivas de construcción de la estructura–, los agentes y sus prácticas se tornan en meros productos de la lógica estructural, o bien en poseedores del punto de vista propio del científico (estructuralista). En este dilema, el posestructuralismo de Laclau continúa encontrando uno de sus puntos ciegos, al caer –a semejanza del estructuralismo– "en el fetichismo de las leyes sociales: convertir en entidades trascendentes [...] las construcciones a las que debe recurrir la ciencia para explicar unos conjuntos estructurados y sensatos producidos por la acumulación de innumerables acciones históricas"[19]. El anverso de esto es situar el punto de vista científico en "el estatus de espectador que se retira de la situación para observarla [lo cual] implica una ruptura epistemológica, pero también social, que nunca gobierna tan sutilmente la actividad científica como cuando deja de aparecerse como tal"[20]. Ruptura que subyace a la actitud de contemplación pitagórica que hemos señalado en Laclau, al no problematizar su lugar y el de su teoría de la hegemonía en las luchas sociales por la construcción de hegemonía.

Frente a esto, Bourdieu propone objetivar al sujeto objetivante, en pos de dar cuenta de ese inconsciente epistemológico y del papel de la práctica teórica en su relación con el conjunto de las prácticas sociales. Pero, sobre todo, introduce la central noción de *habitus* como una vía por la cual indagar el punto de vista de los agentes, sin por ello caer nuevamente en una filosofía de la conciencia. Este planteo genera una radical diferencia en la manera de concebir la dimensión *simbólica* por parte de Bourdieu; en efecto, los *habitus*

> son esquemas clasificatorios, principios de clasificación, principios de visión y de división [...] Establecen diferencias entre lo que es bueno y lo que es malo, entre lo que está bien y lo que está mal, entre lo que es distinguido y lo que es vulgar, etc., pero no son las mismas diferencias para unos y otros.[21]

---

[19] *SP*, p. 73. En este marco podemos preguntarnos hasta qué punto no le cabe a la noción de "pueblo" de Laclau la crítica bourdieuana al estructuralismo que "trata sus construcciones, 'cultura', 'estructuras', 'clases sociales' o 'modos de producción', como realidades dotadas de eficacia social, capaces de constreñir directamente las prácticas" (*SP*, p. 67).

[20] Ibíd., p. 60.

[21] *RP*, p. 20.

En esas "diferencias", sociohistóricamente producidas y con consecuencias sociohistóricas que, a la vez, *no son las mismas para todos*, que no se las (re)conoce de igual modo –dándose una diferenciación de las diferencias–, es donde se enraíza la concepción de la dimensión simbólica de Bourdieu, en la que, a diferencia de Laclau, el sentido producido por la lógica práctica juega un papel central. Abordar esta cuestión es la tarea del próximo apartado.

Lo simbólico: dominación, violencia, desposesión y la posibilidad de una lucha

La dimensión simbólica, asociada a la lógica práctica, constituye un pilar clave sobre el que Bourdieu elabora su concepción acerca de los mecanismos de (re)producción del orden social, en el centro de los cuales se halla la dominación simbólica y el particular ejercicio de violencia que ella entraña. Es sobre estas cuestiones que aquí nos concentraremos.[22] Por "violencia simbólica" Bourdieu entiende una

> violencia amortiguada, insensible e invisible para sus propias víctimas, que se ejerce esencialmente a través de los caminos puramente simbólicos de la *comunicación* y del *conocimiento* o, más exactamente, del desconocimiento, del reconocimiento o, en último término, del sentimiento; dando lugar a una "lógica de la dominación ejercida en nombre de un principio simbólico conocido y admitido tanto por el dominador como por el dominado".[23]

En ella juega un papel central ese momento de desconocimiento práctico, producto de la implicación en el cosmos social, que nos lleva a aceptar como evidentes y "naturales" no sólo el modo en que se juega un determinado juego social sino el juego mismo. Sin embargo, la violencia simbólica no es un mero desconocimiento, también entraña el reconocimiento práctico pro-

---

[22] Para un abordaje de conjunto de la perspectiva bourdieuana, véase Gutiérrez, A., *Pierre Bourdieu: las prácticas sociales*, Buenos Aires, CEAL, 1994 y Gutiérrez, A., *Las prácticas sociales: una introducción a Pierre Bourdieu*, Córdoba, Ferreyra Editor, 2005.
[23] *DM*, p. 12.

ducto de una manera de dotar de sentido al mundo, que se asienta en el desconocimiento del carácter relativo y arbitrario del orden social. Así,

> la violencia simbólica es esa coerción que se instituye por mediación de una adhesión que el dominado no puede evitar otorgar al dominante (y, por tanto, a la dominación) cuando sólo dispone, para pensarlo y pensarse o, mejor aún, para pensar su relación con él, de instrumentos de conocimiento que comparte con él y que, al no ser más que la forma incorporada de la estructura de la relación de dominación, hacen que ésta se presente como natural.[24]

Esta relación adquiere, entonces, el carácter de una "segunda naturaleza" en el sentido que tanto Lukács como Horkheimer y Adorno le dan a esta noción; lo cual es también decir que se produce una petrificación del movimiento histórico, que en las tomas de posición generadas en base a esos instrumentos de conocimiento predomina la fórmula instituida (antes que el estilo). Sin embargo, si bien la dominación simbólica implica una particular adhesión del dominado, lo que ella entraña "no es sumisión pasiva a una norma externa ni adhesión libre a valores"[25], antes bien "se inscribe en la práctica, en las disposiciones que se inculcan poco a poco, a través de un proceso de adquisición largo y lento"[26]. Se enraíza, en definitiva, en esa dimensión cognitiva y de la comunicación (ambas prácticas) que está en el centro de la concepción bourdieuana sobre la articulación de *lo* político, producto del entrelazo de *habitus* y campo. En este específico sentido es que propone tratar "las relaciones sociales [...] como interacciones simbólicas, es decir, como relaciones de comunicación que implican el conocimiento y el reconocimiento"[27]. Concepción de lo simbólico que, una vez más, marca su diálogo con la perspectiva de Merleau-Ponty, con su problematización de lo simbólico como teniendo lugar en esa vida generalizada que constituye nuestra residencia común;[28] plano en el que nos situó su noción de *praxis*, al instalarnos en un orden que no es el del "yo pienso", sino el de la comunicación.

---

[24] *MP*, pp. 224-225.
[25] *QSH*, p. 29.
[26] Ibíd., p. 30.
[27] Ibíd., p. 11.
[28] Cf. *AD*, p. 45.

En este terreno se inscribe el análisis bourdieuano de los mecanismos de dominación, dándosele un lugar central tanto a la estructura de posiciones objetivas en el espacio social o en el campo particular, como al modo en que se dota de sentido a las relaciones sociales que en él se establecen. De allí la relevancia de las nociones de *nomos* y *doxa* en su sociología reflexiva. La primera refiere al punto de vista constitutivo de un campo, a su ley fundamental que es también su principio de visión y de división[29], a partir del cual se establece la taxonomía social que divide en grupos y que contribuye a que se los conozca y reconozca como tales. *Nomos* que está en permanente relación con aquello que Bourdieu denomina la *doxa*, el conjunto de presupuestos cognitivos y evaluativos que un agente posee y acepta implícitamente por el hecho de pertenecer a un determinado campo, presupuestos que tienden a producir una adhesión *inmediata* al *nomos* de ese campo (el cual, a su vez, al ser el punto de vista constitutivo del campo, es un factor fundamental en la estructuración de tales presupuestos cognitivos y evaluativos). Es por esto que la *doxa* delimita el ámbito de la discusión legítima, excluyendo como "absurdo, ecléctico o, lisa y llanamente, *impensable* cualquier intento de *producir una posición* no prevista"[30], reforzando así lo establecido por el *nomos* del campo (que, al mismo tiempo, refuerza la *doxa*).

Es este entrelazamiento el que dota de sentido al juego, más aun, lo dota de su valor, del valor de jugarlo y apostar en él, en tanto se considera valioso lo que allí se disputa. En este sentido Bourdieu habla de *illusio*, la "adhesión colectiva al juego que es a la vez causa y efecto de la existencia del juego"[31]. Poner en cuestión esa *illusio*, que es también cuestionar la *doxa* y el *nomos* del campo, es poner "en tela de juicio no una manera de jugar el juego, sino el propio juego y la creencia que lo fundamenta, única trasgresión inexpiable"[32]. Vemos cómo el interés (no necesariamente económico, pasible de guiarse por el desinterés)[33] que orienta las estrategias de los agentes es pro-

---

[29] Bourdieu sostiene que "*nomos* viene del verbo *nemo*, que quiere decir operar una división, una partición; comúnmente es traducido por ley, pero también es, más precisamente, lo que llamo el principio de visión y de división fundamental característico de cada campo" (*CP*, p. 18).

[30] *MP*, p. 134 (las cursivas son mías).

[31] *RA*, p. 253.

[32] Ibíd., pp. 256-257.

[33] Cf. Bourdieu, "¿Es posible un acto desinteresado?" en *Razones Prácticas*, op. cit., pp. 139-158.

ducto de este entrelazamiento de *nomos* y *doxa*, junto con la *illusio* que allí se genera, a la vez que permite la (re)producción de los mismos.

En base a esto podemos aprehender cómo la dominación simbólica se asienta en la transmutación de "la arbitrariedad del *nomos* social en necesidad de la naturaleza"[34], llevando a que el ordenamiento social, las fórmulas a través de las cuales se reproduce, se invista de "la objetividad de un sentido común, entendido como consenso práctico y dóxico, sobre el sentido de las prácticas"[35]. Es esta suerte de circularidad, en la que se retroalimenta cada momento a través del otro, la que genera que los actos de conocimiento de los dominados sean, "por la misma razón, unos actos de reconocimiento práctico, de adhesión dóxica"[36], lo cual entraña la desposesión simbólica de los dominados para aprehender la lógica del juego que los sitúa en la posición de dominados.[37] Pues los principales elementos que tienen para pensarse a sí mismos, a los dominantes, a la relación de dominación y al juego en su conjunto son el producto de esas mismas relaciones que producen el reconocimiento de la legitimidad de esa relación. Sin embargo, esto no implica la imposibilidad de producir un conocimiento otro, sino más bien el señalamiento de que es sólo produciendo ese conocimiento otro, con un estilo (en su relación dialéctica con la fórmula) que disrumpa caóticamente la lógica dominante, como puede alterarse el juego que se establece en la constelación de estructura social objetiva y esquemas de dotación de sentido subjetivos. Pues el conocimiento que sólo se posicione dentro de esa constelación, en lo que resulta *pensable* desde su interior, que no es otro sino lo mismo, no puede más que contribuir a la reproducción de la dominación simbólica. Sostenemos entonces que "por estrecha que sea la correspondencia entre las realidades o los procesos del mundo natural y los principios de visión y de división que se les aplican, siempre queda lugar para una *lucha cognitiva* a propósito del sentido de las cosas del mundo"[38]. Y es esa

---

[34] *DM*, p. 26.

[35] Ibíd., p. 49.

[36] Ibíd., p. 49. Cabe destacar que lo mismo acontece para los dominantes, y a ello Bourdieu alude a través de la sentencia popular de "nobleza obliga", con la diferencia para nada menor, a menos que se minimice la importancia de las desigualdades producto de las jerarquías sociales, de que las relaciones así establecidas son las que los tornan y mantienen como dominantes.

[37] "Sólo domina realmente esta lógica quien es dominado completamente por ella, quien la posee hasta el punto de estar totalmente poseído por ella, es decir, desposeído" (*SP*, p. 33).

[38] *DM*, p. 26.

lucha cognitiva la que especialmente (aunque no únicamente) puede llevar a cabo la práctica de la crítica, con su específica arma: el saber conceptual. Volveremos sobre esto en la tercera sección.

Arribamos así al aporte clave de la perspectiva bourdieuana a nuestra propuesta de teoría crítica reflexiva: su acoger la pluralidad de puntos de vista que tienen lugar en y sobre la misma sincrónica estructura relacional del campo (producto histórico y abierto a la historia que sus luchas produzcan), pero donde también se da cabida en su sociología a la jerarquización interna de esa pluralidad. No sólo son diferentes perspectivas, allí también hay una desigualdad social-material. En esta dirección, cuestiona que procedamos "como si la *capacidad de hablar*, que está prácticamente extendida universalmente, se pudiera identificar con *la forma socialmente condicionada para llevar a cabo esta capacidad*"[39]. Pues la posibilidad de producir un discurso acorde a las formas reconocidas como legítimas no es universal, ni está distribuida azarosamente, antes bien se encuentra vinculada a la *posesión* de ciertos capitales, que pueden ser económicos y culturales si se quiere, pero también aquél específico del campo en cuestión y, más importante aun, el capital simbólico,[40] el reconocimiento de la autoridad y la legitimidad para decir lo que se dice. Esto marca una diferencia clave dentro de la capacidad casi universalmente extendida de hablar, pues las palabras no sólo tienen un valor distintivo según su lugar en una unidad estructural dentro de la estructura del lenguaje, también lo tienen según la posición que quien la pronuncia ocupe en la estructura social. La sociología reflexiva apunta a tornar aprehensible "la separación estructural entre la distribución, muy desigual, del *conocimiento* de la lengua legítima y la distribución, mucho más uniforme, del *reconocimiento* de esa lengua"[41]. Es en esa brecha entre distribuciones donde hunde sus raíces la dominación simbólica.

Esta lógica es homóloga a cuando procedemos como si la igualdad formal de todos los ciudadanos, en el marco de una democracia formal, entrañase

---

[39] *QSH*, pp. 34-35.

[40] "El capital simbólico es una propiedad cualquiera […] que, percibida por unos agentes sociales dotados de las categorías de percepción y de valoración que permiten percibirla, conocerla y reconocerla, se vuelve simbólicamente eficiente, como una verdadera *fuerza mágica*: una propiedad que, porque responde a unas 'expectativas colectivas', socialmente constituidas, a unas creencias, ejerce una especie de acción a distancia" (*RP*, pp. 172-173).

[41] *QSH*, p. 45.

de por sí la igual distribución de los elementos que se requieren para jugar el juego político (entre los cuales uno, para nada menor, es el tiempo de ocio, como ya lo señalara Weber),[42] "lo que equivale a suponer que todos los ciudadanos poseen en un mismo grado el dominio de los instrumentos de producción política"[43]. Es decir, a asumir como algo dado y, por tanto, fuera de discusión que la igualdad formal conlleve sin más una igual capacidad de incidir en el juego político; sin problematizar "el hecho de la distribución desigual de la competencia política tal como es socialmente definida en un momento dado del tiempo"[44]. Por lo que no se dispone de igual manera "de los medios imprescindibles para ser un buen ciudadano, para estar en disposición de comprender las leyes, de comprender y defender los propios derechos, de crear asociaciones sindicales…"[45]; o bien de producir tomas de posición acordes a los principios de visión y de división del juego y, por ende, obtener el reconocimiento a ellos ligado. Esto no quiere decir, sin embargo, que realicemos un rechazo plano (sin espesor, no dialéctico) de la igualdad formal; antes bien buscamos señalar sus puntos ciegos, las limitaciones intrínsecas a su lógica, que a su vez nos llevan a trazar una senda por la cual, si la igualdad es para nosotros un valor a ser defendido, puede tornarse más igualitaria esa igualdad. En definitiva, no rechazamos la igualdad en *la* política de la democracia formal, sino el que sea *sólo* política.

Este planteo bourdieuano retoma y extiende la clásica crítica de Marx a la filosofía del derecho de Hegel, según la cual la lógica de la sociedad burguesa lleva a que "los diferentes miembros del pueblo, a la manera como los cristianos son iguales en el cielo y desiguales en la tierra, sean iguales en el cielo del mundo político y desiguales en la existencia terrenal de la *sociedad*"[46]. Y sólo una concepción asentada en un profundo sustancialismo de rol puede con-

---

[42] En efecto, él indica que el político profesional no puede estar inmerso en las actividades económicas de las cuales extrae su sustento (a menos que lo extraiga de la propia política). Antes bien su persona debe ser prescindible de tales actividades (como acontece con el rentista), y "ni el obrero ni […] el empresario, especialmente el moderno empresario en gran escala, son económicamente prescindibles en este sentido" (Weber, 1991, p. 20).

[43] *MP*, p. 94.

[44] Bourdieu, "El sondeo, una 'ciencia' sin sabio", en *Cosas dichas*, op. cit., p. 189.

[45] *STV*, p. 96.

[46] Marx, K., "Crítica de la filosofía del Estado de Hegel" [1843], en *Escritos de Juventud*, México, FCE, 1982, p. 392.

siderar que su posición en la "terrenal" estructura social no afecta su posición, pero también sus disposiciones y tomas de posición, en el mundo político, que el ser pobre no incide en el modo en que se es ciudadano.[47] Nos topamos así con uno de los modos más cruentos e invisibilizados del ejercicio de la violencia simbólica: la pretensión de una particular perspectiva de encarnar lo universal, de hablar en nombre de lo universal y sobre atributos universales, propios de la humanidad toda, y que quien así habla tiene la autoridad para hacerlo en tanto lo hace en nombre de lo universal. Esto nos lleva a la crítica bourdieuana de la perspectiva escolástica.

El punto de vista escolástico

Es a través de la crítica a las distintas manifestaciones del error escolástico que Bourdieu caracteriza y cuestiona la perspectiva que se pretende hablando en y por lo universal, cuyo lado oscuro es la denegación social de las particulares condiciones sociohistóricas que la posibilitan, y de la singular posición en el espacio social que hay que ocupar para acceder a esa "universalidad". Indaga así "los presupuestos inscriptos en la situación de *scholé*, de ocio, tiempo libre y liberado de las urgencias del mundo que posibilita una relación libre y liberada con esas urgencias"[48]; lo cual torna posible "esa mirada indiferente al contexto y a los fines prácticos, esa relación distante y distintiva con las palabras y las cosas"[49]. A la vez que esa situación, el privilegio social que ella supone, es la que permite instaurar aquellos particulares campos que tienen por apuesta lo universal, cuyas luchas contribuyen a él. Ambigüedad de la razón escolástica sobre la que habremos de volver. Pero ya aquí se marca la centralidad de aprehender las limitaciones de este punto de vista, que aherrojan sus potencialidades.

Bourdieu señala tres formas del error escolástico, las cuales se basan "en un mismo principio, la universalización de un caso particular, es decir, de la visión del mundo que propicia y autoriza una condición social particular"[50],

---

[47] Dar cuenta de esto es la base desde la que parte el planteo de Merklen, 2005.

[48] *MP*, p. 9.

[49] Ibíd., p. 27.

[50] Ibíd., p. 72.

a la vez que se olvida el arbitrario histórico que entraña esa particular posición, su ser un punto en la sincronía cargada de diacronía. La primera de estas tres formas se presenta en el ámbito cognoscitivo y consiste en hacer del modo de conocimiento propio del pensamiento escolástico el modelo universal a través del cual se conoce el mundo, lo cual implica concebirlo como la única modalidad de conocimiento posible. Nos encontramos, una vez más, con el problema del epistemocentrismo y las limitaciones para captar la lógica práctica que éste implica. La segunda manifestación del error escolástico es de orden ético-moral; consiste en la construcción de un falso universalismo que extiende a todos las posibilidades a las que se accede sólo sobre la base de ciertas condiciones sociales, planteando una igualdad en el ejercicio de una pluralidad de derechos que no tiene en cuenta los particulares medios sociales que se requieren para acceder a ese derecho (acceso que no puede ser otra cosa que el ejercicio práctico del mismo y no su mera posesión formal). Tal es el caso del universalismo formal del rol de ciudadano que hemos comentado, cuyo efecto simbólico es la construcción de un universal al que no todos pueden acceder, produciéndose la exclusión práctica de aquellos que se hallan excluidos de ese universal, del que participan sólo formalmente pero sin tener los medios sociales necesarios para ejercerlo en sus prácticas. La tercera y última forma del error escolástico es de orden estético, en el cual se consagran como placeres "puros" aquellos que surgen de una pura contemplación del mundo, es decir, de la singular relación escolástica con él. Mirada escolástica que, al tener por rasgo particular el abocarse a lo universal, inviste con el carácter de lo universal este caso particular, inscribiendo simbólicamente la posibilidad de experimentar lo bello en una relación distante y distanciada con las cosas; inaccesible para aquellos urgidos por las urgencias que su vida cotidiana les impone.

En todos los casos, la base de estos errores es la amnesia del fundamento sociohistórico que permite el acceso a lo universal, inescindiblemente ligado a la conformación y autonomización de los campos que tienen por objeto lo universal. En este sentido, Bourdieu sostiene que "deben darse unas condiciones históricas para que surja la razón. Y toda representación [...] que se base en el olvido o la ocultación deliberada de esas condiciones tiende a legitimar el monopolio más injustificable, es decir, el monopolio de lo universal"[51]. Del cual

____

[51] Ibíd., pp. 96-97.

se extraen beneficios simbólicos (y materiales), a la vez que se lo usufructúa como fuente de legitimación de una forma de articulación de *lo* político; ya que ofrece "la forma de legitimación por antonomasia, con la *racionalización* [...] o, mejor aún, la universalización, sociodicea suprema: la formalización, jurídica o matemática"[52]. Esto resulta particularmente claro en las concepciones económicas o jurídicas que legitiman, con su dimensión formal, relaciones de fuerza que constituyen un arbitrario histórico; pero también es la legitimidad que buscan apropiarse las perspectivas normativistas —que pendulan entre el epistemocentrismo y el falso universalismo moral— al establecer una racionalidad universal (y universalmente accesible). Tal es el caso de la razón comunicativa habermasiana, a partir de la cual se plantea un modelo de ordenamiento de la sociedad como racional-universal, por lo que toda perspectiva que se oponga a ella queda condenada a la irracionalidad. En definitiva, según Bourdieu,

> la forma por antonomasia de la violencia simbólica es el *poder* que [...] se ejerce por *medio de las vías de la comunicación racional*, es decir, con la adhesión (forzada) de aquellos que, por ser los productos dominados de un orden dominado por las fuerzas que se amparan en la razón [...] no tienen más remedio que otorgar su consentimiento a la arbitrariedad de la fuerza racionalizada.[53]

Volvemos así a toparnos con la violencia simbólica y con la desposesión que ella implica, en la cual se aúnan un momento cognitivo (de desconocimiento y reconocimiento) con uno atinente a *lo* político.

La propuesta de una *Realpolitik* de la razón

El ejercicio de lo universal

En oposición a esta concepción escolástica del mundo social y de las propias prácticas escolásticas, Bourdieu plantea su perspectiva sociológica poniendo en el centro de la misma un esfuerzo reflexivo orientado a dar cuenta de las limitaciones inscriptas en la situación de *scholé*, mas no para eliminar

---

[52] Ibíd., pp. 106-107.
[53] Ibíd., p. 112.

el punto de vista escolástico, sino para maximizar sus potencialidades. Esto vía lo que puede leerse como una ampliación y profundización de la labor (reflexiva) de objetivar al sujeto objetivante, en tanto se emprende "un esfuerzo constante de introspección, único medio, *asimismo escolástico*, de luchar contra las inclinaciones escolásticas"[54]. Punto de partida hacia la elaboración de un *modus operandi* distinto, uno que pugne sobrerreflexivamente por no caer en sus errores.

Así, en primer lugar ha de lidiarse con el epistemocentrismo, con su tendencia a no dar cuenta del punto de vista de los agentes, al asumir el propio como universal; frente a ello, "hay que adoptar un punto de vista teórico sobre el punto de vista teórico"[55], asumiendo no sólo las particularidades de ese punto de vista, sino también su distancia para con la lógica práctica junto con el cono de sombras que eso introduce. En segundo lugar ha de arruinarse el falso universalismo en el orden ético-moral, planteando las condiciones socioeconómicas y culturales que excluyen a determinados agentes del acceso al ejercicio práctico de lo universal; a partir de lo cual se delinea la centralidad de impulsar una acción (cognitiva y política) que apunte a universalizar las condiciones de acceso a lo universal, lo cual constituye el "objetivo primordial de todo auténtico *humanismo*"[56]. Y, en tercer lugar, dar cuenta de cómo el placer "puro" se enraíza en condiciones y condicionamientos sociales que permiten el distanciamiento que éste supone, lo cual implica que la desposesión simbólica aquí en juego no se combate "llevando" paternalistamente lo bello a los sectores dominados, sino universalizando las condiciones económicas y culturales que subyacen a la posibilidad de experimentar lo bello.

En resumen, de lo que se trata es de poner de manifiesto la particular posición que permite participar de lo universal, cuya contracara es el señalamiento del monopolio de lo universal. Y la perspectiva que nos permite captarlo como tal da los elementos para esbozar, a partir del diagnóstico de esa forma de violencia simbólica, un impacto caótico en *lo* político orientado a la universalización de las condiciones práctico-concretas de acceso al ejercicio de lo universal. Éste es el objetivo que persigue la propuesta bourdieuana de una *Realpolitik* de la razón.

---

[54] Ibíd., p. 75.
[55] Ibíd., p. 77.
[56] Ibíd., p. 97 (las cursivas son mías).

Un resabio escolástico

En el pensamiento de Bourdieu la razón se concreta cuando llega a inscribirse en los mecanismos sociales, en el *nomos* del campo pero también en las disposiciones de percepción, apreciación y acción de los agentes que actúan en relación a ese *nomos*. De allí que su propuesta de una *Realpolitik* de la razón no ponga el foco en las acciones individuales, sino en su introducción en la estructura relacional misma, no apunta a modificar la manera en que algunos jugadores juegan el juego, sino a alterar las reglas del juego, que es también transformar el juego mismo. Y como "la propia *lucha* es la que hace la historia del campo"[57], no hay otra vía por la cual concretar esta *Realpolitik* de la razón que *luchar* (política y cognoscitivamente) por ella; en definitiva "sólo podemos impulsar la razón si nos comprometemos a luchar por ella y por su inclusión en la historia –si practicamos una '*Realpolitik* de la razón'"[58]. Proyecto político que se desprende de su sociología reflexiva tanto porque se plantea en los términos de sus categorías conceptuales básicas (campo, *nomos*, etcétera), como porque surge de su específico cuestionamiento al punto de vista escolástico, a la violencia simbólica que éste ejerce al monopolizar lo universal. Además, dicho proyecto contiene una dimensión crítica sobre el entramado relacional presente, y es justamente esa faceta del pensamiento de Bourdieu la que resulta central para la trama de la teoría crítica reflexiva que aquí proponemos.

La lucha contra semejante monopolización implica, según Bourdieu, llevar adelante "una *Aufklärung* permanente de la *Aufklärung*, la crítica de la crítica formalmente universalista"[59]. Autorreflexión de la ilustración que hace de él no un defensor del proyecto ilustrado a secas (como por momentos pareciera serlo Habermas), sino una suerte de escritor sombrío de la ilustración, que ve las oscuridades detrás de sus luces, pero además de una ilustración descentrada, que constantemente refiere las particularidades de esa razón a ciertos intereses y condiciones materiales, así como señala su distancia de la razón práctica, a la que no puede reducir a su lógica.[60] Sin embargo, no por

---

[57] *RA*, p. 237.

[58] *ISR*, p. 269.

[59] *MP*, p. 98.

[60] "El *oscurantismo de las Luces* puede adoptar la forma de un fetichismo de la razón y un fanatismo de lo universal cerrados a todas las manifestaciones tradicionales de creencia" (*MP*, p.

ello deja de haber en su sociología reflexiva una pretensión ilustrada. Esto se torna particularmente evidente cuando nos preguntamos: ¿cuál es el estatus de este universal?, ¿cómo se sostiene la universalidad de este universal? Consideramos que aquí el pensamiento de Bourdieu cae en una tensión que surge del planteo de su propia sociología reflexiva, pues su proyecto de *Realpolitik* de la razón pretende universalizar aquella lógica de funcionamiento que rige los universos escolásticos, permitiendo que allí se apueste por lo universal. En definitiva, su propuesta es que los intelectuales (pero no sólo ellos) batallen en pos "de unos principios universales que no son más que el producto de la universalización de los principios específicos de su propio universo"[61]. Lo cual conduce a una tensión entre su crítica al punto de vista escolástico, a su pretensión de universalidad para lo que es su particular punto de vista, y la propuesta de una *Realpolitik* de la razón que busca universalizar el acceso a lo más universal, pero donde ese universal no deja de ser el producto de puntos de vista particulares. Por tanto, ¿en qué sentido la *Realpolitik* de la razón puede llevar adelante la lucha "en nombre de unos valores trascendentes a los de la ciudad o, si se prefiere, en nombre de una forma particular de universalismo ético y científico"[62]?

En este punto se puede detectar un primer resabio escolástico en la perspectiva de Bourdieu (en el próximo capítulo veremos otro); en tanto la crítica a la falsa universalidad de este punto de vista no pretende poner en cuestión la existencia de lo universal como tal (aun cuando se critique el desigual acceso a su ejercicio), a la vez que no da una justificación de por qué la razón constituye lo universal. Se asume que esto es así, o a lo sumo se apela a una antropología filosófica que es ajena por completo al conjunto de la trama de su sociología reflexiva. En efecto, luego de sostener (como "nobleza obliga", es decir, como su propia perspectiva lo pone en la situación de admitir) que "la crítica de la sospecha recuerda que todos los valores son de hecho valores particulares universalizados, por lo tanto sujetos a sospecha"[63]; con vistas a señalar cómo esa universalización resulta central para su función de legiti-

---

106). Cabe destacar los acentos disímiles entre esta autorreflexión de la ilustración y la propuesta por Horkheimer y Adorno, en tanto ellos no ponen el énfasis en la lógica práctica, sino en las tendencias totalitarias de la razón ilustrada en su constante dominar a toda otredad.

[61] *RA*, p. 198.

[62] Ibíd., p. 493.

[63] *RP*, p. 157.

mar las relaciones de dominación, en tanto tienen un reconocimiento prácticamente universal que, como vimos, es una de las dimensiones claves de la violencia simbólica. Luego de esto, decíamos, en vez de señalar que ese reconocimiento es un producto de la propia historia del cosmos social, Bourdieu sostiene que tales nociones son reconocidas como universales "pues ningún hombre puede negarlas abiertamente sin negar en sí mismo su humanidad"[64]. Lo cual supone que tal humanidad es definible por fuera y por encima de las luchas sociales que su propia perspectiva pone en el centro de la captación de los procesos sociohistóricos, con la deriva propiamente normativista que este lugar de lo universal acarrea.

Ahora bien, si no podemos sostener cognitivamente la universalidad de la razón, en tanto ello entraña un error escolástico, ¿eso quiere decir que no podemos más que abandonar el proyecto de una *Realpolitik* de la razón? Sostenemos que no es así, pero que lo que nos orienta a luchar por ella no es su (pretendida) universalidad, comprobada a través de nuestro saber, sino nuestra adhesión a ella, nuestra *apreciación* de que esa forma de ordenar el juego es mejor que otras y por ello "queremos que sea" concretada; en definitiva, nuestra *fe* en ella. Y esto es lo propio de sostener un dios de los valores en el marco de un politeísmo valorativo, con las luchas que eso conlleva. Concepción que permite mantener abierto el movimiento sobrerreflexivo, aquél a través del cual el propio Bourdieu critica la concepción habermasiana y su escolástico universalismo. En definitiva, se puede sostener (sobrerreflexivamente) la *Realpolitik* de la razón en tanto se acoja su fundarse en valores, por los que luchamos en pos de que sean ellos los que predominen en el juego de *lo* político; no sólo formalmente, sino, sobre todo, en las posibilidades práctico-concretas de su ejercicio.

La razón y la utopía-posible

El recorrido realizado vuelve a situarnos ante la central noción de utopía-posible. En efecto, podemos detectar un conjunto de similitudes entre ella y la *Realpolitik* de la razón, lo cual nos conducirá a retomar aquí parte de lo planteado en el capítulo II, en pos de avanzar en nuestra búsqueda de unos

---

[64] Ibíd., p. 157.

fundamentos no normativos para la crítica. Esta cercanía se evidencia ya en los objetivos a los que cada una apunta, sean las bourdieuanas luchas por inscribir la razón en la historia y en sus mecanismos sociales, o bien el horkheimeriano esfuerzo por "introducir la razón en el mundo". Marco en el cual el concepto de razón que los autores ponen en juego no alude únicamente a una dimensión cognoscitiva, aun cuando no deja de hacer referencia a ella, pues para ambos el vínculo entre *lo* político y lo cognoscitivo impide pensar uno de estos términos con prescindencia del otro. Por eso, dicha noción alude también a un modo de articular el conjunto de las relaciones sociales, cuyo énfasis recae "más en los fines que en los medios"[65]; en definitiva, refiere a *lo* político, a las reglas según las cuales se juega ese juego que son también las que lo instituyen como tal. En ambos casos, por tanto, apostar a la razón es apostar a una forma de ordenamiento y desordenamiento de la sociedad. En este marco, la lucha por la razón busca

> fortalecer todo lo que por naturaleza favorece, en cada campo, *el reino exclusivo de su lógica específica*, es decir, la independencia respecto a cualquier clase de poder o autoridad extrínsecos […] Así, desde esta perspectiva, cabría tratar la descripción realista del campo científico como una especie de *utopía razonable* de lo que podría ser un campo político conforme a la razón democrática.[66]

La *Realpolitik* de la razón contiene, entonces, una dimensión utópica, constitutiva de este proyecto político, uno de los dos que Bourdieu plantea a partir de su sociología reflexiva (veremos el otro en el próximo capítulo). Su lucha está "orientada a defender las condiciones sociales del ejercicio de la razón"[67], instaurando para ello mecanismos que, a semejanza de los propios al campo científico, generen en los agentes "intereses en lo universal"[68]. A partir de todo esto cabe plantear dos cuestiones. La primera de ellas refiere a cómo una de las dimensiones centrales de la propuesta bourdieuana es la necesidad de defender la autonomía del campo científico y, más en general, de los campos culturales, en los que se apuesta por lo universal. En este sentido, Bourdieu aboga por "la creación de una verdadera *Internacional de los intelec-*

---

[65] *CRI*, p. 16.
[66] *MP*, pp. 166-167 (las cursivas son mías).
[67] Ibíd., p. 108.
[68] *CD*, p. 41.

tuales dedicada a defender la autonomía de los universos de producción cultural"[69], amenazada por la posible injerencia de fuerzas ajenas a esos campos; es decir, por la posibilidad de que capitales extraños a la lógica del campo tengan fuertes efectos en su juego. Así, se plantea la importancia de defender esas reglas y su lógica inmanente frente a las fuerzas dominantes en el cosmos social (particularmente las fuerzas económicas y políticas), sosteniendo esa lógica otra de la apuesta por la razón y el interés en el desinterés que choca con la lógica dominante en el entramado social en su conjunto. Pero eso sólo es posible si se defiende la autonomía del campo. Lo cual implica un paralelismo con (una de las dimensiones) de la autonomía del arte en Adorno, según lo vimos en el capítulo V; pues ella también entraña un trabajo inmanente a la lógica de sus propios materiales, y es en esa autonomía, que no pone en juego la lógica de la sociedad capitalista (como sí lo hace la industria cultural), donde reside su verdad negativa, su señalar la posibilidad de una lógica otra a la lógica dominante. En este marco, la *Realpolitik* de la razón puede ser entendida como una vía por la cual señalar aquellos mecanismos sociales que permiten el desarrollo de unas prácticas otras a las de la lógica dominante en la sociedad capitalista; mecanismos que se encuentran en funcionamiento en algunos campos (cuya autonomía se halla siempre amenazada) pero que *no tienen lugar* en múltiples dimensiones y ámbitos del entramado relacional en su conjunto, aun cuando allí también podría concretárselos. Sobre esta base es que podemos sostener "utopías sociológicamente fundadas"[70], pero que son posibles.

La segunda cuestión surge de preguntarnos: si el planteo de la *Realpolitik* de la razón es en pos de la autonomía, entonces ¿cómo trasladar esta lógica al entramado social en su conjunto?, ¿acaso se apunta a una economía autónoma de la economía y de la política?, ¿cómo ha de entenderse esta autonomía cuando no es la de un campo (en su relación con otros campos), sino la del espacio social en su conjunto? Consideramos que este planteo ha de ser percibido en línea con la ilustración descentrada que hemos marcado en la perspectiva de Bourdieu[71], quien, como tal, apunta a que los propios agentes

---

[69] *RA*, p. 496.
[70] *CP*, p. 55.
[71] Con una concepción de autonomía que refiere, en última instancia, al Kant de "¿Qué es la ilustración?" [1784], en *Filosofía de la historia*, México, FCE, 2002.

sociales sean quienes se den sus normas o, mejor aun, sus *nomos*. Lo cual implica poner en cuestión el *nomos* dominante, pero sobre todo la naturalización de su arbitrariedad sociohistórica, la amnesia de su génesis; en definitiva, el desconocimiento que está en la base del reconocimiento de los principios de visión y de división dominantes; en un esfuerzo por disrumpir la lógica de la "segunda naturaleza" junto con la necesidad que ella genera, para que no sea a partir de un acto de desconocimiento que se instaura la necesidad social, es decir, para que no se instituya una "necesidad ciega". Antes bien, se apunta a que sean los propios agentes quienes instauren tal necesidad, a que sus decisiones –no producto de un desconocimiento práctico– determinen la necesidad de los procesos sociales; en definitiva, a aquello que con Horkheimer hemos llamado una "necesidad con sentido". Noción ésta que está en la raíz misma de la utopía-posible, en tanto esa necesidad supone una libertad que no tiene lugar en este cosmos social.

Por ambas vías nuestro trabajo de lectura sobre la propuesta de una *Realpolitik* de la razón nos lleva a la utopía-posible, y es en base a ella que se puede dotar de fundamentos la práctica de producción de conocimiento crítico. En tanto ella permite no sólo aprehender los mecanismos que reproducen la dominación simbólica, sino también señalar la carencia de razón, libertad e igualdad que ellos generan; cómo ese juego social, con esas reglas, produce una desigualdad y falta de libertad que son el objeto de nuestra perspectiva crítica, así fundada. Esto la diferencia de la concepción planteada por Laclau, en la cual detectamos una ausencia de fundamentos en que sostener la crítica. Pues la materialidad de su teoría carece de elementos en base a los que tomar partido por la radicalización de la práctica democrática de la hegemonía (que el título de su libro junto con Mouffe proclama), como no sea su superioridad ontológica frente a la práctica autoritaria de la hegemonía, su corresponderse más con el movimiento de la ontología. En definitiva, la orientación por una de ellas se plantea únicamente en términos de un saber, tal y como Laclau le cuestiona a la tradición marxista. En cambio la perspectiva asentada en la utopía-posible encuentra en esta misma noción un elemento, inscripto en la materialidad de su *modus operandi*, a partir del cual direccionar su lucha en un determinado sentido y no en otro; en pos de una *Realpolitik* que pugne por generar los mecanismos sociales en los que la razón *sí* tenga lugar. Éste es el objetivo de todo auténtico humanismo activo.

Sin embargo, para que esta lucha no entrañe un gesto escolástico más, es imprescindible poner en cuestión la pretensión de universalidad de esta razón, sin detener aquí el movimiento sobrerreflexivo. Es decir, no aceptándola sin problematizarla o refiriéndola a una antropología filosófica, sino acogiendo su particularidad sin denegarla; tal y como el propio Bourdieu plantea en su crítica al carácter escolástico de la propuesta elaborada por Habermas. En definitiva, acogerla como un dios de los valores –el del humanismo activo– que no es universal pero que no por ello deja de ser el que orienta nuestra lucha. Arribamos así, una vez más, a la adherencia entre ciencia y valores que está en el centro de la lógica de la utopía-posible. Es en torno a ella que se plantea el "doble rechazo" que configura el problema de esta investigación; el cual nos lleva a buscar un camino que *ni* conduzca a la certeza normativa y su consecuente establecimiento de un "deber ser" incondicionado (como acontece en la propuesta habermasiana), *ni* lleve a la erección de una certeza negativa que deja sin fundamentos a la práctica de la crítica (como sucede en el "pensamiento post" laclauiano). Esa adherencia brinda la vía a través de la cual sortear la Escila y la Caribdis que acechan a la crítica, al dotarla de un fundamento no normativo.

Ahora bien, cabe interrogarse si en la perspectiva de Bourdieu hay tal adherencia (si no entre ciencia y valores, pues su *Realpolitik* de la razón se presenta como un universal no valorativo, sí al menos) entre ciencia y *Realpolitik* de la razón. Esta última ¿constituye un hilo intrínseco a la trama de su sociología reflexiva? Para decirlo por la negativa, ¿es posible que nuestra práctica científica se posicione en el punto de vista propio de la sociología reflexiva y no por ello trabaje en favor de una *Realpolitik* de la razón? Cuestión ésta que nos conduce a una pregunta atinente a los fundamentos de la perspectiva elaborada por Bourdieu, interrogándonos acerca de hasta qué punto ellos permiten o dificultan que la sociología reflexiva sea un momento de la lucha en el ámbito de *lo* político, orientado a disrumpir la fórmula de los posibles-pensables instituida. Más aun, que la sociología reflexiva sea *en sí misma* una lucha, cuyo territorio de acción es la dimensión de lo simbólico.

El propio Bourdieu parece esforzarse por señalar la separación entre ambos planos, a diferencia de lo que ocurre en la perspectiva de Horkheimer y en la noción de utopía-posible que a partir de esos materiales forjamos. Pues, para aquél, "si se pretende ir más allá de la predicación, hay que llevar a la práctica, en efecto, recurriendo a los medios corrientes de la acción política [...] la *Realpolitik* de la razón"[72]. En donde se evidencia un corte entre la "predicación" de la sociología reflexiva y la acción política como tal; aquella no es en sí misma una forma de ésta, su saber puede posibilitar ciertas prácticas en el ámbito del poder, pero no es él mismo un poder.[73] Esa separación posibilita pensar las ciencias sociales como teniendo que elegir entre dos alternativas a las cuales servir con su conocimiento racional: o "poner sus *instrumentos racionales de conocimiento* al servicio de una dominación cada vez más racionalizada, o *analizar racionalmente* la dominación"[74]. Orientaciones distintas para un mismo saber que puede tener diversas funciones; lógica que resulta completamente extraña a la perspectiva elaborada por Horkheimer, en tanto es justamente esa diferencia en su función social lo que afecta a toda la estructura conceptual tanto de la teoría tradicional como de la crítica. Es esta forma en que Bourdieu teje su sociología reflexiva la que limita sus alcances como práctica crítica,[75] pues, si bien él sostiene explícita y reiteradamente su proyecto de una *Realpolitik* de la razón, éste no es un hilo intrínseco a su trama teórica, no está adherido a su dimensión cognoscitiva.

En definitiva, se puede practicar la sociología reflexiva sin por ello apuntar a concretar la *Realpolitik* de la razón, pues ella constituye, en última instancia, una dimensión ético-política que se asume (para decirlo con Horkheimer) "en tanto que ciudadano", como un "asunto privado", y no como una dimensión que sea parte integral de la misma práctica de producción de sociología reflexiva. Más allá de todo lo que ha hecho Bourdieu con su perspectiva sociológica

---

[72] *MP*, p. 167.

[73] Aclaremos inmediatamente (y esperamos que innecesariamente) que esto no implica sostener que la acción política termina en la perspectiva crítica, que ésta es la única forma de actuar en lo político, o bien que el resto de las prácticas son superfluas; no estamos aquí discutiendo las características del conjunto de las prácticas atinentes a *lo* político, sino que el foco de nuestra mirada tiene por objeto la particular práctica de producción de teoría que es la sociología reflexiva. La pregunta no es por las posibles formas de actuar políticamente, sino que nos interrogamos acerca de hasta qué punto, en qué sentido, la perspectiva crítica puede ser considerada una forma de acción política, y las consecuencias que de ello se extrae.

[74] Ibíd., p. 112 (las cursivas son mías). Bourdieu repite esta misma idea en *QSH*, p. 133.

[75] Si sostenemos, junto con Merleau-Ponty, que en la manera en que una perspectiva niega lo existente "ya está presente su manera de afirmar" (*AD*, p. 258), entonces también es dable sostener que en su forma de afirmar ya está presente su negación de lo existente, que la manera en que se afirma lo otro a esta sociedad, lo que *no tiene lugar* en su particular lógica relacional, contiene ya la manera en que se llevará a cabo la negación crítica de esta sociedad.

y de las "intervenciones"[76] que ha realizado a partir de ella, esto no implica que dicha orientación sea intrínseca a su práctica científica. Lo cual conduce a una concepción instrumental de la ciencia (a la Weber), deteniéndose el pensamiento relacional que el propio Bourdieu sostiene para dar lugar, en cambio, a un sustancialismo de rol, separando al científico del ciudadano y, por ende, obturando la captación sobrerreflexiva del condicionamiento que la propia cosmovisión valorativa genera en la práctica científica. Así, si con Bourdieu entendemos por "*modus operandi*, un modo de producción científica que presupone un determinado modo de percepción, un conjunto de principios de visión y di-visión"[77], entonces no cabe detener la indagación reflexiva de la propia práctica científica en la percepción (como la cita lo hace), pues si ella también entraña un principio de di-visión es porque allí hay un momento de *apreciación* que las categorías científicas ponen en juego; un conocimiento que es a su vez reconocimiento (o no-reconocimiento) y, como tal, entraña una dimensión valorativa. De lo contrario, el *habitus* científico sería el único que sólo posee categorías de percepción y acción, sin que haya allí un momento intrínseco de apreciación del mundo social.

La denegación de esta dimensión valorativa no sólo entraña un cese del movimiento sobrerreflexivo, sino que, al no volverse sobre esta opacidad del propio punto de vista, deja un camino abierto para que nuestras prácticas científicas, a pesar de nuestros intereses y esfuerzos como ciudadanos, conduzcan a una reproducción de lo establecido, se tornen teoría tradicional. Consideramos que es en este sentido, dando cuenta de esta limitación de su sociología reflexiva, que puede leerse la —más que infrecuente en su obra— autocrítica que Bourdieu realiza, al cuestionar la renuncia que conduce a las ciencias sociales a

> una autocensura que constituye una verdadera automutilación, los sociólogos —*y yo antes que nadie*, que denuncié frecuentemente la tentación del profetismo y de la filosofía social— se imponen el rechazo, como faltas a la moral científica que desacreditan a su autor, de todas las tentativas por proponer una representación *ideal y global* del mundo social. Y todo sucede como si las censuras [...] se impusieran cada vez más rigurosamente a los investigadores que, para merecer el título de científico, *deben aniquilar en sí mismos lo político* y abandonar al mismo tiempo la *función utópica*.[78]

---

[76] Cf. Bourdieu, P., *Intervenciones, 1961-1995. Ciencia social y acción social*, Córdoba, Ferreyra Editor, 2005.

[77] *ISR*, p. 310.

[78] *CP*, p. 56 (las cursivas sobre "y yo antes que nadie" así como en "deben aniquilar en sí mismos lo político" son mías, las restantes de Bourdieu).

Sólo retomando esa dimensión utópica, pero para hacerla un momento integrante de la materialidad de la propia perspectiva, un hilo entrelazado con el resto de los que componen su trama, puede elaborarse una *teoría crítica* que no separe al científico del ciudadano, sino que haga de la ciencia un modo particular de la práctica de la ciudadanía, de las luchas en *lo* político.

Crítica, lucha simbólica y lógica práctica

Hemos sostenido que la crítica apunta a disrumpir la fórmula de los pensables-posibles. Llegados a este punto de nuestro recorrido podemos volver sobre esta última para, a través de la perspectiva bourdieuana, aprehender el carácter práctico de esos (im)pensables-(im)posibles, culminando el movimiento que iniciamos con Merleau-Ponty. Es decir, no ha de entenderse estas categorías en la lógica propia del paradigma de la filosofía de la conciencia, sino en el particular modo en que Bourdieu (y antes Merleau-Ponty) sale de él. En este sentido se las puede aprehender como teniendo lugar en la constelación de estructura social objetiva-esquemas de dotación de sentido subjetivos o, más específicamente aun, podemos sostener que se enraízan en el entrelazamiento de *nomos* y *doxa*. Esto es, en el vínculo entre los principios de visión y de división predominantes con el conjunto de presupuestos que los agentes han incorporado por el sólo hecho de pertenecer a ese campo, los cuales brindan la base de la adherencia inmediata al estado actual del mundo social (que la implicación entraña), además de estructurar los modos de percibir, apreciar y actuar de tales agentes. Por eso,

> una vez que se ha aceptado el punto de vista constitutivo de un campo, no cabe adoptar un punto de vista exterior: [...] el *nomos* carece de antítesis; principio de división legítima que puede aplicarse a todos los aspectos fundamentales de la existencia, como define *lo pensable y lo impensable*, lo prescrito y lo proscrito, sólo puede permanecer impensado.[79]

Y una de las cuestiones que así queda impensada es cómo

---

[79] *MP*, p. 129 (las cursivas son mías).

Emiliano Gambarotta

en cada momento la estructura del espacio de las posiciones que resulta de toda la historia del campo, cuando es *percibida* por unos agentes condicionados en sus disposiciones por las exigencias de esa estructura, se les *presenta* como un *espacio de los posibles* capaz de orientar sus expectativas.[80]

Esta lógica, cuya incorporación por parte de diversos agentes sociales (incluyendo a los científicos) signa sus prácticas, encuentra una particular y potente vía por la cual reforzar su predominio en la "evidencia de las cosas"; en cómo el entrelazamiento de estructura social objetiva y esquemas de dotación de sentido subjetivos se presenta como natural. Aquí reside "uno de los mecanismos más poderosos del mantenimiento del orden simbólico, a saber, la *doble naturalización* que resulta de la inscripción de lo social en las cosas y los cuerpos […], con los efectos de violencia simbólica resultantes"[81]. Naturalización de la historia objetiva así como de la historia de los esquemas de dotación de sentido subjetivos, de la que surge, como vimos con Horkheimer, un particular cosmos social y su orden. Esto conduce a una despolitización homóloga a la vista, también con Horkheimer, para el caso de la ciencia; siendo este proceso el que subyace a la frase "esto no es para nosotros"[82] que Bourdieu tematiza, y en la cual cristaliza una actitud de "resignación en la praxis"[83] por parte de los agentes. Pues ante la necesidad (ciega) del cosmos social, que es percibida como una fatalidad, no queda más que aceptar la propia posición en el juego, así como las reglas de éste y en definitiva el juego mismo. A ello se refiere Bourdieu cuando asevera que "no hay manera de adherir al orden establecido que sea más indivisa, más completa que esta relación infrapolítica con la evidencia dóxica"[84]. En base a todo esto podemos sostener, junto con él, que

la correspondencia entre las divisiones objetivas y los esquemas clasificatorios, y entre las estructuras objetivas y las estructuras mentales, constituye el fundamento de una especie de adhesión originaria al orden establecido. La política comienza prácticamente con la denuncia de ese contrato tácito de adhesión al orden establecido que define la *doxa* original.[85]

---

[80] Ibíd., p. 154 (las cursivas son mías).

[81] Ibíd., p. 238.

[82] Esta frase constituye una suerte de *leit motiv* en la obra de Bourdieu. Al respecto puede consultarse, por ejemplo, Bourdieu, P., *Sociología y cultura* [1984], México, Grijalbo, 1990, p. 289.

[83] Horkheimer, "Teoría tradicional y…", p. 66.

[84] *ISR*, p. 120.

[85] *QSH*, pp. 123-124.

Es allí, en la disrupción de ese "contrato tácito", que la práctica de producción de conocimiento científico puede hacer su aporte político, en tanto es potencialmente capaz de quebrar la implicación en el mundo social a partir de la cual se genera la adherencia al *nomos* en su entrelazo con la *doxa*.[86] Potencialidad que se sostiene en la *ambigüedad* de su privilegio socioeconómico y cultural, que se torna en la privilegiada posición de aquél que puede tomar distancia de lo dado, abriendo la tensión entre el afuera y el adentro de la establecida lógica relacional, según lo planteado en el capítulo V. Es decir, un afuera que permite tomar distancia de la implicación, romper con el punto de vista de pura inmanencia a lo dado, pero sin que ello se torne una consideración que no da cuenta de las relaciones materiales que tienen lugar dentro del actual entramado relacional, con sus jerarquías y relaciones de dominación. En consonancia con esto, Bourdieu señala que "la *ambigüedad fundamental* de los universos escolásticos y todas sus producciones [...] se basa en el hecho de que la ruptura escolástica con el mundo de la producción es a la vez ruptura liberadora y separación, desconexión, que contiene la virtualidad de una mutilación"[87]. La misma lógica que impulsa a cometer los distintos errores escolásticos es también aquella que genera la potencialidad de quebrar la implicación y sus consecuencias. Sobre esta base sostenemos que la práctica científica posee una posición "privilegiada", en los dos sentidos del término: en tanto privilegio social, producto de la acumulación (o herencia) de ciertos capitales distribuidos desigualmente en el conjunto del entramado relacional, pero también en tanto ello permite la posesión de una perspectiva privilegiada, potencialmente capaz de romper con la adherencia dóxica al mundo social, con el "sano entendimiento común" del que habla Horkheimer. Esto último encuentra una versión radicalizada en Bourdieu, pues dicha perspectiva también tiene la posibilidad (y la tarea) de quebrar la implicación en el mundo escolástico, volviendo reflexivamente sobre la *doxa* y el *nomos* allí imperantes.

Es por este privilegio que "únicamente a través del conocimiento de determinaciones pasibles de ser descubiertas *sólo por la ciencia* es posible una forma de libertad"[88] que escape a tales determinaciones. Sobre este telón de

---

[86] "El hecho de que estemos implicados en el mundo es la causa de lo que hay de implícito en lo que pensamos y decimos acerca de él" (*MP*, p. 23).

[87] *MP*, p. 30.

[88] *ISR*, p. 279 (las cursivas son mías).

fondo puede percibirse cómo el conocimiento científico no es un discurso más, lo cual no quiere decir que sea un discurso único o bien el "discurso rey". Ambas posturas constituyen una de las tantas dicotomías que atraviesan el campo escolástico (como las de objetivismo-subjetivismo, consciente-inconsciente, etcétera) y que, a través de Bourdieu, buscamos desarticular, en lo que puede entenderse como un doble rechazo, pero que en última instancia es el rechazo *al supuesto común* a ambos términos de la dicotomía, ante el cual cada uno da una respuesta antagónica. En efecto, la pretensión de ser el único discurso que puede dar cuenta de las problemáticas sociales y que, como tal, se torna en "discurso rey" es el punto cúlmine de la lógica propia a las perspectivas normativistas, cuyo extremo (al que muchas de ellas no llegan, pero que ciertamente contienen en germen) está dado por el esfuerzo en forjar una "ciencia absoluta del mundo social [que] da a los que son sus guardianes y garantes estatutarios el poder de situarse en un punto de vista absoluto"[89]. Y sólo si se busca ese absoluto puede cuestionarse a la ciencia su imposibilidad de alcanzarlo, haciendo de ella un mero discurso más. En este sentido, sostenemos (una vez más) que el planteo relativista y "post" entraña una inversión especular de la posición normativa, en tanto él también concibe que la práctica científica ha de buscar establecerse como un discurso absoluto; su concepción sólo difiere en la evaluación del éxito de esa búsqueda.

Si en cambio se suspende dicha búsqueda, si se acoge la opacidad del propio discurso científico que no por ello lo anula,[90] podemos captar, entonces, su especificidad, aquello que lo diferencia del resto de los discursos sobre el mundo social: su capacidad de producir, a través de su saber conceptual, una ruptura de la implicación en el cosmos social. Lo cual posibilita aprehender

---

[89] *CP*, p. 53.

[90] Suspensión y acogimiento que resultan análogos al planteo de Weber (1997a) en torno a la objetividad, pues su cuestionamiento se dirige a posiciones dicotómicas que comparten el presupuesto de que la objetividad consiste en la ausencia de valores subjetivos, en poder realizar una investigación "sin supuestos". Sea que se sostenga, con el positivismo, la posibilidad de llevar a cabo una investigación de estas características, o bien que se afirme un historicismo relativista que niegue la posibilidad de toda objetividad del discurso científico, diluyendo su especificidad. Frente a ambas posturas, Weber pretende rescatar la objetividad, pero acogiendo su limitación, el cono de sombras que introducen los valores (cognoscitivos) subjetivos que necesariamente participan en ella. Pero no por eso esta objetividad (si se quiere, la única posible) deja de diferenciar la práctica de producción de conocimiento científico de otros discursos sobre lo social, dotando de validez su saber sobre el cosmos social.

los mecanismos en base a los que se reproduce la dominación simbólica, su perpetuar una particular e histórica manera de articulación de *lo* político, brindándonos de esta manera un conjunto de elementos para la lucha en pos de su transformación. Esto no significa –bajo ningún punto de vista– que si y sólo si se posee este conocimiento hay posibilidades de llevar adelante dicha transformación; sin embargo eso tampoco tiene por qué convertirse en la afirmación opuesta: que esta práctica nada tiene para aportarle a esa lucha. La pregunta que intentamos resolver, entonces, es la de cómo puede llevar a cabo su específico aporte, a partir de su específico discurso. El cual produce una verdad que, recogiendo lo sembrado a lo largo de este libro, sostenemos que: a) está cargada de valores, tanto cognoscitivos (según lo planteado por Weber) como políticos (según afirmamos a partir de Horkheimer); b) su peso como verdad es tal a partir de su relación con los restantes términos dentro de una estructura sincrónica cargada de diacronía, pero que no constituye algo cerrado, pues se modifica con la modificación de la estructura relacional, dando lugar a una dialéctica abierta, a una hiperdialéctica; c) lleva adherida su no-verdad, en el sentido planteado por la dialéctica negativa adorniana; d) es el producto de un saber conceptual que, como tal, se encuentra sumido en la dialéctica del concepto, con la abstracción y la dominación de lo otro que ella conlleva, frente a lo cual dicho saber ha de volverse sobrerreflexivamente sobre su lógica y la opacidad que ella contiene; y e) es el resultado de una lógica teórica, que forma parte del mundo escolástico, con la posibilidad de quedar sumergida en su implicación en él, de allí la necesidad de incluir en la consideración de la lógica práctica por parte de la lógica teórica aquello que la distancia de ella, introduciendo una dimensión (de sociología) reflexiva.

Es en semejante marco que se puede producir (en estas particulares condiciones sociohistóricas, no sabemos más allá de ellas) esa singular verdad del conocimiento científico, el cual, por tanto, no se torna un absoluto, pero, más importante que eso, *no busca serlo*. Antes bien, pone su foco en el impacto que su práctica de producción de conocimiento tiene en el ordenamiento y desordenamiento de la sociedad, en la constelación de estructura social objetiva y esquemas de dotación de sentido subjetivos. Así, no busca asentarse en una *certeza última* (sea positiva o negativa), sino que *acoge la incerteza* en sus propios fundamentos, y es en ese marco de incerteza que realiza su pascaliana apuesta por los valores que su utopía-posible contiene.

A partir de esta práctica de producción de conocimiento científico se puede, entonces, apuntar a disrumpir críticamente la "doble naturalización", abriendo la fórmula de los pensables-posibles prácticos. Insistamos una vez más: no es que dicho conocimiento sea imprescindible para ello, lo que sí estamos sosteniendo es que en esto consiste la particular contribución a la lucha en *lo* político –orientada a la concreción de los valores propios a la cosmovisión del humanismo activo– que puede realizar esta práctica en la que quien escribe y (posiblemente) quien lee estas líneas tienen su *Beruf*. Ésta es la tarea de un conocimiento sociológico que pretenda ser crítico. A esto se agrega que su aporte (que no es imprescindible) no es desdeñable, y que no puede ser concretado a partir de otras prácticas sociales. Es su potencial capacidad de quebrar la implicación a través del saber conceptual, captando los límites "más inflexibles, los que están inscriptos en las mentes"[91] (tanto del sujeto objetivado como del sujeto de la objetivación), lo que hace de ella un momento de la ampliación de los márgenes de libertad que poseemos. No porque elimine todo tipo de condicionamiento proveniente de las estructuras objetivas, sino porque, al permitirnos captar la manera en que impactan en la estructuración del ámbito de los pensables y los impensables, a partir de lo cual determinadas tomas de posición se nos presentan como posibles o imposibles, nos permite intentar romper con ello. En definitiva, la acción simbólica que entraña la práctica de producción de conocimiento crítico puede permitirnos avanzar en "una acción política que se proponga reabrir el espacio de los posibles"[92] que toda ortodoxia, en su defensa de la fórmula instituida, busca cerrar.

Plano simbólico que es central en la conceptualización bourdieuana, especialmente en su manera de pensar las luchas sociales. Pues "el mundo social es el lugar de luchas continuas por definir qué es el mundo social"[93], en tanto esas definiciones son un momento instituyente del mismo y de su articulación en *lo* político. Por eso, el esfuerzo en pos de transformar el mundo social tiene una de sus instancias, para nada menor, en la transformación de tales definiciones, vueltas cuerpo. Arribamos así a la captación de cómo la concepción bourdieuana de la dimensión simbólica nos permite percibir,

---

[91] *MP*, p. 312.
[92] Ibíd., p. 309.
[93] *ISR*, p. 116.

con una particular profundidad, el que toda lucha en *lo* político es una lucha cognitiva y viceversa, toda lucha cognitiva es también una lucha en *lo* político. Ambas resultan inescindibles entre sí.

Es enraizándose en esta dimensión de lo simbólico que una perspectiva sociológica, posicionada en el punto de vista propio de la teoría crítica reflexiva, puede constituirse en un momento de la lucha cognitivo-política; contribuyendo a hacer saltar los mecanismos de reproducción de la violencia simbólica, al impactar caóticamente en el vínculo entre desconocimiento y reconocimiento –con la desposesión que esto implica– en que ésta se funda. Por lo que la práctica crítica apunta a que su acción disrumpa la lógica propia del sentido práctico en su relación con las estructuras objetivas. Sin embargo, ¿esta disrupción busca producir una "toma de conciencia", figura propia del paradigma de la filosofía de la conciencia?; luego de su puesta en cuestión, ¿Bourdieu vuelve a su (escolástica) lógica? Éste es el tema del próximo capítulo, el cual se concentra en la otra propuesta política que él realiza: el socioanálisis.

IX

Socioanálisis y subversión simbólica. Bourdieu y la lucha política

En este capítulo abordaremos la segunda propuesta crítico-política planteada por Pierre Bourdieu: el socioanálisis. A través de él tematiza el modo en que la práctica científica, con su lógica teórica, puede conducir a una reconfiguración del sentido práctico de los agentes sociales. Es decir, no nos enfocaremos en el lugar del socioanálisis dentro del planteo episte-mológico propuesto por este autor, sino en su constituir un modo de inter-venir, con la práctica de la sociología, en el plano del conocimiento práctico (de las categorías de percepción, apreciación y acción incorporadas), en pos de contribuir a una mayor libertad frente a los mecanismos de domina-ción instituidos. Esto último permite señalar la diferencia entre esta proble-mática y la abordada en el capítulo pasado, pues si allí nuestra preocupación era por la orientación de la práctica de la crítica (a partir de la discusión en torno a la *Realpolitik* de la razón y la utopía-posible), en este capítulo en cambio terminaremos de plantear cómo la lógica teórica de la crítica puede impactar en la lógica práctica. Ambas problemáticas se encuentran ligadas y son complementarias, mas no por ello resultan reductibles la una a la otra; de allí la necesidad de abordar por separado los elementos que la so-ciología reflexiva bourdieuana nos brinda para pensar el modo en que la crítica puede abrir y desordenar la fórmula dominante de los pensables-posibles prácticos.

Y nuevamente resulta central aquí el modo en que Bourdieu tematiza el plano simbólico, especialmente la inescindibilidad de la lucha en *lo* político con la lucha cognitiva que lo caracteriza. Pues el plano simbólico es el terreno de acción en el que la crítica realiza su práctica, en el que se produce su específico impacto en *lo* político. Sin embargo, esta cuestión no es plenamente asible en sí misma, antes bien requiere ser percibida sobre el telón de fondo de la lógica más general de la acción en *lo* político o, como aquí la concebimos, del impacto en *lo* político. Caracterizar semejante fondo no entraña, entonces, una digresión en nuestro argumento, pues concebimos la práctica crítica como uno de los modos en que puede llevarse adelante un impacto caótico (dialéctica-aporéticamente adherido a uno cósmico) en *lo* político; aquél específico de la práctica de producción de conocimiento científico. Por lo que sólo avanzando en el estudio de dicho impacto podemos continuar nuestra investigación en torno a la práctica de la crítica. Dar cuenta de esta problemática, en torno al socioanálisis y a la propuesta crítico-política que él entraña, constituye el objetivo de este capítulo, con el cual terminaremos de articular el *modus operandi* de una crítica no-normativa, capaz de dar cuenta de la lógica práctica sin reducirla epistemocéntricamente, pero sin por ello disolver su disrumpirla críticamente.

Con este fin abordaremos, en la primera sección, la concepción del socioanálisis, en tanto segunda propuesta crítico-política de Bourdieu. El nuevo resabio escolástico que señalaremos en ella nos llevará, en la segunda sección, a profundizar su problematización del plano simbólico, enfocándonos en los elementos que nos brinda para avanzar en nuestra caracterización del impacto en *lo* político; vía por la cual podremos tejer los últimos puntos de la trama de aquel singular impacto caótico que produce la práctica de producción de conocimiento científico: la crítica. Finalmente, en la tercera sección, volveremos sobre nuestros pasos para percibir cómo ellos nos han conducido, una vez más, a pararnos sobre la incerteza.

Socioanálisis, libertad y toma de conciencia

El socioanálisis

Hemos visto cómo el camino por el que Bourdieu sale tanto del paradigma de la filosofía de la conciencia como del estructuralismo tiene una instancia central en la noción de *habitus*. Con ella su sociología reflexiva pretende sortear "tanto al objetivismo de la acción entendida como una reacción mecánica 'sin agente' como al subjetivismo que retrata la acción como prosecución deliberada de una *intención consciente*"[1], en pos de dar cuenta de aquella forma de dotar de sentido al mundo que no pasa por un "yo pienso". Y, según este autor (cuyas palabras tienen un audible eco merleau-pontyano), "para comprender la comprensión práctica hay que situarse más allá de la alternativa de la cosa y la conciencia"[2]. Esto se encuentra en el corazón mismo de la sociología bourdieuana, brindando el marco en que se inscribe su particular concepción del socioanálisis. El cual tiene una faceta referente a una función centralmente epistemológica,[3] en tanto forma de control y de acción sobre la práctica de producción de conocimiento científico, especialmente sobre el peso que los condicionamientos sociales (entre los cuales la situación de *scholé* es uno de los principales) pueden tener sobre ella. Es, en definitiva, la clásica preocupación bourdieuana por "objetivar al sujeto objetivante"[4].

Sin embargo, Bourdieu también plantea otra faceta del socioanálisis (no completamente escindible pero sí distinguible de la anterior), capaz de impactar en la articulación de *lo* político. Es en esta segunda dimensión que aquí nos enfocaremos, dado nuestro objetivo de articular el *modus operandi* de una teoría crítica reflexiva. Esta faceta refiere, principalmente, a la convicción bourdieuana de que el conocimiento sobre los mecanismos propios del mundo social puede contribuir a ampliar los márgenes de libertad de los agentes sociales con respecto a ese mismo mundo social y sus condicionantes. Por ello, según este autor, "la sociología es un instrumento de liberación"[5]; pues "es mediante la aplicación terapéutica de la sociología, el socioanálisis, que será posible sobreponerse a los obstáculos sociales"[6]. Así, el estudio riguroso de tales condicionamientos (que incluye el autosocioanálisis como herramienta de control epistemológico de ese estudio) y de cómo ellos constriñen las prácticas que tienen lugar en el espacio social, "lejos de sentenciar a los agentes a la jaula de acero de un rígido determinismo, les ofrece los medios de un *despertar de la conciencia* potencialmente liberador"[7]. En definitiva: la sociología reflexiva per-

---

[1] *ISR*, p. 180 (las cursivas son mías).

[2] *MP*, p. 181.

[3] Es en este sentido que Baranger aborda la noción de socioanálisis, analizando incisivamente su función en la epistemología bourdieuana. Cf. Baranger, D., *Epistemología y metodología en la obra de Pierre Bourdieu*, Buenos Aires, Prometeo, 2004, especialmente capítulo 5.

[4] *CD*, p. 98.

[5] *ISR*, p. 297.

[6] Baranger, 2004, p. 175.

[7] *ISR*, p. 300 (las cursivas son mías).

mite captar el proceso por el cual las prácticas de los agentes se ven limitadas a la fórmula de los posibles-pensables, producto de la amnesia del carácter sociohistórico tanto de los esquemas de dotación de sentido subjetivos, como de la estructura objetiva en que esas prácticas acontecen. Posibilita dar cuenta de cómo los mecanismos de (re)producción del mundo social se mantienen implícitos, por la implicación de los agentes en dicho mundo social; es en este sentido que para Bourdieu "lo inconsciente es la historia, la historia colectiva, que ha producido nuestras categorías de pensamiento"[8].

Frente a esto, la sociología reflexiva se propone llevar a cabo "la reconstrucción de la génesis de las categorías de percepción *inconscientes* a través de las cuales éste [el mundo social] se plantea a la experiencia primera"[9]. De allí que, para combatir la amnesia del proceso de constitución de esa experiencia primera, se plantee la necesidad de emprender un trabajo de anamnesis histórica.[10] Pues contra esa amnesia de la génesis "no hay antídoto más eficaz que la reconstrucción de la historia olvidada o reprimida que se perpetúa en esas formas de pensamiento aparentemente antihistóricas que estructuran nuestra percepción del mundo y de nosotros mismos"[11]; en pos de explicitar, de esta manera, las categorías del inconciente histórico que conforman nuestra experiencia primera del mundo. Es decir que, según Bourdieu, es posible lograr "un *despertar de la conciencia* que la ciencia puede suscitar bajo determinadas circunstancias"[12], y es esa captación consciente de los mecanismos no-conscientes de nuestra manera de pensar y actuar en el mundo lo que constituye el objetivo central del socioanálisis bourdieuano.

A través de ese aporte del conocimiento científico se puede intentar desarticular los mecanismos sociales que sostienen la violencia simbólica, en tanto el reconocimiento de la legitimidad de la dominación que ella entraña se encuentra entrelazado con el desconocimiento de la particular génesis socio-histórica de las categorías que producen dicho reconocimiento. De allí

---

[8] *MP*, p. 23.

[9] *RA*, p. 286 (las cursivas son mías).

[10] Con este concepto, que hunde sus raíces en el pensamiento de Platón y de Freud, Bourdieu hace referencia a la "reapropiación de un conocimiento a un tiempo poseído y perdido desde siempre" (*DM*, p. 74).

[11] *RA*, p. 491. Puede encontrarse una afirmación prácticamente igual en Bourdieu, P., "Por una internacional de los intelectuales", en *Intelectuales, política y poder*, Buenos Aires, Eudeba, 2007, p. 188.

[12] *ISR*, p. 279 (las cursivas son mías).

que la lucha contra esta violencia requiera producir "una revuelta subversiva que conduzca a la inversión de las categorías de percepción y apreciación"[13], pues sólo así puede reintroducirse la historia en un espacio social en el que ha tenido lugar un trabajo (histórico) de "des-historización". De esta manera, los avances en el orden del conocimiento –en el desarrollo de una sociología reflexiva capaz de aprehender los mecanismos de (re)producción social y de un socioanálisis que permita la captación consciente de tales mecanismos por parte de los agentes– pueden llevar a un avance en el orden de la acción, en *lo* político. En definitiva, se busca "reinsertar en la historia, y devolver, por tanto, a la acción histórica"[14] la relación de dominación simbólica, lo cual conlleva poner al descubierto la capacidad de esa acción para modificar dicha relación.

En este punto se evidencia la dimensión crítica de la sociología reflexiva bourdieuana, cuyo trabajo de anamnesis entraña una contribución –no necesariamente imprescindible pero no por ello desdeñable– a la reintroducción de la historia en lo naturalizado, a la captación del carácter sociohistórico del arbitrario cultural que se nos ha tornado tan evidente y natural que ya no cabe ponerlo en cuestión. Ese conocimiento sociológico abriría una brecha por la cual avanzar hacia "la *toma de conciencia* de la lógica del juego como tal"[15].

Por eso se busca extender a los distintos campos sociales[16] el socioanálisis que en el campo de las ciencias sociales resulta imprescindible –pues forma parte de un control epistemológico sobre la propia práctica científica– y tan urgente –en tanto es en ese campo que se produce el conocimiento liberador–. A lo cual se agrega que en él es más factible de ser llevado a cabo, pues

---

[13] *DM*, p. 144.

[14] Ibíd., p. 8.

[15] *RA*, p. 406 (las cursivas son mías).

[16] Una de las vías principales de esta extensión está dada por el "autosocioanálisis asistido", suerte de "trabajo socrático", (*LMM*, p. 536, nota 7) que se realiza en la situación de entrevista, a partir del cual se puede contribuir a la autointerrogación del entrevistado y así impulsar una anamnesis de ese saber que se posee pero a la vez se ha perdido. Aun cuando esto no anule los mecanismos de dominación, sí puede contribuir a "que el entrevistado asocie sus problemas, sus malestares, sus miserias, no a cuestiones personales sino sociales, producto no de un Destino, sino de condiciones sociales determinadas" (Gutiérrez, A., "Prólogo" a *Intelectuales, política y poder*, op. cit., p. 18). Lo cual no sólo puede propugnar una modificación de la percepción y apreciación que se tenga de uno mismo (en un sentido cercano al del psicoanálisis), sino

la ciencia social tiene el privilegio de poder tomar por objeto su propio funcionamiento y de estar en condiciones de llevar, así, a *la conciencia* las coacciones que pesan sobre la práctica científica; pues puede servirse de la *conciencia y del conocimiento* que posee de sus funciones y de su funcionamiento para intentar superar algunos de los obstáculos *al progreso de la conciencia y del conocimiento*.[17]

Es en dirección a ese progreso de la *conciencia*, entonces, hacia donde apunta el potencial liberador que la sociología reflexiva contiene. Pues éste, al desarrollar "la reflexividad, puede enseñar a las personas a ser *siempre conscientes* de que cuando dicen o piensan algo pueden hacerlo motivados tanto por causas como por razones"[18].

Socioanálisis y "conciencia histórica"

El recorrido realizado en el apartado anterior –y especialmente el uso de las cursivas sobre las palabras del propio Bourdieu aquí citadas– ha buscado poner de manifiesto cómo el objetivo último (aunque no necesariamente el único) del socioanálisis es propiciar la "toma de conciencia" por parte del agente de aquellos condicionamientos sociales que limitan su libertad de acción y de pensamiento. Por lo que su propuesta de "despertar la conciencia" vía la ciencia puede ser entendida como una manera de contribuir (o mejor aun: como la manera en que la ciencia puede contribuir) si no a desarticular ella sola los mecanismos de reproducción de la dominación simbólica, sí al menos a obstaculizar el funcionamiento de tales mecanismos, trabando alguno de sus engranajes, en pos de aminorar sus efectos y su efectividad. El principio de una libertad concreta respecto de los determinantes sociohistóricos se asienta, entonces, en el conocimiento (consciente) de tales determinantes y en la posibilidad que eso abre a la acción histórica.

En este sentido Bourdieu sostiene que

---

también erosionar la dominación simbólica y su naturalización del cosmos social instituido.

[17] Bourdieu, P., "La causa de la ciencia", en *Intelectuales, política y poder*, op. cit., p. 112 (las cursivas son mías).

[18] *ISR*, p. 258 (las cursivas son mías).

el pensamiento libre debe ser conquistado *mediante* una anamnesis histórica *capaz de revelar todo* lo que, en el pensamiento, es fruto olvidado de la labor histórica. La *toma de conciencia* resuelta de las determinaciones históricas, *auténtica reconquista de uno mismo*, que es el polo opuesto exacto de la huida mágica en el "pensamiento esencial", ofrece una posibilidad de controlar realmente esas determinaciones [...] El esfuerzo que he hecho aquí para tratar de hacer progresar este conocimiento estaría, en mi opinión, justificado si hubiera conseguido mostrar (y convencer de) que un pensamiento de las condiciones sociales del pensamiento es posible y que da al pensamiento *la posibilidad de una libertad* respecto a esas condiciones.[19]

Vemos cómo, nuevamente, el trabajo de anamnesis cobra su sentido profundo, liberador, en tanto esa historia olvidada sea recuperada por la conciencia del agente posicionado, quien superaría así la amnesia de la génesis de su manera de pensar y actuar en el mundo, reconquistándose a sí mismo. Lo cual implica que en este punto, corolario último del socioanálisis, se reintroduce la concepción de una "conciencia histórica"[20] en la sociología reflexiva de Bourdieu, concepción que él mismo critica a la perspectiva marxista, particularmente en la forma en que ésta se manifiesta en el pensamiento de Lukács (en lo que nosotros hemos visto como la relación totalidad histórica-clase, esto es, R1). Así, afirma que

> lo que sobra es "conciencia", y hablar de "ideología" es situar en el orden de las *representaciones*, susceptibles de ser transformadas por esa conversión intelectual que llamamos "toma de conciencia", lo que se sitúa en el orden de las *creencias*, es decir, en lo más profundo de las disposiciones corporales.[21]

De esta manera, el desarrollo de la sociología reflexiva bourdieuana nos lleva a poner en cuestión el potencial liberador que puede contener la "toma

---

[19] *RA*, pp. 456-457 (las cursivas con mías).

[20] La compleja noción de "conciencia histórica", en el uso que aquí le damos, alude no sólo a una concepción según la cual la conciencia es un producto histórico, o bien a que la historia es producida por esa conciencia. Alude principalmente a la posibilidad de que ese sujeto "tome conciencia" del proceso histórico en su conjunto y, por ende, de su situación en ese proceso; lo cual le permitiría orientar su acción hacia la transformación del mismo. Este sentido ha sido una pieza más que importante en diversas vertientes del marxismo, dando lugar a las diferentes concepciones acerca de cómo se produce el pasaje del "en sí" al "para sí".

[21] *MP*, p. 233 (las cursivas son de Bourdieu).

de conciencia" que el propio Bourdieu propone, y cuya concreción sería el objetivo principal del socioanálisis. Esto brinda la clave para nuestro trabajo de lectura sobre esta segunda propuesta crítico-política de Bourdieu, a la vez que nos marca una problemática más a ser sorteada por la teoría crítica reflexiva.

Ahora bien, antes de seguir avanzando en nuestro argumento cabe aclarar que no debe entenderse este planteo como la total negación de todo lugar para la percepción, apreciación y acción conscientes, o peor aun: pensar esto como si se estuviese afirmando una perspectiva "miserabilista"[22], según la cual aquellos agentes sociales que no juegan el juego de la ciencia no podrían "tomar conciencia" de su propia situación, quedando así "relegados" a un estadio preconsciente o a un conocimiento devaluado sobre el mundo social. Lo que hemos buscado mostrar es, en cambio, cómo Bourdieu concibe el socioanálisis como una contribución a la adquisición de una conciencia histórica por parte de los agentes implicados en el mundo social, siendo allí donde reside su potencial liberador. Dicho potencial no alude a una modificación o reestructuración del sentido práctico del agente, a un cambio en las disposiciones de su "conocimiento por cuerpos"[23], sino a la "toma de conciencia" de sus disposiciones "no conscientes", para así poder actuar contra la lógica que ellas contribuyen a (re)producir. De allí que Bourdieu sostenga que "el individuo está siempre, le guste o no, atrapado *–salvo en la medida en que se vuelva consciente de ello–* 'dentro de los límites de su cerebro' como dijo Marx, es decir dentro de los límites del sistema de categorías que debe a su crianza y formación"[24].

En este sentido, nuestro cuestionamiento no se dirige principalmente a la importancia de la acción consciente en el mundo social, sino a que ésta sea la única forma de acción que pueda liberarnos de los determinantes sociales –incluyendo aquellos inscriptos en el *habitus*–, sin que haya lugar allí para la acción producto del sentido práctico. Concepción según la cual

---

[22] Utilizamos este término en el sentido que le dan Grignon y Passeron (1991). Cabe señalar, sin embargo, que pensar que la adscripción de un conocimiento y unas prácticas "no conscientes" conlleva un miserabilismo puede ser, ya en sí misma, una postura "dominocéntrica", pues implica clasificar y jerarquizar la conciencia por encima del sentido práctico.

[23] Tal es el título del capítulo 4 de *Meditaciones pascalianas*; cf. *MP*, p. 169.

[24] *ISR*, p. 187 (las cursivas son mías).

es difícil controlar la primera inclinación del *habitus*, pero el análisis reflexivo, que nos enseña que somos nosotros los que dotamos a la situación de buena parte de la potencia que tiene sobre nosotros, nos permite alterar nuestra percepción de la situación y por lo tanto nuestra reacción a ella.[25]

Es decir, el conocimiento reflexivo y las enseñanzas que de él extraemos permitirían un (auto)control sobre los mecanismos incorporados bajo la forma de sentido práctico, en tanto ese conocimiento posibilita la captación consciente del inconsciente histórico, reponiendo su historicidad, para así desarticular (o al menos tender a ello) las disposiciones prerreflexivas que estrechan los márgenes de lo posible y lo pensable, que lo tornan una petrificada fórmula. Allí residiría, por tanto, una de las tareas políticas centrales de la sociología reflexiva y su socioanálisis.

Retomando nuestro argumento, luego de esta necesaria digresión, señalemos que cuestionamos esa orientación de la práctica del socioanálisis porque allí detectamos una reintroducción del paradigma de la filosofía de la conciencia, del cual el propio Bourdieu busca salir a través de la ruptura con la dicotomía entre conciencia y objeto. Pues el potencial liberador que él le adjudica al conocimiento producto de la práctica sociológica reside en el proceso reflexivo por el cual dicho conocimiento permitiría tomar conciencia de los condicionantes sociales, para así dar lugar a una acción (consciente) tendiente, al menos, a limitar su eficacia.

Esto mismo subyace al análisis bourdieuano de los casos de desajuste entre el *habitus* de un agente y el campo en que desarrolla sus prácticas, situación en la que, de dejarse llevar por su sentido del juego, resultaría propenso a no jugarlo según las reglas del juego (y del resto de los jugadores). Se trata, por tanto, de juegos en los que un agente ocupa una "posición en falso", debido a la cual sus experiencias cotidianas en el campo contribuyen de por sí a agrietar su *illusio*, así como las disposiciones que la sostienen. Pero lo que Bourdieu ve en este constante *choque* entre las experiencias y el *habitus* es a unos agentes que "tienen más posibilidades de *tomar conciencia* de lo que, para otros, resulta evidente, pues están obligados a *controlarse* y *corregir* de *modo consciente* los 'primeros movimientos' de un *habitus* generador de comportamientos poco adaptados o desplazados"[26].

---

[25] Ibíd., p. 200.
[26] *MP*, p. 214 (las cursivas son mías).

Así, pareciera que sólo el acceso a la conciencia fuese capaz de poner en cuestión los mecanismos que (re)producen la dominación social, ya que en el pensamiento de Bourdieu no hay lugar para que el socioanálisis contribuya a un "conocimiento por cuerpo" de tales mecanismos, capaz de propugnar una "reflexividad práctica" que, como tal, no necesariamente pasa por el "yo pienso" de la filosofía de la conciencia. De allí que, para este autor, los esfuerzos del conocimiento sociológico han de concentrarse en "llevar al *nivel de la conciencia* mecanismos que hacen la vida dolorosa", pues, aunque esto "no es neutralizarlos [...] uno no puede tener como nulo el efecto que puede ejercer sobre aquellos que sufren, descubrir la posibilidad de imputar su sufrimiento a causas sociales y de sentirse así disculpados"[27]. Es en este punto donde la noción de *habitus*, junto con su potencialidad para captar el mundo social, pareciera diluirse en el pensamiento del propio Bourdieu.

Un (nuevo) resabio escolástico

En base a todo esto sostenemos que plantear semejante objetivo para la práctica del socioanálisis implica un giro escolástico en el interior de la trama conceptual urdida por Bourdieu. Ya que, si la experiencia social característica del intelectual es la de estar "condenado a la maldición (bendita) de la *conciencia*"[28], apuntar a que el conjunto de los agentes sociales adquiera una manera consciente de ver y apreciar al mundo social implica, en última instancia, buscar que éstos (o al menos aquellos que son víctimas de la dominación simbólica) se posicionen en el punto de vista que es propio del intelectual. En definitiva: si la tarea del sociólogo (o del antropólogo, o del científico social en general) es la de avanzar en el conocimiento de los determinantes sociales (entre los cuales están aquellos que han sido incorporados, es decir, el *habitus*) que impactan en las prácticas y experiencias de los diversos agentes (incluyendo al propio científico), para así tomar conciencia tanto de los grados de libertad que ellos nos dejan, como de las posibles vías por las que ampliar

---

[27] Bourdieu, P., citado por Gutiérrez, 2007, p. 18 (las cursivas son mías). Puede encontrarse esa referencia en *LMM*, p. 559.

[28] *RA*, p. 317 (las cursivas son mías). Por supuesto, esta "conciencia" le es propia en su función de sujeto objetivante, en tanto que no es para nada seguro que la posea para sus propias prácticas en el campo científico. Antes bien, es a esto a lo que apunta el socioanálisis en tanto forma de control epistemológico de la producción de conocimiento científico. Cf. Baranger, 2004.

dichos márgenes, entonces el socioanálisis presenta el punto de vista particular del sociólogo como aquel punto de vista al que se tendría que llegar para poder actuar contra los mecanismos que acotan nuestra libertad. Es decir que se presenta como universal (y universalizable) una visión particular, cayéndose así en el "error escolástico" que, con Bourdieu, cuestionamos en el capítulo anterior.

Sin embargo, esto no ha de ser confundido con la propuesta bourdieuana de extender la lógica que rige el conflicto en el campo científico a otros campos sociales (que es una de las dimensiones de su propuesta por una *Realpolitik* de la razón). Pues el error escolástico ahora señalado consiste en concebir el punto de vista científico como aquel en base al cual es dable la lucha por ampliar los márgenes concretos de libertad, por lo que la tarea en *lo* político de la sociología coincidiría con la desarticulación (al menos parcial) de otras maneras de ver y de dotar de sentido a lo social, en favor de aquella que los agentes tendrían que tener si fuesen capaces de objetivar su propia posición en el cosmos social y así aprehender los condicionamientos que ello genera sobre sus esquemas de dotación de sentido subjetivos. Es decir, si llevasen adelante no la práctica de cualquier sociólogo, sino aquella que resulta específica del sociólogo reflexivo en su tarea de objetivar al sujeto objetivante. Esto evidencia cuál es la contracara de que Bourdieu conciba de esta manera el objetivo del socioanálisis y su potencial impacto en *lo* político, el dejar de lado (en esta parte de su pensamiento) una de las nociones claves de su propuesta: el *habitus*.

Sólo sobre este trasfondo puede percibirse la labor científica como pugnando por llevar a cabo "un trabajo apuntado a *hacer conscientes* las disposiciones primarias socialmente constituidas con vistas a *neutralizarlas* y *desarraigarlas* (o, mejor, a '*desincorporarlas*')"[29]. Trabajo que, en última instancia, busca suspender "el conocimiento por cuerpos" propio del sentido práctico; en un gesto que reintroduce la escisión que esa forma de entender el conocimiento de los agentes dejaba atrás: la de conciencia-objeto. Por esta vía vuelve a emerger la idea de "conciencia histórica" en uno de los hilos que conforman la trama de la sociología reflexiva bourdieuana; ya que, en última instancia, a ella conduciría el trabajo de anamnesis.

---

[29] *LMM*, p. 539, nota 14 (las cursivas son mías).

Si llevamos este argumento a un extremo no presente en Bourdieu, pero útil para terminar de aclarar el punto que intentamos mostrar, nos encontramos con que la concreción de la libertad frente a todo tipo de condicionamientos sociales sólo podría alcanzarse a través de la plena conciencia de tales condicionantes, junto con el control de sus consecuencias. Es decir: la libertad implica una situación de transparencia de lo social, los avances en la concreción de una han de ser coextensivos con los progresos en el acceso a la otra. Sólo en este marco puede comprenderse por qué para Bourdieu "el desvelamiento total […] constituye el propósito de la ciencia social, es decir la suspensión total de la sumisión dóxica al orden establecido"[30]; manifestándose, así, la particular interconexión entre conocimiento científico y acción en *lo* político que tiene lugar en su pensamiento.

A su vez, como la cita permite vislumbrarlo, esto implica la necesaria disolución del *habitus* de los agentes sociales, en pos de aprehender, con una conciencia reflexiva, los elementos que subyacen a esa elaboración dóxica del sentido del mundo. Éste es –según lo hemos señalado– el objetivo principal del socioanálisis bourdieuano. El impacto en *lo* político de la sociología residiría, entonces, en su capacidad para "desincorporar" el "conocimiento por cuerpos" y sus estrategias, en favor del control consciente de las propias inclinaciones primeras y, por ende, de las tomas de posición que efectivamente se realicen. En un proceso que, a nuestro entender, no deja de presentarse como la sobreimposición de la lógica teórica sobre la lógica práctica. El desarrollo del socioanálisis propuesto por Bourdieu conduce, entonces, a postulados contrarios a la sociología reflexiva elaborada por este autor, iluminando un fundamental punto ciego de su perspectiva.

Sobre este telón de fondo se torna perceptible la centralidad, para nuestra teoría crítica reflexiva, de preguntarse: ¿el *modus operandi* de la sociología bourdieuana puede conducir a una ruptura con la *doxa* y con la amnesia histórica sin que ello implique una "toma de conciencia" por parte del agente? Consideramos que la respuesta a este interrogante puede hallarse por el camino de una radicalización de la reflexividad planteada por la sociología reflexiva bourdieuana, del modo en que ella aprehende la lógica práctica y, sobre todo, del consecuente acogimiento de los límites que esto implica para la lógica teórica.

---

[30] *MP*, p. 242.

Lucha en lo político, subversión simbólica e impacto caótico

Despolitización y reflexividad práctica caótica

En este punto vuelve a ocupar un lugar clave –como a lo largo de todo nuestro trabajo de lectura sobre su obra– la manera en que Bourdieu aborda el plano simbólico, lo cual incluye una referencia crucial a la pluralidad de puntos de vista cuyo entrelazo teje el entramado social, pero cuyas diferencias son también en parte producto de las desigualdades sociales y las jerarquías que ellas establecen. En este marco se produce el "desconocimiento" y "reconocimiento" práctico sobre los que se erige la dominación simbólica y su violencia; por eso éstas, "relación social somatizada, ley social convertida en ley incorporada, no son de las que cabe anular con un mero esfuerzo de la voluntad, basado en una toma de conciencia liberadora"[31]. A partir de ello es que sostenemos la necesidad de rechazar, como objetivo central del socioanálisis, la búsqueda de una toma de conciencia orientada a la "desincorporación" de esa ley somatizada. Cuestionamos, en definitiva, el intento de instituir como tarea de la sociología la disolución del *habitus* "por el socioanálisis, es decir, por una *despertar de la conciencia* y una forma de 'autotrabajo' que permita al individuo manipular sus disposiciones"[32].

Sobre este telón de fondo percibimos la "toma de conciencia" que el socioanálisis busca producir como un momento contrario al *modus operandi* de la sociología reflexiva, como una instancia "no bourdieuana" del pensamiento de Bourdieu. Esto nos lleva a rechazar su reintroducción de la "conciencia histórica" para, frente a ello, indagar por el camino de un "sentido práctico histórico"[33] (sin que esto implique negar toda posibilidad de una

---

[31] *DM*, p. 55.

[32] *ISR*, p. 195, nota 86.

[33] Al igual que lo planteado para la noción de "conciencia histórica" (cf. *supra* nota 20), la noción de "sentido práctico histórico" alude aquí no sólo a que éste sea el producto de un proceso histórico, o bien a que sea productor de historia; pues ambas concepciones se hallan plenamente presentes en el pensamiento de Bourdieu. Antes bien, con esta noción se busca aludir centralmente a la posibilidad de que se produzca un conocimiento (práctico) de ese proceso histórico y de sus consecuencias en la forma en que la sociedad se ordena y desordena a sí misma; es decir: una anamnesis de la génesis, pero práctica.

práctica consciente, pero tampoco tornar necesario ese único modo de conocer y actuar), de un "conocimiento por cuerpos" que agriete la doble naturalización y su petrificación de la historia, tanto en las estructuras sociales objetivas como en los esquemas de dotación de sentido subjetivos. Produciendo así la abertura que acarrea el impacto caótico sobre la articulación de *lo* político anquilosada en una fórmula.

A partir de esto vemos como, en nuestra búsqueda de caminos alternativos que sorteen el punto ciego de esta segunda propuesta crítico-política realizada por Bourdieu para la práctica científica, hemos de introducirnos en una cuestión que, a esta altura del libro, no ha de ser vista como una digresión que nos aleja de nuestro interrogante central. Nos referimos a la lógica, al *modus operandi*, de la acción en *lo* político o, mejor aun, de la dialéctica aporética entre impacto caótico e impacto cósmico. En tanto constituye el marco más amplio en que se produce, como una instancia específica y singular pero no única ni solitaria, la práctica de producción de conocimiento crítico y su particular discurso.

En este punto hemos de indagar la posibilidad de que el conocimiento por cuerpos concrete efectivamente un impacto caótico (en su "ambigua" dialéctica con el impacto cósmico, sin pretensión de "pureza" en ello), es decir, que sea un momento del agrietamiento del entrelazo de *doxa* y *nomos*, del "contrato tácito" que allí se genera. Pues, de no ser así, no se estarían trabando los mecanismos que reproducen la dominación simbólica, no se produciría una discontinuidad en el *continuum* de su historia. Es justamente esto lo que nos aleja del muy interesante argumento elaborado por Foster, pues lo que él plantea como una reflexividad crítica de los grupos subordinados, que *"no toma la forma de una reflexión intelectual"*[34], puede ser concebida, efectivamente, como un giro que vuelve sobre las condiciones sociales que se experimentan prácticamente, pero no parece haber allí dimensión de ruptura alguna. No se genera un quiebre con lo que de implícito tiene el mundo social, dada la implicación de los agentes en él. En efecto, Foster ve en las "teorías de la resistencia" un conjunto de estudios que pondrían sobre el tapete "el hecho de que la reflexividad está inserta prácticamente en las estrategias de resistencia de los grupos subordinados"[35]. Sin embargo, estas mismas in-

---

[34] Foster, 2005, p. 101.
[35] Ibíd., p. 102.

vestigaciones son criticadas por Bourdieu en *Meditaciones pascalianas*, al señalar que en esas estrategias de resistencia "la sublevación, cuando se expresa, se detiene en los límites del universo inmediato"[36], sin impactar en las estructuras profundas que generan la situación de subordinación.

Esta cuestión ilumina más claramente el sentido de la pregunta que nos hicimos al final de la primera sección, en tanto nos lleva a coincidir con Foster en la relevancia de indagar posibles modos de una reflexividad práctica crítica o, mejor aun, de una reflexividad práctica caótica (en tanto aquí nos hemos empeñado en reservar el término "crítica" para el específico modo en que una particular práctica social produce su impacto caótico: la práctica de producción de conocimiento científico), a la que la práctica teórica pueda contribuir con su saber conceptual. Pero nos alejamos de él al plantear la necesidad no sólo de estudiar cómo "los agentes subordinados sí reflexionan sobre las condiciones sociales"[37], sino también (y sobre todo) de indagar si esa reflexividad práctica produce un arruinamiento de la adherencia dóxica al mundo social, si encarna una instancia de transformación práctica de la fórmula hoy dominante. Pues "cambiar el mundo supone también [...] romper con la *doxa* y cambiar la mirada con la que vemos el mundo"[38], que es a su vez quebrar el *nomos*, agrietando la petrificada doble naturalización.

Y es en los procesos en torno a la doble naturalización donde empezamos a encontrar una senda por la cual lidiar con nuestro problema, especialmente con la despolitización que ella supone y produce. Lo cual entraña una deshistorización y sustancialización de los procesos sociohistóricos y culturales, en el sentido en que lo hemos visto en el capítulo II para la ciencia. Frente a esto, Bourdieu sostiene que "está claro que en la historia lo eterno sólo puede ser producto de un trabajo histórico de eternización", por lo que "es preciso *reconstruir la historia del trabajo histórico de deshistorización*"[39]. Y "contra estas fuerzas históricas de deshistorización debe orientarse prioritariamente una

---

[36] *MP*, p. 307. Tanto Foster como Bourdieu plantean sus respectivas perspectivas sobre la "teoría de la resistencia" a partir de los trabajos de P. E. Willis. Lo significativo es que Foster hace una lectura casi opuesta a la de Bourdieu, aun cuando lo cita para ello.

[37] Foster, 2005, p. 102.

[38] Champagne, P., "Bourdieu, un sociólogo político", en Alonso, L. E., et al, *Pierre Bourdieu, las herramientas del sociólogo*, Madrid, Fundamentos, 2004, p. 63.

[39] *DM*, pp. 104-105.

empresa de movilización que tienda a volver a poner en marcha la historia, neutralizando los mecanismos de neutralización de la historia", lo cual entraña una "movilización típicamente *política*"[40]. Pues ella choca, justamente, con la desmovilización que acarrea la despolitización. La politización es ya de por sí una instancia de agrietamiento del "contrato tácito" de adhesión dóxica al mundo social en su estado actual; de la misma manera en que la ruptura de ese contrato es ya un inicio de movilización en *lo* político.

Vemos nuevamente cómo la despolitización hunde sus raíces en la desposesión simbólica, en que los dominados no poseen otros elementos para aprehender (prácticamente) las relaciones sociales (incluyendo las relaciones de dominación) que aquellos producto de ese mismo cosmos social y de la dominación simbólica allí imperante.[41] La incorporación de esos principios de visión y de división inclina "a los agentes sociales a tomar el mundo social tal cual es, a aceptarlo como natural, más que a rebelarse contra él, a oponerle mundos posibles, diferentes, y aun, antagonistas"[42]. En este sentido,

> el conocimiento que proporciona la incorporación de la necesidad del mundo social, en especial en forma del sentido de los límites, es perfectamente real, como la sumisión que implica y que se expresa a veces en los asertos imperativos de la resignación: "Eso no es para nosotros".[43]

Asertos que traducen la "resignación en la praxis" de la que habláramos con Horkheimer, la cual conduce a una actitud contemplativa frente a los mecanismos sociales, por lo que se hace de la "residencia común" y su movi-

---

[40] Ibíd., p. 8.

[41] Se evidencia así que la desposesión simbólica no alude a una carencia de categorías de percepción, apreciación y acción (y menos aun a una mera ignorancia de los actores), sino a la posesión de ciertas categorías, las propias del juego tal como se lo juega en esta sincronía. Es el estar plenamente poseído por el juego (dentro de él, implicado) lo que genera la desposesión.

[42] *SC*, p. 289.

[43] *MP*, p. 243. Esta "realidad" del sentido de los límites ha de ser entendida como la central crítica que Bourdieu dirige, en reiteradas oportunidades, al "*relativismo culto* que olvida que la mirada ingenua no es relativista, al rechazar el hecho de la legitimidad por una relativización arbitraria del uso dominante, que es socialmente aceptado como legítimo, y no sólo por los dominantes" (*QSH*, p. 32). En la misma línea puede leerse el bourdieuano epígrafe a esta tercera parte. Diversas maneras de señalar que, aunque el valor de tales procesos sea relativo a su situación en una sincronía cargada de diacronía, sus consecuencias, la violencia simbólica que generan dentro de la sincronía, no son relativas.

miento un espectáculo al que se mira como si fuese ajeno a nuestras prácticas (como si fuésemos completamente autónomos a ella… o completamente heterónomos). Esta temática tiene múltiples puntos de contacto con el problema de la *apatía* que hemos abordado en el capítulo VI, la frialdad frente a la apasionada lucha por los fines, por "querer que sean" (necesidad con sentido) nuestros dioses de los valores; cuestión que podemos profundizar a partir del planteo bourdieuano en torno a la "indiferencia".

En efecto, hemos visto que con su noción de *illusio* tematiza el interés de los agentes por el juego, por jugarlo y por lo que allí se juega; lo cual no alude únicamente a un interés de tipo económico, pues es también posible detectar campos en los que se tiene un interés por el desinterés (como sucede en el campo científico, por ejemplo). Por lo que la *illusio* no se opone a este último, sino a la indiferencia, que es "un estado ético de no preferencia así como un estado de conocimiento en el cual no soy capaz de diferenciar lo que está en juego"[44]. De esto emerge otra de las consecuencias claves de la despolitización: su dar lugar a una percepción (práctica) del juego que no introduce diferencias, por lo que no se escoge, no se apuesta en el juego; lo cual constituye, por supuesto, toda una apuesta. Se iguala entonces al conjunto de los envites, a la vez que se toma distancia de ellos, en una generalización que se resume en el "son todos iguales"; punto de vista propio de quien, "careciendo de los principios de visión y de división necesarios para *establecer las diferencias*, lo encuentra todo igual"[45]. Esto obtura, por tanto, la percepción de las posibles diferencias entre las apuestas, cada una con sus consecuencias para el ordenamiento y des-ordenamiento del juego. Donde los conflictos y luchas que tienen lugar en *lo* político –así como en lo que Bourdieu denomina el campo político– se producen en torno a cosmovisiones valorativas, cuya indiferenciación conlleva la pérdida de sentido del conflicto mismo.

La despolitización no sólo entraña una percepción de la "residencia común" como un espectáculo, sino también como uno que nos deja indiferentes, que no nos genera el interés por participar aunque más no fuese aplaudiendo a algunos (y abucheando a otros) de los jugadores de ese juego que nos concierne en tanto "residentes" en esa vida social generalizada. Esta

---

[44] *ISR*, p. 174.
[45] RP, p. 142.

apática indiferencia es parte de aquello a ser arruinado por una reflexividad práctica que sea caótica (a diferencia de la reflexividad planteada por Foster), lo cual implica hacer saltar los mecanismos que reproducen la despolitización para generar una politización del conocimiento por cuerpos. Volveremos sobre esto en la tercera sección.

Subversión simbólica

Es en el pensamiento del propio Bourdieu donde hallamos los materiales para tematizar la problemática de una disrupción caótica que se mantenga en la lógica práctica, sin requerir una "toma de conciencia". Y, nuevamente, es su conceptualización del plano simbólico la que nos brinda la clave. En base a ella plantea cómo el mantenimiento del orden social y sus relaciones de dominación tiene una de sus instancias básicas en la (re)producción de las fórmulas de los pensables-posibles instituidos, esto es, del

> sistema de categorías (sociales) de percepción y valoración, de condiciones sociales de posibilidad y legitimidad que [...] definen y delimitan el universo de lo pensable y los impensables, es decir a la vez el universo finito de las potencialidades susceptibles de ser pensadas y realizadas en el momento considerado –libertad– y el sistema de imposiciones dentro del cual se determina lo que hay que hacer y que pensar –necesidad–.[46]

Y es esto lo que puede ser agrietado por la práctica crítica (a ello apunta el socioanálisis), pero no sólo por ella, sino también por tomas de posición producto de disposiciones prácticas de percepción, apreciación y acción. Cuestión presente en el pensamiento de Bourdieu pero no sistematizada como tal, en la que se aborda cómo puede producirse un advenimiento que agriete prácticamente el orden simbólico y su fórmula.

En este marco, señala cómo la acción propiamente política de legitimación del orden simbólico instituido, aquella que apunta a producir un impacto cósmico,

---

[46] *RA*, p. 350.

se ejerce siempre a partir de este logro fundamental que es la adhesión original al mundo tal como es, y la labor de los guardianes del orden simbólico, que van de la mano con el sentido común, consiste en tratar de restaurar [...] las evidencias primitivas de la *doxa*. Por el contrario, la acción política de movilización subversiva trata de liberar la fuerza potencial de rechazo que neutraliza el desconocimiento al efectuar [...] un desenmascaramiento crítico de *la violencia fundadora ocultada por el ajuste entre el orden de las cosas y el orden de los cuerpos*.[47]

Se apunta a una subversión práctica que tiene lugar en el plano simbólico, lo cual no implica, por supuesto, dejar de lado el peso de las estructuras sociales objetivas; pues, en esta concepción, lo simbólico es producto del entrelazamiento de esas estructuras con los esquemas de dotación de sentido subjetivos. Por ello la politización se dirige contra la *doble* naturalización, agrietando lo instituido tanto en los cuerpos como en las cosas. Pugnando por generar una abertura de la fórmula de los pensables-posibles, produciendo un advenimiento (práctico) de sentido que altera el ámbito de los pensables e impensables pero también el espacio de los posibles y los imposibles. Es por esto que "la subversión política presupone una subversión cognitiva, un cambio de visión del mundo"[48], donde "el objetivo de cualquier movimiento de subversión simbólica consiste en realizar un trabajo de construcción y deconstrucción simbólica que tienda a imponer nuevas categorías de percepción y apreciación"[49].

Sobre esta base puede aprehenderse el sentido en que Bourdieu habla de "atentado simbólico", refiriéndose con ello a una toma de posición cuya concreción choca con el *continuum* histórico del cosmos social, produciendo una discontinuidad que interrumpe el orden simbólico dominante. Tal es el caso de la presentación de Baudelaire a la Academia francesa, la cual

constituye un auténtico *atentado simbólico*, que [...] pone en tela de juicio, y desafía, las estructuras mentales, las categorías de percepción y de apreciación que, al estar ajustadas a las estructuras sociales mediante una congruencia tan profunda que quedan al margen de los ataques de la crítica aparentemente más radical, son fuente de una sumisión inconsciente e inmediata al orden cultural.[50]

---

[47] *MP*, pp. 246-247 (las cursivas son mías). Destaquemos que, en nuestra terminología, ese desenmascaramiento no ha de ser necesariamente "crítico" (en tanto propio de la práctica científica), pero sí caótico.

[48] *QSH*, p. 124.

[49] *DM*, p. 148.

[50] *RA*, p. 100 (las cursivas son mías). Algo similar parece encontrar Bourdieu en la candidatura

Radical puesta en cuestión de los presupuestos fundamentales del campo, así como de los principios de visión y de división a ellos ligados. Y son esas categorías, las "más fundamentales, y más profundamente arraigadas, las que subvierten o destruyen los autores de las grandes revoluciones simbólicas"[51], quienes concretan prácticamente "la transgresión de los límites de lo pensable"[52]. Se abre la fórmula de los pensables al pensarse un impensable, se abre la fórmula de los posibles al concretarse lo imposible, en una práctica cuyo estilo quiebra la sedimentación histórica que se petrifica en la fórmula (aun cuando no posea un "puro" estilo, en su ambigua adherencia con la fórmula). Éste es uno de los rasgos claves de aquello a lo que Merleau-Ponty alude con la noción de expresión, a través de la cual nosotros hemos abordado su particular concepción de la praxis, que vuelve a introducirse así en nuestra trama teórica.

Línea que podemos continuar a partir del planteo (no sistematizado por Bourdieu) sobre cómo las prácticas pueden producir una subversión simbólica al tener "el efecto de poner de manifiesto, *en la práctica* que es posible transgredir los límites impuestos"[53]. Es por ello que "las auténticas revoluciones simbólicas son sin duda aquellas que, más que al conformismo moral, ofenden al conformismo lógico, desencadenando la despiadada represión que suscita semejante atentado contra la integridad mental"[54]. Mas aclaremos inmediatamente que esta "revolución" no entraña aquella lógica que criticamos con Merleau-Ponty, pues no apunta a una transformación de semejante pureza, al tener lugar en la dialéctica aporética entre fórmula y estilo. De allí que el propio Bourdieu sostenga que "las revoluciones simbólicas suponen una revolución *más o menos radical* de los instrumentos de conocimiento y de las categorías de percepción"[55], evidenciándose que ella no entraña la preten-

---

del cómico francés Coluche a las elecciones presidenciales francesas de 1981 (candidatura sostenida, además de por el propio Bourdieu, por otros intelectuales de la talla de Foucault y Deleuze); al respecto, véase *CP*, p. 13.

[51] *MP*, p. 134.

[52] *RA*, p. 152.

[53] *MP*, p. 312 (las cursivas son mías).

[54] *RP*, p. 93.

[55] Ibíd., p. 175 (las cursivas son mías). Y por esto mismo tal vez sea excesivo utilizar el término de "revolución", más allá de que hayamos optado por mantenerlo al ser el término que Bourdieu utiliza frecuentemente para referirse a esta problemática. El cual, por otra parte, parece derivarse no de las concepciones revolucionarias con las que polemiza Merleau-Ponty, sino

sión de una negación absoluta que lleva adherida la tendencia a una afirmación absoluta.

Ahora bien, para nuestra problemática uno de los rasgos claves de la subversión simbólica es que ella entrañe un carácter práctico, sin que para su producción sea necesario pasar por un "yo pienso". Sólo así es dable afirmar que "la transgresión simbólica de una frontera social tiene un efecto liberador porque, *en la práctica, hace realidad lo impensable*"[56]. Esto posibilita el gesto de volver reflexivamente sobre el modo de dotar de sentido el mundo que hacía eso impensable, a la vez que se lo disrumpe; lo cual –como señalamos con anterioridad– también impacta en la lógica de la estructura social objetiva, modificando la constelación que estos términos conforman. La subversión simbólica, su impacto caótico (adherido a un impacto cósmico, en una dialéctica aporética de triunfo-fracaso), es potencialmente capaz de "romper la concordancia inmediata entre las estructuras incorporadas y las estructuras objetivas de las que son producto y de instaurar una especie de *épochè* práctica, de suspensión temporal de la adhesión primera al orden establecido"[57].

En resumen, la concepción bourdieuana de lo simbólico nos permite aprehender que "la lucha política es una lucha cognitiva (práctica y teórica) por el poder de imponer la visión legítima del mundo social"[58], y esto "tanto a escala de los intercambios cotidianos como a escala global"[59]. Por lo que

> una de las apuestas de la lucha simbólica es el poder de conocimiento, es decir, el poder sobre los instrumentos *incorporados* de conocimiento, los esquemas de percepción y evaluación del mundo social, los principios de división que, en un momento dado del tiempo, determinan la visión del mundo [...], y el poder de hacer ver y hacer creer que este poder implica.[60]

---

de la concepción de Thomas Kuhn acerca de las "revoluciones científicas" (cf. Kuhn, T., *La estructura de las revoluciones científicas*, México, FCE, 1971).

[56] *MP*, p. 312 (las cursivas son mías).

[57] *QSH*, p. 124.

[58] *MP*, p. 244.

[59] *STV*, p. 29.

[60] *MP*, p. 244 (las cursivas son mías). Y en el mismo sentido: "El conocimiento del mundo social y, más precisamente, de las categorías que lo posibilitan es lo que está verdaderamente en juego en la lucha política, una lucha inseparablemente teórica y práctica por el poder de conservar o de transformar el mundo social conservando o transformando las categorías de percepción de ese mundo" (*SC*, p. 290).

La revolución simbólica ha de ser entendida, entonces, como una (fuerte) apuesta en dicha lucha, que pugna por llevar adelante "una revolución de los principios de visión y de división, una revolución de los principios según los cuales es legítimo representar al mundo visible"[61]. Lo cual no necesariamente pasa por la conciencia de un "yo pienso", pues puede tener lugar dentro de los márgenes de la lógica práctica. Esta lucha simbólica siempre abierta, sea para la conservación cósmica o para la subversión caótica, nos sitúa ante una "política de la percepción con el propósito de mantener o subvertir el orden de las cosas transformando o conservando las categorías mediante las cuales es percibido, mediante las palabras con las que se expresa"[62]. Éste es el hilo a anudar en la trama de nuestra concepción del impacto en *lo* político, lo cual nos lleva a volver sobre la noción de praxis elaborada a través de la perspectiva de Merleau-Ponty.

De vuelta a la praxis

Hemos visto cómo la acción simbólica subversiva, con su impacto caótico, no reproduce la fórmula instituida, sino que encarna un estilo que lleva a su disrupción, tal y como sucede en la expresión merleau-pontyana, o en la noción de praxis que a partir de ella hemos elaborado. De allí la concepción de este último acerca de la historia, a la que aprehende como una sucesión de tentativas de expresión, de los esfuerzos y búsquedas de la praxis que tienen lugar en ese "intermundo que llamamos historia, simbolismo"[63]. Es en esa constelación, en la que no hay una subjetividad (colectiva o individual) plenamente dueña de ella, donde surge la praxis que es también una consecuencia del entrelazamiento del actuar de un conjunto de agentes sociales (conjunto que se constituye a partir de ese entrelazamiento), cuyo obrar produce una abertura que excede las intenciones de sus propios productores. En este marco podemos sostener, con Merleau-Ponty, que "el contacto *directo* con las cosas mismas es un sueño. Salvo en algunos instantes, para el verdugo que corta una cabeza, para el jefe que decide una guerra o una insurrección, todos

---

[61] *CP*, p. 18.
[62] *MP*, p. 244.
[63] *AD*, p. 223.

los contactos con la historia son *indirectos*, todas las acciones son *simbólicas*"[64]. Sus resultados son producto del entrelazamiento en la "residencia común" y, por ello, se presentan "no a título de objetos o de fines, sino a título de relieves, de configuraciones, es decir en el paisaje de una praxis"[65].

A partir de todo esto podemos plantear nuestra concepción del impacto en *lo* político, que se produce en este plano simbólico atravesado por las desigualdades y jerarquías que esa pluralidad también entraña, con la dominación y violencia que de allí emerge, según señalamos con Bourdieu. A lo cual se agrega la importancia de plantear cómo este impacto en *lo* político tiene lugar en el marco del sentido práctico o, mejor aun, puede suceder bajo la figura de un "yo pienso" mas no es necesariamente así (sino más bien al contrario). Y esto no sólo porque tanto la fórmula que se disrumpe como el estilo de la toma de posición disruptora tengan ese carácter práctico, sino también porque esta disrupción no tiene por qué dar lugar a una "toma de conciencia" (en el sentido del paradigma de la filosofía de la conciencia).

Esto incluye también aquella disrupción que es producto de la práctica de producción de conocimiento científico, es decir, la crítica. Por eso, según Merleau-Ponty, la filosofía (y para nosotros también la sociología y las ciencias sociales en general) no es dueña de la historia, pero tampoco un epifenómeno de ella; "es literalmente una *acción a distancia*, ya que cada una de ellas desde el fondo de su diferencia exige la mezcla y la promiscuidad"[66]. Sobre esta base rechazamos el objetivo del socioanálisis propuesto por Bourdieu, planteando en cambio otro fin para la práctica de la crítica. El cual terminamos de conformar a través de nuestra manera de retomar su problematización del plano simbólico y de la subversión que allí puede advenir; dando lugar a una concepción de dicho objetivo que no está contenida en la trama de su sociología reflexiva o, mejor aun, que se delinea a la hora de caracterizar la acción en *lo* político, pero se la deja de lado al abordar el *modus operandi* de la práctica de la sociología (continúa actuando aquí la escisión entre ciencia y *lo* político vista en el capítulo anterior). Nosotros, en cambio, encontramos en la caracterización del impacto en *lo* político, especialmente en su instancia de lucha por la subversión simbólica de las fórmulas de los posibles-pensa-

---

[64] Ibíd., p. 201 (las cursivas son mías).
[65] Ibíd., p. 222.
[66] *Signos*, p. 21.

bles, una vía por la cual aprehender esta dimensión de la práctica de la crítica, en tanto ella es una de las singulares y específicas maneras en que se produce ese impacto. A la vez que contribuye, con su particular *modus operandi* de producción de saber conceptual, a la lucha cognitivo-política en pos de la introducción de los valores del humanismo activo.

Frente al dilema que surge de la reintroducción de la "conciencia histórica" (como acontece en la perspectiva del propio Bourdieu), o bien de hacer del agente y sus prácticas un mero "objeto de la historia"[67] –lo cual no constituye más que una nueva manifestación de la dicotomía conciencia-objeto que Bourdieu pretende sortear con su noción de *habitus*–, podemos aseverar, junto a Merleau-Ponty, que para el punto de vista de la conciencia teórica no hay solución.

> Pero en la práctica, existe una superación del dilema porque la praxis no está sujeta al postulado de la conciencia teórica, a la rivalidad de las conciencias. Para una filosofía de la praxis [...] los proletarios pueden ser los portadores del sentido de la historia sin que sea bajo la forma de un "yo pienso".[68]

Sin abandonar su sentido práctico, a través de su conocimiento por cuerpos, producto de la incorporación de singulares esquemas de dotación de sentido subjetivos entrelazados con la estructura social objetiva. Dando lugar, por un lado, a la posibilidad de que se produzca una subversión simbólica que no pase por un "yo pienso" (tales los casos planteados por Bourdieu, siempre ligados al conocimiento práctico de un *habitus*), y, por el otro, a que la crítica no busque generar una "toma de conciencia (teórica)" por parte de los agentes sociales, sino impactar caóticamente en esa (merleaupontyana) praxis, en la constelación de sentido histórico que allí se instituye.

---

[67] En este sentido pueden leerse las críticas de Sazbón (2001) al estructuralismo, así como al posestructuralismo.

[68] *AD*, p. 59. Destaquemos que, en este marco, la referencia al proletariado no ha de ser leída como si éste constituyera el sujeto de la acción histórica (como acontece en la relación entre totalidad histórica y clase en Lukács), sino como un actor colectivo producto de su propia praxis, a través de la cual encuentra su particular estilo, según lo planteado en el capítulo VI. Lógica que consideramos extendible a la captación del proceso de conformación de otros actores colectivos.

La crítica, *lo* político y la incerteza

El impacto caótico nos ha venido (pre)ocupando a lo largo de todo el libro, especialmente al interrogarnos acerca del *modus operandi* de una práctica crítica capaz de generarlo, sin tener que recurrir para ello a un fundamento normativo. A través de los diversos capítulos hemos ido tejiendo una trama en la cual se plantea que la práctica de producción de conocimiento crítico es una lucha que se funda en una utopía-posible, en el no lugar en la sociedad moderna y capitalista de los valores propios del humanismo activo; pero éstos son posibles de ser introducidos allí a partir de una lucha que modifique la articulación del cosmos social.[69] Y es esa modificación, la lucha que entraña, lo que orienta la crítica, cuyo estilo de movimiento hemos caracterizado como dialéctico aporético. Por lo que en ella no hay un puro potencial emancipatorio, es decir, carga también con elementos tendientes a la reproducción del cosmos social. Ésta es una de las fuentes que marcan la centralidad de mantener abierto el gesto sobrerreflexivo, no para introducir una nueva transparencia como resultado del mismo, sino para dar cuenta de las

---

[69] Permítasenos señalar una vez más que la posibilidad de concretar tales valores en este entramado relacional no ha de equipararse a la posibilidad de generar una sociedad transparente, en la que el "deber ser" se haya concretado. En primer lugar, porque el contenido de la utopía-posible son *valores* que, como tales, se encuentran en pugna con otro valores; así, la concreción de *nuestros* valores no cancela el politeísmo valorativo, como tampoco la opacidad que éste implica. Y, en segundo lugar, porque estas nociones no predican sobre la dimensión futura, sino tan sólo sobre la presente; es decir, no se pregunta acerca de si es posible o imposible una sociedad completamente libre e igualitaria (aun cuando esos no tienen por qué ser los valores de todos), en la que nuestra utopía ya no tendría sentido pues se habría concretado plenamente, lo cual implicaría quebrar la dialéctica aporética que constituye el estilo de nuestra teoría crítica reflexiva (la cual entonces carecería también de sentido). Esta discusión parte de la misma búsqueda en pos de esa sociedad y lo que diferencia (especularmente) a ambas posturas es el resultado al que llegan, dando lugar así a una certeza afirmativa en un caso, negativa en el otro. Nuestro planteo, en cambio, parte de suspender esa búsqueda, de acoger la incerteza de no saber, situados en nuestra sincronía cargada de diacronía, con nuestro punto de vista que incluye la adherencia del plano valorativo, si es posible en la dimensión futura esa concreción, pero *tampoco podemos saber si es imposible una sociedad libre*, pues ambos casos (y no sólo el que afirma esa posibilidad) presuponen la capacidad de sus categorías de trascender lo que acontece en esta sincronía, fijando una suerte de predicción para el futuro de la historia humana. Lo acotado de nuestras categorías, el radical acogimiento de la incerteza, nos impide predicar algo por fuera de esta sincronía, de la sociedad presente en la que vivimos; y es en este presente donde sostenemos que vivimos en una sociedad no libre, pero en la cual se puede introducir el valor de la libertad, a través de la lucha de aquellos que "queremos que sea".

opacidades que constituyen un momento de la propia perspectiva, con las consecuentes limitaciones que de ello se sigue (y entre las cuales cabe destacar la pretensión universalista y monoteísta del discurso científico, que rompe así la dialéctica entre semejante y diferente).

En este marco, una de las opacidades que hemos abordado es el problema del epistemocentrismo, el cual buscamos sortear a través de un trabajo de lectura sobre los materiales producidos por Merleau-Ponty y por Bourdieu, en tanto ellos nos permiten introducir en nuestra perspectiva elementos con los que aprehender la productividad de la lógica práctica sin achatarla a una mera reproducción de lo dado. Antes bien, el entrelazamiento del sentido por ella generado conforma nuestra vida generalizada, la "residencia común" y el simbolismo que allí se enraíza. Éste último es el plano en el cual se produce el ejercicio de una forma de dominación y de violencia que conserva al orden simbólico instituido en su forma actual, así como aquél en que pueden advenir tomas de posición que entrañen una subversión de la fórmula de dicho orden. Todo lo cual nos lleva a no "medir" a los agentes sociales y sus prácticas a partir de la "vara" de (el paradigma de la filosofía de) la conciencia; sea para "atribuirles" una determinada conciencia, o bien para señalar la "falsedad" de la que efectivamente poseen, como sucede en el marco de la relación totalidad histórica-clase (R1). Pero tampoco se apunta a que el resultado de la práctica crítica, incluyendo en ello al socioanálisis, sea la producción de una "toma de conciencia", pues esto constituye, según aquí sostenemos, un resabio escolástico de la perspectiva elaborada por Bourdieu. Al cual dejamos atrás profundizando el camino trazado por su concepción de la dimensión simbólica, aprehendiendo por esta vía tanto la conformación del cosmos social, como el impacto caótico que lo subvierte en pos de introducir los valores del humanismo activo.

En base a este recorrido arribamos, por un lado, a una concepción de la práctica de la crítica cuyo objetivo, lejos de conducir a una "toma de conciencia", apunta a disrumpir caóticamente la doble naturalización que se genera en la relación *doxa-nomos*, en pos de reintroducir allí la historia, pero también lo relacional y, en última instancia, la disputa en *lo* político, generando una politización que no tiene por qué pasar por la figura de un "yo pienso". En este punto, la particular concepción de la praxis elaborada por Merleau-Ponty constituye nuestra principal referencia. Además, dicho recorrido nos ha permitido aprehender al plano simbólico no sólo como el terreno propio de la práctica crítica, sino también como la tierra en la que hunde sus raíces la lógica general del impacto en *lo* político, más allá de en cuál esfera social se produzca. Es decir que esto no predica únicamente sobre la práctica de la crítica, ni siquiera sobre la práctica científica, sino sobre todas las prácticas que impactan en y son impactadas por la forma en que la sociedad se ordena y se desordena a sí misma. De cuyo conjunto la práctica crítica es una instancia particular; más específicamente: es la singular articulación del impacto caótico orientado por los valores del humanismo activo (y en dialéctica aporética con el impacto cósmico), producto de esa singular práctica social que tiene lugar en la esfera científica.

La noción de atentado simbólico, que impulsa una subversión de las bases mismas del entrelazamiento de *nomos* y *doxa*, nos posibilita percibir ahora cómo la crítica apunta, con su particular *modus operandi*, a ser un modo de producir tales "atentados" en pos de subvertir las actuales reglas del juego de *lo* político, transformándolo. Atentando contra su "contrato tácito" que, como tal, tiende a obturar (cuando no a cancelar) la lucha en *lo* político, consagrando el reconocimiento (por el desconocimiento de su violencia subyacente y constituyente) de la dominación simbólica. Es a producir una abertura, que es también un caos, en este cerrado orden simbólico a lo que puede contribuir el saber conceptual del discurso científico, a través de la práctica de la crítica. Esto en oposición a las acciones "ortodoxas" o, en nuestros términos, cósmicas, a las que la práctica de producción de conocimiento científico también puede contribuir, en tanto su discurso no necesariamente apunta a generar una subversión crítica, pues también puede impulsar una acción de conservación simbólica, reproductora del orden establecido. Es justamente eso lo que hace la teoría tradicional criticada por Horkheimer, cuyo *modus operandi* no deja, por ello, de tener un impacto en *lo* político (no es "neutral"), pero orientado hacia objetivos antagónicos a los de la crítica (sea porque el científico busque efectivamente tales objetivos, o bien los genere como consecuencia no buscada de su propia implicación en el campo escolástico). Se evidencia nuevamente la adherencia entre lo cognitivo y *lo* político, y es ello lo que permite tornar el *modus operandi* que posibilita la producción de un conocimiento crítico, adherido a los valores del humanismo activo, en una lucha en *lo* político en pos de introducir tales valores en el mundo social.

Sin embargo, esto no ha de llevarnos a dejar de asumir que ésta es una entre las múltiples prácticas sociales que pueden generar una disrupción caótica, y aun cuando sostengamos que su aporte resulta más que productivo para la introducción de los valores del humanismo activo, ello no la hace imprescindible. En definitiva, le damos a la práctica de la crítica un lugar menor en las luchas sociales que el asignado por ciertas perspectivas teóricas (como es el caso, en general, de las concepciones normativistas), pero sin que ello nos lleve a no darle lugar alguno (como acontece en la perspectiva de Laclau); pues –para decirlo con Merleau-Ponty– la "acción a distancia" que ella entraña, con su sentido indirecto, no se encuentra fuera del juego contemplándolo pitagóricamente, sino que es parte del mismo, su práctica tiene consecuencias para la articulación de la "residencia común". La pregunta a hacernos, entonces, es qué orientación buscaremos imprimirle. De la mano con esto, nuestro planteo también implica darle un lugar más acotado a la acción consciente en las luchas, valorativamente orientadas, por la transformación del cosmos social; pues esa transformación "no puede limitarse a una simple conversión de las conciencias y de las voluntades"[70].

Esto último constituye una vía más por la cual se acota el protagonismo dado a aquella práctica que se distingue (en los dos sentidos de la bourdieuana palabra) por perseguir el progreso del conocimiento acerca de los mecanismos del mundo social: la sociología (o las ciencias sociales en su conjunto). Esto con el fin de evitar el error escolástico que hace de las prácticas escolásticas la pieza fundamental en la lucha por la modificación de la articulación de *lo* político. Pero no para que esto devenga en una concepción de la ciencia como mero ejercicio, que no sale de su lugar en las gradas como espectadora del juego que tiene lugar en la arena de *lo* político, sino para que ello permita captar (sobrerreflexivamente) uno más de los límites escolásticos del punto de vista científico y, a partir de ello, aprovechar al máximo "la posibilidad de una libertad respecto a las coerciones y las limitaciones inscritas en el hecho de que esté situado en [...] uno de esos subespacios que son los campos escolásticos"[71].

En base a todo esto proponemos una práctica de producción de conocimiento crítico cuya disrupción caótica no apunta única o necesariamente a la "toma de conciencia" por parte de los agentes, sino a lo que cabe llamar *una politización de los cuerpos*, del conocimiento (que es también desconoci-

---

[70] *DM*, p. 58.
[71] *MP*, p. 45.

miento y reconocimiento) hecho cuerpo; de los principios de visión y de división incorporados en unos esquemas *prácticos* de dotación de sentido que se encuentran entrelazados con los principios instituidos en las cosas, en las estructuras relacionales. Nuestra teoría crítica reflexiva plantea, entonces, la centralidad de realizar una sociología (o una ciencia social en general) capaz de producir una crítica de la cultura en *lo* político, de los modos de dotación de sentido que juegan un papel central en la articulación de la forma en que la sociedad se ordena y desordena a sí misma. Pero donde esos modos de dotación de sentido se encuentran *incorporados*.

Uno de los mecanismos centrales por los que se produce la despolitización de dichos modos es el trabajo histórico y social de deshistorización y sustancialización del entramado relacional; pero a esto también hay que sumarle la producción de una apática indiferencia hacia *lo* político, hacia el desarrollo de su juego. Frente a ello Bourdieu sitúa la *illusio*, "en el sentido de inversión en el juego que saca a los agentes de su indiferencia"[72], poniéndonos a jugar el juego y no a mirarlo desde afuera como un espectáculo que nos deja indiferentes. Pues esto último supone un punto de vista para el cual la libertad que allí se pone en juego no se conecta con la mía, es decir, para el cual mi libertad no exige la libertad de los demás y viceversa. Aun cuando se busque la subversión del juego, para eso hay que considerar valioso lo que puede lograrse a través de esa práctica[73], marcándose así la centralidad de "estar concernido, tomado por el juego. Estar interesado es aceptar que lo que ocurre en un juego social dado importa, que la cuestión que se disputa en él es importante […] y que *vale la pena luchar por ella*"[74].

Sin embargo, ese estar "tomado por el juego" pone en evidencia el problema que surge de la implicación en el juego que supone la *illusio*, cuya consecuencia es el fetichismo que asigna al juego y a lo que éste produce una vida propia, trascendente a las prácticas de los agentes sociales. La *illusio* puede llevarnos a jugar siguiendo una "ciega necesidad" y no una "necesidad con sentido", pero sin *illusio* no hay "querer que sea" que nos impulse a luchar en el juego de *lo* político. Nos topamos así con la tensión que surge entre, por un

---

[72] *RA*, p.337.

[73] "Pueden querer trastocar las relaciones de fuerza en ese campo, pero, precisamente por ello, conceden reconocimiento a los envites, no son indiferentes" (*RP*, p. 142).

[74] *ISR*, p. 174 (las cursivas son mías).

lado, una plena ruptura con la lógica de la *illusio*, que conduce a la cínica postura que en su indiferencia iguala todo, porque no hay envites particulares por los que valga la pena luchar; y, por el otro lado, la posesión de esa *illusio* que es también una desposesión, base del fetichismo. Frente a esta tensión dilemática, sostenemos una concepción que generaliza la solución que el propio Bourdieu encuentra en la prosa de Mallarmé, pero sin prejuzgar –como este último– que

> sólo los grandes iniciados son capaces de la lucidez heroica y de la generosidad decisoria imprescindibles para afrontar en su verdad las "imposturas legítimas", como dice Austin, y para perpetuar, en contra de la esperanza ilusoria de *una garantía trascendente, la fe en los valores* a los que las grandes supercherías humanistas rinden por lo menos el homenaje de su hipocresía.[75]

Valores, entonces, que no sólo para los grandes iniciados de Mallarmé sino para el conjunto de los jugadores en *lo* político no tienen más garantías que la *fe* (weberiana) de quienes los sostienen, sin darles una validez trascendente que los dote de la sacralidad del fetiche; en definitiva, sin *certezas*. Antes bien, producidos y sostenidos en el entrelazamiento de las apuestas de aquellos que *quieren* que esos valores se concreten en el juego de *lo* político, aun cuando no haya detrás o debajo la garantía de algún tipo de "deber ser". "La razón no puede ahí determinar nada"[76], pues ésta es una apuesta que se da en un marco de *incerteza*. Punto en el que arribamos al pascaliano epígrafe de este libro; señal de que finalmente estamos en condiciones de recapitular lo dicho para así concluir nuestra travesía.

---

[75] *RA*, p. 410 (las cursivas son mías).
[76] Pascal, B., *Pensamientos*, Buenos Aires, Hyspamérica, 1984, p. 154.

Conclusiones

A modo de abertura: teoría crítica reflexiva

La práctica de la crítica es una instancia de la práctica de producción de conocimiento científico que constituye, a su vez, un momento de las luchas en *lo* político en pos de la concreción de los valores propios de la cosmovisión del humanismo activo. Para lo cual busca disrumpir las fórmulas dominantes de los pensables-posibles, formas históricas petrificadas a través de las que se ordena lo pensable y lo posible de ser hecho, cuyo reverso es la remisión de lo que queda por fuera de ellas al ámbito de los imposibles e impensables, conduciendo esto a un tautológico segundo silencio. Agrietar estas fórmulas, abriendo un sentido otro, es dar lugar al fenómeno de la praxis, que habita un estilo, y el estilo de movimiento propio de la crítica es la dialéctica aporética; ése es su singularísimo modo de generar un ordenamiento (conceptual) de los procesos sociohistóricos que aborda, de producir un retorcimiento en las fórmulas dominantes, resquebrajándolas. Dichas fórmulas son el producto de la constelación entre estructura social objetiva y esquemas de dotación de sentido subjetivos, más específicamente del entrelazamiento de *nomos* y *doxa*, marcándose el carácter eminentemente práctico de tales pensables-posibles, su no responder necesariamente a un "yo pienso". Es en ellos, entonces, donde hunde sus raíces el mecanismo central de la reproducción del orden simbólico establecido, con sus relaciones de dominación y violencia. La práctica de la crítica apunta a hacer saltar los engranajes de ese mecanismo, disrumpiendo su funcionamiento al generar una subversión simbólica, al producir un *impacto caótico* (entrelazado dialéctica-aporéticamente con un impacto cósmico) que desordene y abra las fórmulas dominantes. Impacto que tiene su terreno de acción en la dimensión simbólica y a través del cual la crítica puede contribuir a la concreción de los valores de libertad, fraternidad, igualdad y justicia; dándoles un lugar como articuladores de *lo* político en aquellas dimensiones y ámbitos de las prácticas sociales que reproducen su no lugar, su carácter *utópico*, aun cuando sean *posibles* de ser concretados.

Esta potencialidad de la práctica de la crítica no implica que ella sea, *a priori*, imprescindible para lograr esa concreción, y menos aun que sea un "discurso rey", el único capaz de establecer el fin válido (monoteísmo valorativo) y el camino que ha de ser transitado para alcanzarlo (parámetro, dado por la teoría, a partir del cual se establece el "desvío" de todo otro curso de acción). Antes bien, ella no es más (pero tampoco menos) que un conocimiento situado en una sincronía (cargada de diacronía) y, por tanto, sólo dentro de ese marco se puede establecer su lugar en las luchas en *lo* político, a partir de su relación con el resto de los elementos que componen esa sincronía. De esta manera (y en principio), es una instancia más entre otras que llevan adelante la lucha en *lo* político en pos de los valores del humanismo activo; pero el que no sea un "discurso rey" no quiere decir que su aporte sea nulo o despreciable, pues tiene algo *específico* que sólo ella puede aportar. Ya que, a diferencia de las otras instancias de esa lucha, la crítica tiene lugar en la *esfera científica*, es decir: no es el único modo de disrumpir caóticamente la fórmula dominante de los posibles-pensables en pos de esta cosmovisión valorativa (otras prácticas en otras esferas sociales pueden también concretar esto), pero sí es la única que constituye una instancia de la práctica de producción de conocimiento científico. Su especificidad con respecto a las otras instancias es, entonces, el aportar un saber producto del ordenamiento conceptual de los procesos sociohistóricos, con la potencialidad que este saber contiene, mas sin por ello dejar de acoger sobrerreflexivamente sus puntos ciegos (la dialéctica que ese mismo carácter conceptual entraña, pero también su aportar una "verdad en la situación", adherida a una cosmovisión valorativa particular, a la vez que es un producto de la lógica teórica). Sin embargo, no por ello hay que dejar de destacar (y rescatar) el carácter "privilegiado" (en los dos sentidos de la palabra) de su punto de vista, en tanto le da la potencialidad de romper la adherencia dóxica al mundo social, posibilitando la captación de los mecanismos que reproducen la dominación simbólica a ella ligada. Esto con el objetivo de producir su disrupción, mas no para generar una "toma de conciencia" (con el resabio escolástico que eso implica), sino persiguiendo una politización de los cuerpos, de los principios de visión y de división incorporados, en la dirección que surge de los valores del humanismo activo.

Es de estos últimos de donde la crítica extrae su orientación, en ellos se funda su no aceptar la injusticia que surge de que una máquina de hilar algodón sea capital, su rechazo a la deshumanización producto de hacer de la fuerza de trabajo una mercancía. La actitud de inconformidad frente a ello impulsa la lucha en pos de su transformación. Por eso, la crítica está pugnando en la arena del estadio y no pitagóricamente sentada en las gradas, como un espectador neutral y autónomo con respecto a lo que acontece en la "residencia común". Sin embargo, este fundamento no nos da ni la garantía del triunfo final, ni pretende fungir de referente de *certeza* a partir del cual establecer la validez de un único dios (en un paso que rompe la dialéctica entre semejante y diferente). No nos permite fijar el "deber ser" de lo social, pero sí sostener cómo *nosotros* "queremos que sea" la articulación de *lo* político, luchando por ella y en contra de lo que quieren otros agentes sociales. Es esto lo que nos posibilita tomar partido en la apuesta pascaliana, en la que no se posee la *certeza* ni acerca de la existencia de una única divinidad, ni acerca del Vacío al que conduciría su inexistencia. Antes bien, se acoge la existencia de una divinidad que sea nuestra pero no de los otros y viceversa, situándonos así en un marco de *incerteza*; es allí donde la crítica encuentra su *fundamento no normativo*.

Es para poder escribir estos párrafos que hemos llevado a cabo el recorrido que este libro entraña, cuyo problema central es el de cómo *re*fundar la crítica sorteando las limitaciones de las dos concepciones (especularmente inversas) que conforman los términos de nuestro doble rechazo: por un lado, la Escila del normativismo a la que nos hemos enfrentado al discutir la propuesta habermasiana y, por otro, la Caribdis del Vacío en los fundamentos con la que hemos batallado al polemizar con la perspectiva post(estructuralista y marxista) de Laclau. Teorías ambas que conducen, por distintas sendas, a una despolitización de esa particular práctica social que es la producción de conocimiento científico, obturando así el ejercicio de la práctica de la crítica. Cabe destacar, además, que la discusión con estos autores marca la actualidad de esta problemática, el que sea una tarea de primer orden para poder articular una sociología (o ciencia social en general) crítica de *nuestro* presente.

La vía por la cual sortear tales limitaciones es *re*fundar la crítica sobre bases no normativas. Con ese objetivo proponemos fundarla en la utopía-posible (que brinda un sostén a la práctica de producción de conocimiento crítico a la vez que su contenido está dado por una cosmovisión valorativa, en un marco politeísta, percibiéndose así la adherencia entre ciencia y valores que en ella tiene una contundente cristalización), la cual entraña un oxímoron producto del carácter dialéctico aporético de su estilo de movimiento (que es el estilo propio de todo el *modus operandi* de la práctica de la crítica), cuyo territorio de acción lo constituye el plano simbólico (allí tienen lugar tanto los mecanismos que reproducen el orden social como su disrupción caótica, entrelazada dialéctico-aporéticamente con un impacto cósmico). Dar cuenta de cada uno de estos rasgos, definitorios de nuestra teoría crítica reflexiva, ha sido la tarea de las distintas partes que componen este libro.

En este marco hemos discutido y rechazado la despolitización de la ciencia que tanto Escila como Caribdis conllevan, obturando así el movimiento de la práctica de la crítica. Frente a ello propugnamos una politización de la práctica científica, pues en definitiva *sólo politizando la ciencia es posible la práctica de la crítica*. Sin embargo, esta problemática conduce más allá, hacia las prácticas sociales en general, situando el problema de la (des)politización como el interrogante clave para una crítica cultural de *lo* político que se lleve adelante a través de la trama teórica aquí elaborada. Por este camino podemos avanzar en la investigación de los mecanismos que le subyacen, a la vez que nos esforzamos por impulsar una politización de las prácticas sociales en la dirección que surge de los valores del humanismo activo.

Por eso, antes que apuntar a una radicalización de la democracia (como la sostenida por Laclau y Mouffe), tal vez quepa apuntar a generar una politización de la misma, que agriete el sustancialismo de rol en su escindir al hombre del ciudadano o, más aun, al pobre del ciudadano, con la desposesión simbólica que ello implica y la consecuente violencia que subyace a la igualdad formal, constituyendo esto su punto ciego que no por eso ha de llevarnos a un rechazo plano (no dialéctico) de ella, sino a luchar por tornar más igualitaria esa igualdad. Ante los mecanismos que propugnan la reproducción de la despolitización, la teoría crítica reflexiva contesta, entonces, con una politización de la ciencia, de las prácticas sociales, de la democracia... y de *lo* político.

Al decir esto estamos señalando no sólo una línea de investigación, sino también el potencial impacto en *lo* político de la crítica. Pero tematizar este último, a las consecuencias (no necesariamente buscadas) de la práctica científica, en la que quien escribe estas líneas –y posiblemente quien las lee–

encuentra su *Beruf*, es únicamente posible sobre el telón de fondo de una conceptualización acerca de la articulación de *lo* político. Esto marca la necesidad de no perder de vista ese plano al sumergirnos en nuestras investigaciones, de no tornarnos estudiosos de microrrelatos aislados, sino aprehenderlos en su entrelazamiento en nuestra residencia común y en su relación con el cosmos social en su conjunto. Más allá de la consideración que se tenga acerca de nuestro esbozo sobre *lo* político, a partir de la dialéctica aporética de la carne ilustrada, lo que sí es seguro es que no problematizar esta dimensión en nuestras investigaciones, abandonándola, contribuye a dejarnos inermes (pero no neutrales) frente al orden simbólico instituido, a sus relaciones de dominación y de ejercicio de violencia. Pues "si es verdad que toda acción es simbólica, entonces los libros son, a su manera, acciones"[1] que contienen apuestas simbólicas, ante las cuales la pascaliana pregunta sigue siendo: ¿qué partido tomaremos?

---

[1] *AD*, p. 224.

Bibliografía

ADORNO, TH. W., "Reacción y progreso" [1930], en *Reacción y progreso y otros ensayos musicales*, Barcelona, Tusquets, 1984.

ADORNO, TH W., *Actualidad de la filosofía*, Barcelona, Paidós, 1991.

ADORNO, TH. W., *Minima Moralia* [1951], Madrid, Taurus, 2001.

ADORNO, TH. W., *Disonancias* [1963], en *Obra completa, 14*, Madrid, Akal, 2009.

ADORNO, TH. W., *Dialéctica negativa* [1964], en *Obra completa, 6*, Madrid, Akal, 2005.

ADORNO, TH. W., *Consignas* [1969], Buenos Aires, Amorrortu, 2003.

ADORNO, TH. W., *Prismas. La crítica de la cultura y la sociedad*, Barcelona, Ariel, 1962.

ADORNO, TH. W., *Escritos sociológicos I. Obra completa, 8*, Madrid, Akal, 2004.

ADORNO, TH. W., *Sobre Walter Benjamin*, Barcelona, Cátedra, 2001.

ADORNO, TH. W. et al, *La disputa del positivismo en la sociología alemana* [1969], Barcelona, Grijalbo, 1972.

AGUILERA, A., "Lógica de la descomposición", introducción a Adorno, Th., *Actualidad de la filosofía*, Barcelona, Paidós, 1991.

ALEXANDER, J., "La centralidad de los clásicos", en Giddens, G., Turner, J., y otros, *La teoría social hoy*, Madrid, Alianza, 1995.

ANDERSON, P., *Consideraciones sobre el marxismo occidental*, Madrid, Siglo XXI, 1998.

ARATO, A. y BREINES, P., *El joven Lukács y los orígenes del marxismo occidental*, México, Fondo de Cultura Económica, 1986.

BARANGER, D., *Epistemología y metodología en la obra de Pierre Bourdieu*, Buenos Aires, Prometeo, 2004.

BARBARAS, R., "Percepción and movement: the end of the metaphysical approach" en Evans, F. y Lawlor, L. (ed.), *Chiasms. Merleau-Ponty's notion of flesh*, New York, SUNY, 2000.

Barbosa, S., *Max Horkheimer o la utopía instrumental*, Buenos Aires, Fepai, 2003.

Bedeschi, G., *Introducción a Lukács*, Buenos Aires, Siglo XXI, 1974.

Benjamin, W., "Sobre el lenguaje en general y sobre el lenguaje de los hombres" [1916], en *Conceptos de filosofía de la historia*, La Plata, Terramar Ediciones, 2007.

Benjamin, W., "Para una crítica de la violencia" [1921], en *Conceptos de filosofía de la historia*, La Plata, Terramar Ediciones, 2007.

Benjamin, W., "El origen del *Trauerspiel* alemán" [1928], en *Obras*, Madrid, Abada, 2006.

Benjamin, W., "El surrealismo. La última instantánea de la inteligencia europea" [1929], en *Imaginación y sociedad. Iluminaciones I*, Madrid, Taurus, 1999.

Benjamin, W., "Pequeña historia de la fotografía" [1931], en *Conceptos de filosofía de la historia*, La Plata, Terramar Ediciones, 2007.

Benjamin, W., "Sobre la facultad mimética" [1933], en *Conceptos de filosofía de la historia*, La Plata, Terramar Ediciones, 2007.

Benjamin, W., "El autor como productor" [1934], en *Tentativas sobre Brecht. Iluminaciones III*, Madrid, Taurus, 1998.

Benjamin, W., "La obra de arte en la época de su reproductibilidad técnica" [1935-1936], en *Discursos interrumpidos*, Madrid, Taurus, 1979.

Benjamin, W. "Sobre algunos temas en Baudelaire" [1938-1939], en *Sobre el programa de la filosofía futura*, Barcelona, Planeta-Agostini, 1986.

Benjamin, W., *Sobre el concepto de historia. Tesis y fragmentos* [1939-1940], Buenos Aires, Piedras de papel, 2007.

Bourdieu, P., *El sentido práctico* [1980], Madrid, Taurus, 1991.

Bourdieu, P., *La distinción. Criterio y bases sociales del gusto* [1979], Madrid, Taurus, 1998.

Bourdieu, P., *¿Qué significa hablar? Economía de los intercambios lingüísticos* [1982], Madrid, Akal, 2008.

Bourdieu, P., *Cuestiones de sociología* [1984], Madrid, Akal, 2008.

Bourdieu, P., *Sociología y cultura* [1984], México, Grijalbo, 1990.

Bourdieu, P., *Cosas dichas* [1987], Barcelona, Gedisa, 1996.

Bourdieu, P., *Las reglas del arte. Génesis y estructura del campo literario* [1992], Barcelona, Anagrama, 1995.

BOURDIEU, P. (director), *La miseria del mundo* [1993], Buenos Aires, Fondo de Cultura Económica, 2000.

BOURDIEU, P., *Razones prácticas. Sobre la teoría de la acción* [1994], Barcelona, Anagrama, 2007.

BOURDIEU, P., *Sobre la televisión* [1996], Barcelona, Anagrama, 2007.

BOURDIEU, P., *Meditaciones pascalianas* [1997], Barcelona, Anagrama, 1999.

BOURDIEU, P., *La dominación masculina* [1998], Barcelona, Anagrama, 2007.

BOURDIEU, P., *El campo político*, La Paz, Plural editores, 2001.

BOURDIEU, P., *Intervenciones, 1961-1995. Ciencia social y acción social*, Córdoba, Ferreyra Editor, 2005.

BOURDIEU, P., *El oficio del científico. Ciencia de la ciencia y reflexividad* [2001], Barcelona, Anagrama, 2003.

BOURDIEU, P., *Intelectuales, política y poder*, Buenos Aires, Eudeba, 2007.

BOURDIEU, P., *Campo de poder, campo intelectual. Itinerario de un concepto*, Buenos Aires, Quadrata, 2003.

BOURDIEU, P. y WACQUANT, L., *Una invitación a la sociología reflexiva* [1992], Buenos Aires, Siglo XXI, 2005.

BONSS, W., "The program of interdisciplinary research and the begginings of critical theory", en Benhabib, S., Bonss, W. y McCole, J. (edit), *On Max Horkheimer*, Massachusetts, 1993.

BRUNKHORST, H., "Dialectical positivism of happiness: Horkheimer's materialist deconstruction of philosophy", en Benhabib, S., Bonss, W. y McCole, J. (edit), *On Max Horkheimer*, Massachusetts, MIT Press, 1993.

BRUNKHORST, H., "The Enlightenment of rationality: Remarks on Horkheimer and Adorno's *Dialectic of Enlightenment*", en *Constellations*, Vol. 7, N° 1, 2000.

BUCK-MORSS, S., *Origen de la dialéctica negativa*, México, Siglo XXI, 1981.

CASULLO, N., "Prefacio a la segunda edición", en Casullo, N. (comp.) *El debate modernidad-posmodernidad*, Buenos Aires, Retórica, 2004.

CHAMPAGNE, P., "Bourdieu, un sociólogo político", en Alonso, L. E., et al., *Pierre Bourdieu, las herramientas del sociólogo*, Madrid, Editorial Fundamentos, 2004.

CHIARELLO, M. G., *Das lágrimas das coisas. Estudo sobre o conceito de natureza em Max Horkheimer*, Campinas, Editora da Unicamp, 2001.

COOKE, M., "Redeeming redemption: the utopian dimension of critical social theory", *Philosophy & Social Criticism*, Vol. 30, N° 4, 2004.

Cooke, M., *Re-Presenting the Good Society*, Massachusetts, MIT Press, 2006.

Dastur, F., "World, flesh, vision", en Evans, F. y Lawlor, L. (ed.), *Chiasms. Merleau-Ponty's notion of flesh*, New York, SUNY, 2000.

Didi-Huberman, G., *Ante el tiempo*, Buenos Aires, Adriana Hidalgo, 2008.

Diógenes Laercio, *Vidas de los más ilustres filósofos griegos*, Barcelona, Folio, 1999.

Evans, F. y Lawlor, L., "Introduction: the value of flesh: Merleau-Ponty's philosophy and the Modernism/Postmodernism debate", en Evans, F. y Lawlor, L. (ed.), *Chiasms. Merleau-Ponty's notion of flesh*, New York, SUNY, 2000.

Flynn, B., "Merleau-Ponty and the philosophical position of skepticism" en Flynn, B. et al (ed.), *Merleau-Ponty and the possibilities of philosophy. Transforming the tradition*, New York, SUNY, 2009.

Foster, R., "*Dialectic of Enlightenment* as Genealogy Critique", en *Telos*, N° 120, 2001.

Foster, R., "Pierre Bourdieu's Critique of Scholarly Reason", en *Philosophy & Social Criticism*, vol. 31, N° 1, 2005.

Gambarotta, E., "Sobre la posibilidad de un teoría crítica emancipatoria. Algunas notas sobre Max Horkheimer", en *Actas del Segundo Congreso Nacional de Sociología*, Buenos Aires, UBA, 2004.

Gambarotta, E., "Comentando las noticias. Notas sobre sociabilidad y politicidad en la Argentina actual", en *Cuadernos de H Ideas*, CPS, Facultad de Periodismo y Comunicación Social, UNLP, La Plata, N° 2, Año 2, diciembre de 2008.

Gambarotta, E., "El crítico y el perseguidor. Sobre las potencialidades de la crítica a partir de un cuento de Julio Cortázar", en *Revista Question*, Facultad de Periodismo y Comunicación Social, UNLP, La Plata, N° 24, Primavera del 2009.

Gambarotta, E., "La dialéctica aporética entre cuerpo y sí mismo: Una lectura de *Dialéctica de la ilustración* en clave política", en *Intersticios. Revista Sociológica de Pensamiento Crítico*, Vol. 4 N° 1, 2010a.

Gambarotta, E., "Politización y despolitización. Las prácticas de producción de las esferas artística y científica en el cruce entre Benjamin y Horkheimer", en *Actas en soporte digital del III Seminario Internacional Políticas de la Memoria "Recordando a Walter Benjamin: Justicia, Historia y Verdad. Escrituras de la Memoria"*, Centro Cultural de la Memoria Haroldo Conti, 2010b.

Gambarotta, E., "La dialéctica aporética del modo de corporalidad pugilístico: el control de lo natural y su descontrol", en D'hers, V. y Galak, E. (comp.), *Estudios sociales sobre el cuerpo: prácticas, saberes, discursos en perspectiva*, ESE, 2011a.

Gambarotta, E., "La crítica y sus fundamentos a partir de la perspectiva de Georg Lukács", en *Cinta de Moebio. Revista de Epistemología de Ciencias Sociales*, Facultad de Ciencias Sociales, Universidad de Chile, Santiago de Chile, Nº 41, junio de 2011b.

Gambarotta, E., "Hacia una teoría crítica reflexiva. Una lectura sobre los aportes de Max Horkheimer y Pierre Bourdieu", en *Cuestiones de Sociología*, Departamento de Sociología, FaHCE, UNLP, La Plata, Nº 7, 2011c.

Geyer, C., *Teoría crítica: Max Horkheimer y Theodor W. Adorno*, Barcelona, Editorial Alfa, 1985.

Giddens, A., *Las nuevas reglas del método sociológico*, Buenos Aires, Amorrortu, 1987.

Grignon, C. y Passeron, J.-C., *Lo culto y lo popular. Miserabilismo y populismo en sociología y en literatura*, Buenos Aires, Nueva Visión, 1991.

Grüner, E., *El fin de las pequeñas historias. De los estudios culturales al retorno (imposible) de lo trágico*, Buenos Aires, Paidós, 2002.

Grüner, E., *El sitio de la mirada*, Buenos Aires, Norma, 2006.

Grüner, E., *Las formas de la espada*, Buenos Aires, Colihue, 2007.

Gutiérrez, A., *Pierre Bourdieu: las prácticas sociales*, Buenos Aires, CEAL, 1994.

Gutiérrez, A., "Poder, habitus y representaciones: recorrido por el concepto de violencia simbólica en Pierre Bourdieu", en *Revista Complutense de Educación*, Vol. 15, Nº 1, 2004.

Gutiérrez, A., *Las prácticas sociales: una introducción a Pierre Bourdieu*, Córdoba, Ferreyra Editor, 2005.

Gutiérrez, A., "Prólogo" a Bourdieu, P. *Intelectuales, política y poder*, Buenos Aires, Eudeba, 2007.

Habermas, J., *Ciencia y técnica como "ideología"* [1968], Madrid, Técnos, 1986.

Habermas, J., "La modernidad: un proyecto inacabado" [1980], en *Ensayos políticos*, Barcelona, Península, 1997.

Habermas, J., *Teoría de la acción comunicativa* (dos tomos) [1981], Madrid, Taurus, 1999.

HABERMAS, J., *El discurso filosófico de la modernidad* [1985], Buenos Aires, Taurus, 1989.

HABERMAS, J., *Textos y contextos*, Barcelona, Ariel, 1996.

HABERMAS, J., "Tres modelos normativos de democracia", en *La inclusión del otro* [1996], Barcelona, Paidós, 1999b.

HABERMAS, J., *Perfiles filosófico-políticos*, Madrid, Taurus, 2000.

HEGEL, G., *Fenomenología del espíritu*, Buenos Aires, Fondo de Cultura Económica, 1992.

HEGEL, G., *Lecciones sobre la filosofía de la historia universal*, Madrid, Alianza.

HERNÁNDEZ, R. F., "Metacrítica de la Teoría Crítica", en *Política y Sociedad*, N° 38, Madrid, 2001.

HONNETH, A., "Teoría crítica", en Giddens, G., Turner, J., y otros, *La teoría social hoy*, Madrid, Alianza, 1995.

HONNETH, A., *The critic of power: Reflective stages in a critical social theory*, Massachusetts, MIT Press, 1991.

HONNETH, A., *Reificación. Un estudio en la teoría del reconocimiento*, Buenos Aires, Katz, 2007.

HORKHEIMER, M., *Ocaso* [1926-1931], Barcelona, Anthropos, 1986.

HORKHEIMER, M., "Los comienzos de la filosofía burguesa de la historia" [1930], en *Historia, metafísica y escepticismo*, Barcelona, Altaya, 1995.

HORKHEIMER, M., "¿Un nuevo concepto de ideología?" [1930], en Lenk, K. (ed.), *El concepto de ideología*, Buenos Aires, Amorrortu, 1974.

HORKHEIMER, M., "The present situation of social philosophy and the tasks of an Institute for Social Research" [1931], en *Between philosophy and social science*, Massachusetts, MIT Press, 1995.

HORKHEIMER, M., "Hegel y el problema de la metafísica" [1932], en *Historia, metafísica y escepticismo*, Barcelona, Altaya, 1995.

HORKHEIMER, M., "Observaciones sobre ciencia y crisis" [1932], en *Teoría crítica*, Buenos Aires, Amorrortu, 1998.

HORKHEIMER, M., "Historia y psicología" [1932], en *Teoría crítica*, Buenos Aires, Amorrortu, 1998.

HORKHEIMER, M., "Materialismo y metafísica" [1933], en *Materialismo, metafísica y moral*, Madrid, Tecnos, 1999.

HORKHEIMER, M., "Materialismo y moral" [1933], en *Materialismo, metafísica y moral*, Madrid, Tecnos, 1999.

HORKHEIMER, M., "Acerca del problema del pronóstico en las ciencias sociales" [1933], en *Teoría crítica*, Buenos Aires, Amorrortu, 1998.

HORKHEIMER, M., "Da discussão do racionalismo na filosofia contemporânea" [1934], en *Teoría crítica I*, São Paulo, Edusp e Perspectiva, 1990.

HORKHEIMER, M., "Observaciones sobre la antropología filosófica" [1935], en *Teoría crítica*, Buenos Aires, Amorrortu, 1998.

HORKHEIMER, M., "Autoridad y familia" [1936], en *Teoría crítica*, Buenos Aires, Amorrortu, 1998.

HORKHEIMER, M., "Egoísmo y movimiento liberador" [1936], en *Teoría crítica*, Buenos Aires, Amorrortu editores, 1998.

HORKHEIMER, M., "Teoría tradicional y teoría crítica" [1937], en *Teoría tradicional y teoría crítica*, Barcelona, Paidós e I.C.E. de la Universidad Autónoma de Barcelona, 2000.

HORKHEIMER, M., "Apéndice" ("Nachtrag") [1937], en *Teoría tradicional y teoría crítica*, Barcelona, Paidós e I.C.E. de la Universidad Autónoma de Barcelona, 2000.

HORKHEIMER, M., "Montaigne y la función del escepticismo" [1938], en *Historia, metafísica y escepticismo*, Barcelona, Altaya, 1995.

HORKHEIMER, M., "La filosofía de la concentración absoluta" [1938], en *Teoría crítica*, Barcelona, Barral Editores, 1973.

HORKHEIMER, M., "Psicología y sociología en la obra de Wilhelm Dilthey" [1939-1940], en *Teoría crítica*, Barcelona, Barral Editores, 1973.

HORKHEIMER, M., "La función social de la filosofía" [1939-1940], en *Teoría crítica*, Buenos Aires, Amorrortu, 1998.

Horkheimer, M., "Arte nuevo y cultura de masas" [1941], en *Teoría crítica*, Barcelona, Barral Editores, 1973.

HORKHEIMER, M., "Prefacio para la nueva publicación", [1968] en *Teoría crítica*, Buenos Aires, Amorrortu editores, 1998.

HORKHEIMER, M., "Razón y autoconservación" [1941-1942], en *Teoría tradicional y teoría crítica*, Barcelona, Paidós e I.C.E. de la Universidad Autónoma de Barcelona, 2000.

HORKHEIMER, M., "El estado autoritario" [1942], en *Sociedad en transición: estudios de filosofía social*, Barcelona, Planeta-De Agostini, 1986.

HORKHEIMER, M., *Crítica de la razón instrumental*, Buenos Aires, Editorial Sur, 1969.

HORKHEIMER, M. y ADORNO, TH. W., *Dialéctica de la ilustración. Fragmentos filosóficos* [1944-1947], Madrid, Trotta, 2001.

JAMESON, F., "The politics of utopia", en *New Left Review*, N° 25, enero-febrero, 2004.

JAY, M., *La imaginación dialéctica*, Madrid, Taurus, 1984a.

JAY, M., *Marxism and Totality: The adventures of a concept from Lukács to Habermas*, New York, Polity, 1984b.

JAY, M., *Adorno*, Madrid, Siglo XXI, 1988.

JAY, M., *Campos de fuerza*, Buenos Aires, Paidós, 2003.

KANT, E., "¿Qué es la ilustración?" [1784], en *Filosofía de la historia*, México, Fondo de Cultura Económica, 2002.

KAVOULAKOS, K., "From Habermas to Horkheimer's Early Work", en *Telos*, N° 130, 2005.

KUHN, T., *La estructura de las revoluciones científicas*, México, Fondo de Cultura Económica, 1971.

LACLAU, E. y MOUFFE, CH., *Hegemonía y estrategia socialista* [1985], Buenos Aires, Fondo de Cultura Económica, 2006.

LACLAU, E., "¿Por qué los significantes vacíos son importantes para la política?", en *Emancipación y diferencia*, Buenos Aires, Ariel, 1996.

LACLAU, E., *Nuevas reflexiones sobre la revolución de nuestro tiempo* [1990], Buenos Aires, Nueva Visión, 2000.

LACLAU, E., *La razón populista*, Buenos Aires, Fondo de Cultura Económica, 2005.

LACLAU, E., "Why constructing a people is the main task of radical politics", en *Critical Inquiry*, N° 32, Summer, 2006.

LEFORT, C., "La cuestión de la democracia", en *La incertidumbre democrática*, Barcelona, Anthropos, 2004a.

LEFORT, C., "Reversibilidad. Libertad política y libertad individual", en *La incertidumbre democrática*, Barcelona, Anthropos, 2004b.

LEFORT, C., "La lógica totalitaria", en *La incertidumbre democrática*, Barcelona, Anthropos, 2004c.

LEFORT, C., "La imagen del cuerpo y el totalitarismo", en *La incertidumbre democrática*, Barcelona, Anthropos, 2004d.

LEFORT, C., "¿Renacimiento de la democracia?", en *La incertidumbre democrática*, Barcelona, Anthropos, 2004e.

Lefort, C., "¿Permanencia de lo teológico-político?", en *La incertidumbre democrática*, Barcelona, Anthropos, 2004f.

Lenguita; P., "La dominación tecnológica según la Teoría Crítica", en *Cinta de Moebio*, N° 15, FCS, Universidad de Chile, 2002.

Leroux, H., "Foucault y la escuela de Frankfurt", en *La recepción de la escuela de Frankfurt*, Buenos Aires, Nueva Visión, 2006.

Lohmann, G., "The failure of self-realization: An interpretation of Horkheimer's *Eclipse of Reason*", en Benhabib, S., Bonss, W. y McCole, J. (edit), *On Max Horkheimer*, Massachusetts, 1993.

Löwy, M., *Para una sociología de los intelectuales revolucionarios*, México, Siglo XXI editores, 1978.

Lukács, G., *Teoría de la novela* [1919], Barcelona, Edhasa, 1971.

Lukács, G., "Vieja y nueva *Kultur*" [1920], en *Revolución socialista y antiparlamentarismo*, Córdoba, Cuadernos de Pasado y Presente, N° 41, 1973.

Lukács, G., *Historia y conciencia de clase* [1923], México, Grijalbo, 1969.

Lukács, G., *Táctica y ética. Escritos tempranos (1919-1929)*, Buenos Aires, El Cielo por Asalto, 2005a.

Lukács, G., *Lenin – Marx*, Buenos Aires, Gorla, 2005b.

Lyotard, J-F, *La condición posmoderna* [1979], Barcelona, Planeta-Agostini, 1993.

Maldiney, H., "Flesh and verb in the philosophy of Merleau-Ponty", en Evans, F. y Lawlor, L. (ed.), *Chiasms. Merleau-Ponty's notion of flesh*, New York, SUNY, 2000.

Marcuse, H., *Cultura y sociedad*, Buenos Aires, Editorial Sur, 1967.

Martínez, A., *Pierre Bourdieu: razones y lecciones de una práctica*, Buenos Aires, Manantial, 2007.

Marx, K., "Crítica de la filosofía del Estado de Hegel" [1843], en *Escritos de Juventud*, México, Fondo de Cultura Económica, 1982.

Marx, K., *La cuestión judía* [1843], Buenos Aires, Need, 1998.

Marx, K., *Trabajo asalariado y capital. Salario, precio y ganancia*, Buenos Aires, Editorial Anteo, 1973.

Marx, K., *El Capital* [1867], México, Fondo de Cultura Económica, 2000.

McCarthy, T., "The ideal of a critical theory and its relation to philosophy", en Benhabib, S., Bonss, W. y McCole, J. (edit), *On Max Horkheimer*, Massachusetts, MIT Press, 1993.

McCole et al, "Introduction. Max Horkheimer: Between philosophy and Social Science", en Benhabib, S., Bonss, W. y McCole, J. (edit), *On Max Horkheimer*, Massachusetts, 1993.

Merklen, D., *Pobres ciudadanos. Las clases populares en la era democrática (Argentina, 1983-2003)*, Buenos Aires, Gorla, 2005.

Merleau-Ponty, M., *Las aventuras de la dialéctica* [1955], Buenos Aires, Leviatán, 1957.

Merleau-Ponty, M., *Elogio de la filosofía* [1953], Buenos Aires, Nueva Visión, 2006.

Merleau-Ponty, M., *Signos* [1960], Barcelona, Seix Barral, 1964.

Merleau-Ponty, M., *El ojo y el espíritu* [1960], Barcelona, 1986.

Merleau-Ponty, M., *Lo visible y lo invisible* [1964], Buenos Aires, Nueva Visión, 2010.

Mészáros, I., *El pensamiento y la obra de Georg Lukács*, Barcelona, Editorial Fontamarra, 1981.

Morgan, B., "The proyect of the Frankfurt School", en *Telos*, N° 119, 2001.

Natanson, M., "Introducción" en Schutz, A., *El problema de la realidad social. Escritos I* [1962], Buenos Aires, Amorrortu, 2003.

Palti, E., *Verdades y saberes del marxismo*, Buenos Aires, Fondo de Cultura Económica, 2005.

Parsons, T., *La Estructura de la Acción Social* [1937], Madrid, Guadarrama, 1968.

Pascal, B., *Pensamientos*, Buenos Aires, Hyspamérica, 1984.

Plot, M., *El kitsch político*, Buenos Aires, Prometeo, 2003.

Plot, M., *La carne de lo social*, Buenos Aires, Prometeo, 2008.

Rancière, J., *El desacuerdo. Política y filosofía*, Buenos Aires, Nueva Visión, 1996.

Rancière, J., *El espectador emancipado* [2008], Buenos Aires, Manantial, 2010.

Rossi, P., "Introducción", a *Ensayos sobre metodología sociológica*, Buenos Aires, Amorrortu, 1997.

Rusconi, G., *Teoría crítica de la sociedad*, Barcelona, Ediciones Martínez Roca, 1969.

Sartelli, E., "El comienzo de una filosofía necesaria", en Lukács, G., *Historia y conciencia de clase*, Buenos Aires, Ediciones ryr, 2009.

SAZBÓN, J., "La devaluación formalista de la historia", en Adamovsky, E., (ed.), *Historia y sentido. Exploraciones en teoría historiográfica*, Buenos Aires, El Cielo por Asalto, 2001.

SAZBÓN, J., "El legado teórico de la Escuela de Frankfurt", en Borón, A. y de Vita, A. (comp.), *Teoría y filosofía política*, Buenos Aires, CLACSO, 2002.

SAZBÓN, J., *Historia y representación*, Buenos Aires, Universidad Nacional de Quilmes, 2002.

SAZBÓN, J., Nietzsche en Francia y otros estudios de historia intelectual, Buenos Aires, Universidad Nacional de Quilmes, 2009.

SCHMIDT, A., "Introducción" a Horkheimer, M., *Historia, metafísica y escepticismo*, Barcelona, Altaya, 1995.

SCHMIDT, A., "Max Horkheimer's intellectual physiognomy", en Benhabib, S., Bonss, W. y McCole, J. (edit) *On Max Horkheimer*, Massachusetts, MIT Press, 1993.

SCHUTZ, A., *El problema de la realidad social. Escritos I* [1962], Buenos Aires, Amorrortu, 2003.

SCHWARZBÖCK, S., "El reino de los medios", en *Deus Mortalis*, N° 2, 2003.

SCHWARZBÖCK, S., *Adorno y lo político*, Buenos Aires, Prometeo, 2008.

SEMÁN, P., *Bajo continuo. Exploraciones descentradas sobre cultura popular y masiva*, Buenos Aires, Gorla, 2006.

SIMMEL, G., *Filosofía del dinero* [1900], Madrid, Instituto de Estudios Políticos, 1977.

SIMMEL, G., "El concepto y la tragedia de la cultura", en *Sobre la aventura*, Barcelona, Península, 1997.

SIMMEL, G., *Cuestiones fundamentales de sociología* [1917], Barcelona, Gedisa, 2002.

STONE, A., "Adorno and the disenchatment of nature", en *Philosophy and Social Criticism*, Vol. 32, N° 2, 2006.

THERBORN, G., *La Escuela de Frankfurt*, Barcelona, Anagrama, 1972.

VEDDA, M., "Estudio preliminar", en Lukács, G., *Lenin – Marx*, Buenos Aires, Gorla, 2005.

VINCENT, J-M, *Pensar en tiempos de barbarie. La teoría crítica de la Escuela de Frankfurt*, Santiago de Chile, Arcis, 2002.

WALDENFELS, B., "The paradox of expression", en Evans, F. y Lawlor, L. (ed.), *Chiasms. Merleau-Ponty's notion of flesh*, New York, SUNY, 2000.

WEBER, M., "La 'objetividad' cognoscitiva de la ciencia social y de la política social" [1904], en *Ensayos sobre metodología sociológica*, Buenos Aires, Amorrortu, 1997a.

WEBER, M., "La ética protestante y el espíritu del capitalismo" [1904-1905], en *Obras selectas*, Buenos Aires, Distal, 2003.

WEBER, M., "El sentido de la 'neutralidad valorativa' de las ciencias sociológicas y económicas" [1917], en *Ensayos sobre metodología sociológica*, Buenos Aires, Amorrortu, 1997b.

WEBER, M., "Parlamento y gobierno en una Alemania reorganizada" [1917-1918], en *Obras selectas*, Buenos Aires, Distal, 2003.

WEBER, M., "La política como vocación" [1919], en *Ciencia y política*, Buenos Aires, Centro Editor de América Latina, 1991.

WEBER, M., "La ciencia como vocación" [1919], en *Ciencia y política*, Buenos Aires, Centro Editor de América Latina, 1991b.

WEBER, M., *Economía y sociedad* [1922], México, Fondo de Cultura Económica, 1998.

WELLMER, A., "Razón, utopía, y la dialéctica de la ilustración", en AA.VV., *Habermas y la modernidad*, Madrid, Cátedra, 1999.

WELLMER, A., "The death of the Sirens and the origins of the work of art", en *New German Critique*, N° 81, 2000.

WOLIN, R., *Walter Benjamin. An Aesthetic of Redemption*, Berkeley, University of California Press, 1994.

ŽIŽEK, S., "From *History and Class Consciousness* to *The Dialectic of Enlightenment… and back*", en *New German Critique*, N° 81, 2000.

ŽIŽEK, S., "Against the Populist Temptation", en *Critical Inquiry*, N° 32, Spring, 2006a.

ŽIŽEK, S., "Schlagend, aber nicht Treffend!", en *Critical Inquiry*, N° 33, Autumn, 2006b.

www.ingramcontent.com/pod-product-compliance
Lightning Source LLC
Chambersburg PA
CBHW081511250726
48659CB00009B/2769